Est classique le livre qu'une nation ou un groupe de nations ou les siècles ont décidé de lire comme si tout dans ses pages était délibéré, fatal, profond comme le cosmos et susceptible d'interprétation sans fin.

N'est pas classique (je le répète) un livre qui nécessairement possède tel ou tel mérite, mais un livre que les générations humaines, pressées par des raisons différentes, lisent avec une ferveur préalable et une mystérieuse loyauté.

Jorge Luis Borges

ÉTUDES SUR LA RÉPUBLIQUE DE PLATON

2. DE LA SCIENCE, DU BIEN ET DES MYTHES

DANS LA MÊME COLLECTION

H. CHERNISS : *L'Énigme de l'ancienne Académie*, suivie en Appendice de E. N. TIGERSTEDT : *Le Système caché*. Introduction et traduction de L. Boulakia, Avant-propos de L. Brisson, 232 p., 1993.

M. DIXSAUT : *Le Naturel philosophe. Essai sur les Dialogues de Platon*, 424 p., 1985, 2ᵉ éd. 1994, 1998, 3ᵉ éd. corrigée, 2001.

– (dirigé par) : *Contre Platon I. Le Platonisme dévoilé*, 464 p., 1993 ; *II. Renverser le platonisme*, 322 p., 1995.

– (dirigé par) : *La Fêlure du plaisir. Études sur le* Philèbe *de Platon* (avec F. Teisserenc) : *1. Commentaires*, 1999 ; *2. Contextes*, 1999.

– (dirigé par) : *La Connaissance de soi. Études sur le* Traité 49 *de Plotin,* (avec P.-M. Morel et K. Tordo-Rombaut), 320 p., 2002.

La Folie humaine et ses remèdes. Platon, Charmide *ou* De la modération, traduction, commentaire et notes de M.-F. HAZEBROUCQ, 360 p., 1997.

A. GIGANDET : *Fama deum. Lucrèce et les raisons du mythe*, 448 p., 1997.

V. GOLDSCHMIDT : *Platonisme et pensée contemporaine*, 272 p., 1990.

H. JOLY : *Le Renversement platonicien. Logos, epistèmè, polis*, 408 p., 3ᵉ éd., 1994.

NIETZSCHE, RITSCHL, ROHDE, WILAMOWITZ, WAGNER : *Querelle autour de* La Naissance de la tragédie. Introduction et traduction de M. Cohen-Halimi, M. Marcuzzi, H. Poitevin, 304 p., 1995.

Ontologie et dialogue. Hommage à Pierre Aubenque, textes réunis par N. L. CORDERO, 324 p., 2000.

A. PIGLER : *Plotin, une métaphysique de l'amour. L'amour comme structure du monde intelligible*, 304 p., 2002.

Platon 1990-1995 : bibliographie, par L. BRISSON (avec F. Plin), 416 p., 1999.

Platon 1995-2000 : bibliographie, par L. BRISSON (avec B. Castelnérac), 384 p., 2004.

La Rhétorique *d'Aristote. Traditions et commentaires de l'Antiquité au XVIIᵉ siècle,* textes réunis par G. DAHAN, I. ROSIER-CATACH, 360 p., 1997.

S. ROSEN : *Le* Politique *de Platon. Tisser la cité*, préface de l'auteur à la traduction française, traduction d'É. Helmer, 256 p., 2004.

S. ROUX : *La Recherche du principe chez Platon, Aristote et Plotin*, 380 p., 2004.

Leo Strauss : art d'écrire, politique, philosophie – texte de 1941 et études, dirigé par L. JAFFRO, B. FRYDMAN, E. CATTIN, A. PETIT, 320 p., 2001.

D.P. TAORMINA : *Jamblique, critique de Plotin et de Porphyre. Quatre études*, 192 p., 1999.

K. THEIN : *Le Lien intraitable. Enquête sur le temps dans la* République *et le* Timée *de Platon*, 352 p., 2001.

THÉMISTIUS : *Paraphrase de la* Métaphysique *d'Aristote (livre lambda)*, traduit de l'hébreu et de l'arabe. Introduction, notes et *indices* par Rémi BRAGUE, 176 p., 1999.

La Vérité pratique. Aristote, Éthique à Nicomaque, *livre VI*, textes réunis par J.-Y. CHATEAU, 376 p., 1997.

Philosophie et religion. Platon, Euthyphron, traduction et commentaire par J.-Y. CHATEAU, 320 p., 2005.

A.G. WERSINGER : *Platon et la dysharmonie. Recherches sur la forme musicale*, 336 p., 2001.

TRADITION DE LA PENSÉE CLASSIQUE

Directeur : Monique DIXSAUT

ÉTUDES SUR LA *RÉPUBLIQUE* DE PLATON

2. DE LA SCIENCE, DU BIEN ET DES MYTHES

Sous la direction de

Monique DIXSAUT

Avec la collaboration de

Fulcran TEISSERENC

PARIS

LIBRAIRIE PHILOSOPHIQUE J. VRIN

6, Place de la Sorbonne, V^e^

—

2005

La citation de Borges présentée en exergue est extraite de *Enquêtes,* trad. Paul et Sylvia Benichou, coll. Folio / Essais, Gallimard, Paris, 1967, p. 251-252

ISBN 2-7116-1816-1
Imprimé en France

www.vrin.fr

PREMIÈRE PARTIE

DE LA SCIENCE

LA MÉTHODE PAR HYPOTHÈSE EN *RÉPUBLIQUE* II

Giuseppe CAMBIANO

I

Le philosophe anglais Gilbert Ryle disait naguère que la *République* était le dialogue favori de ceux qui préfèrent les homélies aux argumentations. De fait, surtout dans les premiers livres, diverses séries de préceptes et de digressions pourraient donner l'impression d'un ensemble « décousu ». On pourrait soupçonner que les discours « décousus », qui charmaient tant Montaigne dans les écrits de Sénèque et de Plutarque, ne possèdent guère de qualité philosophiquement positive. Je crois toutefois qu'il est possible de déceler quelques éléments d'une structure argumentative au livre II de la *République*. L'hypothèse que j'ai l'intention d'avancer, mais qui exigerait une analyse bien plus détaillée, est qu'un des fils conducteurs de ce premier livre est constitué par la méthode hypothétique telle qu'elle est esquissée par Platon dans le *Ménon* et dans le *Phédon* et discutée dans la *République* elle-même. Préalablement je désire préciser que je n'entends pas par « méthode » une procédure qui puisse être suivie mécaniquement pour arriver infailliblement à des résultats positifs. J'entends littéralement par « méthode » une voie de recherche pour résoudre des problèmes de départ. Cette voie de recherche se développe dans un contexte dialectique et le succès de sa démarche dépend aussi du rapport entre les interlocuteurs.

Rappelons brièvement les passages en question du *Ménon* et du *Phédon*, et certains mots du vocabulaire qui y est employé. Le contexte du

Ménon (86a4-87b3) est donné par la question : la vertu peut-elle être enseignée[1] ? Comme on ne sait pas encore ce qu'est la vertu, ce problème ne peut être abordé que par hypothèse, comme font les géomètres. L'essentiel de cette procédure est ainsi résumé : lorsqu'un géomètre ne sait pas résoudre le problème de la construction d'une figure, il dit : « Je ne sais pas encore si cette surface possède cette propriété, mais je crois à propos d'adopter, pour le problème posé, l'hypothèse suivante. » Si cette figure peut être soumise à une certaine construction, « je pense qu'il s'ensuit (συμβαίνειν) telle chose, et à l'inverse telle autre chose s'il est impossible que cette situation se produise »[2]. Il s'agit donc de trouver – comme l'a précisé Monique Canto – « un mode de construction qui fasse voir, dans les circonstances requises, les conditions de possibilité de l'inscription de la surface x : la procédure suivie consiste à faire une hypothèse sur la nature ou le genre de cette surface »[3]. À son tour, le passage du *Phédon* (99e4-6) s'inscrit dans un contexte déterminé par l'insatisfaction de Socrate sur la recherche des causes telle qu'elle était entreprise par les penseurs de la nature (φυσιολόγοι) : « Voici alors – dit-il – ce qu'il me sembla devoir faire : me réfugier du côté des raisonnements (λόγοι) et, à l'intérieur de ces raisonnements, examiner la vérité des êtres[4]. » Et il ajoute : « En chaque cas, je pose un raisonnement que je juge avoir une très grande force, et ce qui me paraît consoner (συμφωνεῖν) avec lui, je le pose comme vrai ; sinon, je le pose comme n'étant pas vrai » (100a3-7). Et peu après : « Et chaque fois qu'il y aura exigence à rendre compte (διδόναι λόγον) de l'hypothèse elle-même, tu le feras en agissant exactement de la même façon : tu poseras une nouvelle hypothèse, en choisissant parmi celles d'en haut (ἄνωθεν) celle qui te paraîtra la meilleure, jusqu'à ce que tu atteignes à quelque chose de satisfaisant (τι ἱκανόν) » (101d1-e3).

Je ne peux pas aborder ici la discussion de ces passages qui sont très controversés. Je n'en soulignerai que quelques aspects, qui pourront être utiles pour la compréhension du livre II de la *République*. De façon générale, je crois qu'il est nécessaire se libérer de l'interprétation dominante – au moins depuis Richard Robinson – selon laquelle il serait

1. Pour la question de savoir si διδακτόν signifie « est enseigné » ou « peut être enseigné », voir J. Barnes, « Enseigner la vertu ? », *Revue philosophique de la France et de l'étranger* 116, 1991, p. 571-589 et J. Brunschwig, « Pouvoir enseigner la vertu ? », *ibid.*, p. 591-602.

2. Platon, *Ménon*, trad. Monique Canto, Paris, GF-Flammarion, 1991, p. 172-173.

3. *Ibid.*, p. 96 ; *cf.* aussi p. 101.

4. Platon, *Phédon*, trad. Monique Dixsaut, Paris, GF-Flammarion, 1991.

question dans ces passages d'une méthode déductive[1]. Décisif dans ce sens a été le parallèle institué par Platon dans le *Ménon* avec les géomètres. Puisque la géométrie euclidéenne a une structure déductive à partir d'axiomes et que, dans ce cadre, la méthode d'analyse, qui va des conclusions aux prémisses, n'est que l'inverse de la synthèse, c'est-à-dire de la déduction, on a interprété le passage du *Ménon* comme une sorte de déduction à l'envers, à la lumière du témoignage de Diogène Laërce (III, 24, confirmé par Proclus, dans son commentaire sur le premier livre des *Éléments* d'Euclide, p. 211, 18-23 Friedlein), d'après lequel Platon aurait enseigné à Léodamas la méthode par analyse. Or, s'il est vrai que l'hypothèse est l'antécédent dans un raisonnement conditionnel, cet antécédent n'est pas donné, il est objet de recherche et représente à son tour un problème qui, pour être résolu, réclame une nouvelle hypothèse, et ainsi de suite. Il s'agit de découvrir ce qui est nécessaire pour rendre possible la solution d'un problème, non de construire des chaînes de déductions à partir de prémisses. En réalité, la géométrie contemporaine du *Ménon* n'était pas encore, je crois, un système axiomatique et déductif du type critiqué par Platon dans la *République* elle-même, mais c'était une enquête sur des problèmes, surtout sur des problèmes de construction. Tel est le cas du *Ménon* : un problème est résoluble si les conditions de résolution auxquelles il est réduit constituent, à leur tour, un problème résoluble. Les géomètres nommaient cette procédure de réduction ἀναγωγή[2]. Cette réduction est possible s'il y a des conditions de possibilité ; autrement, elle est impossible : la détermination de ces conditions était appelée διορισμός. Pour ce qui concerne le passage du *Phédon*, je désire souligner

1. R. Robinson, *Plato's Earlier Dialectic*, Oxford, Clarendon Press, 1953, p. 93-179 ; *cf.* aussi « Analysis in Greek Geometry », *Mind* 45, 1936, repr. dans *Essays in Greek Philosophy*, Oxford, Clarendon Press, 1969, p. 1-15. Pour les discussions successives, voir N. Gulley, « Greek Geometrical Analysis », *Phronesis* 3, 1958, 1-14 et *Plato's Theory of Knowledge*, London, Methuen, 1962 ; P. Plass, « Socrates' Method of Hypothesis in the *Phaedo* », *Phronesis* 5, 1960, 103-115 ; G. Cambiano, « Il metodo ipotetico e le origini della sistemazione euclidea della geometria », *Rivista di filosofia* 68, 1967, 115-149 ; J. Hintikka et U. Remes, *The Method of Analysis. Its Geometrical Origin and Its General Significance*, Dordrecht-Boston, Reidel, 1974 ; E. Heitsch, « Platons hypothetisches Verfahren im *Menon* », *Hermes* 105, 1977, 257-268, repr. dans *Wege zu Platon. Beiträge zum Verständnis seines Argumentierens*, Göttingen, Vandenhoeck & Ruprecht, 1992, p. 39-50 ; I. Mueller, *Mathematical Method and Philosophical Truth*, dans *The Cambridge Companion to Plato*, R. Kraut (ed.), Cambridge, Cambridge University Press, 1992, p. 170-199 ; M. Dixsaut, *Métamorphoses de la dialectique dans les dialogues de Platon*, Paris, Vrin, 2001, p. 79 *sq.*

2. Proclus 212, 24-213, 11. Friedlein indiquait comme exemple la réduction du problème du redoublement du cube à la recherche de deux moyennes proportionnelles entre deux lignes données, introduite par Hippocrate de Chios.

deux points importants, à mon avis, pour la compréhension du livre II de la *République* : le premier est le déplacement de l'enquête sur le plan des λόγοι, qui ne sont pas nécessairement des propositions ou des définitions, mais, en général et selon les différents contextes, des conditions de possibilité (dans le cas du *Phédon* l'existence même des idées)[1] ; le second est que le point d'arrivée peut être considéré comme une condition suffisante, bien qu'encore hypothétique. Or il est clair que si cette voie de recherche, qui est la méthode par hypothèse, est interprétée comme une méthode déductive, il est presque impossible d'en trouver l'emploi en dehors des passages où elle est explicitement objet de réflexion théorique : telle était la conclusion de Robinson. Mais si elle est interprétée comme une procédure flexible de recherche des conditions permettant de résoudre des problèmes, peut-être n'est-elle pas absente des livres de la *République*, en particulier du livre II.

II

Dans son commentaire à la *République*, J. Adam[2] a relevé une affinité entre la conclusion du premier livre de la *République* et le passage du *Ménon* (86d) où la méthode par hypothèse est introduite pour essayer de résoudre le problème de savoir si la vertu peut être enseignée, lorsqu'on ne sait pas encore ce qu'est la vertu. De même, à la fin du premier livre de la *République*, Socrate déclare : « avant d'avoir trouvé (εὑρεῖν) ce que nous cherchions en premier lieu, à savoir la nature de la justice, j'ai lâché ce sujet pour me jeter dans l'examen de ce point particulier, si la justice est vice ou ignorance, ou sagesse et vertu (...) à présent, le résultat de la discussion, c'est que je ne sais rien ; car du moment que je ne sais pas ce qu'est la justice, je saurai encore moins si c'est, ou non, une vertu, et si celui qui la possède est heureux ou malheureux[3]. » En dépit de cette conclusion, le problème de savoir s'il vaut mieux être juste ou injuste est repris par Glaucon et Adimante au début du livre II, quoique Glaucon ajoute qu'il désire en plus apprendre quelle est l'essence (τί ἐστιν) de la justice et de l'injustice (358b-c). Mais comment aborder l'enquête sur ces deux niveaux de la question, celui de l'essence et celui de l'utilité de la justice et de

1. Voir l'analyse de M. Dixsaut dans Platon, *Phédon*, *op. cit.*, p. 141-142 et 374-375 n. 279.

2. J. Adam, *The Republic of Plato*, Cambridge, Cambridge University Press, 1902, vol. I p. 61, n. *ad.* 364b11.

3. *Rép.*, 354b4-c2, trad. É. Chambry. En général je citerai par la suite la trad. Chambry avec des modifications.

l'injustice (368c)? Elle exige un regard pénétrant et Socrate introduit à ce propos l'exemple célèbre de la lecture des lettres (368c7-d7). Quelle est la structure de la recherche décrite dans ce passage? Le point de départ est constitué par l'énoncé d'un problème: comment lire de loin des lettres écrites en petits caractères? Ce problème ne peut pas être résolu immédiatement et directement par ceux qui ont la vue basse. Il y a ici deux niveaux de difficulté, le premier concerne le sujet qui aborde l'enquête et le deuxième la situation objective dans laquelle le sujet se trouve (les lettres sont petites et le lecteur est éloigné). À ce moment, intervient la pensée « que les mêmes lettres se trouvent écrites ailleurs en caractères plus gros sur un tableau plus grand ». Le verbe employé est ἐννοεῖν, qui rappelle de près l'ἔννοια qui caractérise la découverte de l'idée dans le processus de l'ἀνάμνησις dans le *Phédon*, où l'idée est le λόγος-hypothèse qui dans la suite permettra de résoudre le problème des causes. Dans ce passage de la *République*, on ne parle pas, bien sûr, d'idée, mais on introduit par la pensée l'hypothèse de l'existence de lettres plus grandes identiques aux plus petites, leur seule différence n'étant que de grandeur ou d'échelle. Il s'agit alors de trouver le contexte où figurent ces lettres plus grandes, de le lire et « d'examiner ensuite les petites pour voir si ce sont les mêmes », autrement dit de vérifier si l'hypothèse permet de résoudre le problème de départ. Ensuite Socrate applique la même procédure à l'enquête sur le problème de la justice, dont on a constaté qu'il était difficile à résoudre : la justice, si elle existe pour l'individu, existe aussi pour la πόλις dans son ensemble, qui est quelque chose de plus grand qu'un individu (368e2-5). L'hypothèse probable (ἴσως) est donc la possibilité qu'une justice de plus grande ampleur existe (ἐνείη) dans ce qui est plus grand et, par conséquent, soit plus facile à déchiffrer (καταμαθεῖν) (368e7-8). L'enquête s'articulera donc en deux moments : « nous examinerons d'abord quelle est la nature (ποῖόν τί ἐστιν) de la justice » dans les πόλεις; « ensuite nous l'étudierons dans l'individu, en tâchant de retrouver la ressemblance (ὁμοιότης) de la grande dans les traits (ἰδέᾳ) de la petite » (368e8-369a3). Habituellement on parle d'« analogie » entre l'âme et la cité; ici, Socrate ne parle que de ressemblance. Une question pourrait alors se poser : y a-t-il là une référence au statut de l'image? Si tel est le cas, alors il faut souligner que, dans ce passage, c'est l'ἰδέα (l'aspect visible?) de la justice dans l'individu qui pourra fournir une image ressemblante de la justice dans la πόλις. La conclusion serait alors que c'est l'âme qui est image de la πόλις et que le paradigme est la πόλις plutôt que l'âme. Ce passage peut être comparé à un autre passage de la *République* (III, 402b5-7), où Socrate affirme que « si les images des lettres (εἰκόνας γραμμάτων) sont représentées (ἐμφαίνοιντο) dans l'eau ou dans un miroir, nous ne les reconnaîtrons pas avant de connaître les lettres elles-mêmes ; car tout cela est l'objet du même art et de la même étude ». La lecture des lettres dans les deux contextes qui mettent en scène réalité et image est la même, mais il serait peut-être quelque peu outré de conclure que dans le livre II c'est la πόλις qui serait la réalité tandis que l'individu n'en serait que l'image. Il ne faut pas oublier que dans le passage du livre II Platon parle d'ὁμοιότης et non explicitement d'image. En tout cas, il me paraît que le passage du livre II présente une structure qui rappelle quelques éléments de la méthode par hypothèse : un problème qui, pour des raisons subjectives et objectives, n'est pas immédiatement résoluble, est réduit à un autre problème, qui est supposé plus facile à résoudre.

III

Je ne m'arrêterai que sur le premier moment du programme d'enquête esquissé par Socrate, c'est-à-dire sur la justice et l'injustice dans la πόλις. Ce qui est significatif est que, pour résoudre le problème de la justice dans la cité, auquel le problème de la justice dans l'individu a été réduit par hypothèse, il faut envisager ce qu'est la πόλις, ou mieux, comment elle s'engendre. Le point de départ de cette recherche présente clairement une allure hypothétique : « si (εἰ) par le raisonnement (λόγῳ) nous nous faisions spectateur (θεασαίμεθα) de la naissance (γιγνομένην) d'une πόλις, ne verrions-nous pas aussi y naître (ἴδοιμεν ἂν γιγνομένην) la justice et l'injustice [1] ? » Le problème de départ – la justice dans la cité – est réduit à un autre problème, celui de la genèse non pas empirique mais opérée par le λόγος, de la πόλις : si on réussit à résoudre le problème de la genèse « logique » de la πόλις, on est dans une condition favorable pour résoudre

1. *Rép.*, 369a5-7 (Chambry traduit λόγος par « imagination », ce qui me paraît en diminuer, sinon fausser, la portée) ; *cf.* aussi ce qui suit immédiatement, 369a9-10 : « Cela fait (γενομένου), pourrions-nous espérer découvrir (ἰδεῖν) plus facilement ce que nous cherchons ? » Ensuite, lorsqu'on aura découvert la justice dans la cité, on pourra passer à l'individu : « transportons cette sorte de vertu dans l'individu : si (ἐὰν) elle se fait reconnaître là aussi comme étant la justice, nous n'aurons plus qu'à l'avouer pour telle ; car quelle objection pourrions-nous y faire encore ? Dans le cas contraire, nous tournerons nos recherches d'un autre côté. Pour le moment poussons à bout l'enquête que nous avons instituée, dans l'espoir qu'en essayant d'abord de considérer (θεάσασθαι) la justice dans un cadre plus vaste, il nous serait plus facile de reconnaître ce qu'elle est dans l'individu » (434d 2-8 ; voir aussi 434e3-435a2, avec la référence au frottement et à l'ἐκλάμψαι, qui pourrait être comparée à l'excursus philosophique dans la Lettre VII). Un certain air de famille entre ce passage de la *République* et la description de la méthode hypothétique employée par les géomètres dans le *Ménon* me paraît indéniable.

aussi le problème de départ, qui à son tour était le problème auquel avait été réduit celui de la justice dans l'individu. C'est le λόγος qui permet d'assister à la genèse de la cité. Mais que signifient ici les mots λόγος et γένεσις ? Cette partie de la *République* a été interprétée quelquefois comme une reconstruction historique de la genèse empirique de la πόλις et comme le récit d'un développement ayant lieu dans le temps[1]. En fait, il y a bien des traits dans la cité esquissée par Platon dans le livre II de la *République* qui peuvent rappeler la réalité historique d'Athènes. De même, il est clair que l'exposé semble avoir une allure temporelle, par exemple par l'emploi de verbes au futur comme indications de ce qui suivra dans le temps.

Avant d'essayer d'éclaircir le signifié de λόγος dans ce contexte, je désire rappeler qu'au début du livre II c'était Glaucon qui avait introduit une sorte d'expérience mentale[2], menée par la διάνοια, à l'intérieur de son argumentation visant à montrer que la vie de l'homme injuste est meilleure que celle du juste. Cette expérience mentale se présente sous une forme hypothétique : « Que l'on ne pratique la justice que malgré soi et par impuissance à commettre l'injustice, c'est ce dont nous nous rendrions compte (αἰσθοίμεθα) on ne peut mieux si nous faisions par la διάνοια une hypothèse comme celle-ci (εἰ τοιόνδε ποιήσαιμεν). Donnons à l'homme de bien et au méchant un égal pouvoir de faire ce qui leur plaira ; suivons-les ensuite et regardons (θεώμενοι) où le désir va les conduire[3]. » Il s'agit donc de considérer, mentalement, les deux personnages à l'état pur, c'est-à-dire l'un parfaitement juste et l'autre parfaitement injuste (voilà la prémisse), et d'en déduire les conséquences (« où le désir va conduire » chacun des deux) afin de juger lequel des deux est meilleur[4]. Dans ce contexte, Glaucon introduit le récit de l'anneau de Gygès, mais ce récit n'est qu'un exemple dans une argumentation générale. Je crois que le langage employé par Glaucon montre que la procédure qu'il emploie, désignée aussi par le terme λόγος, est une forme de déduction à partir de prémisses. Je cite à l'appui deux passages : « Après avoir posé (θέντες) de cette façon la figure de l'injuste, dressons (ἱστῶμεν) par le λόγος le juste auprès de lui », c'est-à-

1. Voir par ex. par K.R. Popper, *The Open Society and its Enemies*, t. I, *The Spell of Plato*, London, Routledge and Kegan Paul, 1965, p. 45-46, p. 223-224 n. 27.

2. L'expression est de F. De Luise et G. Farinetti, « L'infelicità del giusto e la crisi del socratismo platonico », dans Platone, *La Repubblica*, M. Vegetti (ed), Napoli, Bibliopolis, 1998, t. II, p. 192.

3. *Rép.*, 359b7-c3 (encore une fois, Chambry traduit l'expression ποιήσαιμεν διανοίᾳ par « en imaginant »).

4. *Ibid.*, 360e1-6 : le but est la κρίσις entre les deux ; voir aussi 361d3-4 : κρίνειν lequel est le plus heureux.

dire celui qui « veut non pas paraître, mais être homme de bien »[1]. Et peu après : « Telle étant la nature de l'un et de l'autre – voilà les prémisses posées par la διάνοια et le λόγος – il n'y a plus, je pense, aucune difficulté à décrire (ἐπεξελθεῖν) par le λόγος la vie qui les attend l'un et l'autre » (361d7-e1) et à montrer que la vie de l'injuste est meilleure que celle du juste. Ce n'est pas par hasard que Glaucon – l'interlocuteur de Platon qui dans la *République* paraît le mieux informé du langage et de la pratique des géomètres – emploie dans ce contexte des termes et des formes verbales (par exemple l'impératif pour introduire une prémisse), qui sont typiques de la géométrie « déductive » de type « euclidéen »[2].

Mais le λόγος construit par Socrate et concernant la γένεσις de la cité n'est pas une déduction à partir de prémisses. La façon la plus faible d'interpréter l'expression « par le λόγος » est de l'opposer à « en fait » (ἔργῳ), ce que d'ailleurs fait quelquefois Socrate lui-même[3]. Dans ce cas, la cité ne serait qu'un produit verbal, une image – tel est le résultat de la traduction de Chambry –, qui n'a aucune prétention de correspondre à la réalité. Mais la cité façonnée par le λόγος de Socrate ne serait-elle qu'une image plus pauvre que la réalité ? Et de quelle « réalité » est-il question dans ces passages ? Considérons en premier lieu les verbes employés par Platon pour décrire ce qu'on fait par le λόγος. À plusieurs reprises, c'est désigné comme un acte de fondation (οἰκίζειν)[4], ce qui renvoie au modèle de la colonisation, de l'établissement d'une nouvelle cité. Mais ailleurs, c'est décrit aussi comme un « produire », ποιεῖν[5]. Plus précisément, on le compare parfois au modelage d'une statue, πλάττειν[6]. Dans le livre V, Socrate, introduisant le parallèle avec le peintre, dira en toute clarté que la

1. *Ibid.*, 361b5-8, avec la traduction habituelle de Chambry du mot λόγος par « imagination » ; L. Robin, dans l'édition de la Pléiade, traduit ce terme par « parole » (de même en 361d8).

2. Par exemple τιθῶμεν (360e5-6), ποιείτω (360e7-8), λανθανέτω (361a3), ἐχέτω (361c4-5), ἔστω (361d1). Voir aussi ce que dit Adimante : « personne encore ni en vers ni en prose n'a suffisamment démontré (ἐπεξῆλθεν ἱκανῶς τῷ λόγῳ) que l'une est le plus grand des maux de l'âme, et l'autre, la justice, son plus grand bien » (366e3-9). Robin traduit par « prouver par une argumentation convenable ». J'invite à se souvenir du τι ἱκανόν du *Phédon*.

3. Voir par ex. *Rép.*, V, 473a5-b1, c10-b2.

4. Voir II, 369b5-7 ; IV, 427c6-d7, e6-8 ; 434e1-2, 443b7-c2, etc. ; κατοικίζειν en 433a1-6.

5. Voir par exemple τῷ λόγῳ ἐξ ἀρχῆς ποιῶμεν πόλιν (369c9-10, où il est précisé que c'est la présence en nous de besoins qui produit la cité).

6. *Ibid.*, II, 374a4-6 ; IV, 420c1-4, avec la référence à la statue peinte. Socrate avait comparé le modèle-prémisse de Glaucon du juste et de l'injuste à l'état pur à une statue dont on enlève le matériel superflu, non nécessaire, pour permettre une meilleure κρίσις entre les deux (361d4-6).

cité construite par le λόγος est un modèle (παράδειγμα) : « Penses-tu qu'un peintre aurait moins de valeur, parce qu'après avoir peint un modèle représentant ce que serait le plus beau des hommes et après en avoir rendu ἱκανῶς tous les traits dans sa peinture, il serait incapable de prouver (ἀποδεῖξαι) qu'un tel homme peut exister?... Eh bien, dirons-nous, n'avons-nous pas, nous aussi, tracé par le raisonnement (ἐποιοῦμεν λόγῳ) un modèle de bonne πόλις ? » (472d4-e1). Ce passage permet d'interpréter la construction de la cité des premiers livres de la *République* comme la construction d'un modèle dont la bonté ne dépend pas de sa réalisation empirique et historique, même si, tournant le regard (ἀποβλέποντες) vers ce modèle, on dispose du moyen pour juger de la bonté de la réalité empirique et historique[1]. Or ce qui a permis de construire ce modèle est le λόγος. C'est pour cette raison que j'ai parlé de genèse « logique » de la cité. Alexandre Koyré a comparé correctement, je crois, l'analyse platonicienne de la genèse de la cité à la construction d'une figure géométrique, et en ce sens, il a parlé d'une genèse idéale, mais il a considéré, à mon avis incorrectement, l'analyse géométrique comme une déduction à partir des éléments simples qui composent la figure[2]. La construction d'une figure comporte en premier lieu la recherche des conditions qui rendent possible la genèse de la figure elle-même, c'est-à-dire la détermination des conditions nécessaires et suffisantes pour la solution du problème. À mon avis, les pages du deuxième livre de la *République* qui concernent la genèse de la cité manifestent la présence du modèle de raisonnement envisagé dans le *Ménon* : Platon ne cherche pas la genèse de la cité dans la réalité historique et empirique, c'est le λόγος qui pose les hypothèses, les voies qui lui permettent d'y arriver[3].

Le problème de départ est : pourquoi une pluralité d'hommes en vient-elle à constituer une cité? À la base du λόγος sur la πόλις, il y a un présupposé anthropologique : « il y a, selon moi, naissance de la πόλις du fait que (ἐπειδή) chacun de nous, loin de se suffire lui-même (αὐτάρκης), a au contraire besoin d'un grand nombre de choses. Penses-tu qu'il y ait

1. *Ibid.*, 472c4-d2. Comme on sait, ἀποβλέπειν est le verbe employé systématiquement par Platon, lorsqu'il s'agit d'introduire la référence du regard intellectuel à l'idée (voir L. Paquet, *Platon. La Médiation du regard*, Leiden, E.J. Brill, 1973).

2. A. Koyré, *Introduction à la lecture de Platon*, Paris, Gallimard, 1962 [1944] ; trad. it., Florence, 1973, p. 88-9.

3. Ce point a été quelquefois entrevu, sans être développé : voir par exemple R.C. Cross-A.D. Woozley, *Plato's Republic*, London, MacMillan, 1964, p. 80-81 ; J.C.B. Gosling, *Plato*, London, Routledge and Kegan Paul, 1973, p. 115-117 ; J. Annas, *An Introduction to Plato's* Republic, Oxford, Clarendon Press, 1981, p. 171.

quelque autre principe (ἀρχήν) pour la fondation (οἰκίζειν) de la πόλις[1] ? » Comme on sait, ces besoins sont multiples et, pour être satisfaits, ils requièrent l'existence d'individus capables de les satisfaire d'une façon permanente et stable, selon des rapports de réciprocité[2]. Mais cela comporte une deuxième condition anthropologique : l'incapacité de chaque individu à satisfaire la totalité de ses besoins, car chacun n'a qu'une seule aptitude naturelle à accomplir une seule fonction. C'est la base de la division des métiers. Je voudrais toutefois souligner que la première fois que ce principe est introduit, il l'est par un δεῖ (369e2-370a4), indice du fait que Platon ne décrit pas ici une genèse réelle, historique : dans un tel cas, il n'y aurait aucune nécessité d'employer le verbe δεῖ. S'agit-il alors d'une obligation (sociale ou politique), comme l'interprète Léon Robin dans sa traduction, un devoir imposé à l'individu ? S'il en était ainsi, Ryle aurait raison de considérer la *République* comme une homélie. Selon moi, le δεῖ souligne au contraire qu'il s'agit d'une condition nécessaire pour la genèse-construction de la πόλις. Nous le voyons clairement si nous construisons l'hypothèse contraire : si chacun exerçait (ou pouvait exercer) tous les métiers, il n'y aurait aucune nécessité de se regrouper; il n'y aurait donc aucune naissance de la πόλις, pas plus qu'elle ne serait nécessaire si tous les individus étaient capables de satisfaire la totalité de leurs besoins, c'est-à-dire de jouir d'une autarcie (αὐτάρκεια) totale. Mais la division des métiers n'est pas introduite comme un principe évident à chacun (παντὶ φανερόν, conformément à ce que pensent de leurs hypothèses les géomètres critiqués dans la suite de la *République*) : la condition qui rend nécessaire cette division est la différence des aptitudes naturelles des individus, ἄλλος ἐπ' ἄλλου ἔργου πράξει (370a7-b2). À quoi Platon ajoute deux ordres de considération : la division des métiers permet, d'un côté, d'augmenter la qualité et la quantité des produits, et, de l'autre, de ne pas laisser passer le moment opportun, le καιρός[3]. Pluralité des besoins, absence d'αὐτάρκεια individuelle et singularité des aptitudes naturelles constituent l'ensemble des conditions nécessaires pour la division des métiers, laquelle à son tour est condition nécessaire pour la genèse de la πόλις : voilà le διορισμός, la détermination des conditions de possibilité de la construction de cette figure « géométrique » qu'est la cité.

1. *Rép.*, 369b5-7 (πολλῶν ἐνδεής, il peut être question de choses comme de personnes). Voir aussi peu après (369c1-4) πολλῶν δεόμενοι.

2. *Ibid.*, 369c1-7 : κοινωνούς τε καὶ βοηθούς [...] μεταδίδωσιν, ἢ μεταλαμβάνει.

3. *Ibid.*, 370b4-c5 : la référence paraît surtout concerner l'agriculture (voir N. White, *A Companion to Plato's* Republic, Indianapolis, Hackett Publishing Co, 1979, p. 85). En général il y a des conditions objectives qui doivent être observées si l'on veut atteindre le succès, ce qui implique qu'on n'exerce qu'une seule technique à plein temps.

IV

Le principe de la division des métiers, rythmée par une phénoménologie des besoins, soutient la reconstruction analytique des composantes de la cité, introduites l'une après l'autre comme une série de conditions nécessaires pour la satisfaction des besoins et le groupement des individus. Autrement dit : si la πόλις est le groupement d'une multiplicité d'individus caractérisés par une pluralité de besoins et par l'aptitude naturelle de chacun à exercer une seule fonction et donc à satisfaire un seul besoin, quels sont les individus-fonctions qui constituent les conditions nécessaires à la genèse d'une cité ? C'est le problème qui est à la base de la longue analyse des différents métiers nécessaires, à partir de 369d1. Il ne s'agit pas d'une simple addition de fonctions l'une à l'autre, mais d'une série construite par le λόγος. Apparemment, le schéma est celui-ci : le besoin a exigé pour être satisfait la figure A, le besoin b la figure B, etc. ; en réalité le schéma se complique, dans la mesure où la fonction exercée par X pour satisfaire le besoin x exige comme condition nécessaire une autre figure Y exerçant la fonction y, par exemple pour produire les instruments ou les matériaux nécessaires à l'exercice de la fonction X ou pour suppléer à l'absence d'αὐτάρκεια déterminée par les conditions géographiques et économiques du territoire. Je voudrais attirer l'attention sur la haute fréquence, dans cette analyse des figures et des fonctions qui composent la cité, du verbe δεῖ avec ses composés comme προσδεῖν [1]. Le δεῖ souligne le caractère nécessaire de la condition, tandis que προσδεῖν au futur souligne la nécessité de conditions ultérieures qui doivent être ajoutées par le λόγος aux précédentes, et non ce qui vient après dans le temps historique.

C'est précisément ce point qui échappe à Adimante, qui ramène immédiatement le discours au présent, c'est-à-dire au plan empirique et à celui de la situation historique contemporaine : « dans les cités bien réglées – il parle des marchands dont le rôle est de servir d'intermédiaires –, ce sont ordinairement les gens les plus faibles physiquement et incapables de tout autre travail. Leur rôle en effet est de rester là, sur la place du marché, pour y faire, contre argent, des échanges avec ceux qui demandent à vendre quelque chose et d'échanger à nouveau, à prix d'argent aussi, avec tous ceux qui demandent à acheter quelque chose » (371c5-d3). Le même appel au présent et à la situation historique contemporaine sera formulé peu après par Glaucon. Dans sa réponse immédiate, Socrate emploie lui aussi les verbes au présent, rappelant que κάπηλοι est le nom donné « à ceux qui sont établis au marché comme intermédiaires pour l'achat et la vente,

1. Voir par ex. *Rép.*, 370c7-d3, e9-10 ; 371a4-5, 10-11, 14, 371a16-b2.

tandis que nous appelons ἔμποροι ceux qui vont d'un pays à l'autre ». À ces figures, Socrate ajoute aussi d'autres διάκονοι « qui, pour ce qui est de l'intelligence, sont peu dignes de faire partie de la communauté, mais qui par leur vigueur physique sont propres aux gros travaux. Ils vendent l'emploi de leur force, et comme ils appellent salaire le prix de leur peine, on leur donne, je crois, le nom de salariés » (371e1-5). La référence à la situation historique et au présent athénien est ici évidente, mais le problème de Socrate est de justifier par le λόγος l'existence de ces figures dans la πόλις qu'il est en train de construire dans sa genèse « logique ». Dans cet horizon, ce qui justifie la nécessité d'introduire ces figures est encore une fois le besoin, la χρεία (371d4-5).

L'ensemble des figures-fonctions découvertes par le λόγος est un ensemble de conditions nécessaires; mais sont-elles aussi suffisantes pour expliquer la genèse de la cité et ensuite pour pouvoir y repérer la justice et l'injustice (371e12-13)? La réponse pourrait venir d'abord d'une enquête sur la δίαιτα, le genre de vie des membres de cette cité (372a3-6). Mais, comme on sait, la description de cette δίαιτα provoque à deux reprises l'intervention de Glaucon jusqu'à sa célèbre remarque sur la πόλις de pourceaux (372d4-5)[1]. D'après Glaucon, le cadre construit par Socrate doit être complété par ce qui est en usage au présent (*cf.* 372d7-e1 : ἅπερ νομίζεται [...], οἱ νῦν). La cité construite par le λόγος aux yeux de Glaucon n'est pas suffisante : à ses yeux, le νόμος ajoute quelque chose à la « nature » de la πόλις mise en lumière par le λόγος[2]. Comme on voit, les deux interlocuteurs de Socrate n'acceptent pas de maintenir le discours sur le seul plan du λόγος : ils revendiquent les droits de la réalité empirique et du présent à être des parties constituantes de ce qu'est une πόλις. Mais cela veut dire, aux yeux de Socrate, qu'on ne cherche tout simplement pas la genèse de la πόλις en tant que telle, mais la genèse d'une certaine cité, de la τρυφῶσα πόλις. Pourquoi Socrate accepte-t-il ce détour de l'enquête? La raison qu'il en donne est purement instrumentale : le détour par la cité luxueuse et malade peut rendre plus facile la lecture de la genèse de la justice et de l'injustice dans la cité. À cela, il ajoute la nécessité de faire une concession aux interlocuteurs (372e2-8)[3]. Il s'agit donc d'une hypothèse additionnelle justifiée par le fait que la première cité ne paraissait pas suffisante – qu'on se rappelle le τι ἱκανόν du *Phédon* – à son interlocuteur;

1. Sur les problèmes posés par cette cité, voir G. Cambiano et L. Repici, *Cibo e forme di sussistenza in Platone, Aristotele e Dicearco*, dans *Homo edens*, O. Longo et P. Scarpi (ed.), Milano, Diapress, 1989, p. 81-90; S. Campese et L. L. Canino, *La città dei maiali*, dans Platone, *La Repubblica*, *op. cit.*, p. 307-317.

2. Cf. *Rép.*, 428e 7-429a 3 : la cité de Socrate était la πόλις κατὰ φύσιν οἰκισθεῖσα.

3. *Cf.* N. White, *op. cit.*, p. 88-89.

du moins est-ce de cette façon que Socrate justifie la nécessité d'additionner une autre série de conditions, celles qui rendent malade la cité : « certains en effet ne se contenteront pas (οὐκ ἐξαρκέσει), je le crains, de ces dispositions ni de notre régime lui-même ; ils y ajouteront des lits, des tables, etc. » (373a1-4). Il y a ici deux niveaux d'« insuffisance » : une insuffisance réelle (qui dépend des différentes façons de juger où se situe la limite de ce qui est suffisant), et une insuffisance théorique, qui dépend de la première. Mais toutes les choses qui viennent à être ajoutées, « on ne doit plus les poser comme des choses nécessaires (τἀναγκαῖα θετέον) » (373a4-5). On a ainsi dépassé la sphère des besoins essentiels et des choses nécessaires pour les satisfaire ; au-delà, il y a la sphère de ce qui n'est plus nécessaire (ἀναγκαῖον). Mais le fait qu'on a accepté de poursuivre le λόγος dans cette nouvelle direction ne comporte pas l'abandon du type de raisonnement jusqu'ici employé, car ce nouveau niveau d'insuffisance « réelle » comporte la recherche d'une nouvelle série de conditions.

V

On retrouve en effet dans la section suivante, qui concerne la deuxième πόλις – celle qui est luxueuse et malade (τρυφῶσα, φλεγμαίνουσα) –, le même emploi du verbe δεῖ avec ses composés, et du futur. « Il faut rendre (δεῖ ποιεῖν) plus grande la cité, dit Socrate –, car la première, celle qui est en bonne santé, n'est plus suffisante (ἱκανή) ; il faut désormais l'amplifier et la remplir d'une multitude de gens dont la présence dans les cités n'aura plus pour objet les choses nécessaires[1]. » Mais les nouveaux personnages qui viennent remplir la cité ne sont que l'expression des fonctions nécessaires pour satisfaire des besoins qui ne sont plus nécessaires. La portée théorique de l'emploi du verbe δεῖ me paraît confirmée, parce que c'est le discours sur la deuxième cité qui « a besoin » d'introduire ces nouvelles fonctions, si l'on veut découvrir ce qu'est une πόλις malade. Non seulement il y aura besoin de médecins (373d1-2), mais le territoire n'apparaîtra pas suffisant (ἱκανή). Il y a donc un double degré de suffisance : dans la première cité, elle était déterminée par les besoins nécessaires, dans la cité malade, la suffisance dépasse les bornes du nécessaire. Comme on sait, la conséquence de cet état de choses est la guerre : « nous avons découvert l'origine de la guerre (γένεσιν ηὑρήκαμεν), le plus funeste fléau chaque fois qu'il se produit » (373e4-8). En découvrant la série des conditions nécessaires à l'existence de la cité

1. *Rép.*, 373b2-5 et les nombreux futurs de δεῖν et προσδεῖν en 373c4-7.

malade, on a découvert en même temps l'origine de la guerre, le mal suprême. Cela comporte encore une fois la nécessité (δεῖ) de grossir la cité d'une armée (373e9-374a2). Mais ce qui est intéressant et, à mes yeux, confirme que Platon n'a pas changé les modalités de l'enquête, c'est que la découverte de la fonction guerrière s'inscrit dans le présupposé qui constitue le fil rouge du raisonnement conditionnel sur les composantes nécessaires de la cité (saine et/ou malade) : la division des métiers. De ce point de vue, l'objection de Glaucon est décisive : pour la guerre « n'y suffisent-ils (ἱκανοί) pas eux-mêmes ? »(374a4). Glaucon arrêterait l'enquête à ce point, car encore une fois, la réalité empirique – dans ce cas, le phénomène historique des citoyens-soldats – est ce qui détermine si l'enquête doit être poursuivie ou si elle doit s'arrêter, c'est-à-dire le niveau de suffisance des résultats de l'enquête elle-même. La réponse de Socrate confirme que le plan sur lequel il se meut n'est pas la réalité empirique, mais celui du λόγος et de la condition d'existence de la cité découverte par le λόγος et acceptée par les interlocuteurs, c'est-à-dire la division des métiers :

> Non, si du moins c'est à bon droit que toi-même et nous tous nous sommes tombés d'accord (ὡμολογήσαμεν), lorsque nous façonnions (ἐπλάττομεν) notre cité : or nous sommes tombés d'accord, s'il t'en souvient, qu'il est impossible à un seul homme d'exercer comme il faut plusieurs métiers (τέχνας) [1].

Cela signifie qu'en dernière analyse ce n'est pas la réalité empirique ou historique qui détermine ce qui est ou non suffisant : même au niveau de l'enquête sur la cité malade (πόλις τρυφῶσα), c'est encore une fois le λόγος qui détermine comme condition nécessaire à son existence, nécessairement liée à la guerre, l'existence de soldats de métier, car la guerre exige une τέχνη spécifique.

Mais encore une fois, cela fait naître le problème ultérieur du caractère que les soldats – que Socrate appelle maintenant gardiens (φύλακες, 374d8-e2) – doivent posséder ou recevoir par l'éducation pour être de véritables gardiens. C'est toujours le λόγος qui détermine les conditions :

1. *Ibid.*, 374a4-6 et b6-d6. L'appel à la division des métiers revient dans les livres suivantes aussi, par exemple en III, 406c1-8 ; IV, 420e8-422c6, 423d2-6, 433a1-6, 434a3-c10. Ensuite, comme on sait, la division des métiers et l'οἰκειοπραγία seront décrites comme « image (εἴδωλον) de la justice » (IV, 443c4-7) et donc utiles pour la découverte de l'original (voir 444a4-6). Sur ce point, voir J. Adam, *op. cit.*, t. I, p. 263 et J. Annas, *op. cit.*, p. 118. Pour une discussion, à mon avis pas entièrement convaincante, du principe de la division des métiers, voir C.D.C. Reeve, *Philosopher-Kings. The Arguments of Plato's* Republic, Princeton, Princeton University Press, 1988, p. 172-177.

s'ils arrivent à posséder les qualités a, b, c ..., ils seront gardiens[1]. Il s'agit de conditions générales qui ne concernent pas les individus pris singulièrement, mais des natures (φύσεις). La question est : quelles sont les conditions qu'il faut satisfaire par l'éducation pour aboutir à ce résultat? Entre cette question et le problème de départ sur la genèse de la justice et l'injustice dans les cités, il y a une liaison étroite : ce point, qui est essentiel « pour ne pas omettre un point important (μὴ ἐῶμεν ἱκανὸν λόγον) », est admis également par Adimante (376c9-d4). Il s'agira donc de déterminer quels sont les caractères de l'éducation qu'il faut donner aux véritables gardiens. À ce moment, Socrate introduit une description, qui est en même temps une exhortation à ses interlocuteurs sur la manière dont l'enquête doit être poursuivie. Je crois que les traductions de Chambry et de Robin ne rendent pas pleine justice à la portée de cette remarque de Socrate en 376d9-e1. Chambry traduit : « allons, supposons que donnant carrière à notre imagination nous faisons un conte (ὥσπερ ἐν μύθῳ μυθολογοῦντές) et que nous sommes de loisir, et formons en esprit (λόγῳ παιδεύωμεν) ces gardiens. » À son tour, Robin traduit : « À la façon de gens qui occupent leur loisir à faire un roman, de l'éducation de ces hommes-là faisons en parole un roman. » Dans ce passage, les mots λόγος et μῦθος paraissent équivalents et interchangeables. Il ne faut pas oublier que Socrate se prépare à adresser à ses interlocuteurs une série de réflexions qui ne font pas référence à la réalité empirique et historique : dans ce sens, elles peuvent apparaître comme un récit de fiction, comme le sont les mythes racontés dans les moments de loisir et les jours de fête. Mais Socrate veut garder l'ambivalence de son opération : ce à quoi un discours peut être référé ne se réduit pas au seul monde sensible, il y une réalité que le λόγος seulement peut apercevoir. Comme l'a justement observé Luc Brisson, « si μῦθος peut être assimilé à λόγος entendu comme "discours" en général, il doit cependant être opposé à λόγος pris dans le sens de "discours vérifiable" et dans le sens de "discours argumentatif" »[2].

Socrate ne perd jamais de vue le fait que tout ce qu'on a dit et qu'on va dire sur la cité et ses gardiens est le fruit du λόγος, qui n'est pas un roman ou un verbiage ou une simple imagination, mais en premier lieu une argumentation qui vise à repérer les qualités nécessaires aux gardiens et la

1. *Rép.*, 376c8-d3, où l'on retrouve une référence à l'ἱκανὸν λόγον ; voir aussi l'emploi répété de δεῖ en 375a5-9, b4-5, c1-4, où il y a aussi l'hypothèse contraire, « sinon », et de προσδεῖσθαι en 375e9-11.

2. L. Brisson, *Platon, les mots et les mythes*, Paris, la Découverte, 1982, p. 110 et p. 191-192 sur μυθολογεῖν. Platon parlera dans le livre VI de la πολιτεία que μυθολογοῦμεν λόγῳ dans la discussion précédente et qui sera réalisée en fait (ἔργῳ), le jour « où le γένος des philosophes sera maître du gouvernement » (501e4-5).

façon de les produire. Dans ce sens, pour reprendre sur ce point une autre observation de Brisson, le λόγος doit obéir à « un critère interne : l'organisation de son développement »[1]. Pour cette organisation, la méthode par hypothèse en tant que recherche des conditions de résolution du problème s'avère une démarche essentielle. Le discours sur l'éducation continuera à être marqué par le recours continuel au verbe δεῖ dans la signification que j'ai essayé d'éclaircir[2]. Mais j'ai l'impression que l'ombre de cette méthode continue à se projeter sur les autres livres aussi de la *République*, où le chemin par hypothèse parviendra enfin à reconnaître dans l'identité des philosophes et des gouvernants la condition non seulement nécessaire, mais également suffisante, de l'élimination des maux de la cité et donc de l'injustice elle-même.

1. *Ibid.*, p. 139.

2. Dans le livre III, il y a un fréquent emploi de δεῖ (412a9-10, b2-6, c2-12), ainsi que de plusieurs formes verbales en -τέον : διαιρετέον, ἐκλεκτέον, τηρητέον, ζητητέον, ἐγκριτέον, ἀποκριτέον, θετέον, ποιητέον, θεατέον, etc. (*cf.* 413c-414a), qui soulignent les conditions qu'il faut rechercher et observer pour obtenir des individus aptes à garder la cité. Voir 416b9-c3, un passage qui a une évidente allure conditionnelle : « il faut (δεῖ) leur donner la véritable éducation, quelle qu'elle soit, si (εἰ) l'on veut qu'ils aient le plus haut degré de douceur. » Dans le livre IV aussi la bonne éducation est indiquée comme « la grande et unique condition, ou, à parler plus exactement, la condition suffisante (ἱκανόν) ».

GLAUCON ET LES MYSTÈRES DE LA DIALECTIQUE

Mario VEGETTI

L'intervention de Glaucon au Livre VII (532d-e) joue, comme cela arrive souvent dans le dialogue, un rôle stratégique dans son développement théorique. Glaucon a entendu de Socrate des indications à propos de la dialectique, et en particulier la relation étroite que celle-ci entretient avec le « bien », ce qui lui assigne comme domaine spécifique le lieu le plus élevé du champ noético-idéel. Il commence par relever le manque persistant d'*homologia*, d'accord dialogique sur les arguments de Socrate : « Cela me semble une chose extrêmement difficile à admettre » (532d2-3 : παντάπασί γέ μοι δοκεῖ χαλεπὰ μὲν ἀποδέχεσθαι), bien qu'il en accorde par ailleurs le caractère persuasif (d4 : « il est difficile de ne pas les admettre (χαλεπὰ μὴ ἀποδέχεσθαι). » Cette absence d'*homologia* impose, selon Glaucon, la nécessité de discussions ultérieures et répétées, pouvant éventuellement conduire à un niveau où l'accord sera plus solide : « Nous ne devons pas en parler seulement à cette occasion (οὐ γὰρ ἐν τῷ νῦν παρόντι μόνον)[1], mais il nous faudra y revenir plus d'une fois » (532d4 *sq.*). Pour le moment, Glaucon n'est prêt à accepter les thèses socratiques qu'à titre d'hypothèses (532d6 : ταῦτα θέντες ἔχειν ὡς νῦν λέγεται). Mais pour poursuivre la discussion, et aller plus loin que les indications rhapsodiques fournies par Socrate sur les tâches et les privilèges de la dialectique, Glaucon formule une requête précise qu'il énonce avec sa rigueur conceptuelle habituelle. Nous nous sommes jusqu'ici limités au « prélude », dit-il, et il faut à présent passer au vrai et

1. Glaucon répète ici, pour donner son accord, la même formule réticente que Socrate avait employée dans la discussion sur le « bien » : τὸ νῦν, τὴν παροῦσαν ὁρμήν (506e1 *sq.*), ἐν τῷ παρόντι (509c9 *sq.*). Pour une formule semblable, voir *Tim.*, 48c5.

propre *nomos* de la dialectique (532d6 *sq.*) : cette métaphore musicale désigne le déploiement complet de l'argumentation, la saturation méthodique de l'espace théorique ouvert par Socrate.

Glaucon exige donc que Socrate décrive, à propos de la *dunamis* dialectique, (a) quelle en est la modalité spécifique (le *tropos*), (b) en combien d'espèces (*eidè*) elle se divise, (c) quelles en sont les procédures (*hodoi*, 532d8-e1). Ce qu'il demande donc est une définition formelle, complète du point de vue théorique, de la méthode dialectique ; il souhaite que son statut épistémologique soit éclairci, tout comme Adimante avait, au Livre VI, demandé une définition conceptuelle précise de l'idée du bien. Comme dans le cas d'Adimante, l'exigence de Glaucon est suscitée par la nouveauté de ce que propose Socrate et par le manque de précisions quant au contenu de ce qu'il avance, deux choses qui rendent impossible un accord immédiat de la part des interlocuteurs. Le caractère négatif de la réplique de Socrate surprend dans un contexte dialogique (encore davantage que dans la discussion sur le « bien »), en particulier par le ton quasi agressif qu'il donne à son refus. Alors que, dans le cas du bien, Socrate avait tenté d'éviter de répondre à Glaucon en alléguant sa propre incapacité, voici que maintenant il attribue en premier lieu cette incapacité à son interlocuteur : « tu ne pourrais plus me suivre (οὐκέτ' (…) οἷός τ' ἔσῃ ἀκολουθεῖν), car pour moi je vais certes y mettre tous mes efforts (*prothumia*) » (533a1 *sq.*). Dans la discussion sur l'idée du bien, l'effort, la *prothumia*, était ce que Socrate se déclarait disposé à déployer dans la recherche, car son incapacité (οὐχ οἷός τ' ἔσομαι) risquait de l'exposer au ridicule (506b7 *sq.*). Maintenant, en revanche, l'effort à fournir n'est pas celui d'un chercheur dépourvu de certitude, mais celui d'un maître face à un élève incapable : situation à la vérité assez peu « socratique », qui évoque celle dans laquelle se trouvait Socrate face à Diotime dans le *Banquet*. Alors, c'était la prêtresse qui craignait que Socrate ne soit pas capable de la suivre (οὐκ οἶδ' εἰ οἷός τ' ἂν εἴης, 210a2) sur la voie de l'initiation aux mystères d'*eros*, mais qui était prête à s'y employer avec toute sa *prothumia*.

Socrate atténue pourtant immédiatement cette position « magistrale », cette violence dialogique à l'égard de son interlocuteur, en avançant une seconde raison de son refus qui, cette fois, de façon plus habituelle, concerne la nature même de son savoir : « ce ne serait plus une image de ce dont nous parlons, mais la vérité même (αὐτὸ τὸ ἀληθές), du moins comme elle m'apparaît (ὅ γε δή μοι φαίνεται). S'il en est ou non réellement ainsi, ce n'est pas le moment de l'affirmer catégoriquement (διισχυρίζεσθαι) » (533a3 *sq.*). Le savoir socratique de la dialectique est donc de la même nature doxique que ses considérations sur le « bien » (τὰ ἐμοὶ δοκοῦντα, 509c3). Cela peut expliquer le ton agressif adopté au début par Socrate à l'égard de Glaucon : la question de celui-ci est « impertinente » parce qu'elle excède les limites, déjà clairement posées à l'occasion du bien, du débat dialogique.

Glaucon est donc probablement incapable de suivre Socrate sur une voie que celui-ci serait en mesure d'indiquer mais non de parcourir avec la rigueur exigée par cette question stratégique à propos des méthodes, des *eide*, et du *tropos* de la dialectique. Pourquoi leur double incapacité ?

Une réponse complète à la question de Glaucon se trouve formulée dans le *Phèdre*, sans qu'aucune réserve n'apparaisse dans la manière dont elle est écrite. D'un point de vue « technique », la *dunamis* discursive présente deux *eidè*, divisions et rassemblement (τῶν διαιρέσεων καὶ συναγωγῶν, 265c9, 266d4) :

> Si je crois avoir trouvé chez quelqu'un d'autre l'aptitude à porter ses regards vers une unité qui soit aussi, par nature, divisible en une multiplicité, « je marche sur ses pas » [...] Ceux qui sont capables de faire cela, dieu sait si j'ai raison ou tort de les appeler ainsi, mais jusqu'à présent, je les nomme « dialecticiens ». (266b, trad. de L. Brisson légèrement modifiée)

Il peut sembler incorrect de recourir à un contexte dialogique différent pour répondre à une question posée dans la *République*, et ce le serait en effet si, dans notre Dialogue, n'était clairement affirmée une conception de la dialectique semblable à celle plus amplement développée dans le *Phèdre*. Dans le passage qui précède l'apparition du problème de l'idée du bien, le *dialegesthai* authentique est distingué de l'argumentation éristique par sa capacité d'opérer des divisions, *diaireseis* (454a6 : τὸ [...] δύνασθαι κατ' εἴδη διαιρούμενοι τὸ λεγόμενον σκοπεῖν). Une conception de la dialectique comme technique diairétique est donc déjà présente dans la *République*, et sa seconde espèce, synthétique, le rassemblement, est également impliquée dans une certaine mesure par le caractère synoptique (*synopsis*, 537c2 *sq.*) assigné à la dialectique dans ce dialogue.

Pourquoi donc Socrate ne s'engage-t-il pas sur ce terrain rassurant – qui sera exploré de manière scientifiquement solide dans le *Sophiste* – et préfère-t-il formuler un refus qu'il attribue à une inaptitude d'abord agressivement projetée sur Glaucon, et dont il rend ensuite responsables ses propres convictions ? La réponse à cette question renvoie forcément à l'architecture théorique de la *République*. Car ici – à la différence d'autres dialogues comme par exemple le *Phèdre* et le *Sophiste* – le savoir dialectique est relié de manière constitutive à cette énigmatique idée du bien, qui en constitue le *telos*, l'objet privilégié et en même temps la raison d'être, dans la mesure où le savoir est destiné à légitimer le pouvoir. Si le « bien » est le fondement de la suprématie de la dialectique, son statut ontologique ambigu – à la limite de l'être et au delà de l'*ousia* noético-idéelle – rejaillit sur le statut épistémologique de la dialectique elle-même, ce qui à la fois lui assure sa suprématie au sommet de l'édifice des sciences et rend incertaine la nature de sa méthode.

En d'autres termes, la prééminence de la dialectique fait que l'ensemble des *epistemai* et des *tekhnai*, même réformées et refondées, ne constitue rien d'autre qu'un « prélude » à « l'air » (*nomos*) que la dialectique doit finalement exécuter (531d8). Mais la demande faite par Glaucon de passer enfin à l'exécution de ce *nomos* après la longue analyse du prélude (532d6 *sq.*), bien qu'elle puisse sembler tout à fait raisonnable, paraît à son tour excessive par rapport aux limites que la discussion sur le « bien » avait nettement marquées. Avant même que Glaucon ne formule sa question, Socrate avait soutenu que c'est dans la « capacité de donner et recevoir le *logos* » (532e4 *sq.*) que consiste « proprement l'air que la dialectique exécute » (532a1 *sq.* : οὗτος ἤδη αὐτός ἐστιν ὁ νόμος ὃν τὸ διαλέγεσθαι περαίνει). Le *nomos*, la mélodie épistémique de la dialectique, coïncide donc dans la *République* – à la différence de ce qui arrive dans d'autres Dialogues et en dépit des exigences de Glaucon – avec une discursivité qui est celle d'un « prélude », d'une instance critique et fondatrice qui se manifeste dans des affirmations « hypothétiques » concernant tant les limites des sciences mathématiques que celles du savoir éthico-politique. La référence constitutive à un objet situé « par delà l'*ousia* » détermine donc le caractère « non saturé » du savoir dialectique, savoir structurellement ouvert, prélude qui ne peut prétendre à l'achèvement propre au *nomos*.

L'unique réponse possible à la question de Glaucon consistera donc à décrire le travail propre de la dialectique, où se manifeste sa puissance, sa *dunamis*, une puissance qui, dans le domaine de la discursivité humaine, est l'analogue de la *dunamis* propre à la suprématie causale du « bien » dans le champ ontologique et épistémique. C'est cette description, en lieu et place d'une impossible définition des *tropos*, *odoi* et *eidè*, que Socrate propose alors à Glaucon.

La dialectique commence donc son travail par une approche critique et négative, « en supprimant les hypothèses » (533c8), c'est-à-dire en en montrant le caractère non fondé et mouvant et en les orientant vers un principe fondateur (511b5). Cependant, cette réfutation des hypothèses s'opère – ici se marque le seuil de séparation entre la dialectique de la *République* et l'*elenkhos* socratique habituel – non pas selon la *doxa* mais selon l'*ousia* (534c2 *sq.*) : la réfutation des hypothèses, en effet, aboutit non pas à l'incertitude, à l'aporie, mais bien à la compréhension (*lambanein*) du logos capable de déterminer l'*ousia* propre de tout objet de discussion (534b3 *sq.*). On pourrait dire que les quatre premiers livres de la *République* constituent un exemple amplement développé de ce parcours dialectique. Dans les livres I et II, les hypothèses « doxiques » sur la justice proposées par Céphale, Polémarque, Thrasymaque, et par une culture à laquelle prêtent leur voix Glaucon et Adimante, sont soumises à *elenkhos*. Dans le livre IV, on arrive à une description, un logos, de l'essence (*ousia*) de l'objet de la recherche : la justice (*dikaiosunè*), définie par le fait de « faire les choses qui sont propres ». Ce niveau semble désormais non hypothétique parce que ne donnant prise à aucun *elenkhos*, δυσεξελεγκτότατον selon l'expression du *Phédon* (85c9).

La tâche suivante et plus spécifique de la dialectique à propos du « bien » comporte trois mouvements, qu'on peut dégager d'une longue réplique à vrai dire trop condensée de Socrate, et qui de plus se présente sous une forme négative, son intention étant de décrire en premier lieu ce que *ne* fait *pas* celui qui n'est pas un véritable dialecticien (534b8 *sq.*). Le premier mouvement consiste, comme d'habitude, à « supprimer » par le moyen de l'*elenkhos* les hypothèses non fondées à propos du « bien ». C'est ce que Socrate a fait, bien que de façon un peu sommaire, au livre VI, quand il a rejeté l'identification du « bien » avec le plaisir ou avec l'intelligence. Cet *elenkhos* devrait être conduit du point de vue de l'*ousia*, mais, s'agissant du « bien », cette prescription ne peut valoir, puisque, comme on sait, celui-ci ne peut être traité de façon exhaustive sur le plan noético-idéel des *ousiai*. On passe donc à un second moment, plus spécifique, qui consiste à « distinguer », séparer le « bien » de toutes les autres idées (534b9 *sq.* : ἀπὸ τῶν ἄλλων πάντων ἀφελὼν τὴν τοῦ ἀγαθοῦ ἰδέαν). Cela avait déjà été fait dans le contexte de la métaphore solaire du livre VI (508e *sq.*), quand le « bien » avait été distingué de la science, de la vérité et de l'essence. Ce que signifie exactement cette « séparation » du « bien » peut s'éclairer si on la compare avec l'exhortation, apparemment semblable, de Plotin (*Enn.*, V. 3, 17, li. 37 : ἄφελε πάντα). Plotin entend nier toutes les déterminations de l'Un-Bien pour construire une théologie négative du Principe absolument transcendant et par là ineffable. Platon cherche au contraire à séparer le « bien » *de* toutes les autres idées pour en souligner la différence, la transcendance, l'impossibilité de le réduire aux limites d'une existence, qu'elle soit empirique ou idéelle. Ce nécessaire *aphairein* du « bien » – qui nie la possibilité de l'identifier totalement, sans reste, à une quelconque manière d'être, soulignant ainsi sa position extrême de cause et de *telos* – culmine non pas dans l'affirmation de son ineffabilité mais dans sa « délimitation » par un discours rationnel (534b8 : διορίσασθαι τῷ λόγῳ). Il ne s'agit pas à strictement parler d'une « définition » au sens aristotélicien, même si, d'une part, elle différencie le « bien » par rapport aux autres idées, ce qui exclut la possibilité d'identifications du genre « le bien est la justice, la vérité », et ainsi de suite ; et même si, d'autre part, elle ouvre la voie à une description rationnellement « positive ». Il n'y aura donc pas en ce cas de *logos tès ousias* au sens propre, en raison du caractère hyper-essentiel du « bien », mais plutôt une analyse de sa *dunamis* causale, de son action (si on tient à parler de définition, celle-ci ne dira donc pas « ce qu'est le bien », mais « ce que *fait* le bien »). Il faut ici se reporter à 508e3-4, passage qui peut être interprété en ce sens : « pense que l'idée du bien est connue *parce qu'elle est la cause* de la science et de la vérité » ; le « bien » n'est donc pas connu en lui-même mais à travers sa fonction causale, ses effets épistémico-véritatifs [1].

Enfin, le troisième mouvement de la dialectique est un mouvement descendant. Il s'agit alors, après avoir connu le « bien lui-même », de voir « les autres choses bonnes », le « reste du bien » (534c5 : ἄλλο ἀγαθόν). Cela signifie instituer les rapports corrects de participation donc de prédication, par exemple dire, en toute vérité, que « le juste est bon », ou peut-être aussi, pour reprendre les *hypotheseis* réfutées au livre VI, que s'il est faux d'affirmer que « le bien est le plaisir », ou que « le bien est l'intelligence », il est en revanche correct, à certaines conditions, de dire que « le plaisir est bon » ou que « l'intelligence est bonne ». La connaissance de l'idée du bien, obtenue de façon critique et négative au moyen d'un processus de séparation-distinction d'avec le reste des existants, permet donc, quand on aborde le versant descendant et positif de la dialectique, de « fonder » les hypothèses et de prononcer, à propos de ces mêmes existants, des jugements de valeur corrects, qui reconnaissent la participation éventuelle au bien (dans la mesure où ils sont causés par lui) d'entités idéelles ou d'états de choses.

Jusqu'ici, donc, la réponse de Socrate a malgré tout – après le refus initial – fourni, en dépit de sa concision et de sa forme négative, quelques informations importantes sur le *tropos* et sur les *hodoi* de la dialectique (sinon proprement sur ses *eidè*). Et pour la première fois, l'assentiment de Glaucon se fait énergique (*sphodra*).

Pourtant, nous pourrions formuler pour son compte et de son point de vue quelques questions supplémentaires ; autrement dit, nous pourrions poursuivre le questionnement dialectique provisoirement suspendu en reprenant l'injonction de « revenir sur ce qui précède », injonction que

1. αἰτίαν δ' ἐπιστήμης οὖσαν καὶ ἀληθείας, ὡς γιγνωσκομένης μὲν διανοοῦ. S.R. Slings, *Critical Notes on Plato's 'Politeia'*, VI, *Mnemosyne* LIV, 2001, 158-181 (*cf.* p. 171 *sq.*), a soutenu que le génitif dépend de διανοοῦ (« verbe de pensée »), et ne se réfère donc pas à ἀληθείας mais à l'idée du bien.

Glaucon avait justement retournée à Socrate. Ces questions portent encore une fois sur *les modalités de la connaissance dialectique* et réclament une détermination un peu plus précise de l'*objet principal* de cette connaissance.

Pour la connaissance, elle est décrite à plusieurs reprises comme une com-préhension (*aptesthai*, *lambanein*) obtenue par un acte noétique (*noèsis*, voir par ex. 532b1). D'autre part, elle est également décrite comme une opération logico-discursive (« interroger et répondre », *logon didonai*, διορίσασθαι τῷ λόγῳ, voir par ex. 534b4 *sq.*, b9). De nombreux interprètes ont cru voir une tension entre ces deux descriptions de la connaissance dialectique, ou même une oscillation, allant d'un pôle discursif et argumentatif (à rattacher peut-être à une matrice « socratique »), à un pôle où cette connaissance culminerait dans une intuition noético-eidétique, dans une *Evidenzerlebnis* requise par la nature extra-linguistique des objets idéaux et/ou de leur « principe ». D'autres, allant au-delà des indications certaines qu'apportent des données linguistiques, ont soutenu que la connaissance dialectique devait être conçue comme une *Ideenbestimmung* de caractère entièrement définitionnel et propositionnel. Un compromis possible consiste à assigner à la conclusion noétique du parcours dialectique le caractère d'un *state of understanding* stable, auquel on parvient après un long travail de critique et de réfutation mené dans les limites de l'argumentation discursive.

Il est en tout cas nécessaire de tracer une frontière nette entre les deux niveaux que la connaissance dialectique est capable d'atteindre. Le premier est celui des entités idéelles : la « vision » eidétique de l'essence y est entièrement solidaire de leur *Bestimmung* définitionnel, du *logos tès ousias* en langage platonicien ; la « vision » se présente alors comme la certitude acquise du caractère irréfutable de l'hypothèse finale, puisque celle-ci se réfère au caractère invariant et à l'auto-identité de l'idée. Il s'agit certes d'une situation rare, mais qui n'est pas absente des Dialogues : penser à la « définition » rigoureuse de la justice au livre IV, 443c-444a. Cependant, la rareté même de ces acquis théoriques traduit l'existence de deux sortes de difficultés. La première se rencontre surtout à ce premier niveau : la compréhension définitionnelle des essences est, dans les Dialogues, généralement problématique et précaire en raison de l'absence d'une méthode précise permettant de tracer la « carte routière » du domaine noétique, de déterminer les relations mutuelles, les affinités et les différences qui articulent les rapports entre idées, du genre de ce que l'on verra dessiné, sous une forme hypothétique, pour la première fois dans le *Sophiste*. Des expériences de cet ordre, mais privées d'une infrastructure méthodique solide, sont en effet tentées à plusieurs reprises dans les

Dialogues (je pense par exemple à la discussion sur le *kalon* dans l'*Hippias Majeur*), donnant lieu à des résultats qui ne sont pas totalement négatifs mais partiellement aporétiques. Reste donc en général sans réponse (si on excepte le cas de la justice) l'injonction que Thrasymaque adressait à Socrate au livre I de la *République* : « garde-toi de me dire que le juste est l'opportun, ou l'agréable, ou l'avantageux, ou le profitable, ou l'utile; mais dis-moi clairement et précisément ce que tu entends par là » (σαφῶς μοι καὶ ἀκριβῶς λέγε ὅτι ἂν λέγῃς, 336d1 *sq.*).

La seconde et principale espèce de difficulté est extérieure à ce premier niveau et consiste dans le renvoi à une fondation ultérieure de la vérité et de la valeur des idées, même de celles à la définition desquelles sera parvenue la dialectique, comme dans le cas de la justice. Ce renvoi implique le passage à un second niveau de la connaissance dialectique, à celui justement d'un principe ultime assurant sa fondation. La question portant sur les modalités cognitives propres de la dialectique se relie alors étroitement à celle de la détermination précise de son principal objet : le statut de celui-ci ne peut que réagir – selon un lien typiquement platonicien – sur les formes de sa compréhension.

Nous savons que, au-delà des idées, la dialectique atteint son achèvement (*perainei*), le *telos* de son parcours, ce *telos* étant d'abord déterminé comme « principe du tout » (511b7); cela peut s'entendre de façon univoque, ou encore distributivement, comme étant relatif au problème examiné. Selon la branche de l'alternative exégétique choisie, l'universalité de la dialectique est présentée dans le premier cas comme « intensive » (parce qu'elle parvient à la compréhension de l'unique principe de l'univers et / ou des idées), et dans le second comme « extensive » (parce qu'elle prend en chaque cas un point de vue unitaire sur l'ensemble des sciences et des problèmes discutés).

La question se complique encore si on accepte de reconnaître dans le « principe du tout » l'idée du bien, comme le texte platonicien – on l'a vu – semble le suggérer sans équivoque, bien que cela ne soit pas dit de façon explicite. Cette omission pose cependant problème et ne peut pas être esquivée. Si le « principe du tout » est effectivement le « bien », cela semble limiter l'universalité de la dialectique dans l'ensemble des acceptions examinées jusqu'ici. D'un côté, il est impossible que le « bien » constitue le point le plus haut auquel parvient le mouvement synthétique et synoptique de la dialectique, au sens où le *Phèdre* parle d'une συναγωγή εἰς μίαν ἰδέαν, parce qu'il ne saurait en aucune façon être considéré comme un *summum genus* englobant des différences spécifiques. Mais, d'un autre côté, il est difficile de penser que le « bien » pourrait être le principe de l'univers, car son action semble se circonscrire à la causalité des idées, lesquelles sont des essences où se concentrent vérité et valeur[1]. En outre, pour ce qui regarde le champ noétique lui-même, dont le « bien » est assurément la cause et le fondement, il semble difficile de comprendre comment, de la dialectique assimilée à un principe, pourrait dériver, dans son mouvement descendant, la fondation de théorèmes scientifiques comme ceux des mathématiques, qui sont en dehors du champ éthico-politique où l'idée du bien exerce proprement son rôle fondateur.

La décision platonicienne de laisser (au moins explicitement) anonyme « le principe du tout » auquel parvient la dialectique pourrait donc ouvrir implicitement deux options également possibles quant à la nature de la connaissance : a) un savoir synoptique capable de fournir une perspective d'ensemble sur les divers *mathèmata* et leur domaine d'argumentation; b) un savoir du « bien » comme fondement du champ éthico-politique. Une synthèse de ces deux options pourrait conduire à concevoir la dialectique comme c) un savoir capable de comprendre (*logon lambanein*), d'évaluer (*logon didonai*) et d'utiliser les connaissances pour donner une orientation éthico-politique aux conduites privées et publiques, bref comme un savoir « royal ».

Quoi qu'il en soit, si le « principe du tout » est probablement au début délibérément anonyme, il va, comme l'indique la dynamique du texte, être identifié à l'idée du bien, qui donne un contenu à ce qui n'était d'abord que formel; il en découle des conséquences importantes pour la nature de la connaissance dialectique, vers laquelle il faut maintenant se tourner. Il faut certainement exclure qu'elle adopte une forme propositionnelle et définitionnelle; comme on l'a vu, cela est rendu impossible par le statut non essentiel et non substantiel du « bien ». Il faut tout autant écarter une vision intuitive ineffable en raison de l'aspect intersubjectif et descriptif du *dialegesthai*. On doit donc admettre que le type de connaissance que la dialectique peut acquérir du « bien » est, pour l'essentiel, celui déterminé dans les livres VI et VII de la *République*, ou, d'un autre point de vue, dans le *Philèbe*. Il s'agit dans ces textes : d'inscrire l'idée du « bien » dans un réseau d'idées apparentées avec lesquelles elle entretient des relations de contiguïté et de différence (vérité, science, essence, et aussi beauté, limite), et au sein duquel elle constitue pour ainsi dire un « nœud »; de décrire le bien métaphoriquement, comme dans l'analogie avec le soleil; enfin et surtout, d'en comprendre l'action causale, la *dunamis* spécifique.

Les mouvements mis en œuvre dans la *République* donnent en ce sens une image assez précise de la manière dont la dialectique travaille et

1. Dans la formule « théologique » de II, 380c8 *sq.*, le dieu est cause non pas de tout (παντῶν) mais des « biens ».

progresse (autant du moins qu'il est possible, ce qui ne suffit pas à satisfaire les exigences de Glaucon). Un premier aspect, critique et négatif, dit ce que le bien *n'est pas* : cela revient à réfuter des pseudo-valeurs ainsi que la possibilité d'identifier le bien à un « état de choses » quel qu'il soit, et à affirmer son rôle fondateur ultime même à l'égard du plan épistémique et idéel. Cet aspect ne peut toutefois rester isolé, sous peine de transformer la dialectique en une sorte de nihilisme éristique. Il doit donc être partie intégrante d'un travail de fondation, consistant en premier lieu en une *valorisation*, c'est-à-dire dans le transfert du caractère utile, désirable, donc intentionnel de l'activité de connaissance, vers les idées en tant que telles, la vérité et le savoir. C'est sur cette fin ultime que se concentre le dernier mouvement de la dialectique : être en mesure de gouverner la vie des individus et de la cité, parce qu'on est tout autant capable de critiquer les fausses fins et leur absence de fondement que de donner à la *praxis* une orientation éthique et politique fondée sur un principe assurant de manière irréfutable la vérité de la valeur et la valeur de la vérité.

C'est dans cette jonction entre l'aspect ontico-épistémologique et l'aspect éthico-politique que réside la *dunamis* de la dialectique, qui est alors, comme on l'a dit, l'expression intersubjective – le discours argumenté qu'échangent les hommes – de la *dunamis* du « bien ». À partir de cette puissance, ce que la dialectique est proprement appelée à fonder est le lien indissociable entre la valeur et la vérité. Il y a sans doute dans cette détermination du but de la dialectique une sorte d'excédent, qui correspond à l'excédence ontologique de son « principe ». Se donner comme programme ce double excédent rend inévitablement partiel tout effort pour le réaliser, et condamne donc toujours de nouveau la dialectique, comme le craignait Glaucon, à un statut de prélude, dont l'air (*nomos*) censé le suivre est destiné à demeurer comme un horizon insaturé ; ce prélude, cependant, n'est pas stérile, car chargé d'une énergie intellectuelle et éthique, d'une puissance efficace dans les sciences comme dans la vie.

La grande tentative logico-ontologique de réponse à Glaucon élaborée dans le *Sophiste* comprend la théorie de la division, l'introduction des cinq plus grands Genres, la communication des idées comme base de la distinction entre énoncés vrais et faux ; le travail dialectique est donc appelé à reparcourir les scansions entre les niveaux noétiques et les relations entre les idées. Le dialecticien doit être capable de « percevoir adéquatement 1) une idée unique complètement étendue à travers une multiplicité d'autres, dont chacune reste une et séparée ; 2) et de multiples idées, mutuellement différentes, enveloppées du dehors par une idée unique, 3) qui pour sa part persiste dans son unité, bien qu'elle soit étendue à travers plusieurs ensembles d'idées, 4) et de multiples idées qui sont séparées dans la mesure où elles sont complètement distinctes. Cela signifie savoir distinguer selon les genres, c'est-à-dire savoir comment ils peuvent ou non communiquer » (253d). Le cas 1) semble se référer aux idées des « plus grands genres » comme l'être, le même et l'autre ; les cas 2) et 3) aux idées-classes comme « technique » ou « animal », à celles qui y sont incluses, comme « pêche à la ligne » ou « homme », ou également aux idées « participées » comme « bon », ainsi qu'à celles qui en participent, comme « juste » ; enfin, le quatrième cas semble désigner plutôt le résultat ou le terme du travail dialectique, l'individualisation d'idées simples, d'essences formant comme autant de nœuds dans le réseau des rapports de communication et de différence qui les constituent.

Il est à présent temps de se demander quels seraient les pertes et les gains de cette nouvelle figure de la dialectique par rapport à celle qui était proposée dans la *République*. Comme « grammaire générale » de l'être et de la pensée, celle-ci ne renonce pas à la suprématie et à l'universalité que la *République* lui avait assignées dans le domaine des sciences. Il manque néanmoins le mouvement *vertical* de la dialectique vers un « principe du tout » qui marquait sa priorité en termes de vérité et de valeur, et, avec lui, la prétention de la dialectique à détenir le contrôle du niveau *critique* et *normatif* en matière de sciences ou de conduite éthico-politique. Du même coup, comme je l'ai dit, la dialectique abandonne le titre de « science royale » que lui vaut son savoir théorique et pratique de la signification des sciences et des fins de la vie (même si, comme le montre le *Politique*, on peut continuer à penser qu'elle est la forme de savoir apte à définir le « vrai politique », c'est-à-dire l'« homme royal »).

En contrepartie, la nouvelle présentation de la dialectique est mieux à même de répondre aux exigences formulées par Glaucon dans la *République*, en précisant les procédures qui lui sont propres (dégager les conditions de possibilité de la communication des idées entre elles, décrire leurs rapports sélectifs au moyen de l'analyse dichotomique, discriminer la vérité et la fausseté des énoncés). Donc, voilà un pas décisif vers la définition du statut épistémique de la pensée dialectique – lequel ne réussit pourtant finalement pas à faire de la dialectique une véritable *science*, et cela pour plusieurs bonnes raisons.

Le premier obstacle est justement la permanence du caractère dialectique, autrement dit dialogique, intersubjectif, de cette forme de pensée. La procédure dialectique comporte à chaque étape une *décision*, acceptée en commun par les interlocuteurs participant à la recherche, concernant l'ensemble ou le sous-ensemble dans lequel on s'efforce inlassablement de situer l'objet en question (dans le cas du « sophiste », celui-ci se voit successivement assigner sept « genres » différents). Mais on va rencontrer un obstacle encore plus considérable sur le plan théorique. La dialectique dichotomique n'avait pu se constituer comme une science sur le modèle de la géométrie – mais à son niveau propre d'universalité – qu'à la condition qu'il soit possible de constituer *un seul* arbre dichotomique représentant la division du « genre » en toutes ses multiples articulations, en d'autres termes, de construire une sorte d'atlas taxinomique de l'ensemble de la réalité. Or cela était en fait impossible, puisque « être », à la différence de « technique » ou « animal » par exemple, n'est pas une idée-classe subdivisible en espèces, même s'il est une propriété commune à tous les êtres en tant que tels. Il ne peut donc y avoir de dichotomie de l'être et, en conséquence, de taxinomie dichotomique universelle (comme aurait tenté d'en construire le néoplatonicien Porphyre). Cela vaut évidemment aussi, à plus forte raison, pour les autres « plus grands genres » comme le non-être ou l'autre, le même, le mouvement et le repos. La dialectique dichotomique reste donc une procédure heuristique, qui part d'un problème déterminé – formuler le « logos » de l'objet particulier mis en question –, le détermine comme le nœud du réseau mobile de relations entre idées à l'intérieur duquel elle le situe, et fournit ainsi une grille servant à distinguer des énoncés faux les énoncés vrais pouvant être formulés à son propos. Quant aux idées, elles continuent à servir d'unités stables de signification, capables, en leurs relations mutuelles, de constituer des références régulatrices pour comprendre la réalité (qu'elle soit empirique ou noétique) : elles ne constituent pas encore – comme cela arrivera avec Aristote – les formes d'une légalité immanente à la nature, mais il est certain que leur « séparation » d'avec le monde de la pluralité et du devenir apparaît fortement atténuée et réduite.

On peut donc encore penser que la dialectique se meut seulement – comme l'avait prescrit la *République* – dans le domaine des idées ; on peut estimer en outre que son statut épistémique est désormais mieux précisé, en réponse aux exigences de Glaucon (qui reflétaient probablement une discussion à l'intérieur de l'Académie). La dialectique, en tout cas, ne renonce pas à sa nature originaire d'enquête ouverte et toujours en mouvement, conduite face à divers interlocuteurs. Si elle restreint ses aspirations immédiates à une « royauté » éthico-politique, elle ne se transforme pas pour autant en un système abstrait de « science universelle » ou en une métaphysique de l'être ou de l'un. Le *Parménide* semble justement destiné à indiquer l'impossibilité d'un principe qui viendrait clôturer la dialectique, et la nature inépuisable du champ où elle conduit ses analyses et sa réfutation des « hypothèses ». Là, comme dans le *Sophiste*, le vieux Platon paraît vouloir montrer ceci à ses disciples de l'Académie : prétendre comme Glaucon exécuter complètement le *nomos* de la dialectique, ou tendre, comme les « amis des idées » ou le « trop jeune » Socrate, vers la construction d'un système métaphysique des idées, c'est là proposer des tâches qui dépassent les possibilités théoriques de la dialectique.

On peut, à la rigueur, penser que le *nomos* réclamé par Glaucon est exécuté dans le *Timée* (le « lendemain » du récit de la *République)*, ce dialogue où est justement racontée la genèse du monde à partir d'un « principe du tout » qui est bon, même s'il n'est pas le bien. Mais ce *nomos* – comme c'est l'habitude dans la tradition littéraire – a la forme d'un hymne exposant les hauts faits et les *aretai* d'une divinité. Il se présente comme une grande narration mythique et métaphorique, racontant le drame du rapport entre les idée et le monde en le centrant sur l'œuvre d'une *dunamis*, de cette puissance « bonne » qu'est le démiurge. Mais Glaucon, qui justement quitte ici la scène, n'aurait sûrement pas reconnu dans ce *nomos* les méthodes, les formes et les modes de la procédure dialectique dont il avait réclamé la définition lors de la conversation nocturne dans la maison de Céphale.

Traduit de l'italien par Monique Dixsaut

LA CAVERNE : ENTRE ANALOGIE, IMAGE, CONNAISSANCE ET PRAXIS

Giovanni CASERTANO

INTRODUCTION

La *République* est certainement un des Dialogues platoniciens où le caractère affirmatif des discours tenus par Socrate joue un rôle important dans l'élaboration d'une doctrine « forte », qui concerne non seulement le domaine politique mais aussi celui de l'éthique, de la théorie de la connaissance, de la philosophie. Le fait est que la construction de cette doctrine, ici comme dans d'autres grands Dialogues (il suffit de penser au *Phédon*), est pour ainsi dire toute « pétrie » dans la pâte d'une exposition et d'un récit qui utilisent nombre d'images, analogies, exemples, expériences mentales. Il n'est à mon avis pas moins important de souligner cet aspect que de mettre seulement en relief le contenu de la doctrine exposée. Il y a là un trait propre à la narration platonicienne qui est naturellement absent du livre VII, mais qui est largement présent dans les livres qui précèdent. Je souhaiterais ici rappeler quelques unes des images les plus significatives, avant de commencer à examiner celles, célébrissimes, de la Caverne et de la Ligne. Après la distinction, fameuse autant que problématique, entre la connaissance et l'opinion (476e *sq.*), on rencontre l'image du navire et de son pilote (488a-489c) ; à la suite d'une remarque d'une importance capitale selon laquelle ce sont justement les âmes les mieux douées qui deviennent extrêmement mauvaises si elles reçoivent une mauvaise éducation (491e), et au cours de la définition formelle du philosophe qui se poursuit depuis le livre V, arrivent les deux images splendides de la grande bête (493a) et des « petits hommes » qui « sautent de leurs petits métiers dans la philosophie » (495c-d), justement ceux dont l'âme a été « mutilée et flétrie par des travaux abrutissants » (495e1-2). Suit une allusion à la dialectique, la « partie la plus difficile » (498a3) de la philosophie, en un jeu de cadrages alternant, comme dans un montage cinématographique, entre ce que la philosophie est aujourd'hui et ce qu'elle sera « demain », c'est-à-dire dans la belle cité. Car la belle cité est justement un « dessin » fait par des peintres qui disposent d'un modèle divin (500e3-4) et qui sont les seuls à savoir rendre sur leur toile la « couleur humaine » (501b5).

S'ajoute aussi la détermination du plus grand apprentissage, celui de l'idée du bien (505a2). Je ne traiterai pas ici de l'image qui clôt le livre VI, me bornant à noter, sans le justifier, que l'ensemble de l'image, ou analogie, du soleil, rejeton du bien et maître de la lumière, a une double signification et ne se réduit pas à la juxtaposition d'un monde sensible et d'un monde intelligible : la double fonction, cognitive et pratique, attribuée au soleil comme au bien, est *intérieure* à chacun des deux mondes, et n'insiste pas seulement sur leur juxtaposition. En effet, dans le monde sensible – le monde concret où nous vivons – le soleil est soit ce qui rend visibles les choses (c'est le monde de la connaissance), soit ce qui les rend *possibles* (c'est le monde de la vie), sans être lui-même ni connaissance ni vie, puisqu'il est *au-delà* du visible et des vivants. Il en va exactement de même dans le monde intelligible, c'est-à-dire dans la construction de notre connaissance : le bien est *soit* ce qui donne à la connaissance sa vérité, *soit* ce qui en permet une bonne application, une inscription dans notre existence concrète, sans être lui-même réductible à l'existence en tant qu'il est *au-delà* de l'existence. Il est l'horizon ouvert du devoir-être, de notre agir *en vue* de quelque chose qui n'existe pas mais qui, en raison de sa très haute dignité, mérite que tous les efforts du philosophe-gouvernant tendent à le réaliser. En un mot, le bien est à la fois la fin de notre action et la seule chose qui lui confère de la valeur.

DU SOLEIL À LA LIGNE : RENDRE COMPTE DES IMAGES, OU LES ÉLIMINER ?

C'est à ce moment que l'image ou analogie du soleil se transforme en celle de la ligne. En fait, elle se dédouble en deux images ou analogies, celle de la ligne et celle de la caverne. Celles-ci sont étroitement reliées, la première ayant pour fin la seconde. Cela doit nous empêcher, à mon sens, de considérer l'image de la ligne dans une perspective exclusivement gnoséologique, c'est-à-dire de faire comme si son seul rôle était d'illustrer une « théorie platonicienne de la connaissance ». C'est assurément son rôle, mais ce n'est pas tout son rôle, et ce n'est pas son rôle le plus important. Dans les livres VI et VII, le discours platonicien est à la fois très dense et particulièrement articulé, dans la mesure où les « voies longues » et les « voies courtes », pour utiliser une autre image platonicienne, se succèdent et s'entrecroisent, dans une unité révélée seulement par le schéma global. Je vais convoquer deux « témoins » à l'appui de ce que je viens de dire. On trouve le premier en 517b-e, où il est explicitement dit que l'image de la caverne, qui vient juste d'être tracée, doit être « appliquée » (προσαπτέον) à l'image précédente, c'est-à-dire à celle de la ligne. Une image en explique donc une autre. Le deuxième « témoin » se trouve dans les passages 534e-535a et 540a, où le thème du bien, apparemment « oublié » pendant quelques dizaines de pages, revient au premier plan, de façon à livrer le sens profond de la structure de l'argumentation développée entre-temps.

Il y a donc deux genres (εἴδη), le visible et l'intelligible (ὁρατόν, νοητόν, 509d4) :

> C'est comme si tu prenais (ὥσπερ... λαβών) une ligne coupée en deux segments (γραμμὴν δίχα τετμημένην) d'inégale longueur (ἄνισα τμήματα)[1], et que, en maintenant constant le rapport (ἀνὰ τὸν αὐτὸν λόγον)[2], tu coupais à nouveau en deux le segment représentant le genre visible (ὁρωμένου γένους) et celui qui représente le genre intelligible (νοουμένου). (509d6-8)

Jusqu'ici, tout est très clair : les deux segments initiaux, représentant les deux mondes, sensible et intelligible, sont à leur tour partagés en deux parties, de façon à obtenir quatre segments. Mais la suite commence à poser des problèmes. On aura en effet, dans un rapport réciproque de clarté et d'obscurité (509d9 : σαφηνείᾳ καὶ ἀσαφείᾳ), le schéma suivant :

A. *Dans le monde visible* (509d9 : ἐν τῷ ὁρωμένῳ),

1) un premier segment : les images (e1 : εἰκόνες), c'est-à-dire ces images (e1 : λέγω δὲ τὰς εἰκόνας) que sont les ombres qui apparaissent dans l'eau ou dans les miroirs, ou toute autre chose de cet ordre ;

2) un deuxième segment, celui auquel ressemble le premier (510a5 : ἔοικεν) ; les animaux, les plantes et tous les objets fabriqués (a6 : τὸ

1. Je laisse ici de côté, au sujet de l'image, les aspects extérieurs aux questions soulevées ici, comme par exemple la question de savoir si les segments sont inégaux ou égaux (comme le pense Proclus), ou si la ligne est verticale ou horizontale, et ainsi de suite. Je me borne à remarquer l'absence dans le texte d'éléments précis aptes à nous faire trancher pour l'une ou l'autre possibilité.

2. On peut remarquer en passant que le rapport entre les segments est constant que les segments soient égaux ou inégaux. Par exemple, ce rapport est valable, qu'on ait : 1 : 1 = 1 : 1, ou qu'on ait 1 : 2 = 2 : 4, ou qu'on ait 1 : 2 = 4 : 8, et ainsi de suite.

σκευαστὸν ὅλον ; *cf.* 514c1 : σκεύη). Et de même que l'objet de l'opinion se distingue de l'objet de connaissance *par rapport à la vérité* (510a9 : ἀληθείᾳ τε καὶ μή, ὡς τὸ δοξαστὸν πρὸς τὸ γνωστόν), de même l'image se distingue par rapport à ce dont elle est l'image.

B. *Dans le genre intelligible* (510b2 : τοῦ νοητοῦ),

3) l'âme cherche l'intelligible en recourant, comme à des images (510b4 : ὡς εἰκόσιν), à ce qui, dans le segment précédent, était les originaux des images du premier segment, et *partant d'hypothèses* (b5 : ἐξ ὑποθέσεων), elle se dirige non vers un principe mais vers une conclusion (b6 : ἐπὶ τελευτήν) ;

4) dans le quatrième segment, couronné par un principe non hypothétique (b6-7 : τὸ ἐπ' ἀρχὴν ἀνυπόθετον), l'âme cherche l'intelligible en partant d'hypothèses, mais sans se servir d'images empruntées au domaine précédent (b7-8 : ἐξ ὑποθέσεως ἰοῦσα καὶ ἄνευ τῶν περὶ ἐκεῖνο εἰκόνων), conduisant sa recherche à l'aide des idées elles-mêmes et à travers des idées (b8-9 : αὐτοῖς εἴδεσι δι' αὐτῶν τὴν μέθοδον ποιουμένη).

Cette première exposition de l'image de la ligne appelle déjà des remarques importantes. Tout d'abord, il ne s'agit pas d'une distinction ontologique concernant l'existence ou l'absence d'existence de quelque chose, ni, pire encore, de l'« existence supérieure » d'une chose par rapport à une autre. Dans chacun des quatre segments, nous sommes toujours dans le domaine du réel. L'« infériorité » d'un segment par rapport au segment supérieur concerne non pas la réalité, mais la vérité. Cela est dit clairement en 510a9 : c'est *par rapport à la vérité* que les images se distinguent de ce dont elles sont images, mais tout cela, aussi bien les images qui « apparaissent » que les choses qui « sont », appartient au niveau du réel. Il semble donc que la distinction opérée relève du niveau gnoséologique, et c'est à cela que fait allusion non seulement la notion de rapport entre clarté et obscurité (509d9), mais aussi la référence, plus problématique, à l'« opinable » et au « connaissable » (510a9). Il est clair que l'opinable se distingue du connaissable dans la mesure où seul le second est concerné par la vérité. Cette analogie dans l'analogie pourrait amener à conclure qu'il ne saurait y avoir de connaissance des images, mais seulement des choses réelles. Les images seraient seulement objets d'opinion, et seules les choses mêmes seraient objets de connaissance, mais cela n'est pas rigoureusement correct dans la mesure où il y a naturellement aussi une connaissance des images, lorsque celles-ci sont reconnues *comme* images. Mais peut-être la clé du problème se trouve-t-elle dans l'allusion à la clarté et à l'obscurité. Il y aurait ainsi une « connaissance obscure », qu'on pourrait aussi appeler opinion, et une « connaissance claire », simplement appelée connaissance[1] ; la différence tiendrait alors à la méthode par laquelle nous abordons les objets de notre connaissance. Cela pourrait être impliqué en 510b8-9, où l'on trouve en tout cas clairement formulée l'idée que, lorsque l'être humain poursuit sa recherche en utilisant les seules idées, il est en train de construire (ποιουμένη) sa voie, c'est-à-dire, justement, sa méthode.

En ce qui concerne le segment de l'intelligible, son exposé ayant laissé Glaucon perplexe, Socrate y revient aussitôt. Remarquons simplement pour l'instant que des images sont présentes également dans la première partie du segment de l'intelligible, où le discours se sert des choses du monde réel « comme d'images ». Tout en étant instrument de connaissance, le discours part donc de ces réalités et demeure en elles. C'est seulement dans le dernier segment que l'âme abandonne les images pour raisonner exclusivement sur des idées.

Pour mieux faire comprendre son propos à Glaucon, Socrate revient donc sur le niveau (B). Voici ce qu'il dit maintenant de la première partie du segment de l'intelligible :

3) ceux qui s'intéressent à la géométrie, au calcul et aux études de ce genre, prennent comme hypothèses (510c3 : ὑποθέμενοι) l'impair et le pair, les figures géométriques, les trois espèces d'angles, et ainsi de suite. Et comme s'ils en avaient la connaissance ils prennent ces choses comme hypothèses (c6 : ταῦτα μὲν ὡς εἰδότες, ποιησάμενοι ὑποθέσεις αὐτά), et *ils estiment n'en devoir rendre aucun compte* (c6-7 : οὐδένα λόγον… διδόναι ; *cf.* 531e4-5), ni à eux-mêmes ni à autrui, comme s'il s'agissait de choses évidentes (510d1 : ὡς παντὶ φανερῶν). Ces gens utilisent ainsi des espèces visibles (d5 : ὁρωμένοις εἴδεσι), construisant des discours autour d'elles (d6 : λόγους περὶ αὐτῶν ποιοῦνται), tout en ayant en tête (d6 : διανοούμενοι) les choses auxquelles ces espèces ressemblent (d7 : ἀλλ' ἐκείνων πέρι οἷς ταῦτα ἔοικε). Ils utilisent donc les figures qu'ils dessinent comme étant des images (e3 : ὡς εἰκόσιν) tout en essayant de considérer en elles-mêmes des réalités qui ne peuvent être vues que par la raison discursive (511a1 : διανοίᾳ). Cet εἶδος est bien νοητόν, mais cela d'une façon telle que l'âme ne peut le rechercher qu'en utilisant des hypothèses (a3 : ὑποθέσεσι), sans pouvoir remonter vers un principe, dans la mesure où elle n'est pas capable de dépasser les hypothèses (a5-6 : οὐ δυναμένην τῶν ὑποθέσεων ἀνωτέρω ἐκβαίνειν), mais en s'en servant comme elle se servait auparavant d'images. C'est là le monde de la géométrie et des arts qui lui sont apparentés.

1. C'est là une citation cachée de Démocrite, parmi tant d'autres dans l'œuvre de Platon.

Ce propos marque clairement que cette section entend rendre compte des connaissances mathématiques, géométriques, et des « sciences sœurs ». Les images y sont encore présentes, et elles ne sauraient être éliminées. Ce sont les figures réelles que l'on « voit », c'est-à-dire qu'on perçoit par les sens : les triangles, les carrés et toutes les figures géométriques que l'on construit en les dessinant, et qui sont comme des « idées visibles » (510d5). Mais plus généralement, ces images sont aussi des « hypothèses » purement rationnelles : c'est le cas du « pair et de l'impair » (510c4), qui ne sont pas à proprement parler des images visibles. Ce sont des « hypothèses » au sens littéral de quelque chose qui se « superpose » au sensible et qui sert à comprendre et à connaître celui-ci, tout en n'en étant pas extrait par abstraction, mais qui constitue le « modèle » rationnel, et uniquement rationnel, permettant de comprendre et de connaître l'image sensible[1]. La présence de l'image continue à être forte. Non seulement sont des images les « choses » auxquelles on applique, par exemple, le « modèle » du triangle, du carré et ainsi de suite, mais sont aussi des images les figures géométriques que l'on dessine (510e2), qui sont des images de ce qui ne saurait être « vu » que par la raison discursive (διάνοια). Mais ces images-hypothèses sont utilisées par ces sciences de façon immédiate. Platon souligne à ce propos le caractère immédiat et intuitif des idées mathématiques (pair-impair) ou géométrique (triangle, etc.), mais aussi le fait que la méthode hypothétique adoptée par ces sciences est axiomatique, c'est-à-dire non dialectique. C'est un trait essentiel de toutes ces sciences que de ne pas « rendre compte » des images-hypothèses adoptées, dans la mesure même où celles-ci sont tenues pour évidentes à tous (510c7-d1 ; *cf.* 531e1-5).

4) Passons enfin à la deuxième section de l'intelligible (511b3 : τοῦ νοητοῦ). C'est celle que *le discours atteint par lui-même grâce à la puissance de la dialectique* (b4 : αὐτὸς ὁ λόγος ἅπτεται τῇ τοῦ διαλέγεσθαι δυνάμει), en ne prenant pas les hypothèses pour des principes (b5 : ἀρχάς) mais pour de vrais « pré-supposés » (b5 : τῷ ὄντι ὑποθέσεις), comme autant de points d'appui d'où s'élancer (b6 : οἷον ἐπιβάσεις τε καὶ ὁρμάς). On peut ainsi parvenir à ce qui n'a plus de présupposés, au principe de tout (b6-7 : τοῦ ἀνυποθέτου ἐπὶ τὴν τοῦ παντὸς ἀρχήν), et, une fois atteint ce terme, redescendre vers des conclusions, en suivant ce qui se déduit progressivement du principe, sans absolument rien utiliser de sensible mais seulement les idées mêmes, passant par elles pour aller vers elles et

1. Encore une ressemblance avec Démocrite : formulant l'hypothèse rationnelle des atomes et du vide, qui ne sont pas perceptibles par les sens, il s'en sert comme modèles pour expliquer les phénomènes sensibles.

pour terminer sur elles (c1-2 : ἀλλ' εἴδεσιν αὐτοῖς δι' αὐτῶν εἰς αὐτά, καὶ τελευτᾷ εἰς εἴδη).

Glaucon intervient alors de façon décisive. Il déclare maintenant comprendre, mais pas encore suffisamment, car l'opération décrite par Socrate lui semble bien complexe (c3-4 : συχνὸν ἔργον). Il résume ainsi ce qu'à dit Socrate :

> tu veux montrer que cette partie du réel et de l'intelligible (τοῦ ὄντος τε καὶ νοητοῦ) qui est contemplée par la science dialectique (ὑπὸ τῆς τοῦ διαλέγεσθαι ἐπιστήμης) est plus claire que celle qui est contemplée par ce qu'on appelle les arts, pour lesquels les hypothèses sont des principes. Et, bien que ceux qui observent les objets des arts soient contraints de les observer par la pensée discursive, sans recourir à des sensations (διανοίᾳ... ἀλλὰ μὴ αἰσθήσεσιν), ils ne te semblent pourtant pas qu'ils utilisent l'intelligence (νοῦν οὐκ ἴσχειν), dans la mesure où ils examinent leurs objets sans remonter au principe, mais par le biais d'hypothèses, encore que, accompagnés d'un principe, ces objets seraient intelligibles (καίτοι νοητῶν ὄντων μετὰ ἀρχῆς). Et tu appelles donc διάνοια et non pas intelligence, l'état (ἕξιν) de ces gens (...) car la διάνοια est quelque chose d'intermédiaire entre l'opinion et l'intelligence. (511c4-d5)

Socrate approuve totalement cette interprétation de Glaucon.

Il est donc dit, explicitement, que la dernière section de la ligne représente la dialectique. Celle-ci est la seule étude, ou pour mieux dire l'unique science, qui n'utilise pas d'images. Mais son propre point de départ est donné par des images, la différence tenant à ce qu'elle utilise des images pour dépasser le monde des images. L'important, en tout cas, est le fait que l'hypothèse, qui reste en un sens une image, et qui constitue le « principe » intelligible d'explication et de connaissance du monde réel, se trouve maintenant être seulement une base pour s'élancer vers l'acquisition d'un autre « principe » qui n'est plus une hypothèse, mais qui fonde toutes les autres hypothèses sans être lui-même fondé par aucune. Il s'agit naturellement du monde des idées (*cf.* 511b5 : ὑποθέσεις), qui est méthodologiquement distinct non seulement du monde sensible mais aussi du monde des idées scientifiques qui permettent d'expliquer le monde sensible. L'intervention de Glaucon ne se borne cependant pas à résumer la position de Socrate, elle ouvre des perspectives problématiques. Il faut relier ce passage à 510a8-10, où les deux segments de la première partie de la ligne étaient définis en fonction de leur rapport avec la vérité, c'est-à-dire en fonction du rapport entre l'« opinable » et le « connaissable ». Maintenant, la raison discursive apparaît comme intermédiaire entre les deux parties du premier segment, considéré dans son entier comme relevant de l'« opinion », et la dernière partie du second segment, dite non plus

« connaissable », mais directement « intelligible ». Mais la διάνοια ne procure-t-elle pas aussi une connaissance ? Nous sommes naturellement portés à répondre affirmativement. Les quatre parties de la ligne ne deviennent-elles pas alors toutes des exemples de connaissance, distingués seulement par leur plus ou moins grand degré de clarté, comme cela a été dit, et comme Socrate va le réaffirmer ?

Un des problèmes à mon avis les plus fondamentaux du platonisme peut se formuler de la façon suivante. Atteindre le monde des idées implique que l'on reste dans ce monde, car c'est ainsi que l'on parvient à ce qui n'a plus de présupposés, au « principe de tout »[1], et la recherche dialectique portant sur les idées, et destinée de toute évidence à éclairer leurs rapports mutuels, n'a rien à voir avec les choses sensibles. Or si Platon appelle « dialectique », c'est-à-dire διαλέγεσθαι, une recherche consistant non seulement à raisonner et à argumenter, mais aussi à discourir et discuter, bref à établir des rapports, la διάνοια, la pensée discursive, n'est-elle pas elle aussi dialectique ? Le texte l'exclut, si on s'en tient à sa lettre, dans la mesure où il situe justement la διάνοια entre l'opinion et l'intelligence (511d4). Et le νοῦς, à son tour, ne semble-t-il pas renvoyer à une activité mentale plus « contemplative » que « discursive » ? Enfin, si les idées sont des « paradigmes » servant à expliquer et connaître les choses, peut-on imaginer une recherche sur les idées qui fasse totalement abstraction des choses, c'est-à-dire du monde qu'il s'agit d'expliquer ? Est-il possible, en d'autres termes, et pour rester à l'intérieur de la *République*, de poursuivre une recherche sur les pures idées de la justice et du bonheur, sans faire aucune référence au tyran et à la cité ? Mais il s'agit là de problèmes que je ne puis aborder ici.

Après avoir approuvé le « résumé » de Glaucon, Socrate apporte une dernière retouche à son esquisse. Le terme de « disposition », que Glaucon avait attribué au seul segment de la διάνοια, qualifie maintenant les quatre παθήματα ἐν τῇ ψυχῇ (511d7). Il s'agit donc de quatre affections, propriétés, attitudes, dispositions ou encore fonctions, de l'âme. En partant de ce qui vient en dernier, c'est-à-dire du plus haut (*cf.* d8 : ἀνωτάτω)[2], on a

1. Il est vraisemblable, mais non nécessaire, que ce principe soit justement l'idée du bien, en tant que principe anhypothétique vers lequel s'élance notre intelligence.

2. Je voudrais seulement remarquer, sans m'engager dans une discussion, que cette connotation de « hauteur », ou, pour mieux dire, de « plus haut », bien qu'elle ait induit certains interprètes à imaginer une ligne verticale, n'amène pas nécessairement une telle conclusion. Il peut très bien s'agir là d'une métaphore, signifiant un plus haut degré de clarté et de vérité. Que la « hauteur » représente un lieu métaphorique et non physique est d'ailleurs dit explicitement dans le magnifique passage de 529a-c, où Socrate se moque de

donc : 4) l'intellection, νόησις ; 3) la pensée dianoétique, διάνοια ; 2) la croyance, πίστις ; 1) l'imagination, εἰκασία (d8-e2). Ces termes sont ordonnés de façon proportionnelle (e2 : ἀνὰ λόγον), en fonction du degré de participation de leur objet à la vérité (ἀληθείας), qui est aussi leur degré de participation à la clarté (σαφηνείας). C'est ainsi, je dirais presque brusquement, compte tenu de la façon dont débute le livre suivant, que s'achève le livre VI[1].

Se trouve donc affirmé de nouveau, avec tous les problèmes que cela pose, que le rapport analogique essentiel est celui de la vérité et de la clarté, et que c'est lui qui lie ensemble les quatre segments de la ligne. S'il y a donc une gradation, c'est-à-dire un rapport de supérieur à inférieur, cela ne concerne aucunement le niveau ontologique, mais le niveau gnoséologique, celui justement de la vérité et de la clarté. Chaque segment représentant une faculté, celle-ci possède une capacité plus grande que celle ou celles qui la précèdent d'atteindre vérité et clarté ; de même, chaque segment, considéré du point de vue de l'objet auquel s'applique la faculté

ceux qui, lorsqu'on les invite à tourner « vers le haut » le regard de leur âme, entreprennent d'admirer… les plafonds !

1. On peut esquisser le schéma suivant :

objets	images	ce à quoi les images ressemblent	arts	ce que le discours atteint par la puissance dialectique
explicitation	ombres, images sur l'eau, etc.	animaux plantes, artefacts	géométrie et calcul	idées
modalité méthode	aucune	aucune	chercher à partir d'hypothèses	mener l'enquête à l'aide des seules idées et sur les idées
disposition (511d4 : ἕξις)	–	–	raison	intellect
qualité	peu claire et peu vraie	plus claire et plus vraie	encore plus claire et plus vraie	la plus claire et la plus vraie
affections fonctions παθήματα ἐν τῇ ψυχῇ : 511d7	imagination 511e2 : εἰκασία	croyance 511e1 : πίστις	raison 511d8 : διάνοια	intelligence 511d8 : νόησις

en question, possède non pas une plus grande réalité que celui et ceux qui le précèdent, mais une possibilité plus grande d'être l'objet d'une connaissance vraie et claire. Naturellement, certaines questions restent ouvertes. Y a-t-il une correspondance fixe entre objets et facultés ? Par exemple, la géométrie ne pourrait-elle s'appliquer, non seulement aux choses, mais aux ombres mêmes, comme Thalès l'avait fait pour mesurer la hauteur des Pyramides ? Nous avons déjà parlé du rapport problématique entre διάνοια et νόησις ; c'est un problème que Platon ne résout pas, ou plutôt qu'il ne résout qu'en modifiant les termes de la question, dans la mesure où la νόησις va devenir une chose à laquelle il est ici fait seulement référence mais qui reste comme une note en arrière-plan, à savoir l'ἐπιστήμη.

La superposition des images, ou la préparation au voyage : l'âme et la petite âme

Le livre VII marque la transformation de l'image de la ligne en celle de la caverne. Fermant ainsi le cercle de l'argumentation, elle offre les paramètres permettant de définir correctement le rapport entre connaissance et praxis. À propos de ce dernier moment de l'argumentation, je voudrais suivre ici, en particulier, trois thèmes : celui de la sagesse, celui de la contrainte et celui du « chant » dialectique. Mais je voudras souligner d'abord combien cette argumentation est toujours enfoncée dans la « pâte » des images et des métaphores, d'une façon soulignant l'originale et l'inégalable « épaisseur » du discours platonicien. Ce discours, tout d'abord, se construit et se définit explicitement lui-même comme une image, qui est une « image parlée », faite de mots, et pouvant donc être « entendue »[1]. Mais c'est aussi une image qui peut être vue, parce que les mots, comme les pinceaux, peuvent dessiner[2], et même, comme les burins, sculpter (540c4)[3]. Une telle image peut donc être aussi « superposée » à une autre, comme lorsque nous recouvrons une photo avec un transparent. Une telle superposition nous fait voir plus que ce qui apparaissait initialement : elle

1. « Écoute l'image (ἄκουε… εἰκόνος) » (488a1).

2. *Cf.* 472d-e, mais surtout, en ce même début du livre VII, lorsque Socrate entreprend de « dessiner » l'image de la caverne, Glaucon dit alors : « Je vois (ὁρῶ) » (514b7).

3. *Cf.* l'exclamation de Glaucon en 540c3-4 : « Magnifiques sont les magistrats que tu as fabriqués, tel un sculpteur (ὥσπερ ἀνδριαντοποιός) ! ». Cette exclamation peut être considérée comme une ἀντίδοσις de l'affirmation que Socrate avait adressée à Glaucon en II, 361d4-6.

nous fait voir en perspective une chose comme elle devrait être, ou comme elle sera, par rapport à ce qu'elle est[1].

Naturellement – et Platon le sait fort bien – l'usage d'images et de métaphores révèle la conscience d'une tension vers la conquête de la vérité qui ne peut jamais se relâcher, car c'est justement le propre de la recherche que de rester toujours ouverte. L'image est donc, à proprement parler, un filtre que nous construisons et à travers lequel nous pouvons « voir » la vérité : le filtre « visuel » à travers lequel celle-ci nous apparaît. Ici encore, il faut avoir la double conscience du fait que ce filtre ne saurait être éliminé, car il est le seul moyen pour les hommes d'approcher la vérité, et qu'en même temps il constitue une invitation à regarder plus loin, pour saisir le sens qui est au-delà de l'image. Et cela, sans aucune garantie que ce que l'on saisit soit la vérité absolue. Cela me semble faire l'objet de ce que dit Glaucon (en 532-533) à propos de la dialectique et de l'idée du bien : « J'accepte (ἀποδέχομαι) que les choses soient ainsi. Néanmoins, *cela me paraît très difficile à accepter, et par ailleurs difficile à ne pas accepter* (532d2-4)[2]. » La difficulté de Glaucon, mise en scène ici par Platon, est d'arriver à saisir l'image comme signe de quelque chose d'autre, de la dépasser pour saisir le sens authentique de ce qu'elle entend véhiculer, en étant toujours conscient du fait que ce sens, c'est-à-dire la vérité, n'est jamais que ce que nous voyons maintenant, et non une vérité absolue. C'est là, en effet, ce que signifie la réponse de Socrate :

> Mais tu ne verrais pas alors l'image (εἰκόνα) de ce que nous disons, mais la vérité même, du moins telle qu'elle m'apparaît (φαίνεται) : si elle est réellement telle ou non (εἰ δ' ὄντως ἢ μή), il n'y a pas lieu de l'affirmer; mais qu'il y ait quelque chose de tel à voir, cela nous pouvons l'affirmer. (533a2-5)

L'être humain ne peut donc avoir la certitude absolue que ce qui lui apparaît et qu'il affirme être vrai est effectivement vrai. Il peut tout au plus l'espérer, et l'attitude psychologique typique consistant à croire vrai ce qu'on voudrait croire vrai n'est évidemment pas inconnue de Platon. Cela est nettement dit lorsque Socrate, en expliquant l'image de la ligne par celle de la caverne, et en parlant de l'élévation de l'âme (ψυχῆς ἄνοδον)

1. *Cf.* 517a-b : « Cette image (517a8 : ταύτην… εἰκόνα), Glaucon, il faut l'appliquer à ce qui a été dit auparavant (517b1 : προσαπτέον… τοῖς ἔμπροσθεν λεγομένοις) ». Il faut rappeler que l'image même de la caverne avait été déclarée étrange, dès le début, par Glaucon : « C'est une image étrange que la tienne (515a4 : ἄτοπον… εἰκόνα). » Ce que Socrate avait confirmé en disant que ces hommes « sont semblables à nous (515a5 : ὁμοίους ἡμῖν) » : ce sont les hommes qui sont étranges, parce que complexes, et non pas simples.

2. Pour des passages parallèles, cf. *Phil.*, 16-17 et *Phéd.*, 85c.

vers le lieu intelligible (εἰς τὸν νοητὸν τόπον, 517b4-5), déclare que Glaucon, s'il parvenait à effectuer une telle superposition, ne sera pas loin de ce qu'il espère (ἐλπίδος), car c'est justement ce qu'il désire entendre (ἐπιθυμεῖς ἀκούειν, 517b6). Mais « un dieu seul sait si cela se trouve être vrai » (b6-7 : θεὸς δέ που οἶδεν εἰ ἀληθὴς οὖσα τυγχάνει).

Cependant, comme j'ai dit, l'ensemble du livre VII, qui est nourri d'images et de métaphores, transmet des sens profonds. Je voudrais rappeler ici seulement deux thèmes, étroitement connectés, la cécité et la direction vers le haut. Il y a deux genres de cécité, de dérèglement des yeux (διτταί... ἐπιταράξεις), dus à deux raisons : quand ils passent de la lumière à l'obscurité, ou de l'obscurité à la lumière (518a)[1]. La même chose arrive aussi à l'âme : si elle vient d'une vie plus resplendissante, elle est obscurcie parce qu'elle a perdu l'habitude de l'obscurité, et si elle vient de l'ignorance (a7 : ἐξ ἀμαθίας), elle est éblouie. Il faut donc, si cela est vrai (b6-7 : εἰ ταῦτ' ἀληθῆ), en arriver à la position suivante : la *paideia* n'est pas comme certains la conçoivent, lorsqu'ils disent qu'ils introduisent le savoir (c1 : ἐπιστήμη) en l'âme, comme s'ils *donnaient la vue à des yeux aveugles*. Au contraire, le discours montre que cette δύναμις et cet ὄργανον sont inhérents à l'âme de chacun, et grâce à eux il est possible de tourner (στρέφειν) l'œil, avec le corps tout entier (σὺν ὅλῳ τῷ σώματι), de l'obscurité vers la lumière (518c5-7). Cette faculté doit donc *être retournée* (περιακτέον) depuis le monde du devenir *avec l'âme entière* (σὺν ὅλῃ τῇ ψυχῇ), jusqu'à ce qu'elle soit capable de soutenir la contemplation du réel (τὸ ὄν) et de la partie la plus lumineuse de ce qui est, et que nous disons être le bien (τοῦ ὄντος τὸ φανότατον... τἀγαθόν). Tel est l'art (τέχνη) de la *conversion*, de la *periagôgè* de l'âme[2] : faire qu'elle soit retournée (μεταστραφήσεται) plus facilement et plus efficacement (518c8-d5). Ce n'est donc pas l'art d'y insérer la vue, mais de la procurer à celui qui l'a déjà mais n'est pas tourné du bon côté et regarde dans la direction où il ne devrait pas. La métaphore de la cécité, comme celle du rêve qui est aussi présente dans la *République*[3], véhicule des sens très importants pour la doctrine platonicienne : d'abord, le lien fort qui unit l'œil, de même naturellement que tous les sens, au corps entier, et le corps entier à l'âme entière, d'une façon qui souligne l'unité de l'être humain. Quand il sent, comme lorsqu'il pense, c'est toujours l'homme entier qui est en jeu et qui

1. On peut renvoyer ici aussi au *Sophiste*, où il est question de l'impossibilité de voir aussi bien dans l'obscurité que dans une lumière aveuglante (254a).

2. *Cf.* aussi 518e4 ; 519b3-4 ; 521c6 ; 525c5 ; 526e3 ; 540a7.

3. Voir 476c-d ; *cf.* dans le *Banquet*, le discours de Diotime, en particulier 210a-212a.

se met en jeu. Cela réfute encore une fois la prétendue conception platonicienne opposant le corps à l'âme comme la sensation à la raison.

Un autre aspect souligné par la métaphore de la cécité s'oppose cette fois à une lecture trop simpliste de l'« innéisme » platonicien. En effet, cette métaphore implique que ce sont justement les facultés, la possibilité et les instruments de la connaissance et du savoir qui sont présents dans l'âme de chaque être humain, plutôt qu'un savoir déjà constitué qu'il ne s'agirait que de ramener à la mémoire et à la conscience. C'est là un trait fondamental du socratisme, ou, plus précisément, c'est le trait fondamental de l'enseignement de Socrate dont Platon veut nous donner l'image. On ne saurait faire pénétrer le savoir dans l'âme des hommes, ce serait une prétention aussi absurde que celle de mettre la vue dans des yeux aveugles (les aveugles étant par ailleurs ceux dont la vue est endommagée, mais encore davantage ceux qui ne veulent pas voir). Tout au plus le savoir peut-il être stimulé ; on peut rendre chacun capable d'exercer et de faire fructifier les facultés qu'il possède. Autrement dit, on n'enseigne pas, mais on apprend. Ce concept central sert à Platon pour mener son attaque contre les sophistes et se retrouve aussi dans d'autres dialogues, comme par exemple le *Ménon* ou le *Phédon*. L'éducation est un phénomène « personnel », non la transmission d'une science.

Il y a finalement déjà l'ébauche, dans ce passage, de la notion de « conversion ». C'est une image sur laquelle Platon insiste et qui est fondamentale pour comprendre la perspective où il se situe. Elle nous dit d'abord que les facultés présentes en tout être humain peuvent être orientées vers le bien comme vers le mal. Chacun possède en lui la capacité d'agir et de penser, mais le résultat dépend de la « direction » donnée par chacun à ses actions et à la pensée qui les dirige. Toutes les autres vertus (ἀρεταί) du corps et de l'âme, lorsqu'elles ne sont pas déjà présentes en nous, sont susceptibles d'être produites par l'habitude et l'exercice (e2). En revanche, en ce qui concerne la vertu de l'intelligence (τοῦ φρονῆσαι), signe de la nature « divine » de l'être humain, c'est la façon dont celle-ci se trouve orientée (ὑπὸ τῆς περιαγωγῆς) qui la rend utile et avantageuse, ou inutile et nuisible (518d9-e4). C'est la « révolution » de l'intelligence, et non pas l'intelligence en tant que telle, qui sépare donc le bon du méchant. Cela explique pourquoi la « petite âme » (519a3 : τὸ ψυχάριον) qui est celle des hommes que Platon appelle *mauvais mais habiles* (πονηρῶν μέν, σοφῶν δέ) peut avoir un regard pénétrant (δριμύ, 519a2). De telles âmes sont capables de reconnaître avec acuité (a3 : ὀξέως) les objets vers lesquels elles se tournent, dans la mesure même où elles sont douées d'une vue qui n'est pas faible, mais *qui est l'instrument de leur méchanceté*, de sorte que les maux qu'elles produisent sont d'autant plus grands que leur regard est plus aigu (a5 : ὀξύτερον)[1]. Si ces mêmes natures étaient amputées de ces masses de plomb que sont les aliments, les plaisirs et autres choses semblables, qui *tournent vers le bas* le regard de l'âme (b2-3 : κάτω στρέφουσι τὴν τῆς ψυχῆς ὄψιν), et si ces âmes s'étaient *tournées vers les choses vraies* (b3-4 : περιεστρέφετο εἰς τὰ ἀληθῆ), elles auraient pu les voir avec la même acuité (b5 : ὀξύτατα) que celle qu'elles mettent à examiner ce vers quoi elles sont à présent tournées. La φρόνησις se trouve donc en chacun, qu'il soit bon ou mauvais, et tous peuvent donc être éduqués au bien, car c'est justement la « révolution » de l'intelligence, vers le haut ou vers le bas, qui qualifie l'action comme bonne ou mauvaise. Ainsi, l'éducation, la formation du philosophe revient au premier plan dans les pages qui suivent (521c *sq.*). La façon dont l'âme « se retourne » (c6 : ψυχῆς περιαγωγή) est un phénomène à la fois complexe et délicat, représentant la tâche la plus difficile de l'éducation. Ce n'est pas un jeu comme celui de l'ὀστρακίνδα, consistant à retourner un coquillage (c5 : ὀστράκου... περιστροφή).

Comme je l'ai dit, Platon revient souvent dans ce livre sur l'image de la conversion et de l'orientation vers le haut. On peut se reporter encore par exemple à 525d5 et 533d2, où la métaphore s'ajoute à l'image, car il y est dit que la dialectique attire vers le haut avec douceur l'*œil de l'âme* (533d2 : τὸ τῆς ψυχῆς ὄμμα). On peut enfin se référer à 540a7-8, à la conclusion du livre VII, où il est affirmé que c'est seulement après avoir tourné vers le haut le regard de leur âme (ἀνακλίναντας τὴν τῆς ψυχῆς αὐγήν) que les philosophes seront capables de voir (ἰδόντας) le bien en soi. Mais il faut surtout s'attarder sur le passage magnifique de 529a-b, où l'astronomie est définie comme une des études qui contraignent l'âme à regarder vers le haut (529a1-2 : ἀναγκάζει ψυχὴν εἰς τὸ ἄνω ὁρᾶν), alors que la façon courante de la pratiquer la tourne plutôt vers le bas. C'est en plaisantant de la plus belle façon que Socrate montre que « haut » et « bas » ne doivent pas être pris en un sens physique, mais comme des « directions » de la raison et de la pensée (*cf.* d4-5 : λόγῳ καὶ διανοίᾳ) :

> ce n'est pas parce qu'on lève son visage vers les ornements d'un plafond qu'on les contemplera avec son intelligence plutôt qu'avec ses yeux (...) je veux parler d'une étude qui fait se tourner vers le haut le regard de l'âme (...) En effet, si quelqu'un entreprend d'apprendre (μαθεῖν) quelque chose de sensible, qu'il regarde bouche bée vers le haut ou bouche close vers le bas, il ne pourra jamais rien apprendre (...), et son âme ne regarde pas vers le haut, mais vers le bas, même s'il « apprend » à plat-dos sur terre ou en faisant la planche sur mer. (529b1-c3)

1. Voir plus haut ce qui a été dit à propos des natures médiocres, 491e et aussi 495b, 519a.

LES TROIS DERNIERS THÈMES DE LA SONATE

La sagesse, ou le pari sur le savoir

En revenant au premier des trois thèmes que j'ai mentionnés (sagesse, contrainte, chant dialectique), il me semble qu'il faut remarquer au moins deux aspects de la sagesse et de son rapport avec la science. Le premier, mettant l'accent sur l'aspect psychologique, pourrait être défini comme la certitude subjective du vrai. Cet aspect se rencontre dans un passage du *Théétète*, en 200a : celui qui ne possède pas la science juge faux, mais ne croira jamais (ἡγήσεται) qu'il juge faux, et croira au contraire qu'il juge vrai. Cela signifie, entre autres, qu'il est impossible d'établir un critère psychologique permettant de distinguer les opinions vraies des opinions fausses, car celui qui émet une opinion sur quelque chose (et pourvu qu'il soit, comme on dit, « de bonne foi ») croit toujours qu'il juge vrai. Il construit donc une sagesse qui lui est « propre »[1], ayant tous les traits formels de la σοφία, et il est prêt à la défendre contre toute autre « sagesse » ; s'il se trouve forcé d'en accepter une autre, il le fera toujours avec réticence et difficulté. Il me semble que l'image de la caverne fait clairement mention de ce fait, donc de cet aspect de la sagesse.

Les hommes enchaînés voient seulement les ombres (515a7 : σκιάς) projetées sur la paroi, et appellent τὰ ὄντα (b5) ce qu'ils voient. Pour eux, le vrai (c2 : τὸ ἀληθές) n'est rien d'autre que les ombres des objets artificiels, car ils ne peuvent se libérer des chaînes ni se guérir de leur inconscience (c5 : ἀφροσύνης). Chaque homme se construit donc sa propre sagesse. Que cela soit une sagesse, c'est-à-dire une construction intellectuelle qui affirme vrais ses contenus en tant qu'ils correspondent au monde réel des ὄντα (ce que nous avons appelé les « traits formels » du savoir), cela est dit explicitement vers la fin du récit, lorsque l'homme enfin parvenu à regarder le soleil se souvient « de sa première demeure et de la sagesse (516c5 : σοφίας) qu'il possédait là-bas ». Il y a donc toujours une sagesse, même au fond de la caverne. Et cela ne sert à rien de dire que c'était une sagesse apparente alors que celle qui lui succède est vraie. Pour celui qui la possède, sa propre sagesse est toujours vraie et ne devient fausse que lorsqu'il en acquiert une autre, à supposer que cela arrive. Et même lorsqu'il en accepte une autre, il ne le fait jamais sans résister.

Tout cela me paraît évident dans le deuxième moment de l'image. Socrate demande en effet à Glaucon un effort d'imagination : il lui

1. Pour l'opposition entre sagesse « particulière » et commune, voir Héraclite, fr. 2, 113 et 114 DK.

demande de se mettre dans la situation décrite, celle où il s'agit de poser des questions et de donner des réponses vraisemblables. Imagine quelqu'un, lui dit-il, qui serait libéré et contraint soudainement (515c6 : ἀναγκάζοιτο ἐξαίφνης) de se lever et de lever son regard vers la lumière, et de regarder les objets au-delà du mur :

> Que dirait-il si on lui disait qu'il ne voyait auparavant que du vide (φλυαρίας) et que maintenant, en revanche, il voit de façon plus exacte quelque chose qui est plus proche de la réalité, tourné comme il est vers une réalité plus grande (τοῦ ὄντος καὶ πρὸς μᾶλλον ὄντα τετραμμένος ὀρθότερον βλέποι)? (...) Ne crois-tu pas qu'il resterait perplexe (ἀπορεῖν) et considérerait que les choses qu'il voyait auparavant étaient plus vraies (τὰ τότε ὁρώμενα ἀληθέστερα) que celles qu'on lui montre maintenant? (515d1-7)

On ne saurait exagérer l'importance de cette remarque psychologique, car elle montre la réticence de chacun à accepter ce qui est nouveau, même lorsque cela est évident, car le vrai est ce que nous avons en l'âme et considérons tel, d'où notre résistance à accepter qu'autre chose est vrai. Je ne veux pas entrer ici dans la polémique sur la « réalité plus grande » et sur le sens à donner à cette expression. Je remarquerai seulement que les choses visibles, τὰ ὁρώμενα, appartiennent au monde des ὄντα en tant qu'elles sont les référents de tous les objets mentaux, lesquels peuvent seulement être déclarés ἀληθέστερα, plus vrais mais non pas plus réels que les autres : la « réalité plus grande » est seulement celle d'une « vérité plus grande »[1].

Les deux derniers moments du récit me semblent confirmer ce qui vient d'être dit et apporter le dernier morceau manquant à l'image : le lien avec la praxis. Cet individu imaginaire est contraint, toujours par la force (515e6 : βία), de sortir à la lumière du soleil. Il se trouverait alors soudainement incapable de voir une seule des choses qui maintenant sont dites vraies (516a2-3 : ὁρᾶν οὐδ' ἂν ἓν δύνασθαι τῶν νῦν λεγομένων ἀληθῶν)[2]. Mais il s'habituerait ensuite[3] à regarder les ombres et les images (a7 : εἴδωλα) reflétées sur l'eau d'hommes et d'objets, puis les objets mêmes, puis les corps célestes et le ciel de la nuit. Enfin, le soleil même (b5 : αὐτὸν καθ' αὑτόν) et non plus ses images (φαντάσματα); et il serait capable de

1. *Cf.* ce qui a été dit dans la première partie de cet article.

2. Il y a ici, en fait, un autre problème. Quand et par qui les choses extérieures à la caverne sont-elles dites « vraies » ? Certes pas par celui qui vient juste de sortir, car, ébloui comme il l'est, il ne peut rien voir, et pour lui, en tout cas, vaudrait la condition psychologique que nous avons soulignée.

3. *Cf.* 516a5 : συνηθείας. *Cf.* aussi, en 517a2, une autre remarque psychologique, tout aussi importante, mettant en relief la nécessité de s'habituer, d'une façon ou d'une autre, à une situation ou à des idées nouvelles.

raisonner (b9 : συλλογίζοιτο) sur ce dernier, et de dire que c'est lui qui produit les saisons et les années, et qui est d'une certaine façon la cause (c2 : τρόπον τινὰ... αἴτιος) de tout ce qu'il voyait auparavant[1]. En se souvenant alors de sa première demeure et de la sagesse (c5 : σοφίας) qu'il possédait là-bas, il se réjouirait du changement (c6 : εὐδαιμονίζειν τῆς μεταβολῆς) et plaindrait les autres. Il n'aspirerait plus aux récompenses et aux éloges qui s'échangeaient auparavant, aux privilèges réservés à celui qui se montre le plus pénétrant (c9 : τῷ ὀξύτατα) dans l'observation des objets qui passent, il n'envierait plus les honneurs et le pouvoir qui ont cours chez les prisonniers ; il n'aurait que mépris pour le fait d'avoir de telles opinions et de vivre une telle vie. Mais si cet homme redescendait parmi les autres, il aurait à nouveau les yeux pleins d'obscurité, pour être venu soudainement du plein soleil. Et si la période d'adaptation devait être longue, il serait objet de dérision ; et s'il essayait de libérer les autres et de les amener vers le haut, ceux-ci essayeraient même de le tuer.

Comme on le constate, c'est seulement le fait d'acquérir et de s'approprier une nouvelle vérité qui nous conduit à déclarer non vraies nos opinions précédentes. C'est seulement par rapport à une vérité plus grande qu'une vérité devient non vraie. C'est seulement la conquête d'une nouvelle vérité qui détermine un nouveau mode de vie et nous fait juger inadapté et sans valeur le mode ancien. Et c'est seulement en se faisant le héraut d'une nouvelle vérité et d'un nouveau mode de vie, sans plus se conformer à ceux qui existent et sont acceptés par la majorité, qu'on encourt le danger réel non seulement d'être tourné en dérision, mais aussi d'être mis à mort. Encore une fois Platon nous invite à réfléchir sur l'histoire exemplaire, telle que lui-même l'a reconstruite, du personnage Socrate.

Le second aspect de la sagesse, auquel on a déjà fait allusion dans le paragraphe précédent, est présent aussi en 517b. Cet aspect est lié d'une part aux implications éthiques de tout discours intellectuel, d'autre part au « pari » sur notre savoir. Nous pouvons ne pas être absolument certains du fait que notre savoir est vrai ou non, car seul le dieu connaît le vrai de façon absolue, mais nous pouvons toujours espérer qu'il le soit, en tant qu'il s'agit du meilleur discours que nous, humains, pouvons faire, et que nous devons donc tenir[2]. Le savoir absolument certain appartient au dieu seul,

1. Ce dernier moment est nié ailleurs de façon explicite. Cf. *Phédon*, 99d-e : on ne doit regarder le soleil que dans son image (εἰκόνα), sous peine de devenir aveugle, de même qu'on ne doit considérer les choses (πράγματα) que dans leurs λόγοι, faute de quoi c'est notre âme qui deviendrait aveugle.

2. On ne peut éviter de penser à cet autre dialogue qu'est le *Phédon*, qui présente aussi des « certitudes » qu'il faut accepter, comme la déclaration de principe de 100a, et de

qui est justement la métaphore de la vérité absolue, à laquelle, certes, les hommes doivent tendre, tout en étant conscients du fait qu'ils sont seulement en train de construire des opinions vraies, jusqu'au moment où ils en construiront de plus vraies. De temps en temps une telle conscience se manifeste, dans quelques moments révélateurs, à travers les Dialogues platoniciens. En me limitant à un seul exemple, on peut se référer au passage de la *République* (III, 413a) qui souligne également le lien entre connaissance et praxis. Se tromper au sujet de la vérité est une mauvaise chose (413a6 : ἐψεῦσθαι τῆς ἀληθείας κακόν), posséder la vérité est un bien (a6-7 : τὸ δὲ ἀληθεύειν ἀγαθόν), et *être dans le vrai, c'est avoir une opinion conforme aux choses qui sont* (a7 : τὸ τὰ ὄντα δοξάζειν ἀληθεύειν). Bien et mal indiquent l'horizon pratique et politique de nos connaissances, l'horizon où elles acquièrent leur valeur. En d'autres termes, il est l'horizon de la vie heureuse, dont on ne peut jouir que dans la cité. En effet, est juste seulement la cité où gouvernent les gens réellement riches, non pas d'or, mais de cette richesse qui rend l'homme heureux, c'est-à-dire la vie bonne et fondée sur l'intelligence (521a4 : ζωῆς ἀγαθῆς τε καὶ ἔμφρονος). Mais si ce sont des gueux qui accèdent au pouvoir, convaincus qu'un bien privé doit leur venir du fait de gouverner, c'est alors la ruine de la cité. Il s'agit encore d'un renversement de l'opinion commune : les vrais riches et les vrais gueux sont ici exactement le contraire de ceux que la majorité reconnaît pour tels[1].

C'est donc seulement dans la cité que la sagesse et l'intelligence des gouvernants deviennent science. Ce thème, sur lequel nous reviendrons, est évident dans le livre VII. Mais il en avait déjà été question – conformément à la manière platonicienne d'annoncer les thèmes qui seront développés dans la suite – au livre IV. Quand on aborde les quatre vertus possédées par la cité juste, la σοφία (428b1), la φρόνησις (433b1), l'εὐβουλία (428b6) des gouvernants se voit qualifiée de science (b6 : ἐπιστήμη), tout en étant distinguée des diverses sciences existant dans la cité[2], dans la mesure où cette science ne pourvoie pas à des besoins

nombreux passages soulignant à la fois le caractère acceptable de l'argument *et* son caractère « défectueux » (84c, 85c-d, voire 107a-b ou 108d). Mais penser surtout au passage (114d) où apparaît la notion de pari et où Socrate conclut que « prétendre à toute force que les choses soient comme je viens de le dire, cela ne convient pas à un homme qui a quelque intelligence ; mais qu'il en aille ainsi ou à peu près (…) voilà, me semble-t-il, ce qu'il convient et qu'il vaut la peine de croire, car c'est un beau risque ».

1. Encore une allusion, chez le vieux Platon, à l'Italie contemporaine !

2. Dans la *République*, comme dans beaucoup d'autres dialogues de Platon (par exemple le *Théétète)*, la notion d'ἐπιστήμη présente une dualité sémantique. D'une part, elle signifie le savoir technique (sont cités dans ce dialogue les arts de la menuiserie, du travail du

particuliers de la cité, mais à la cité en général (d1 : ὑπὲρ αὐτῆς ὅλης), en réglant son organisation intérieure et ses rapports avec les autres cités.

La contrainte, ou pourquoi est-ce juste de faire ce qu'on n'a pas envie de faire

Le deuxième thème est celui de la contrainte. Ici aussi je voudrais souligner deux aspects. Il y a, dans les sciences, une nécessité pour ainsi dire « objective », qui semble leur venir de leur objet même. C'est ce que met en évidence la longue description de l'éducation du philosophe-gouvernant, où les disciplines que celui-ci doit étudier le « contraignent » à adopter certaines attitudes mentales. En 525c-d, le calcul et l'arithmétique, que le philosophe étudie en vue d'acquérir des connaissances (d2 : τοῦ γνωρίζειν ἕνεκα) et non dans un but mercantile, conduit son âme vers le haut (d5 : ἄνω ἄγει) et la *contraint* à raisonner (526a6 : διανοηθῆναι) sur les nombres en soi, qu'on ne peut appréhender que par la pensée. Il en va de même pour la géométrie. Elle aussi peut, d'une certaine façon, nous faire apercevoir plus facilement l'idée du bien, car elle *contraint* l'âme à se tourner (e2-3 : ἀναγκάζει… μεταστρέφεσθαι) vers la partie la plus heureuse de ce qui est (e4 : τοῦ ὄντος). Enfin l'astronomie *contraint* l'âme à regarder vers le haut (529a1-2 : ἀναγκάζει ψυχὴν εἰς τὸ ἄνω ὁρᾶν). Un tel accent mis sur la nécessité, sur la contrainte, dans cette partie qui traite des disciplines, indique d'abord, me semble-t-il, le caractère « naturel » d'un processus à la fois psychologique et gnoséologique, qui possède en tant que tel le caractère inévitable propre à d'autres processus naturels ; il marque ensuite la « prévalence de l'objet », au sens où c'est son objet – dès lors que celui-ci est considéré du point de vue de la fin à poursuivre (l'idée du bien, donc la direction et l'horizon) – qui nous impose d'étudier cette discipline d'une façon plutôt que d'une autre [1].

Mais il existe aussi un autre genre de nécessité « objective ». C'est celle des faits, c'est-à-dire des situations dans lesquelles les hommes se trouvent, qui les contraignent à des attitudes à la fois physiques et mentales. Par exemple, lorsque Platon dit qu'un des hommes qui gisent au fond de la caverne est soudainement contraint (515c6 : ἀναγκάζοιτο

bronze, de l'agriculture), c'est-à-dire le savoir qui produit des résultats spécifiques par des techniques précises ; d'autre part, c'est le savoir au sens fort, supérieur à tous les autres et qui n'est identifiable à aucun autre, dans la mesure, en ce qui concerne la *République*, où il est présenté comme la science des rapports entre les autres savoirs, science capable de les ordonner au bien de la cité.

1. Cette « contrainte exercée par l'objet » avait aussi déjà été mentionnée : *cf.* par exemple 490c-d, où c'est la vérité qui dirige et qui contraint.

ἐξαίφνης)[1] de se lever et d'élever le regard vers la lumière et de regarder les objets, il n'y a aucun sens à se demander : contraint par qui ? et pourquoi ? Il en va de même peu après, lorsque cet homme est contraint, toujours par la force (e6 : βίᾳ), de sortir à la lumière du soleil. L'idée que « les faits » exercent une telle contrainte est rythmée par Platon, dans le récit de la caverne, par trois situations instantanées, qui sont comme les trois « fractures » temporelles (signalées par ἐξαίφνης) où se manifestent les significations d'une aventure. La façon de pointer ces discontinuités donne proprement son sens à l'avènement d'une nouvelle forme de conscience, d'indiquer le changement psychologique qui s'opère chez celui qui vit cette expérience et, par suite, chez ceux qui l'entourent. La première prise de conscience advient quand l'un des enchaînés au fond de la caverne parvient à se délier et se trouve soudainement (515c6 : ἐξαίφνης) contraint de regarder vers la lumière. C'est le moment précis où l'esclave acquiert la conscience de son esclavage, conscience absente chez ses camarades de prison. La deuxième prise de conscience survient lorsqu'il se traîne hors de la caverne et, du fait de ses yeux soudainement (516a4 : ἐξαίφνης) éblouis, ne parvient à voir aucun des objets qui l'entourent. Il s'agit du moment où, face à des vérités évidentes, mais avec une âme encore remplie de l'obscurité et des apparences qui ont dominé notre vie jusqu'alors, nous ne parvenons pas à nous approprier ces vérités. Nous nous rendons compte, d'une part, que ces vérités sont susceptibles de bouleverser, et bouleversent effectivement, tout ce qui a été jusque-là notre façon d'être, et, d'autre part, que c'est à elles qu'appartient la vérité et non pas à nos précédentes opinions. La troisième situation est l'inverse de la seconde. En descendant à nouveau dans l'obscurité de la caverne, lorsqu'il y arrive soudainement (516e5 : ἐξαίφνης) depuis la lumière du soleil, un tel homme serait comme un aveugle. Cela veut dire qu'une fois qu'on a fait sien un nouveau système de vérité, il est difficile de voir, c'est-à-dire de comprendre, le monde auquel on était lié auparavant et que l'on acceptait parce qu'on le croyait vrai : il est difficile de « s'y retrouver ». La contrainte est donc le signe de la prise de conscience soudaine d'un processus psychologique qui a changé le cours de notre vie, et qui de ce fait a déterminé une nouvelle attitude face aux choses, aux idées, aux autres hommes.

1. L'ἐξαίφνης, l'« instantanément », signifie toujours chez Platon le moment d'un événement surprenant et inattendu, confrontant l'être humain à une situation nouvelle. Il s'agit du temps d'un événement qui ne dépend pas de nous, mais qui nous engage nécessairement, déterminant une réponse de notre part. C'est donc un événement qui nous « déroute », perturbe nos habitudes.

Ce deuxième aspect de la contrainte concerne aussi les philosophes. Il s'agit de la contrainte qu'il faut exercer sur eux pour qu'ils entreprennent de gouverner la cité. On trouve en 496d-497a une indication sur l'attitude du philosophe dans la cité, attitude susceptible d'apparaître lorsque la cité est corrompue, qui est comme un « désengagement », le « minimum » et non le « maximum » que le philosophe puisse faire pour la cité. Mais les indices relatifs à cette sorte de contrainte sont disséminés tout au long des livres qui précèdent (depuis le livre I) la déclaration explicite du livre VII. En 342d, par exemple, il est dit que le véritable homme d'État ne vise pas son utilité personnelle mais celle de ceux qu'il gouverne ; puis, en 345e-347a, que personne n'est prêt à exercer de bon gré des charges publiques. Enfin, en 347b-d, que l'ambition et l'amour des honneurs sont considérés comme une honte (ὄνειδος), et que les hommes de bien (b6 : οἱ ἀγαθοί ; c6 : οἱ ἐπιεικεῖς) ne veulent être tenus ni pour des mercenaires exigeant ouvertement une rémunération, ni pour des voleurs qui se rémunèrent eux-mêmes par le profit tiré des charges qu'ils occupent. Ils ne sont pas non plus motivés par les honneurs, car ils ne sont pas ambitieux. C'est donc sous l'aiguillon de la nécessité et des châtiments qu'ils consentent à gouverner, et le châtiment le plus grand est d'être gouverné par inférieur à soi. S'il existait une cité d'hommes de bien, il y aurait une compétition pour se soustraire aux tâches de gouvernement. Donc, le véritable gouvernant (347d5 : ἀληθινὸς ἄρχων), en raison de sa nature, ne vise pas son utilité propre mais celle des gouvernés.

Tous ces thèmes convergent dans le livre VII, où la contrainte revient au premier plan. Il est révélateur que cette idée réapparaisse ici après la discussion du bien au livre précédent. Car c'est justement la conquête de l'idée du bien qui est l'accomplissement de l'éducation et de la nature philosophiques, or elle signifie le caractère inséparable, dans la philosophie platonicienne, des deux aspects éthico-politique et théorique.

Une philosophie qui ne serait que contemplation, théorie pure, recherche sur les causes ou sur l'âme, ne serait pas une philosophie, car l'horizon dans lequel et en vue duquel naît la philosophie est toujours la cité, la communauté des hommes. Dans le mythe de la caverne, c'est justement la conquête de l'idée du bien, sa vision ou sa connaissance, c'est-à-dire la conscience de la dimension politique de la philosophie, qui exerce la contrainte. C'est la raison pour laquelle il faut forcer (519c9 : ἀναγκάσαι) les meilleurs naturels, *d'abord*, à tendre vers la connaissance la plus haute, c'est-à-dire à la vision du bien (c9-10 : πρὸς τὸ μάθημα... μέγιστον, ἰδεῖν τε τὸ ἀγαθόν) ; *ensuite*, à redescendre parmi les hommes de la caverne. Du reste, ce lien étroit qui relie le philosophe à la cité, pour le bien non de la seule cité, mais aussi de lui-même, avait déjà été anticipé au livre VI. Cela ne vaut pas seulement pour le passage auquel il a été fait allusion, relatif au « minimum » et au « maximum » de l'engagement du philosophe (497a), et où il est dit que le philosophe augmentera ses propres capacités, et, en même temps que lui-même, sauvera la cité. Cela vaut aussi pour le texte où Socrate déclare (500d) que le philosophe, justement parce qu'il vit en harmonie avec ce qui est divin et ordonné, devient lui-même divin et ordonné, mais seulement dans la mesure où cela est possible à un être humain (εἰς τὸ δυνατὸν ἀνθρώπῳ). Par conséquent, lorsqu'il est contraint de traduire en traits humains (εἰς ἀνθρώπων ἤθη) les objets de ses visions, en privé comme en public, il ne se limite pas à se façonner et à s'éduquer lui-même, mais il se fera l'ouvrier de la tempérance, de la justice et de toute autre vertu pour l'ensemble des citoyens.

La préoccupation de l'*unité* de la cité est le trait caractéristique de la « philosophie politique » de Platon et c'est en même temps le sens le plus profond de cette « philosophie ». On peut relier ce thème au problème du début du livre IV, c'est-à-dire à l'objection formulée par Adimante : l'interdiction de la propriété privée promulguée à leur égard ne rendra pas les gardiens heureux (419a2 : εὐδαίμονας), car tout en étant les vrais maîtres de la cité, ils n'en tirent aucun profit. On peut remarquer avec quelle insistance Platon répète que c'est l'horizon de la communauté humaine toute entière qui donne son sens non seulement aux activités de chacun, mais aussi aux vies individuelles. La réponse donnée par Platon dans ce passage était qu'il n'y aurait pas lieu de s'étonner si, même sans propriété privée, les gardiens étaient heureux, parce que « nous ne fondons pas notre cité pour qu'une seule classe (420b6-7 : ἕν… ἔθνος) jouisse d'un bonheur exceptionnel, mais pour que la cité entière (b8 : ὅλη ἡ πόλις) jouisse du plus grand bonheur possible » ; il ne s'agit pas de rendre heureux quelques individus, mais la cité entière (c3-4 : ἀλλ' ὅλην). Cette conclusion se retrouve au livre V, à propos de l'exemple des vainqueurs d'Olympie. Ces derniers ne connaîtront qu'une fraction des avantages et du bonheur dont jouissent les gardiens, car, pour les gardiens, *leur victoire contribue au salut de la cité tout entière* (465d7-8 : νίκην… συμπάσης τῆς πολεως σωτηρίαν) [1]. Telle est la réponse à ceux qui nous reprochent de ne pas faire le bonheur de nos gardiens.

Il me paraît donc indéniable que, selon Platon, le bonheur des individus ne peut se réaliser de façon accomplie qu'à travers le bonheur de tous. La plénitude de vie, physique et mentale, de chacun ne pourra se réaliser qu'en concomitance avec celle de tous les autres. La cité, puissante métaphore platonicienne pour indiquer le genre humain, devrait être

1. Citation presque littérale de Xénophane, fr. 2 DK.

constituée de façon telle que son unité, qui n'abolit pas la diversité des individus qui la composent[1], ne soit sauvegardée qu'en tant qu'elle est le vrai bien *de tous*, car c'est seulement cette unité qui offre *à chacun* les possibilités réelles d'une vie digne d'être vécue. Cela est déjà mentionné quelques pages avant le dernier passage cité, où Platon souligne de façon réaliste et humaine que l'élément le plus fort de cohésion entre les hommes est le « partage » du plaisir et de la douleur, ces « deux sources qui s'écoulent librement dans la nature »[2]. Lorsque tous les citoyens (462b5 : πάντες οἱ πολῖται) se réjouissent et éprouvent de la tristesse, autant qu'il est possible au sujet des mêmes choses, on peut dire que la cité est une, alors que plaisirs et douleurs sont des facteurs de désagrégation de la cité lorsque les uns éprouvent un maximum de contrariété alors que les autres éprouvent un maximum de joie, lorsque ne sont pas utilisées de façon concordante les expressions (462c3-4 : μὴ ἅμα φθέγγωνται ἐν τῇ πόλει τὰ τοιάδε ῥήματα) « mien » et « non mien ». La cité qui est la mieux administrée est celle qui ressemble le plus à un individu (c10 : ἑνὸς ἀνθρώπου), qui est ordonnée (τεταμένη) en un seul et même système (c12 : εἰς μίαν σύνταξιν) :

> Si donc un seul citoyen (ἑνὸς τῶν πολιτῶν) est frappé par un événement quelconque, bon ou mauvais, une telle cité reconnaîtra aussitôt que cet événement la touche directement, et partagera tout le plaisir ou toute la douleur de ce citoyen[3]. (462d8-e2)

Pour revenir au livre VII, contraindre les philosophes à gouverner n'est donc pas commettre une injustice à leur égard, car il n'est pas dans l'intérêt de la cité qu'une seule classe (519e2 : ἕν τι γένος) se trouve dans une

1. L'idée que la cité platonicienne opprimerait, abaisserait ou aplatirait les individus appartient aux nombreux mythes historiographiques qui ont été inventés au sujet de Platon. S'opposent à ce mythe non seulement le récit de la « naissance à partir de la terre » d'où sortent les différentes races « métalliques », dans le livre III (414d-415d) – manière de proclamer que les hommes sont frères mais non pas égaux –, mais aussi l'insistance avec laquelle Platon souligne que l'*unité* de la cité est constituée *justement* d'une multiplicité d'individus différents (*cf.* 443d-e, 464a). Il y a là une perspective voisine, mais qui est chez Platon beaucoup plus complexe et articulée, de celle que l'on trouve chez des sophistes comme Hippias (86 C1 DK) ou Antiphon (87 B 44b DK) à propos de la fraternité humaine.

2. Cf. *Lois*, 636d-e : les lois portent presque totalement sur le plaisir et la douleur, dans la cité comme dans la vie privée de chacun. Ce sont comme deux sources qui s'écoulent librement par nature, et celui qui en goûte dans le lieu et le temps opportuns, et selon la juste mesure, est heureux (636e1 : εὐδαιμονεῖ), qu'il s'agisse de la cité, d'un individu ou de tout être vivant.

3. La portée révolutionnaire, et éminemment actuelle, de ces affirmations devrait être évidente à tous.

position favorable, mais il faut que ce soit le cas de la cité entière, en harmonisant les citoyens par la persuasion et par la force (519e3-4 : συναρμόττων... πειθοῖ τε καὶ ἀνάγκῃ)[1] de sorte que soient réellement partagés les avantages que les individus sont capables d'apporter à la cité (520a1-2 : τὸ κοινὸν... ὠφελεῖν), et en contribuant ainsi à cimenter sa cohésion (a4 : σύνδεσμον). Seront donc justes les consignes qui leur seront données pour les contraindre à se soucier des autres et à les protéger (a8-9 : ἐπιμελεῖσθαί τε καὶ φυλάττειν). L'idée de partage des avantages, c'est-à-dire le fait que les bénéfices que chacun est à même d'apporter aux autres ne sont pas seulement un bien pour les autres mais reviennent sur ceux-là mêmes qui les apportent, est explicitement présente dans le texte platonicien : « Vous-mêmes – c'est le discours adressé aux gouvernants –, nous vous avons engendrés *pour vous-mêmes et pour le reste de la cité* (520b5 : ὑμῖν τε αὐτοῖς τῇ ἄλλῃ πόλει). » Avec cette phrase, la boucle est bouclée et la contrainte imposée aux philosophes de gouverner justifiée, car s'y trouve exprimée cette vérité : la cité où l'obligation de gouverner échoit à celui qui le désire le moins est nécessairement (d3 : ἀνάγκῃ) la mieux gouvernée ; il faudra donc que les philosophes gouvernent à tour de rôle et redescendent dans la demeure qu'ils partagent avec les autres. Ce sont donc des choses justes qui seront prescrites à des hommes justes, car aucun mode de vie ne comporte le mépris des charges publiques sauf celui du vrai philosophe ; doivent donc gouverner ceux qui justement n'aiment pas gouverner (521b1-5). Nous allons revenir sur cet aspect dans le point suivant.

Le chant de la dialectique, ou du bémol du doute au dièse de la certitude

Le troisième et dernier thème est celui du chant dialectique. « Mais tout cela n'est que le prélude du vrai chant qu'il faut apprendre (531d8 : προοίμιά ἐστιν αὐτοῦ τοῦ νόμου ὃν δεῖ μαθεῖν) », déclare Socrate, après avoir éclairé l'horizon où s'inscrivent les cinq disciplines que le philosophe-gouvernant doit acquérir. Ce chant est celui de la dialectique. Je ne peux évidemment traiter ici de la dialectique platonicienne qui, comme tout autre thème, présente une multiplicité de nuances et d'aspects qui en font un thème complexe et articulé. Je peux seulement faire allusion, de façon schématique, à tout au moins trois des principaux thèmes qui tissent le chant. Ces thèmes caractérisent plus particulièrement certains Dialogues, mais ne sont naturellement pas absents des autres. 1) La dialec-

1. La force s'applique, évidemment, à ceux qui n'ont aucune intention d'abandonner leurs privilèges.

tique est inséparable du discours, elle naît du discours et vit dans le discours; elle n'est pas seulement recherche du vrai, mais aussi de l'exactitude logique du déroulement du discours, exactitude qui, à son tour, se définit seulement à l'intérieur des prémisses dont les interlocuteurs ont convenu. Elle apparaît ainsi, d'une part, comme la capacité « d'interroger et de répondre », et donc comme une exigence logique et méthodologique. Mais elle a, d'autre part, la propriété de savoir « utiliser » pour ses fins propres les résultats des autres sciences et des autres arts : c'est la perspective de Dialogues tels que le *Ménon*[1], l'*Euthydème*[2], le *Cratyle*[3], le *Phédon*[4]. 2) La dialectique apparaît comme un processus et comme une méthode, consistant fondamentalement dans l'appréhension du *logos*, la raison des choses. Du fait qu'elle utilise les logiques non dialectiques des autres sciences en les embrassant par un regard synoptique, elle apparaît comme le but de tous les apprentissages, et donc comme la capacité d'utiliser ceux-ci dans le domaine pratique, politique. C'est là, justement, l'horizon de la *République*. 3) La dialectique est la seule science qui soit capable de « distinguer selon les genres ». Elle est donc encore *logos*, non seulement en tant que capacité de mettre en relation, mais en tant qu'elle est, grâce à cette capacité, la connaissance la plus vraie, synonyme

1. *Mén.*, 75d : « Ce qui en réalité est le plus conforme à la dialectique (διαλεκτικώτερον) n'est pas seulement de répondre le vrai (d5-6 : τἀληθῆ ἀποκρίνεσθαι), mais aussi et surtout de formuler sa réponse dans les termes avec lesquels celui qui est interrogé a déclaré son accord (d6-7 : δι' ἐκείνων ὧν ἂν προσομολογῇ εἰδέναι ὁ ἐρωτώμενος). » Cf. *Théét.*, 161e : examiner et réfuter les représentations et les opinions de chacun, en cela consiste l'activité dialectique tout entière (161e6 : σύμπασα ἡ τοῦ διαλέγεσθαι πραγματεία).

2. *Euthyd.*, 290b-c : ainsi, les géomètres, les astronomes, les experts en calcul (290c1 : λογιστικοί) remettent leurs découvertes (290c6 : εὑρήμασιν) aux mains des dialecticiens (290c5 : διαλεκτικοῖς), pour que ceux-ci en fassent bon usage.

3. *Crat.*, 390c-d : mais qui juge l'œuvre du législateur ? Celui qui sait interroger et répondre (390c6-8 : ὁ ἐρωτᾶν ἐπιστάμενος… καὶ ἀποκρίνεσθαι), c'est-à-dire le dialecticien (c11 : διαλεκτικόν).

4. *Phéd.*, 75-76 : le discours de la dialectique (« interrogeant par ses questions et répondant par ses réponses ») est justement celui qui parvient à imposer à toutes choses le sceau du « ce qui est en soi » (75d2 : οἷς ἐπισφραγιζόμεθα τὸ αὐτὸ ὃ ἔστι). Cf. *Phéd.*, 78-79 : il y a une réalité en soi (78d1 : αὐτὴ ἡ οὐσία), de l'être (τοῦ εἶναι) de laquelle nous rendons raison (λόγον δίδομεν) par des questions et des réponses, ce qui signifie toujours adopter le meilleur et le moins réfutable des discours humains (85c8-d1 : βέλτιστον τῶν ἀνθρωπίνων λόγων λαβόντα καὶ δυσεξελεγκτότατον). Enfin, *Phéd.*, 89d-91c : il n'y a pire malheur que de haïr les discours, et la misologie et la misanthropie naissent de la même façon ; et 99d-100a : « Il me sembla que je devais me réfugier dans les discours et chercher en eux la vérité des êtres. »

de la philosophie même. Cela est la perspective propre au *Phèdre*[1], au *Parménide*[2], au *Sophiste*[3], au *Politique*[4], au *Philèbe*[5], au *Timée*[6].

1. Cf. *Phèdre*, 266d-e, à propos des deux processus consistant à ramener, dans un regard d'ensemble, ce qui est éparpillé en divers lieux à une idée unique, pour rendre clair, par la définition de chaque objet, ce que l'on veut chaque fois enseigner, et pour, à l'inverse, diviser en espèces selon les articulations naturelles. C'est de ces procédés qu'est amoureux Socrate, des divisions et des rassemblements permettant de parler et de penser, et qui représentent la dialectique au sens propre (266b-c). *Cf.* aussi 273e : celui qui est incapable de diviser en espèces ce qui est, pour ensuite embrasser ces espèces en une idée unique, ne sera jamais un technicien des discours (τεχνικὸς λόγων).

2. Cf. *Parm.*, 135b-c, où Parménide répète que, si quelqu'un, compte tenu de toutes les difficultés examinées, refuse d'admettre qu'il existe des entités, et qu'il existe en fait un εἶδος pour chaque entité, il ne saura vers quoi orienter sa pensée (διάνοια); et que, faute d'admettre l'existence d'une idée toujours identique (ἰδέα αὐτὴ ἀεί) pour chaque chose qui est (τῶν ὄντων ἑκάστου), on détruira complètement *toute possibilité de discours, toute possibilité de la dialectique* (δύναμις τοῦ διαλέγεσθαι).

3. *Soph.*, 253c4-d1 : la dialectique est la plus grande de toutes les sciences (253c4-5), elle est la vraie science des hommes libres (253c7-8), celle qui distingue vraiment le philosophe des autres hommes. « Distinguer selon les genres » (253d1 : τὸ κατὰ γένη διαιρεῖσθαι) est le propre de cette science;

4. *Pol.*, 285a-b : bien des sages, en effet, hommes à l'esprit subtil (285a1 : πολλοὶ τῶν κομψῶν), ont déjà affirmé que la métrétique a pour objet, dans la pratique, tout domaine de l'activité humaine et tout aspect de la réalité (285a2 : πάντα τὰ γιγνόμενα). Mais ils n'ont pas poursuivi leur investigation en utilisant la méthode de la division par espèces, et ils ont ainsi failli à un des devoirs essentiels de l'analyse dialectique et philosophique, c'est-à-dire à celui de *considérer la différence dans la ressemblance et, inversement, la ressemblance dans la différence*. *Cf.* aussi *Pol.*, 285d5-6 : notre recherche sur l'homme politique doit avoir pour fin de « devenir en tout meilleurs dialecticiens » (περὶ πάντα διαλεκτικωτέροις γίγνεσθαι); et *ibid.*, 286d-287a : si nous prenons notre discours pour *méthode* (286d9 : μέθοδον), alors, aussi éloigné soit-il de son but, il pourra l'atteindre, c'est-à-dire nous rendre « plus habiles dans la recherche (286e2 : εὑρετικώτερον) », donc plus habiles dans la dialectique (287a3 : διαλεκτικωτέρους) et plus capables de trouver par le raisonnement la démonstration claire de ce qui est (287a3-4 : τῆς τῶν ὄντων λόγῳ δηλώσεως εὑρετικωτέρους).

5. Cf. *Phil.*, 16-17 : la « route la plus belle » (16b5 : καλλίων ὁδός), en vue de l'avantage même que cela comporte pour notre discours (16b1 : ἐπὶ τὸν λόγον), n'est pas difficile à indiquer, mais très difficile à pratiquer; elle permet de distinguer clairement (*cf.* 17a3 : διακεχώρισται) le mode dialectique du mode éristique de construire les discours, les uns à l'égard des autres (17a3-5 : τό τε διαλεκτικῶς πάλιν καὶ τὸ ἐριστικῶς (…) ποιεῖσθαι πρὸς ἀλλήλους τοὺς λόγους). *Cf.* aussi *Phil.*, 57-58 : chercher s'il existe une science plus pure qu'une autre (57b1 : ἄλλη καθαρωτέρα ἐπιστήμης ἐπιστήμη), tel est le but de la discussion. Parmi les techniques évoquées, celles « concernant l'élan de ceux qui pratiquent réellement la philosophie (c10-d1 : αἱ περὶ τὴν τῶν ὄντως φιλοσοφούντων ὁρμήν) » sont extraordinairement différentes, pour ce qui est de l'exactitude et de la vérité (d1 : ἀκριβείᾳ καὶ ἀληθείᾳ). Et la puissance dialectique (e6-7 : ἡ τοῦ διαλέγεσθαι δύναμις) nous renierait, si nous jugions qu'une autre pourrait lui être supérieure.

6. *Tim.*, 29b-c : s'il est nécessaire, méthodologiquement, de distinguer (29b4 : διοριστέον) entre le modèle et l'image, car « *les discours sont d'une certaine façon du même*

Naturellement, dans la symphonie platonicienne, et avant son déploiement dans le livre VII, ce thème avait déjà été annoncé. En commençant, par exemple, par le livre VI, on peut noter la remarque, en 487b-d, sur l'inexpérience (ἀπειρία) dans l'art de questionner et de répondre, laquelle empêche de voir le lien entre les parties du discours et le but visé. En 498a, la dialectique est définie comme la partie la plus difficile de la philosophie. En 504a, il est question de la méthode qui consiste à déterminer par comparaison, c'est-à-dire en séparant et en unissant. En 510c, on affirme à propos des autres sciences que ceux qui les pratiquent ne pensent devoir rendre compte à personne, ni à eux-mêmes ni à autrui, des principes qu'ils utilisent. Finalement, en 511b, la « force » de la dialectique est dite consister dans le fait d'atteindre le principe de toutes choses et, une fois qu'on l'a saisi, à l'utiliser pour faire porter son enquête sur les idées. En 525-531, après avoir délimité les apprentissages absolument nécessaires au philosophe qui doit gouverner, la dialectique est située à leur sommet. Elle apparaît donc comme la discipline qui possède au plus haut degré les caractères de toutes les sciences qui la précèdent. Toute science est en effet toujours science des rapports dont résulte la vérité. L'astronomie n'est pas réductible à la géométrie, par exemple, dans la mesure où, à la différence de celle-ci, elle étudie la vérité relative à la symétrie (au rapport proportionné) de phénomènes changeants. Il y a donc une *loi du rapport changeant*, loi qui est étudiée par l'astronomie, la musique ou l'harmonie, de même qu'il y a une loi du *rapport constant*, étudiée par la géométrie et la stéréométrie. À la base de toutes, il y a le calcul et l'arithmétique ; au sommet, la dialectique.

C'est justement dans l'horizon de sa différence par rapport aux autres sciences qu'est donnée une première définition de la dialectique. Il s'agit de la définition typique du discours platonicien : tous ceux qui sont capables ou habiles (δεινοί) dans les autres sciences ne sont pas dialecticiens (διαλεκτικοί, 531d9), car ils sont incapables de *donner et de recevoir raison d'une chose* (e4-5 : δοῦναί τε καὶ ἀποδέξασθαι λόγον), alors que

genre que les choses dont ils sont les interprètes (b4-5 : τοὺς λόγους, ὧνπέρ εἰσιν ἐξηγηταί, τούτων αὐτῶν καὶ συγγενεῖς ὄντας) », il s'ensuit que le discours portant sur ce qui est stable et ferme et qui devient clair à travers l'intellect (29b6 : τὸ μετὰ νοῦ καταφανοῦς) sera lui aussi ferme et inébranlable (29b7 : ἀμεταπτώτους) et, pour autant que cela est possible, incapable d'être réfuté ni vaincu (29b7-8 : ἀνελέγκτοις … ἀνικήτοις). En revanche, le discours portant sur ce qui figure un modèle s'exprimera par vraisemblance et par analogie (29c2 : ὄντος δὲ εἰκόνος εἰκότας ἀνὰ λόγον τε ἐκείνων ὄντας), car, et selon un même rapport, la vérité est à la croyance comme ce que ce qui est est à ce qui naît (29c3 : ὅτιπερ πρὸς γένεσιν οὐσία, τοῦτο πρὸς πίστιν ἀλήθεια). Cette analogie se retrouve, comme on l'a vu, aussi dans la *République*.

c'est là précisément le chant que la dialectique sait achever (532a1-2 : ὁ νόμος ὃν τὸ διαλέγεσθαι περαίνει). La dialectique est donc ce qui περαίνει, qui « conclut » les apprentissages, ou qui, donnant la raison des autres sciences, leur donne leur sens ultime. Il faut donc, dans la dialectique aussi, reconnaître les deux aspects. D'une part elle se constitue comme une vraie méthode, dessinée par Socrate à l'aide d'une autre image, celle du processus, ou mieux vaut dire du « voyage ». Avec la dialectique (532a5-6 : τῷ διαλέγεσθαι), le philosophe entreprend de se mouvoir, sans se servir d'aucun des sens et par le moyen du seul discours, vers toute chose qui est en soi (a6-7 : ἄνευ πασῶν τῶν αἰσθήσεων διὰ τοῦ λόγου ἐπ' αὐτὸ ὃ ἔστιν ἕκαστον). Elle ne s'arrête pas avant d'avoir saisi par son intellection (νοήσει) ce que le bien est en soi (b1 : αὐτὸ ὃ ἔστιν ἀγαθόν), parvenant ainsi au terme du monde intelligible (b2 : τοῦ νοητοῦ τέλει). « Ce voyage, ne l'appelles-tu pas dialectique (b4 : διαλεκτικὴν ταύτην τὴν πορείαν καλεῖς ;)[1] ? » Le voyage de la dialectique a donc derrière lui tout le travail de préparation des τέχναι et des ἐπιστῆμαι qui le précèdent. C'est ce voyage qui amène le meilleur élément de l'âme (c5 : τοῦ βελτίστου ἐν ψυχῇ) à la contemplation de ce qui est meilleur (πρὸς τὴν τοῦ ἀρίστου... θέαν) dans le domaine du réel, ou des choses qui sont (ἐν τοῖς οὖσι), de même que l'élément le plus brillant du corps, l'œil, s'élève à contempler l'objet le plus resplendissant du monde corporel et visible, le soleil (532c5-d1). Le lien entre la dialectique et le bien est ici évident. La dialectique ne constitue pas seulement une méthode permettant de voyager à travers toutes les autres sciences, mais elle est le seul voyage permettant de relier ces sciences à la fin principale de l'activité philosophique, c'est-à-dire à une fin politique.

Cela permet à son tour de comprendre la double clé de ce chant, la clé de la connaissance et celle de la praxis. Par rapport à la connaissance, la dialectique se révèle en effet être la seule méthode apte à saisir les idées non plus comme des hypothèses, mais comme des principes. Cela était déjà apparu dans l'image de la ligne, en 510-511, et se trouve réaffirmé ici. Comme il ne s'agit plus maintenant de voir l'image (533a3 : εἰκόνα), mais la vérité même, nous pouvons finalement comprendre que les autres sciences atteignent seulement une partie de ce qui est (b7 : τοῦ ὄντος τι) en laissant immobiles (c2 : ἀκινήτους) les hypothèses qu'elles utilisent, étant dans l'incapacité d'en rendre raison (c2 : μὴ δυνάμεναι λόγον διδόναι). Seule la méthode dialectique, ἡ διαλεκτικὴ μέθοδος, s'engage dans une telle voie. En éliminant les hypothèses, du fait qu'elle se fonde sur le principe même (c8-d1 : τὰς ὑποθέσεις ἀναιροῦσα, ἐπ' αὐτὴν τὴν ἀρχὴν

1. Πορεία signifie voyage.

ἵνα βεβαιώσηται), elle attire et soulève avec douceur vers le haut l'*œil de l'âme* (d2 : τὸ τῆς ψυχῆς ὄμμα), le tirant de son ensevelissement dans une sorte de barbare bourbier (d1 : ἐν βορβόρῳ βαρβαρικῷ), et utilise les arts dont nous avons parlé comme auxiliaires et collaborateurs pour la conversion de l'âme. La dialectique *met donc en mouvement les hypothèses*, et la conversion de l'âme appartient essentiellement à ce dernier moment. Ce n'est pas quelque chose qui élimine, écarte ou sous-évalue les moments précédents, mais quelque chose qui est capable de leur donner un sens nouveau. Ce n'est pas une négation, mais une façon de voir les choses « d'en haut », toutes les choses. Mais il est également clair que, à ce moment du voyage, nous abandonnons les régions des autres sciences, celles qui jusqu'ici étaient appelées τέχναι et ἐπιστῆμαι, car leur horizon est un horizon limité, non seulement du fait de l'objet étudié par chacune, par la portion limitée de la réalité qu'elles éclairent[1], mais aussi, et surtout, en raison des fins qui sont les leurs. Platon nous avertit clairement de la nouveauté de la perspective vers laquelle il nous mène, et il le fait en se plaçant sur le terrain, important et difficile, de la distinction linguistique, qui ne doit pas être une distinction purement nominale. C'est un terrain sur lequel on est obligé de descendre lorsqu'on traite de questions essentielles. Tous les arts énumérés ont jusqu'ici été nommés ἐπιστῆμαι seulement par habitude (533d4-5 : διὰ τὸ ἔθος), mais il faut leur donner maintenant un autre nom, plus clair que δόξα, plus obscur qu'ἐπιστήμη. Raison, pensée dianoétique (d6 : διάνοια), c'est ainsi que nous avons appelé ce domaine, mais il ne faut pas se mettre à discuter sur des noms (d7-e1 : περὶ ὀνόματος ἀμφισβήτησις) lorsqu'on est face à une σκέψις d'une telle importance.

C'est à ce moment précis que la νόησις de 511d8-e2 devient l'ἐπιστήμη (534a). En rappelant explicitement le précédent passage sur la ligne, et en substituant ἐπιστήμη à νόησις sans modifier les autres termes, Platon nous avertit que le rapport analogique entre les quatre parties de cette ligne « rénovée », de même que l'analogie (534a6 : ἀναλογίαν) entre les réalités

1. Cette perspective apparaît clairement en 537c, à propos de l'éducation des jeunes gens choisis pour être philosophes, à un âge allant de 20 à 30 ans ; ils devront embrasser dans une vision synoptique les disciplines qui auront été étudiées en dernier (c2 : συνακτέον εἰς σύνοψιν), afin de percevoir l'affinité entre leurs objets et avec la nature de ce qui est (c3 : τῆς τοῦ ὄντος φύσεως). Il n'y aura pas de meilleure preuve pour discerner qui possède, ou non, un naturel dialectique : *celui en effet qui sera capable de cette vision synoptique sera dialecticien* (c7 : ὁ μὲν γὰρ συνοπτικὸς διαλεκτικός). Ici, la capacité synoptique est au service du dialecticien (c'est un indice de ce que pourra être le naturel dialectique), mais elle ne s'identifie pas purement et simplement avec la dialectique : c'en est une partie indispensable, mais ce n'est pas la dialectique, car celle-ci comprend aussi, essentiellement, la connaissance du bien.

auxquelles s'appliquent ces termes et la bipartition en opinable et intelligible, tout cela ne change pas (a5-8)[1]. Mais, est-il ajouté, ce n'est pas le moment de l'examiner, à moins de nous lancer dans des discours encore plus longs que ceux qui ont déjà été tenus.

C'est à ce moment précis que la tonalité du chant s'élève, à cause du changement de clé, qui est maintenant la clé du bien. Du bémol du doute, de l'aporie, de l'approximation, on passe au dièse de la certitude et de la nécessité. « Tu n'accepteras de nommer dialecticien » que celui qui sait se donner à lui-même une raison de la réalité de chaque chose (534b3-4 : τὸν λόγον ἑκάστου λαμβάνοντα τῆς οὐσίας), en rendre compte à soi-même et à autrui (b4-5 : λόγον αὑτῷ τε καὶ ἄλλῳ διδόναι) : c'est seulement alors qu'il aura l'intelligence (νοῦν). Cela vaut également pour le bien :

> Celui qui n'est pas capable de définir par le discours (διορίσασθαι τῷ λόγῳ), en la distinguant de toute autre idée, l'idée du bien (ἀπὸ τῶν ἄλλων ἀφελὼν τὴν τοῦ ἀγαθοῦ ἰδέαν), et, comme dans un combat, de passer à travers toutes les réfutations (ὥσπερ ἐν μάχῃ διὰ πάντων ἐλέγχων διεξιών), désireux de la mettre à l'épreuve non selon l'opinion mais selon la réalité (μὴ κατὰ δόξαν ἀλλὰ κατ' οὐσίαν προθυμούμενος ἐλέγχειν), et qui ne fraie pas son chemin à travers tous ces obstacles en se tenant fermement en contact avec le discours (ἐν πᾶσι τούτοις ἀπτῶτι τῷ λόγῳ διαπορεύηται), tu ne diras de cet homme ni qu'il connaît (εἰδέναι) le bien en soi ni aucun autre bien (οὔτε αὐτὸ τὸ ἀγαθὸν… οὔτε ἄλλο ἀγαθὸν οὐδέν). Même s'il en saisit une image (πῃ εἰδώλου τινὸς ἐφάπτεται), tu diras qu'il la saisit par l'opinion et non par la science (δόξῃ οὐκ ἐπιστήμῃ), et que (…) avant même de se réveiller ici-bas, il parviendra dans l'Hadès pour s'y endormir définitivement. (543b8-d1)

La dialectique (ἡ διαλεκτική) est donc comme le couronnement des apprentissages (534e2-3 : ὥσπερ θριγκὸς[2] τοῖς μαθήμασιν), et aucun autre

1. Nous pouvons en donner le schéma suivant :

	γένεσις (b)		οὐσία (a)	
534a3	------------------------	/	------------------------	
	δόξα (d)		νόησις (c)	
534a2-3	------------------------	/	------------------------	

	1. εἰκασία (h)	2. πίστις (f)	3. διάνοια (g)	4. ἐπιστήμη (e)
533e8-534a2	---------- /	---------- /	---------- /	----------

D'où : (1) : a : b = c : d
(2) : c : d = e : f = g : h

2. Θριγκός = faîte, sommet.

apprentissage (μάθημα) ne saurait à bon droit (ὀρθῶς) se substituer à elle. En ce qui concerne les apprentissages (τὰ τῶν μαθημάτων), on est parvenu au terme (τέλος, 535a1).

Comme on le voit, la dialectique est non seulement le degré le plus élevé de la connaissance, mais le moment même dans lequel la connaissance se traduit dans la praxis. La clé de voûte est le bien, l'idée du bien. Seul celui qui en possède un savoir certain, selon la vérité et non selon l'opinion – vérité signifiant comme toujours réalité, mais ici il s'agit de la réalité concrète de la praxis politique où le philosophe-gouvernant doit s'immerger –, est à même d'affronter toutes les batailles de la réfutation et de l'action[1]. Parce qu'il possède seul l'idée du bien, donc de la *fin* de toutes ses connaissances, le dialecticien est l'homme qui non seulement dépasse tous les autres en connaissance, mais sait aussi agir mieux que tous les autres, et se trouve donc être le seul capable de guider la cité. Seul le dialecticien amène donc son savoir à une forme d'achèvement, en le vérifiant non seulement sur le terrain de la connaissance théorique, mais aussi sur celui de la praxis. C'est parce qu'il voit infiniment mieux que les autres, puisqu'il a vu la vérité concernant le beau, le juste et le bien (520c), qu'il doit redescendre dans la caverne et être forcé d'accepter les charges publiques, pour ne pas être inférieur aux autres même pour ce qui est de l'expérience (e5 : ἐμπειρίᾳ, 539e-540b)[2]. C'est sur un lien aussi étroit que Platon insiste maintenant avec force. Quand ils auront atteint cinquante ans, ceux qui auront « absorbé » de la dialectique (*cf.* 539d8 : ἐπὶ λόγων μεταλήψει) et se seront distingués *par leurs œuvres et leur savoir* (ἐν ἔργοις τε καὶ ἐπιστήμαις), *ayant été menés jusqu'au but final* (πρὸς τέλος, 540a6), et retournant vers le haut le regard de leur âme (a7 : ἀνακλίναντας

1. On se rappelle 517c : seul celui capable de garder – connaître (ἰδεῖν) – l'idée du bien est en mesure d'agir sagement (ἐμφρόνως πράξειν), en public comme en privé (c5). Mais voir aussi 505d-506a : ce serait un gardien bien médiocre que celui qui ignorerait la relation entre les choses belles et justes et le bien.

2. Que la bonté de la connaissance acquise par le philosophe se vérifie *dans la praxis* est en tout cas un thème présent dans le dialogue, et sur lequel Platon revient avec insistance; voir non seulement l'itinéraire éducatif du philosophe tracé à partir de 536d, mais aussi le passage sur les perversions possibles qui guettent même un bon naturel (VI, 489d-492a), et la réflexion sur la possibilité, pour le savoir, d'être un instrument de méchanceté, car il existe en fait des hommes à la fois savants et méchants (519a). Tout cela culmine dans cette autre très belle image, celle de la maladie qui cerne aujourd'hui la dialectique (537e1-2 : τὸ νῦν περὶ τὸ διαλέγεσθαι κακόν) : en 538a-539d, sont en proie à cette maladie le fils adoptif entouré d'une foule de flatteurs, et les jeunes chiens qui prennent plaisir à tirailler et mettre en pièces par des discours (539b6 : τῷ ἕλκειν τε καὶ σπαράττειν τῷ λόγῳ) quiconque se trouve près d'eux. C'est la raison pour laquelle il faut avoir recours à toutes sortes de précautions quand on touche à la dialectique (a9 : εὐλαβουμένῳ παντὶ τρόπῳ τῶν λόγων ἁπτέον).

τὴν τῆς ψυχῆς αὐγήν), seront capables de regarder (a8 : ἰδόντας) le bien en soi ; *en l'utilisant comme un modèle* (a9 : παραδείγματι χρωμένους), ils ordonneront, chacun à son tour, la cité, les particuliers et eux-mêmes (a9-b1 : καὶ πόλιν καὶ ἰδιώτας καὶ ἑαυτοὺς κοσμεῖν τὸν ἐπίλοιπον βίον). Et tout en passant la plupart de leur temps immergés dans la philosophie, lorsque viendra leur tour, il faudra qu'ils assument les désagréments de la vie politique et qu'ils gouvernent chacun *pour le bien de la cité*, non parce que cette tâche est belle, mais parce qu'elle est nécessaire (b4-5 : οὐχ ὡς καλόν τι ἀλλ' ὡς ἀναγκαῖον).

Traduit de l'italien par Michel Christiansen et Monique Dixsaut

LES FORMES DANS LA *RÉPUBLIQUE*

Karel THEIN

En reprenant la question tant débattue des Formes, en l'occurrence des Formes dans la *République*, je tiens à énoncer clairement l'hypothèse qui préside à ma lecture [1]. Dans les Dialogues, nous avons affaire à deux types différents de Formes. Ces deux types correspondent à ce que les lectures analytiques désignent parfois comme « prédicats incomplets » (grand, beau) et « prédicats complets » (homme, feu) [2]. Je parlerai simplement de Formes de propriétés et de Formes de choses. Je tenterai de montrer leurs fonctions respectives, et aussi la façon dont elles correspondent à deux motivations philosophiques différentes. Dans les deux cas, nous avons affaire à un schéma dont la logique est assez simple, bien qu'elle implique une vision singulière du monde qu'elle esquisse. Les Formes de choses servent de modèle à une production, que cette dernière soit humaine ou, mieux encore, divine. Les Formes de propriétés sont envisagées comme l'instrument de la plus exacte connaissance, mais aussi, à titre de « vraies

1. Pour un développement détaillé de cette hypothèse, qui inclut le *Phédon*, le *Parménide* et le *Timée*, voir « Properties and Things. Plato's Forms Revisited », à paraître.

2. Je simplifie la position de G.E.L. Owen, « A Proof in the *Peri Ideôn* », *Journal of Hellenic Studies* 77, 1957, 103-111, qui pourtant utilise ces expressions dans plusieurs sens (*cf.* Gail Fine, *On Ideas. Aristotle's Criticism of Plato's Theory of Forms*, Oxford, Clarendon Press, 1993, p. 162-163), et aussi d'Alexander Nehamas, « Predication and Forms of Opposites in the *Phaedo* », *Review of Metaphysics* 26, 1973, 461-491, et « Plato on the Imperfection of the Sensible World », *American Philosophical Quarterly* 12, 1975, 105-117. Owen distingue également entre « la prédication faible » (Socrate est blanc) et « la prédication forte » (Socrate est un homme) (voir « The Platonism of Aristotle », *Proceedings of the British Academy* 51, 1965, 125-150). Je suis parfaitement d'accord avec ces distinctions. Mais je tenterai d'en creuser les implications et d'en décrire la possible motivation.

causes », comme l'objet du désir propre à l'intellect et à lui seul[1]. Cette hypothèse de travail ne prétend pas épuiser le champ des Formes ; pourtant, elle rend compte d'un nombre assez élevé de passages dans divers dialogues. Dans ces lignes, il sera question de la *République* seule. Ce qui m'obligera à compléter mon hypothèse par un compte rendu de l'*idea* du Bien. Je tâcherai d'expliquer comment elle détermine la place et la fonction de chaque individu dans l'univers pris dans sa totalité : le Bien semble renvoyer à la production de cet artefact suprême qu'est notre monde.

Un trait important distingue les deux types de Formes : tandis que les Formes de choses sont imaginables, bien que d'une manière inexacte et propre à l'image (c'est en tant qu'il en est l'image qu'un lit ou qu'un feu renvoie à sa Forme), les Formes de propriétés ne le sont pas, car elles ne sauraient avoir aucune image sensible directe (il n'y a pas de chose « justice »), seulement de « pâles semblants »[2]. Ce qui implique un problème majeur quant à leur relation tout aussi difficilement imaginable aux objets sensibles. Dans cette rencontre entre deux registres distincts de la réalité, ce qui peut être pensé sans être imaginable conditionne ce qui s'expérimente par les sens. La leçon est claire : les vraies causes ne se laissent pas penser à partir de leurs effets. Et seules les Formes de propriétés, à la différence des Formes de choses, sont des causes au sens restreint et strict du terme. Le lit est une image de sa Forme, mais cette dernière ne le produit pas. La grandeur ou la justice d'un objet quelconque sont les effets de la Forme du grand ou du juste, dont elles ne donnent qu'une très obscure et imparfaite image, déchiffrable seulement par un très petit nombre d'hommes.

Il y a donc un écart entre la connaissance d'une Forme-cause (l'acte qui purifie la pensée de toute image sensible) et la production selon une Forme

1. La première motivation, celle de la connaissance, est, je crois, surtout liée aux propriétés morales, autrement dit à la question des vertus (la connaissance conditionne la vertu). La deuxième, en revanche, tourne l'âme vers les idées sans égard pour les qualités humaines ou civiques (la connaissance elle-même est inconditionnée).

2. Voir *Phèdre*, 250b2-3 : οὐκ ἔνεστι φέγγος οὐδὲν ἐν τοῖς τῇδε ὁμοιώμασιν. La suite précise que, s'agissant de la justice et de la modération, « seul un petit nombre d'êtres humains arrivent, non sans difficulté, à contempler à travers les images de ces réalités le trait général de leur modèle (ὀλίγοι, ἐπὶ τὰς εἰκόνας ἰόντες, θεῶνται τὸ τοῦ εἰκασθέντος γένος) ». Comme dans le *Phédon*, seuls les philosophes voient dans les réalités en devenir (des institutions judiciaires, par exemple, ou des hommes « justes ») des images déficientes d'un modèle (la justice) qu'il sont seuls à percevoir, et seuls ils peuvent interpréter ce rapport en terme de cause et d'effet. La distinction entre les deux types de Formes recoupe sans doute plus loin, dans le *Phèdre*, la distinction entre celles qui ne prêtent pas à controverse, comme celles du fer ou de l'argent, et celles qui nous mettent en désaccord aussi bien avec les autres qu'avec nous-mêmes, comme celles du juste ou du bon (263a).

(l'acte dont le résultat est un nouvel objet). Dans le cadre de plusieurs Dialogues, dont la *République* elle-même, cet écart entre connaître et produire se révèle aussi être celui entre l'humain et le divin. Les livres V-VII élaborent la perspective de la connaissance ; le livre X renforce celle de la production [1]. C'est pourquoi, en 476a, les Formes entrent dans le texte comme des Formes de contraires. Car ces derniers caractérisent les propriétés, et nullement les choses. S'il y a le beau et son contraire, le laid, il n'y a évidemment pas de contraire du lit. Or, dès la page 476, Socrate semble indiquer non seulement la nécessité mais aussi la limite de la connaissance qui ne procède que par des Formes de propriétés contraires.

En 476a1, Socrate introduit le beau comme le contraire du laid, ceux-ci étant deux précisément parce que chacun est un (a3). L'important, c'est que le beau et le laid forment deux unités sans mélange et sans médiation. Comme dans le cas des autres Formes, leur existence est assumée sans aucune preuve. Il ne s'agira pas d'en démontrer l'existence, mais de déceler la bonne manière d'accéder aux Formes. Il faudra se tenir à l'unité de chaque Forme sans égard pour ses apparences multiples. En 476a, ces apparences ne sont pas les choses, mais les qualités telles qu'elles apparaissent à l'âme, cette dernière se les représentant à partir de ce que les sens perçoivent. Le verbe φαίνεσθαι (a8) indique clairement cette direction. Ce verbe, ni trop courant ni trop rare sous la plume de Platon, indique dans la plupart de ses occurrences une rencontre entre la perception et l'activité de l'âme, plus précisément les opérations mentales que l'âme exerce à l'aide des images. Il faudra alors délaisser les images pour que l'âme arrive à distinguer entre les choses belles et le beau, donc entre l'individu et ses diverses propriétés prises telles quelles. Or ne pas opérer cette distinction, ajoute tout d'un coup Socrate, ne veut pas dire percevoir sans penser, mais, et c'est tout autre chose, *rêver* (476c2-8).

Socrate franchit ainsi un grand pas qu'il faut analyser de près. En fait, les six lignes citées comportent deux structures logiques différentes : 1) croire aux belles choses sans admettre une Forme de la beauté n'est que rêver (c2-4) ; 2) rêver consiste à prendre un objet semblable à un autre objet pour cet objet lui-même, donc à confondre la chose avec son image (c5-7) [2].

1. Déjà les livres VI-VII semblent indiquer un glissement entre les deux types de Formes : plus loin, la ligne divisée en fournira un exemple.

2. « Celui par conséquent qui reconnaît l'existence de belles choses, mais qui ne reconnaît pas l'existence de la beauté elle-même et qui ne se montre pas capable de suivre, si quelqu'un le guide vers la connaissance de la beauté, celui-là, à ton avis, vit-il en songe ou éveillé ? (...) Rêver, n'est-ce pas la chose suivante : que ce soit dans l'état de sommeil ou éveillé, croire que ce qui est semblable à quelque chose ne lui est pas semblable mais constitue la chose même à quoi cela ressemble » (Ὁ οὖν καλὰ μὲν πράγματα νομίζων, αὐτὸ

Pris ensemble, ces deux énoncés confirment qu'on est bien installé sur le terrain de l'âme et de ses actes. Pourtant, ils compliquent le critère de la vérité car si le premier concerne le rapport entre la chose et la propriété en soi (il s'agit de choses dotées de beauté), le deuxième établit un rapport entre la chose et son image. Ces polarités restent irréductiblement et pour ainsi dire structurellement différentes. Elles nous indiquent les choses comme à la fois *mélanges* de Formes-propriétés et *images* de Formes-choses. Dans le premier cas, Socrate lui-même emploie le vocabulaire de la participation (τὰ ἐκείνου μετέχοντα, d2); dans le deuxième, il parle de ressemblance (ὅμοιόν, c6). Or participer à une Forme et lui ressembler n'est pas forcément la même chose[1], et, si à partir de 476a1 le texte concerne les Formes de propriétés contraires et la participation, seules s'en dégagent les trois lignes c5-7 qui définissent un nouvel état, le rêve, indépendant de la polarité du sommeil et de la veille. C'est pourquoi les mathématiques mêmes, qui ne concernent ni les Formes des choses ni la production, seront dites rêver (533b-c), sans que cette affirmation nuise à leur capacité de nous faire connaître les traits des choses en tant que participant à des Formes de propriétés[2]. Et c'est de ces dernières, donc de la connaissance, qu'il sera question dans la suite immédiate du texte.

Afin d'éclairer le plus possible ce découpage, une brève remarque s'impose. L'introduction des Formes de propriétés dans la *République* semble s'accompagner d'une indication qui en spécifie la portée : à la simple polarité des contraires s'ajoute la distinction entre le rêve et la veille, cette dernière étant comprise comme une saisie de l'image comme image. Logiquement, ces deux distinctions semblent indépendantes l'une de l'autre, et la suite du dialogue confirme cette indépendance. De plus en plus clairement, on aura affaire à deux façons de manier les apparences. La ligne divisée permettra de faire un pas dans cette direction, avant que le livre VII ne distingue entre les choses saisissables à partir de leurs perceptions (donc à partir des images, conformément au fait que les choses elles-mêmes sont les images), et les propriétés contraires (grand et petit)

δὲ κάλλος μήτε νομίζων μήτε, ἄν τις ἡγῆται ἐπὶ τὴν γνῶσιν αὐτοῦ, δυνάμενος ἕπεσθαι, ὄναρ ἢ ὕπαρ δοκεῖ σοι ζῆν ; (...) τὸ ὀνειρώττειν ἆρα οὐ τόδε ἐστίν, ἐάντε ἐν ὕπνῳ τις ἐάντ' ἐγρηγορὼς τὸ ὅμοιόν τῳ μὴ ὅμοιον ἀλλ' αὐτὸ ἡγῆται εἶναι ᾧ ἔοικεν ;). La traduction citée est de Georges Leroux, Platon, *La République*, Paris, GF-Flammarion, 2002.

1. C'est Aristote qui a brouillé cette différence en identifiant la participation à l'imitation (*Mét.* A, 6, 987b10-14). C'est seulement dans le *Parménide*, 132d, que Socrate propose de réduire la participation à la ressemblance. D'où le deuxième argument du Troisième homme.

2. Les hypothèses mathématiques accompagneront aussi le passage vers les Formes des choses. J'y reviendrai plus loin, à propos de la ligne divisée.

qui, n'étant pas elles-mêmes des images, ne sont accessibles qu'à l'intellect (523a9-524d1). Je reviendrai sur la ligne et le livre VII plus loin, mais il faut souligner dès maintenant que la *République* ne mêle jamais ces deux types d'entités : d'un côté, les propriétés contraires, liées à la perspective de la connaissance, celle de l'âme qui pense ; de l'autre, les choses ou les individus qui renvoient aussi à la situation de l'homme qui, indépendamment de son intellect, reste un des éléments dont se compose l'univers. Cette situation mène à une appréhension facile des individus qui ne cachent rien d'énigmatique (523a9-e1). Mais, au bout du compte, elle demande à l'homme de déchiffrer sa propre situation et d'admettre son égalité avec d'autres objets de ce monde. Ce qui est la cause probable du refus que l'écrasante majorité des commentateurs oppose à l'idée de création que pourtant certains dialogues, dont la *République*, expriment sans détour [1]. Dans le livre X, cette dualité entre ce que nous sommes et ce que notre intellect arrive à connaître s'exprimera dans la position ambivalente des artisans qui, par leur activité, ressemblent au démiurge divin sans pourtant réfléchir à cette ressemblance. Maintenant, dans les livres centraux du dialogue, c'est la connaissance qui prime sur la production. Et rien n'empêche de soutenir que même la connaissance des Formes des propriétés n'est pas en elle-même une chose difficile et que la théorie de ces Formes est parfaitement cohérente sous une seule condition : qu'on accepte la nature strictement inimaginable du commerce entre ces Formes et les choses. Avant que l'image ne fasse retour là où il s'agira d'expliquer la constitution du monde comme celle d'un Tout ordonné, le dialogue se place sous le signe de l'αὐτὸ καθ' αὑτό, formule la plus limpide et radicale du divorce entre la pensée et l'image [2].

De retour à la page 476, on constate donc que tout un chacun peut reconnaître une beauté (476c3-4), sans pourtant la considérer à partir de sa Forme. C'est que, on l'a dit, le critère de la ressemblance ne nous est ici d'aucun secours. La distinction de la veille et du rêve cède alors la place à celle de la connaissance et de l'opinion. Afin de la justifier, Socrate

1. Par « création » j'entends l'organisation du matériel sensible dans un Tout, autrement dit un monde ou un univers. Il est important de souligner qu'un monde ou un univers est toujours une entité sensible. Platon ne parle jamais d'un monde des Formes. Même dans le *Timée*, le modèle intelligible de notre univers (le modèle qui contient les Formes des espèces vivantes) ne reçoit aucune des dénominations du « monde ». Mais il est vrai que les Formes de choses déterminent le contenu de notre univers (ou des mondes qui lui ressembleraient). En revanche, les Formes des propriétés seraient participées par les contenus de n'importe quel monde possible.

2. Voir *Parménide*, 128e-130a ; c'est seulement le refus d'accepter les Formes et leur séparation qui entraîne les paradoxes bien connus.

part d'un postulat simple : celui qui connaît, connaît quelque chose (γιγνώσκει τι, 476e7). Ce postulat implique l'impossibilité de connaître ce qui n'est pas, et ainsi une opposition clairement tranchée entre le savoir et l'ignorance (477a1-4). Et si le premier se rapporte à l'être, cette dernière ne se rapporte à rien. Pour que l'opinion soit possible, il lui faut un objet situé quelque part entre l'être et le non-être. Il s'agit de l'objet de la perception qui est doté de propriétés contraires, dérivées des Formes, et d'un certain degré d'être. L'être n'est pas une propriété car l'être et le non-être ne sont pas des contraires. Si le beau et le laid ne se mêlent jamais, l'être se mêle au non-être dans une zone où les choses *apparaissent* comme autant de mélanges de propriétés contraires (telle ou telle chose paraît plutôt grande que petite, plutôt belle que laide, et ainsi de suite). Plus clairement encore : pour sauver la séparation des Formes de propriétés, il faut que les choses puissent à la fois être et ne pas être (477a6), c'est-à-dire posséder les propriétés à des degrés différents (le non-être n'étant pas une propriété [1]). Le savoir consiste alors à discerner ce mélange et à penser les choses comme le champ où les propriétés se projettent. L'amateur de spectacles porte des opinions sur ce champ qui forme comme l'écran où se projettent ses plaisirs. Le philosophe observe la projection et sa source.

Dès maintenant, rien n'empêche de définir ce qui sera désigné comme l'objet de l'opinion : est objet de δόξα ce qui porte ou est capable de porter des propriétés contraires. Il est donc clair que les Formes de ces dernières ne seront jamais des objets d'opinion, et il semble tout aussi inévitable que la connaissance ne touchera jamais à l'objet de la δόξα ; d'après Socrate, il existe une corrélation entre la nature d'un acte mental et la nature de son objet (477b12-13) [2]. C'est le sens de cette corrélation qui est en jeu dans les polémiques bien connues qui opposent ceux qui soulignent le rôle de l'objet et ceux qui sont prêts à limiter les propos de Socrate à l'activité mentale. Cette deuxième lecture, promue par Gail Fine, sauve la possibilité d'avoir et l'opinion et la connaissance à la fois sur des choses et sur

1. Seule la chose qui est peut ne pas être une autre chose. C'est le *Sophiste* qui développera cette problématique selon deux axes, celle des « grands genres » et celle des images. Ce développement fait penser à une prolongation de la dualité des Formes de propriétés (connaissance) et des Formes de choses (production).

2. La connaissance doit pourtant être consciente de sa limite, ce qui n'est pas le cas de l'opinion. C'est pourquoi, dans le cadre de la *République*, on peut passer de la philosophie à la philosophie politique tout en maintenant la différence rigoureuse de leurs objets et de leurs objectifs.

des Formes[1]. En revanche, la lecture « objective » rapporte la connaissance aux Formes et l'opinion aux choses, confirmant ainsi ladite « théorie des deux mondes ». C'est le rejet de cette théorie qui motive Fine et autres lecteurs contemporains. Or l'expression « les deux mondes » est fort malheureuse et cache le véritable enjeu de la distinction entre les choses qui appartiennent à un monde et les Formes qui lui restent de toute façon extérieures. Le rapport entre les Formes de propriétés et les choses sensibles n'a rien à voir avec un dédoublement. On peut alors posséder une connaissance exacte des choses en tant qu'entités temporaires et changeantes, une connaissance qui inclut précisément cette instabilité comme un trait non dérivé des Formes. Ce sont les choses qui, pour autant qu'elles ne cessent de changer, sont connues en général, sans que cette connaissance exclut l'identification de tel ou tel individu. Cette identification des individus procède d'une séparation mentale et contiguë à la perception (on peut identifier un doigt αὐτὸ καθ' αὑτό sans le couper du corps, 524d10). Les Formes, en revanche, sont réellement séparées sans pour autant former un monde[2].

Tout comme la polarité des choses sensibles et des Formes non imaginables, la polarité de l'opinion et de la connaissance ne consiste donc pas en une relation à peu près symétrique entre le modèle et son image. Socrate assigne à la connaissance et à l'opinion deux capacités distinctes, ces capacités étant envisagées comme ce qui est (τὰ ὄντα, 477c1), mais distinguées de et par leurs objets (477b-478b). C'est la capacité de l'opinion qui correspond à la capacité de ses objets de recevoir les propriétés contraires sans être plutôt ceci que cela (*cf.* les négations de μᾶλλον en 479b7-9 et c8-d1). Situé dans l'intervalle (μεταξύ) entre les Formes et le non-être, chaque objet de l'opinion tient quelque chose des déterminations contraires. Fort différent sera le double usage de μᾶλλον en 515d3, où le prisonnier libéré sera tout d'un coup plus près des objets qui *sont plus* que leurs images. Ici, l'argument ne s'achemine plus seulement vers les Formes des propriétés mais aussi vers les Formes des choses.

Avant d'interpréter la ligne divisée comme le lieu de ce glissement qui élargit la perspective du dialogue, j'aimerais résumer ma position à l'égard des pages 476d-480a dont je ne peux pas fournir une analyse détaillée. Elles me semblent porter aussi bien sur les actes que les objets de la pensée,

1. Les interprétations de Fine mériteraient une analyse à part. Notons au moins qu'elles prennent ἐπὶ τῷ ὄντι en 477a9-10 comme désignant les actes ou contenus de l'âme (les propositions véridiques), et non les objets extérieurs.

2. La condition minimale de la séparation consiste dans la capacité d'exister indépendamment de tous les objets sensibles. Je laisse ici de côté la question de la transcendance des Formes de même que le problème des Formes immanentes dont semble parler le *Phédon*.

la différence déterminante se situant du côté des objets. Sont objets de connaissance les Formes qui, sans appartenir à un « monde », se projettent dans l'objet de l'opinion, ce dernier faisant partie du monde et portant les propriétés contraires. Il s'agit de la théorie d'un seul monde dont les contenus sont co-déterminés de l'extérieur. Toute la fin du livre V exprime cette théorie qui n'est jamais contredite dans la suite du dialogue. Je pense donc que les deux passages postérieurs, soulignés par les critiques des « deux mondes » et censés contredire la corrélation de la connaissance et des Formes d'un côté, de l'opinion et des choses de l'autre côté, n'invalident pas la relecture ici proposée. Ces deux endroits, signalés par Gail Fine et d'autres encore [1], se trouvent dans les livres VI et VII. Or le premier passage, 506c5-8, concerne le Bien au sujet duquel Socrate ne possède qu'une opinion apparemment vraie (c7-8). Sans parler maintenant de la célèbre distinction explicite entre le Bien et les Formes (509a-b), on notera que, en 506c-e, la discussion est sur le point de basculer dans le registre de l'image (en 506e4, le soleil s'annonce comme ce qui est ὁμοιότατος au Bien). Le Bien sera décrit comme une cause qui ne cesse d'accompagner *tous* ses effets dont *quelques uns* (la science et la vérité) lui ressemblent. Rien, en revanche, ne sera dit en participer [2]. Ce qui indique un rapport fort différent de celui qui existe entre les Formes des propriétés et les choses. Tout ce qui est, sans égard pour le degré d'être (des objets de la connaissance et de ceux de l'opinion), se rapporte au Bien dans le même sens et au même degré. La *République* contient donc en germe ce que développera, dans un contexte fort différent, la philosophie médiévale : l'être et le Bien convergent. Car une telle convergence suppose la perspective de la création ; c'est le monde créé qu'il faut inscrire dans la perspective volontairement téléologique où le Bien détermine tout ce qui est fabriqué, c'est-à-dire le Tout et ses parties, dont le Soleil [3]. Or, s'il en est ainsi, l'opinion

1. Voir Gail Fine, « Knowledge and Belief in *Republic* V », *Archiv für Geschichte der Philosophie* 60, 1978, p. 121, et « Knowledge and Belief in *Republic* V-VII », repris dans G. Fine (ed.), *Plato 1. Metaphysics and Epistemology*, Oxford, Oxford University Press, 1999, p. 216.

2. Contrairement donc à la proposition de Gerasimos Santas, « *it is by virtue of participation in the Form of the Good that all the other Forms are the most real objets of their kind* » (« The Form of Good in Plato's *Republic* », dans G. Fine (ed.), *Plato 1*, *op. cit.*, p. 257). Cette proposition se trouve déjà dans Aristote, *EE*, I, 8, 1217b10-11, qui, encore une fois, brouille la possible différence entre « participer » et « ressembler ».

3. C'est aussi pourquoi, pour un Aristote, l'ἰδέα du Bien ne peut avoir aucun sens (elle n'aurait de toute façon rien à voir avec la πρᾶξις dans la sphère sublunaire, *cf. EE*, I, 8, 1217b25-26). Pour le dire simplement et sans hésiter : le monde lui-même éternel n'a pas besoin des Formes comme dépositaires indestructibles du sens. Je reviendrai sur la fabrication du monde à propos du livre X qui se révèle plus proche du *Sophiste* que du *Timée* ; de

au sujet du Bien n'exclut pas la connaissance des Formes à ceci près que, sans la connaissance du Bien, ces dernières ne seront jamais comprises dans leur éventuelle utilité (*cf.* 505a1-b4). Si les Formes étaient connues, elles ne le seraient pas avec la plus grande exactitude, qui est le propre, non d'une esquisse, mais d'un tableau achevé (voir la comparaison avec les vertus, 504d7-e3). Il semble donc y avoir une différence entre la connaissance des Formes de propriétés prises une à une, et la connaissance de leur inventaire complet. D'où peut-être le καὶ τἄλλα ταὐτά qui accompagne habituellement les « listes » de Formes en nous rappelant la différence en question, et ainsi les limites de la connaissance humaine [1].

Le deuxième passage, 520c2-d2, va dans l'autre direction, donc vers la connaissance des apparences, mais il porte aussi, et cette fois-ci très explicitement, sur la relation entre un objet et son image. Celui qui a connu les objets en dehors de la caverne, c'est-à-dire les choses véritablement belles et justes et bonnes (c6-7), reconnaîtra pour cette raison même leurs images, εἴδωλα (c5). Il reconnaîtra leur qualité d'images, conformément au critère énoncé dès 476c6-8, ce que confirme le recours immédiat à la même polarité de l'éveil et du rêve (520c5-6). La correspondance entre l'acte de la pensée et son objet, corroborée par la distinction des δυνάμεις de la connaissance et de l'opinion, n'est ainsi pas mise en doute. De surcroît, la page 520c vient après un exposé assez détaillé de diverses opérations mentales et de leurs objets distincts. De cet exposé, connu sous le nom de « division de la ligne », il paraît prétentieux de fournir encore une interprétation. Je me contenterai de plusieurs remarques aussi bien générales que de détail. Mon but est simple : décrire la ligne comme l'endroit où s'opère le glissement entre les deux types des Formes, celles des propriétés et celles des choses. Ce glissement assume ce qui a été achevé lors du discours précédent sur le Bien et le Soleil. Son trait le plus apparent consiste en un dédoublement de la connaissance par la production.

La ligne est conçue comme une image qui rend claire une autre image, celle du Soleil qui, à son tour, devait mettre en lumière une opinion vraie concernant le Bien. De plus, la ligne sera suivie par une sorte d'anthropologie dramatique qui prolonge une explication des choses et de leurs

Platon et d'Aristote, j'espère reparler dans *Les mots et les mondes. L'économie des systèmes philosophiques*, à paraître.

1. Dans la *République* et dans le *Philèbe*, la question de l'exactitude et du Bien semble très fortement liée à celle du tout et de la partie. Sans la connaissance du tout, aucune partie n'est connue « le plus exactement ». Or les Formes de propriétés, prises en elles-mêmes, ne sont jamais présentées comme les parties d'un tout. D'où la possibilité de leur connaissance pour ainsi dire « focale ». Dans la *République*, la contrepartie de cette dernière est fournie par la σύνοψις liée à la dialectique et à elle seule (537b8-c7).

images par un tableau peu joyeux de la condition humaine. Dans leur ensemble, ces trois grands discours (le Bien-Soleil, la ligne et la caverne) mettent l'homme plus bas qu'il ne l'a jamais été, tout en lui offrant un issue qui le mène plus haut qu'il ne l'a jamais espéré. L'homme n'est pas du tout pensé comme une déviation de l'ordre cosmique et naturel qu'il essaie de réfléchir et d'imiter. Se divisant lui-même en nouvelles parties (corps-appétit-ardeur-intellect), l'homme est devenu partie de l'univers de production.

La page 504c-d marque le retour aux questions soulevées par le livre V. En 505a, les contours de ce retour se précisent grâce à la mention de l'*idea* du Bien, sommet de la connaissance et condition de toute utilité [1]. La brève polémique contre le Bien conçu soit comme plaisir soit comme intelligence mène alors à une affirmation forte : la notion du Bien s'accompagne partout et de la part de tout le monde d'un refus des apparences. Quant au Bien, seuls comptent et sont cherchés τὰ ὄντα, jamais τὰ δοκοῦντα (505d7-11). Nous avons une relation spontanée au Bien, une sorte d'opinion qui refuse d'emblée toute opinion et indique la réalité qui peut, mais ne doit pas coïncider avec les apparences. Sans l'appui d'une définition jugée inaccessible, cette affirmation est pourtant une clé de voûte de la différence entre le Bien et les Formes, et c'est elle qui renforce le soupçon qu'à travers les diverses esquisses des Formes, Platon tente déjà ce que tentera Kant dans la première *Critique* : une systématisation de l'attitude spontanément transcendantale de l'esprit humain (*cf.* 505e1-4 : ce bien dont l'âme « pressent l'existence », ἀπομαντευομένη τι εἶναι). Le rôle assigné au Bien est un rôle architectonique qui va de pair avec le monde conçu et construit comme un bâtiment.

L'artisan de cette construction sera mentionné pour la première fois deux pages plus loin. Il y est question de « l'artisan de nos sens » (τὸν τῶν αἰσθήσεων δημιουργόν, 507c8-9) qui « s'est mis de loin le plus en dépense pour la faculté de voir et d'être vu », ce qui justifie l'analogie du Bien et du Soleil dont l'élaboration vient de commencer à la page 507b [2]. Cette dépense, corrélative de la fabrication du ciel et des corps célestes (*cf.* τῷ τοῦ οὐρανοῦ δημιουργῷ αὐτόν τε καὶ τὰ ἐν αὐτῷ, 530a7-8), amorce une téléologie qui sera à l'œuvre jusqu'à l'exportation finale du Bien au-

1. Sur le Bien et l'utilité, voir le débat entre Jonathan Barnes, « Le soleil de Platon vu avec les lunettes analytique », *Rue Descartes* 1 (« Des Grecs »), 1991, 81-92, et Monique Dixsaut, « L'analogie intenable », *ibid.*, 93-120 (repris dans son livre *Platon et la question de la pensée. Études platoniciennes I*, Paris, Vrin, 2000, p. 121-151).

2. Pour une analyse détaillée de sa construction voir Monique Dixsaut, *op. cit.*, surtout p. 100-112 (131-144).

delà de l'οὐσία[1]. Les yeux et la vue sont faits pour voir là où le Soleil est la cause de la lumière qui produit (ποιεῖ) à la fois la vision et la visibilité, servant de lien entre la vue et son objet. La vue est précieuse parce qu'elle est réflexive : en même temps que les objets visibles, la vue perçoit sa propre cause (508b9-10). La structure de l'acte de voir, corrélative à l'activité du Soleil, est ajustée à la structure de l'univers téléologique.

Au seuil du passage du Soleil vers le Bien, il faut maintenant souligner fortement que ni la téléologie ni la structure réflexive de la vue, corrélative de la fonction du Soleil, ne nécessitent en elles-mêmes de transcendance[2]. La structure de cette dernière résulte seulement de la manière dont Socrate, à la page 509b, redéfinit le Soleil comme une cause de la genèse dont il ne participe pas, de même que toutes les choses visibles ne sauraient être dites participer à la nature du Soleil. Le Bien, cause de la connaissance et de la vérité, n'est alors pas une Forme de Formes, mais plutôt leur orientation vers la structure unique d'un monde[3]. Cette orientation est peut-être indiquée dès la ligne 509a3 où apparaît l'adjectif ἀγαθοειδής, hapax appliqué il est vrai à la connaissance et non aux Formes elles-mêmes. Pourtant, tout comme l'ensemble des actes de l'âme tout entière (ἅπασα ψυχή, 505e1-2), les Formes sont liées au Bien, ce qui semble plus facile à soutenir pour les Formes des choses tandis que les Formes des propriétés restent très réticentes à toute téléologie sauf celle de nos actes « analytiques » de connaissance.

Ce dernier point est indirectement confirmé par le fait que, dans le schéma élaboré par Socrate, les analogues visibles des Formes des propriétés ne sont pas les choses mais leurs couleurs. Ici encore, la distinction entre Formes de propriétés et Formes de choses pourrait peut-être rendre

1. Voir Gail Fine, « Knowledge and Belief », art. cit., p. 228 : « *the best explanation of this puzzling claim* [que le Bien soit au-delà de l'οὐσία] *is that the Form of the good is not a distinct Form, but the teleological structure of things* (...) ». J'en conviens, sans être prêt à rejeter « *an objects analysis* » au profit d'une « *contents analysis* » (elles ne doivent pas s'exclure et cette dernière mène plus directement au cadre cosmologique). Fine renvoie aussi à H.W.B. Joseph, *Knowledge and the Good in Plato's* Republic, Oxford, 1948, que je n'ai pas pu consulter.

2. Il suffit de rappeler que les stoïciens s'en serviront dans le cadre de la plus stricte immanence. Chrysippe recourt au même schéma afin d'expliquer la représentation (φαντασία) qui « tire son nom de la lumière, car, de même que la lumière fait voir elle-même et les objets qu'elle enveloppe, de même la représentation fait voir elle-même et l'objet qui l'a produite » (Aëtius, IV, 12, 3 [*SVF* II, 54]). Le lien avec la téléologie inclut la prénotion et la providence.

3. L'analogie exige que les substantifs γένος et τόπος, appliqués aux régions sensible et intelligible, ne désignent pas un monde bien que, précisément dans le cas du genre ou du lieu visible, un jeu de mot indique la nature de l'οὐρανος (509d3).

compte de ce qui autrement paraît comme la limite de l'analogie, cette dernière impliquant alors un « terme manquant »[1]. Ce n'est pas que les Formes soient plus ou moins intelligibles selon la lumière de l'intellect comme les couleurs le sont selon la lumière du Soleil. Une telle alternative est impossible car l'intelligibilité des Formes n'admet pas de degrés. Mais il y aurait plutôt deux types d'intelligibilité ou d'actes de l'intellect qui correspondraient aux deux types de Formes : la saisie par les contraires et la saisie par l'image (la reconnaissance de la nature de l'image et le passage au-delà de cette dernière). Cette distinction semble renforcer la non-coïncidence entre la perspective du Bien et la perspective des Formes dont Socrate était parti dans le *Phédon*. L'hypothèse des Formes contraires, donc des propriétés, a été destinée à remplacer, si possible provisoirement, la téléologie universelle en tant que savoir sur le meilleur arrangement de toutes choses (99c1-101c9). Dans la *République*, la tension entre le Bien et les Formes des propriétés, réticentes à toute explication téléologique, reste apparemment irréductible (la page 507b confirme qu'αὐτὸ ἀγαθόν, énuméré à côté d'αὐτὸ καλόν, est une Forme, mais nullement le Bien recherché[2]). Or l'admission des Formes de choses dans le livre X (l'admission de Formes récusées dans le *Phédon*, comme en témoigne le refus de la Forme-feu au profit de la Forme-chaleur, 103c7-d1), ouvre le chemin à la production du monde, cette dernière étant la réponse la plus économique à l'impossibilité de lier directement le Bien et les Formes[3]. Le nouveau schéma du livre X n'arrive cependant pas comme une surprise totale. Dès maintenant, Socrate franchit un grand pas dans cette direction. C'est la division de la ligne qui lui permettra de parler des choses, et ainsi des images.

La ligne est donc censée fournir une explication supplémentaire de la relation entre le Bien et le Soleil, entre le lieu visible et le lieu intelligible. Elle touchera à ce qui a été omis auparavant (509c). Je ne m'attarderai pas sur la construction de la ligne, mais il importe de noter l'égalité des segments intermédiaires de cette dernière[4]. Cette égalité du segment supérieur de la partie visible et du segment inférieur de la partie intelligible

1. L'expression est de Monique Dixsaut, *op. cit.*, p. 108 (140).

2. La page 507b est difficile à cause des lignes 5-7 (καὶ οὕτω περὶ πάντων ἃ τότε ὡς πολλὰ ἐτίθεμεν, πάλιν αὖ κατ' ἰδέαν μίαν ἑκάστου ὡς μιᾶς οὔσης τιθέντες). Qu'il s'agisse effectivement des Formes de propriétés (αὐτὸ δὴ καλὸν καὶ αὐτὸ ἀγαθόν, b5) justifie la comparaison avec le langage semblable tenu en 490b2-4, puis en 493e2-494a2.

3. Je reviendrai ailleurs sur une élaboration détaillée de cette réponse.

4. Voir Pierre Aubenque, « De l'égalité des segments intermédiaires dans la ligne de la *République* », dans M.-O. Goulet-Cazé, G. Madec, D. O'Brien (éd.), *Chercheurs de sagesse. Hommage à Jean Pépin*, Paris, Institut d'Études Augustiniennes, 1992, p. 37-44.

renforce l'analogie des êtres vivants et des artefacts d'un côté, et des Formes *auxquelles les vivants et les artefacts ressemblent* de l'autre (ils en sont les images, *cf.* 510b). « Les animaux autour de nous, toutes les plantes et tous les objets fabriqués » (510a5-7) sont à la fois les images des êtres supérieurs, qui appartiennent au premier domaine de l'intelligible, et ce qui se reflète *spontanément* sur le segment le plus bas de la ligne, donnant ainsi lieu aux ombres et aux reflets sur l'eau et sur les surfaces des corps (510a1-3). Les εἰκόνες (les ombres et les reflets, φαντάσματα) ne sont pas fabriquées. En revanche, parmi les objets qui projettent les ombres et qui se reflètent sur les surfaces sont énumérés les artefacts ; et à ces derniers est accordé le même statut qu'aux vivants, cette identité provenant du même type de rapport aux Formes (*cf.* 510b4-5). Tout porte ainsi à croire que le deuxième segment contient divers résultats d'une fabrication qui produit aussi bien les vivants que les objets, cette distinction n'étant en fait que secondaire. Cette lecture ne contredit pas la lettre du passage et s'accorde parfaitement avec le livre X (on le verra plus loin), sans parler du rapprochement possible avec le *Sophiste*[1].

Ce sont les lignes suivantes dont le sens est décisif (510b4-9). De manière laconique, elles décrivent d'abord le passage au premier, puis au deuxième segment de l'intelligible. Dès la première étape, Socrate passe des objets de la sensation à l'âme et à ses opérations. Deux choses sont évidentes : 1) dans le premier des deux segments, l'âme saisit les vivants et les objets visibles comme étant des images (le livre V a désigné cette opération comme un éveil) ; 2) la différence entre les opérations effectuées dans les deux segments est celle de la direction, car l'âme va d'abord de l'hypothèse à la conclusion (ἐπὶ τελευτήν), ensuite de l'hypothèse au principe absolu (ἐπ' ἀρχὴν ἀνυπόθετον). Dans le premier segment de l'intelligible, l'âme arrive à connaître les Formes « une par une », dans leur relation aux choses-images. Seul le deuxième segment semble correspondre à une saisie téléologique de la totalité, autrement dit à la saisie des Formes dans la perspective du Bien. Cette perspective est dépourvue d'images, le rapport entre le Bien et les Formes n'étant pas celui du modèle et de son imitation[2]. C'est l'orientation finale selon le Bien qui détermine

1. Pour les détails de ce rapprochement, voir Yvon Lafrance, *Pour interpréter Platon II. La Ligne en* République *VI, 509d-511e. Le texte et son histoire*, Saint-Laurent, Bellarmin, 1994, p. 291, à lire avec une mise au point de Monique Dixsaut, « La dernière définition du sophiste (*Sophiste*, 265b-268d) », dans *Platon et la question de la pensée*, *op. cit.*, p. 277.

2. Peut-être ne faudra-t-il pas s'étonner de la fabrication *des* Formes (et non *d'après* les Formes) suggérée par le livre X. Je souligne à nouveau que, à la différence du *Timée* et comme le *Sophiste*, la *République* ne mentionne aucun modèle du monde dans sa totalité. Quant à la distinction entre les vivants et les artefacts, elle sera secondaire par rapport à la

la différence dans la démarche ἐξ ὑποθέσεως telle qu'elle est esquissée ici et telle qu'elle est décrite dans le *Phédon*. Dans ce dernier, les hypothèses concernent les Formes des propriétés. En revanche, les hypothèses qui correspondent au troisième segment de la ligne divisée concernent les Formes des choses. Ce changement semble nécessaire afin que les éléments des hypothèses (les Formes) puissent être « reconvertis » dans la perspective du Bien, celle-là même que la démarche hypothétique du *Phédon* remplace. La relation entre le deuxième et le troisième segment le dit clairement : un vivant ou un artefact est à considérer comme une image de sa Forme [1]. Et qu'il s'agisse effectivement des Formes de choses se confirme dans la suite du texte, qui explique les opérations corrélatives aux deux segments intelligibles à l'aide des mathématiques.

Avant 510c1, les mathématiques ne sont pas évoquées [2]. Leur exemple est censé secourir Glaucon qui ne comprend plus. Elles sont donc susceptibles d'éclairer les objets intelligibles et les actes de l'âme, sinon de la main, qui leur correspondent. Se tournant du côté de la géométrie, de l'arithmétique et des « autres sciences du même genre », Socrate énumère ce qu'elles supposent comme évident pour tout le monde (*cf.* 510c7-8) : le pair et l'impair, les figures, trois espèces d'angles, etc. (510c4-5); plus loin, cette liste instructive s'élargira en incluant le Carré en soi et la Diagonale en soi (510d6-8). Partant des figures noétiques, les mathématiciens effectuent les démonstrations en se servant de figures visibles, c'est-à-dire tracées ou modelées, et ainsi produites d'après leurs modèles noétiques et à leur ressemblance, elles suscitent pourtant spontanément des ombres ou des reflets sur l'eau (510c1-511a1). Ainsi s'élabore une analogie claire avec les Formes des choses. Car on ne dessine ni le Beau ni le Large ni le Juste sans dessiner, au même niveau du monde visible, *une chose ou figure* qui porterait ces propriétés. En revanche, on dessine un carré, l'image imparfaite du Carré en soi, l'image qui possède certaines dimensions, mais ne représente rien sauf le Carré.

production divine. Le Περὶ ἰδέων d'Aristote et les autres sources indiquent que les successeurs de Platon abandonnent très vite cette position, ou qu'ils ne l'ont probablement jamais partagée.

1. Notons encore que si le langage des lignes 510a9-11 reprend les termes du livre V, le sens en est différent. Car ces trois lignes ne concernent que les deux segments du visible.

2. Sur la *République* et les mathématiques, *cf.* M. F. Burnyeat, « Platonism and Mathematics : A Prelude to Discussion », dans Andreas Graeser (ed.), *Mathematics and Metaphysics in Aristotle / Mathematik und Metaphysik bei Aristoteles*, Bern et Stuttgart, Verlag Paul Haupt, 1987, p. 213-240. Voir aussi les remarques d'Harold Cherniss, « Plato as Mathematician », *Review of Metaphysics* 4, 1951, 393-425, repr. dans *Selected Papers*, Leiden, E. J. Brill, 1977, p. 222-252.

À première vue, la liste des objets mathématiques contient un élément qui semblerait contredire la lecture proposée : l'Impair (τὸ περιττόν) et le Pair (τὸ ἄρτιον) ne figurent-ils pas, dans le *Phédon*, comme des exemples de Formes de propriétés (103e6-105b4) ? Ils y sont évoqués pour confirmer le principe d'exclusion des contraires, mais on a bien démontré comment précisément cet exemple implique le problème du rapport entre le tout et la partie[1]. Et ce problème est certainement étranger à la façon dont les Formes de propriétés se présentent dans la *République*[2]. Ainsi l'introduction du Pair et de l'Impair ne me semble pas contredire ce qui reste évident : le Carré en soi ou la Diagonale en soi ne sont pas les analogues de Formes de propriétés ou de contraires. De surcroît, leur usage sur le troisième segment de la ligne s'accompagne de la construction de figures visibles. En ce sens aussi, ils sont plus proches des Formes du livre X que de celles du *Phédon*[3]. Les mathématiques du troisième segment introduisent au modèle et à son image, à la construction plutôt qu'à la participation. Les figures tracées sont *délibérément* les images des figures mathématiques. Les ombres et les reflets sont les images des figures tracées, mais sans relever d'aucune délibération : ce sont des accidents. Or le segment le plus élevé de la ligne, où l'intellect abandonne les figures visibles, impliquera-t-il que, dans la perspective du Bien, il n'y ait finalement pas d'accidents ? Si la ligne ne fournit de cela qu'une seule indication, le livre VII sera plus éloquent.

Avant le passage au quatrième segment de la ligne, on sait que les choses sont à la fois les images des Formes et les modèles des ombres et des reflets. Les Formes, en revanche, sont des modèles sans être des

1. Voir *Phédon*, traduction, introduction et notes par Monique Dixsaut, Paris, GF-Flammarion, 1991, p. 157 et p. 393, n. 315 (qui cite également une importante mise au point de Maurice Caveing). La question des contraires directs et indirects dans la dernière partie du *Phédon* dépasse largement les limites de mon propos. Il importe toutefois de noter que la *République* élabore une preuve de l'immortalité de l'âme fort différente de celle de la fin du *Phédon*, une preuve qui ne s'appuie nullement sur les Formes, mais suggère plutôt une réévaluation du tout et de la partie en termes de bien et de mal, au niveau d'un cosmos à la fois physique et moral.

2. Voir les livres V-VI, où le philosophe aime toutes les parties de l'οὐσία (485b5-8), donc toutes les Formes, ce qui, dans le contexte des livres V-VI (avant le Bien-Soleil), n'implique pas les « parties » de ces dernières.

3. Voir Gail Fine, art. cit., p. 97 : « *For example, in* Rep. *6 Plato mentions a form of the square and one of the diagonal (510de), but their existence is not established by narrow compresence* [sc. des contraires]. *In* Rep. *10 (596b 1), Plato mentions a form of bed and one of table ; their existence is not sanctioned by narrow compresence either.* » Fine se demande pourquoi la *République* VI pose les Formes géométriques. Ma réponse serait donc simple : afin d'expliquer (à Glaucon) comment penser avec des Formes de choses.

images. Le quatrième segment est alors le lieu où l'intellect établit des relations entre les Formes elles-mêmes. En 511b6, Socrate décrit cette démarche comme une ascension, sans pour autant indiquer une hiérarchie des Formes. Apparemment, il s'agit d'une comparaison architectonique qui revient à répéter, à un autre niveau (celui du Bien) la question du livre V : la vraie connaissance consiste-t-elle dans un changement d'objet, dans un changement d'attitude, ou dans les deux opérés conjointement ? On s'attend à cette dernière possibilité, car ce qui auparavant était présupposé sans condition (les Formes, le Carré en soi) devrait se montrer conditionné par le Bien. À ce sujet, la ligne se limite à indiquer le chemin vers le principe anhypothétique (τὸ ἐπ' ἀρχὴν ἀνυπόθετον, 510b7), puis à parler du chemin qui va dans la direction du « principe de tout » (ἐπὶ τὴν τοῦ παντὸς ἀρχὴν) jusqu'à l'anhypothétique (511b6-7). Supposant l'identité de ces deux expressions, tous les commentateurs comprennent ce principe comme l'*idea* du Bien, cette lecture n'ayant aucune alternative plausible. Ce qui n'est pas une réponse, mais un retour à la question majeure : comment le Bien conditionne-t-il l'utilité de tout, y compris des Formes et des objets mathématiques ?

Afin de répondre sans nous contenter de répéter la question, relevons d'abord, très rapidement, quelques indications fournies par le développement du livre VII. La page 517b-c situe l'*idea* du Bien à la dernière limite de l'intelligible, ce qui mène à conclure 1) qu'elle est la cause de toutes choses droites et belles, 2) qu'elle a engendré la lumière et ce qui la produit, 3) qu'elle dispense la vérité et l'intelligence, et 4) qu'il faut la voir afin de se conduire avec sagesse (ἐμφρόνως πράξειν) soit en privé, soit en public. Ici, Socrate se laisse moins emporter qu'il ne le semble. Ajoutant la πρᾶξις, il souligne simplement que le Bien est la cause de tout à l'exception des ombres et des reflets des choses visibles. Le Bien est à chercher derrière toute production impliquant une délibération, que ce soit dans le lieu intelligible ou dans le lieu visible. Dans le premier cas, même la relation humaine au Bien peut être directe et orienter la connaissance qui correspond au deuxième segment de l'intelligible. Dans le deuxième cas, cette relation passe à travers des activités telles que la politique et la production des objets. Dans le lieu visible, le Bien ne cesse alors d'offrir un sens irréductible à celui de telle ou telle Forme prise en elle-même. Les Formes donnent le *comment*, le Bien doit donner le *pourquoi*.

Maintenant, on comprend la limite imposée à la relation à l'*idea* du Bien. Elle n'est pas celle de l'ignorance, car Socrate soutient sans équivoque qu'une éducation philosophique donne accès au Bien lui-même. La limite en question semble alors correspondre à notre incapacité de produire un monde, cette incapacité étant la seule limite de la puissance dialectique[1]. Le Bien n'a rien de mollement ineffable. Il est connaissable et dicible mais, de ce savoir, l'individu humain ne peut pas tirer toutes les conséquences. L'animal dont le savoir et le pouvoir ne coïncident pas : voici une définition parfaite de l'espèce humaine, malgré la volonté de Platon et des philosophes modernes de proclamer la véritable connaissance coextensive à la capacité de produire[2].

Le Bien marque donc la limite de nos forces productrices. C'est aussi pourquoi la dialectique reste intraduisible dans les sciences, comme le souligne abondamment le livre VII dès la page 533b-c : les arts ne fabriquent que les choses, les mathématiques ne touchent qu'aux hypothèses. Chez les hommes, le Bien ne saurait servir de guide direct à la production. Chez celui qui sait, il sert de paradigme de l'activité, celle qui contribue au bon arrangement de soi-même et de la cité (540a8-b2). Malgré la traduction du Bien dans l'activité éthique et politique, la politique reste un pis-aller car il est divin de *créer* les hommes et la cité[3]. La meilleure cité n'est qu'une seconde navigation de la seconde navigation.

Pour aller moins vite, et surtout pour lier les livres VI-VII au livre X, revenons à la question posée par les commentateurs à propos des deux segments intelligibles de la ligne divisée : « On peut se demander ici comment il est possible de relier le Carré en soi ou la Diagonale en soi (510d7) à son fondement ultime qui serait l'Idée de Bien. Comment se représenter ce passage des mathématiques à la dialectique au cours duquel les concepts mathématiques reçoivent un fondement dans les concepts ontologiques[4] ? » Je ne suis pas sûr que ce soit exactement ce qui se passe. Ce que décrit Socrate est le passage d'opérations menées à l'aide de Formes mutuellement séparées à une structure susceptible de les relier. Quand Glaucon ne comprend pas, il élabore une comparaison qui situe le Carré en soi et la Diagonale en soi à un niveau correspondant à celui des Formes,

1. C'est une des frontières entre le divin et l'humain, celle dont témoignent les dialogues tardifs y compris, évidemment, le *Timée* (voir 68d, page souvent négligée, mais très importante) et le *Sophiste*. La *République* X préfigure très clairement cette frontière. Je reviendrai sur les passages pertinents dans une monographie.

2. Voir encore une fois *Timée*, 68d, à comparer et contraster avec *Philèbe*, 15c-d. et avec le *Sophiste* et sa définition de la capacité productrice (265b8-10).

3. Voir 413b3-415d8, et surtout *Timée*, 23d-24e, *Critias*, 109b-110d, 113b-114d. Ces deux dialogues remplissent le programme du noble mensonge tout en le détruisant. Ils montrent les relations des hommes et des dieux dans une lumière philosophique, et non politique. Il suffit de rappeler le destin de l'Athènes, la meilleure cité de jadis, et pourtant détruite par la volonté divine (*Timée*, 23c, à lire avec 22d).

4. Yvon Lafrance, *op. cit.*, p. 368.

plus précisément à celui des Formes de choses[1]. Au niveau visible, il est donc facile de dessiner un carré *avec* une diagonale. Or ce qui reste non seulement difficile mais impossible, c'est de résoudre le problème de leur incommensurabilité numérique. Pour les mathématiques, une telle solution équivaudrait aux opérations dialectiques. Mais Socrate continue à proclamer cette équivalence impossible : la puissance dialectique dépasse la capacité des sciences mathématiques. Cette inégalité concerne la connaissance humaine et n'a rien à voir avec la fondation des mathématiques dans les « concepts ontologiques » dont par ailleurs l'*idea* du Bien ne fait pas partie. Le Bien n'est pas corrélatif à la connaissance humaine, mais à la production aussi bien humaine (l'arrangement de l'âme et de la cité) que divine (la fabrication du monde, donc de la totalité de ladite « nature »).

Après les livres V-VII, deux passages semblent confirmer cette mise au point. Le premier le fait avec une brutalité peu habituelle même chez Platon : le début du livre VIII explique que la nature est dotée d'une structure mathématique, qui règle la reproduction de ces vivants qui ne savent pas produire d'autres vivants individuellement et délibérément. Ce règlement vaut également pour les hommes, qui sont les seuls à ne pas y obéir spontanément, tout en étant incapables de le calculer. Je ne peux pas entrer dans le détail, mais ce passage, indiquant à la fois la structure de la nature vivante et la limite des mathématiques humaines, semble former un contrepoint au livre X, plus exactement au discours sur le démiurge qui fait littéralement la totalité de ce qui est (voir 596c). Ce discours, envisagé du point de vue des Formes et de son rôle dans l'ensemble du dialogue, me retiendra avant les remarques de conclusion.

L'enjeu de la première partie du livre X est clair. Il s'agit d'une nouvelle critique de la poésie qui ne nuit pas seulement à la cité, mais encore et surtout à l'âme. Le remède politique, consistant en une fiction alternative (le noble mensonge du livre III), est ainsi à remplacer par le remède

1. Il est nécessaire de signaler encore une fois les pages 523a-525a, où seuls les contraires sont dits susciter la réflexion, qui mènerait alors à des Formes de propriétés. À première vue, ce texte contredit mon propos, d'autant plus qu'il s'agit d'un prélude à l'enquête sur les mathématiques. Or le passage à la science du nombre coïncide avec un changement de perspective. En 525a, on passe de propriétés contraires telles que le lourd et le léger, le grand et le petit, le mou et le dur, à la propriété de l'unité qui s'oppose à la multiplicité. Et c'est la perception de l'unité qui est désignée comme suscitant la réflexion « au plus haut point » (οὐχ ἥκιστα, 525a3). Le mot est de Glaucon, mais Socrate enchaîne et, de l'unité, passe directement à la question du nombre. Voir Mary Margaret McCabe, *Plato's Individuals*, Princeton, Princeton University Press, 1994, p. 64-67, et Wolfgang-Rainer Mann, *The Discovery of Things. Aristotle's* Categories *and their Context*, Princeton, Princeton University Press, 2000, p. 127-131.

philosophique, qui consiste dans la connaissance de ce que les poèmes sont réellement. Et comme ils relèvent de l'imitation, on cherche à définir l'imitation en général (μίμησις ὅλως, 595c7), et cela à l'aide d'une méthode bien connue : « nous avons en effet l'habitude de poser une certaine Forme, une seule, qui embrasse chaque groupe de choses multiples auxquelles nous donnons le même nom » (596a6-8). Ce résumé représente la variante dite « réaliste » de ce que les lectures analytiques appellent « *the one over many argument* »[1]. Il est évident, et les lignes suivantes du texte le prouvent, que cet argument diffère de celui des propriétés contraires et qu'il concerne les Formes de choses. Cette divergence ne semble pas procéder d'une erreur logique, comme le suggère Julia Annas[2], qui pourtant fournit une description parfaite de la manière dont Plato distingue les deux arguments (celui des contraires et celui du « *one over many* ») : tandis que l'argument des contraires semble impliquer un nombre limité de Formes, les lignes 596a6-8 assignent une Forme à chaque ensemble qu'on peut subsumer sous un terme générique ; tandis que les contraires jouent un rôle central dans la connaissance de ce qui ne se donne pas dans l'expérience, les Formes du livre X semblent plus faciles à penser sinon triviales[3].

Ces deux différences majeures sont aussi étroitement liées. Le changement du type de Formes correspond au passage de la connaissance à la production, et si Socrate propose de développer son argument à propos de n'importe quel objet, le choix qu'il opère n'est pas innocent (596a10-b1). Un lit ou une table sont fabriqués par des artisans humains d'après une Forme-modèle dont la production leur est interdite (596b6-c1) et est assignée à un auteur divin (597b5-7). Socrate, dans le cadre de sa critique des poètes, transpose ensuite cette même différence au niveau humain où les poètes et les peintres se content d'imiter les aspects que présentent dans une certaine perspective les objets que fabriquent les artisans (qui eux-mêmes reproduisent l'œuvre du dieu). Or le terrain de l'activité artistique est déjà celui de l'apparence et de l'imagination purement humaine dont Platon ne nie pas la puissance mais la vérité. En 596c7-12, Socrate évoque

1. *Cf.* Gail Fine, *op. cit.*, p. 113. Sur la grammaire des lignes citées, voir Penelope Murray (ed.), *Plato on Poetry. Ion; Republic 376e-398b9; Republic 595-608b10*, Cambridge, Cambridge University Press, 1996, p. 190-191.

2. Julia Annas, *An Introduction to Plato's* Republic, Oxford, Clarendon Press, 1981, p. 229.

3. *Ibid.*, p. 228-229. Il est vrai que si les Formes du livre V sont plus difficiles à penser, celles du livre X sont plus difficiles à simplement accepter. Il est probable qu'elles appartiennent à une perspective non seulement téléologique mais anthropocentrique. Le lit et la table, dont les Formes sont ici produites, marquent le seuil de la civilisation humaine (*cf.* II, 372d-e).

celui qui, justement, ne se limite pas à reproduire (partiellement) ce que les hommes savent produire, donc les artefacts au sens étroit du terme. Il fait (ποιεῖ) toutes les plantes et il fabrique (ἐργάζεται) tous les animaux et lui-même, et encore la terre, le ciel, les dieux, et tout ce qui se trouve dans le ciel et sous la terre, dans l'Hadès. Cette liste frappe immédiatement par son exhaustivité. Le peintre semble ici visé, et il ne saurait jamais peindre les dieux ou les choses de l'Hadès à partir d'une expérience directe, mais uniquement en donnant forme visible aux contenus de mythes et de poèmes, donc à une parole humaine et mensongère[1]. La leçon semble claire : plus l'imagination s'éloigne de la saisie de l'intelligible, plus elle élargit à la fois son champ et son pouvoir d'enchanter, autrement dit de tromper. C'est pour inscrire cette leçon dans un cadre philosophique que, dans cette partie du dialogue, Platon manifeste la volonté de maintenir d'un bout à l'autre le schéma de la production sans tomber dans une régression infinie où chaque production serait à son tour produite par une cause supérieure. S'il y a un père de notre univers, c'est l'artisan divin nommé plus loin φυτουργός (597d5). Cette dénomination rare (il s'agit de sa seule occurrence chez Platon) peut susciter un certain embarras car elle relève du langage tragique[2], mais peut-être pouvons-nous la prendre à la lettre : l'enjeu du texte est bel et bien celui d'une production de la nature et non d'une nature créatrice.

En revanche, l'embarras ressenti par certains lecteurs devant la double incongruité d'une Forme du lit, et de surcroît d'une Forme fabriquée, ne me semble pas nécessaire. Il surgit du point de vue de la connaissance, qui est propre au livre V[3]. Maintenant, le texte suit très clairement le schéma de la production, et la volonté d'y inclure la production humaine exige le choix d'une Forme de quelque chose dont les hommes savent fabriquer à la

1. La liste citée contient ce qui ne donne pas lieu à des images non délibérées, car aucune ombre ni réflexion sur l'eau ou dans un miroir ne montre les choses dans Hadès ni les dieux. Je remercie David Sedley pour ses remarques sur cette partie du livre X.

2. *Cf.* Eschyle, *Suppliantes*, 592 ; Sophocle, *Œdipe roi*, 1482 ; Euripide, *Iphigénie à Aulide*, 949, *Troyennes*, 481. Sur l'artisan divin voir aussi M.F. Burnyeat, « Culture and Society in Plato's *Republic* », *The Tanner Lectures on Human Values* 20, 1999, p. 246-249.

3. *Cf.* Penelope Murray, *op. cit.*, p. 192, qui parle de « *something of a shock after the earlier discussion in which Forms are introduced as suitable objets of knowledge for true philosophers (475e-480, 521c-525e), and relate mainly to moral qualities (e.g. Beauty at 476c-d, 479e ; the Form of the Good at 505a) and mathematical concepts (e.g. 'Oneness' at 524e6)* ». J'ai déjà suggéré que le cas de l'unité ouvre le chemin aux Formes des choses. Murray rappelle qu'on renvoie souvent au *Cratyle*, 389a-d, où le menuisier regarde vers une Forme de la navette. J'ajoute pour ma part que ce dialogue touche aussi à une hypothèse de la production divine qui, au lieu d'une image de Cratyle, mènerait à deux Cratyle tout aussi originaux (432b-c).

fois les images, et les images de ces images (le lit et le lit peint)[1]. Dans la *République*, ce schéma peut passer du démiurge divin jusqu'aux artisans humains et, encore plus bas, aux artistes. En revanche, une telle chaîne des artefacts situés à trois niveaux de la réalité serait impensable dans le cas du *Timée*, où le démiurge reproduit la vie même du modèle, ce qu'un seul être humain n'arrive pas à imiter : d'où les organes sexuels et la nécessité d'une reproduction à deux, fatigante et semblable à la guerre. C'est peut-être pour cette raison que Timée arrête son exposé avant la naissance de la cité. Or le discours de la *République* s'étend de la dialectique jusqu'aux esquisses cosmologiques d'un côté, jusqu'à la philosophie politique de l'autre côté. Cette expansion ne saurait s'appuyer sur les seules Formes de propriétés, surtout là où il faut juger les effets des objets et des actes sur toutes les trois parties de l'âme, ce qui reste l'objectif principal du livre X. D'où l'effort d'établir les trois degrés de réalité comme corrélatifs aux intérêts des trois parties de l'âme, tout cela pour dénoncer un Homère inutile et incertain (*cf.* 600c-e). Faut-il alors conclure que la création des Formes de choses n'appartient qu'au contexte d'une critique de la poésie et qu'elle ne représente pas une conception du monde que Platon aurait sérieusement envisagée[2] ? Je ne le pense pas, surtout parce que la logique de cette critique n'exige nullement le dispositif élaboré. Si elle s'inscrit dans le schéma de la production, elle ne le présuppose pas et pourrait bien s'en passer : il suffirait d'interdire aux poètes l'accès à la connaissance des Formes. Autrement dit, la critique de la poésie, différente de celles des livres II-III, s'appuie sur la corrélation des degrés de réalité et des parties de l'âme, cette même corrélation que le discours sur les Formes et la création du Tout n'hésite pas à dépasser. La question de l'imitation permet de réfuter Homère avec une nouvelle vigueur, réfutation fondée sur la division tripartite de l'âme et de la cité, tout en fournissant à Platon l'occasion de repenser encore une fois la totalité de ladite φύσις, produite par un art divin.

L'entreprise de la première partie du livre X serait alors proche de ce que Platon entreprend, de manière chaque fois différente, dans le *Timée* et dans le *Sophiste*. Avec chacun de ces deux textes, elle partage un moment important. Comme dans le *Timée*, un bref passage nous offre une version de « l'argument du troisième homme ». Comme dans le *Sophiste*, le

1. Point également noté et bien commenté par Murray, *op. cit.*, p. 191.

2. Voir Charles Griswold, « The Ideas and the Criticism of Poetry in Plato's *Republic*, Book 10 », *Journal of the History of Philosophy* 19, 1981, p. 146 : « *it is very improbable that Socrates intends this schema to be a true representation of the Whole ; it is far more probable that he intends it as a representation of the poet's conception of the Whole.* » Or y a-t-il un poète grec qui laisse le dieu créer la totalité de ce monde ? Socrate ou poète, le texte n'en est pas moins celui de Platon.

schéma esquissé omet toute mention d'un modèle de notre monde, le *Sophiste* (265a-266d) s'accordant en plus assez bien (non parfaitement) avec la ligne divisée[1]. Comme toutes ces questions ne sauraient être discutées dans le présent propos, je me limiterai à celle qui se lie directement à la production de la Forme du lit. En 597c1-d3, l'argument du troisième homme reçoit un traitement qu'on a pu baptiser « l'argument du troisième lit »[2].

Du troisième homme, on trouve chez Platon quatre versions : deux dans le *Parménide* (132a1-b2 et 132d1-133a3), une dans le *Timée* (31a1-b4), et enfin celle de la *République* (597c1-d3). Cette dernière me semble combiner la deuxième version du *Parménide* avec celle du *Timée*. Car elle lie explicitement, dans une seule trame, deux moments principaux : celui de la ressemblance et celui de la production. Dans une optique aristotélicienne, la création de la Forme mise à part, la *République* illustrerait parfaitement comment « le troisième homme » découle de l'argument qui assigne une Forme à chaque ensemble désigné par un terme générique (596a6-8)[3]. Or précisément, la lecture aristotélicienne évite le présupposé d'où part le texte de la *République*, mais aussi celui du *Timée*, et déplace ainsi la question sur le terrain de la connaissance ou du κατηγορούμενον qui n'est fidèle qu'à la première version du *Parménide*[4]. Est mis en doute le thème central de notre texte, et même chez la plupart des commentateurs modernes : dans la question du troisième lit, la perspective de la connaissance prime celle de la production. Le texte est pourtant clair : en 597c1-4, le dieu fabrique un seul lit, à savoir ὃ ἔστιν κλίνη. Il n'en a pas fait et n'en fera pas deux. La lettre de ces quatre lignes projette ce lit dans la φύσις (ἐν τῇ φύσει, cf. *Parménide*, 132d1-2), ce qui indique que, dans la totalité de ce qui est, il n'y a pas d'autres entités qui pourraient prétendre au titre de lit sauf celles qui ressemblent à ὃ ἔστιν κλίνη comme à leur

1. Sur ces deux point voir aussi les remarques de Nestor-Luis Cordero dans sa traduction annotée du *Sophiste*, Paris, GF-Flammarion, 1993, p. 278-279, notes 391-399. Voir également Rémi Brague, « La cosmologie finale du *Sophiste* (265b4-e6) », dans Pierre Aubenque (dir.), *Études sur le* Sophiste *de Platon*, Napoli, Bibliopolis, 1991, p. 267-288.

2. Voir Gail Fine, *op. cit.*, p. 231-237, qui offre une discussion critique des lectures proposées par Owen, Vlastos, Cherniss, etc., avant de suggérer que Platon n'a pas envisagé le troisième homme comme un vrai défi à sa théorie, mais plutôt comme un instrument permettant de clarifier cette dernière. Pour ma part, j'accentuerais la différence entre les deux types de Formes, ce que je tenterai de faire ailleurs.

3. Voir Alexandre, *in Metaphysica* (*Commentaria in Aristotelem Graeca*, éd. Hayduck, 1891, t. I), 84.21-85.3.

4. La première version analyse la participation sans évoquer la ressemblance, qui devient la clé de la seconde version, mais seulement après qu'on ait refusé de prendre les Formes pour des concepts (132b4-c11).

modèle. La ressemblance est impliquée dans l'argument dès les lignes 597c7-9, qui expliquent les raisons qui mènent le dieu à faire un lit unique. L'argument mélange la volonté du créateur et la nécessité logique, celle du rapport entre le modèle et son semblant.

Tout d'abord, Socrate évoque la volonté et la nécessité comme deux raisons possibles (597c1). Que ces raisons soient effectivement liées transparaît en 587c7-d3. Deux lits au même niveau de réalité impliquent une ressemblance qui implique à son tour une relation du modèle et de son imitation (597c7-9). Dieu, sachant cela, voulait alors être « réellement le créateur d'un lit réel » (βουλόμενος εἶναι ὄντως κλίνης ποιητὴς ὄντως οὔσης, d1-2), et non un faiseur quelconque de tel ou tel lit (d2-3). Dieu est donc sûr de la perfection de son œuvre que seule la concurrence avec un autre artefact divin pourrait relativiser. D'où le nom φυτουργός, car la nature de son produit coïncide avec son unicité. La φύσις n'a plus rien d'intime. Elle n'a aucun contraire, surtout pas celui de la τέχνη, et appartient à ce qui n'a pas besoin du modèle. L'argument de Socrate ne présuppose alors qu'une seule chose, à savoir un lien entre l'unicité et la valeur de la Forme, un lien qui rapporte toute objet sensible à telle ou telle Forme unique (plusieurs objets ressemblent à une Forme, jamais *vice versa*). D'où la différence d'orientation entre cet argument et celui du *Timée*, bien que la relation modèle-image reste exactement la même. Le *Timée* part d'un modèle qui est un Tout, contenant diverses parties, ce qui oblige à souligner l'unicité du monde-image, cette unicité d'un Tout sensible étant un élément direct de la ressemblance. La *République* X part d'une liste des créations divines qui composent un monde, mais ne seront qu'en partie reproduites par les hommes. Ce qui oblige à insister plutôt sur l'unicité des modèles tels qu'un lit ou une table, qui sont à leur tour fabriqués sans être dérivés d'autres modèles.

L'argument du troisième lit confirme donc que l'unité, comprise comme distincte de toute la multiplicité qui commence avec deux, entretient un rapport avec la question des Formes de choses. On est sur un autre terrain que celui des Formes contraires. Ces dernières, elles aussi, sont corrélativement deux (le beau et le laid) précisément parce que chacune, étant une, s'oppose à une autre : elles sont deux en tant que deux unités, et non par rapport à « deux » au sens d'une multiplicité. Or l'argument des contraires ne suggère certainement pas qu'il y a un beau noétique parce qu'il ne faut pas qu'il y en ait deux ou trois ; il y a le beau qui s'oppose au laid, et aucun « il faut » ou « il vaut mieux » n'est évoqué. En revanche, les Formes de choses impliquent un « il vaut mieux », une perspective téléologique, différente de celle de la participation au sens strict du terme. On peut alors réaffirmer que les perspectives des propriétés et des choses ne convergent pas et que, pour l'homme, la possibilité de la connaissance n'est pas la même que celle de la production. Pourtant, dans les deux cas, l'argument implique ce qui est le centre même de ladite théorie des Formes : les objets des sens (les choses) ne possèdent aucune unité naturelle. La dualité de perspective serait alors délibérée et destinée à équilibrer les deux schémas qui servent à expliquer la composition du monde : la causalité effective et la causalité finale. Si la première tend vers une description neutre, la deuxième risque de se réduire à une tautologie publicitaire (« le Bien, c'est ce qu'il y a du meilleur »). Maintenir la tension entre les deux perspectives aide à équilibrer ces deux extrêmes. Les concilier reviendrait à créer un système parfait, qui expliquerait à la fois *comment* et *pourquoi* les choses sont ce qu'elle sont. Le système où la description convergerait avec la prescription. Ce qui n'est probablement pas pour demain.

POURQUOI LA DOCTRINE DE LA RÉMINISCENCE EST-ELLE ABSENTE DE LA *RÉPUBLIQUE*?

Charles H. KAHN

Je voudrais soulever un problème très général pour l'interprétation de Platon, à savoir le statut et la fonction des doctrines dans les Dialogues. Je vais traiter ce problème en prenant un cas particulier : l'absence de la doctrine de la réminiscence dans la *République*.

Comme on le sait, la réminiscence joue un rôle essentiel dans trois Dialogues : le *Ménon*, le *Phédon* et le *Phèdre*. Pourtant, il n'y en aucune trace dans la théorie de la connaissance des livres V à VII de la *République*. Comment pouvons-nous comprendre cette divergence ?

Il y a une solution simple que je mentionne seulement pour la rejeter. C'est l'explication « évolutioniste » selon laquelle Platon, au moment où il écrit la *République*, aurait déjà abandonné la conception quasi-mythique de la connaissance innée, acquise dans une vie antérieure, pour la remplacer par une doctrine plus raisonnable, l'idée d'intuition noétique ou *Wesenschau*, d'une vision intellectuelle des Formes accessible à ceux dont l'esprit a été suffisamment préparé par la dialectique. Selon cette explication, Platon aurait changé d'avis au sujet de la connaissance, de sorte que la théorie de la *République*, centrée sur la vision des Formes, implique un rejet de la théorie innéiste du *Ménon* et du *Phédon*.

Une telle perspective « évolutionniste » ne peut nous satisfaire, et d'abord pour des raisons chronologiques. Je veux supposer que l'on croit comme moi que nous ne savons rien au sujet de la chronologie des Dialogues, à part la division en trois groupes stylistiques, établie depuis plus de cent ans par Campbell et Ritter. Cette division nous apprend que la *République* et le *Phèdre* appartiennent tous deux au même groupe stylistique, donc à la même période de la vie de Platon. En outre, on trouve plusieurs indications du fait que le *Phèdre* doit suivre la *République* plutôt que la précéder – voir par exemple, l'usage fait de la psychologie tripartite dans le mythe du *Phèdre* (où cette théorie est symbolisée par l'image du conducteur de char avec ses deux chevaux). Cette partition est certainement plus intelligible pour un lecteur qui a déjà lu la *République*. De plus, la conception de la dialectique dans le *Phèdre*, fondée sur la division et le rassemblement (la διαίρεσις et la συναγωγή), est beaucoup plus apparentée à la dialectique tardive du *Sophiste* et du *Politique* qu'à la dialectique telle qu'elle est présentée dans la *République*.

Étant donné l'importance de la réminiscence dans le *Phèdre*, si le *Phèdre* vient après la *République*, il ne peut pas être question d'un abandon de cette doctrine dans la *République*.

D'un autre côté, l'hypothèse évolutionniste ne tient pas compte de ce que la vision noétique des Formes, supposée plus tardive selon cette hypothèse, se trouve déjà exposée dans le *Banquet* et le *Phédon*. Cela n'est donc pas une nouveauté dans la *République*. Je rappelle le passage du *Banquet* où Diotime annonce la vision béatifique du Beau lui-même. Le *Phédon* lui aussi parle du moment où l'eros philosophique pourrait s'accomplir, quand le philosophe regarderait « les choses elles-mêmes par l'âme elle-même » (66d). Ce but, que Socrate, dans le *Phédon*, propose pour le philosophe après la mort, est donc le même que celui présenté dans le mythe du *Phèdre* comme une expérience prénatale : une vision directe des Formes promise à l'âme désincarnée. Et la révélation énoncée par Diotime montre que même le philosophe en chair et en os peut aspirer lui aussi à une telle vision.

On peut donc exclure l'hypothèse évolutionniste, puisqu'elle est contredite, d'une part, par la présence de la vision noétique dans ces deux Dialogues antérieurs à la *République* (c'est-à-dire dans le *Banquet* et le *Phédon*) et, d'autre part, par la persistance de la réminiscence dans le *Phèdre*. Nous devrons donc envisager ce problème dans une optique synchronique plutôt que diachronique. La différence entre ces Dialogues (*Banquet*, *Phédon*, *République*, *Phèdre*) n'est pas à concevoir comme une progression philosophique au cours de laquelle une théorie de la connaissance en remplace une autre, mais plutôt comme un inventaire diversifié, où des points de vue sont adoptés alternativement pour des fins diverses dans des contextes différents. Selon la conception que je propose, le choix que Platon doit faire en chaque cas n'est pas quelle doctrine présenter comme étant la vérité définitive, mais plutôt quelle conception convient le mieux aux besoins de ce Dialogue particulier.

Dans les Dialogues de Platon, à mon avis, il n'existe de formule définitive pour aucune théorie philosophique. Tout dépend du contexte.

Non seulement la théorie des Formes est exprimée de façon différente dans le *Phédon* et dans la *République*, mais il y a encore trois formulations différentes de cette théorie dans les livres V, VI et X de la *République* elle-même. (La version du livre X, avec l'Idée du Lit fabriquée par le dieu, est assez surprenante.) À mon avis, la seule constante dans la pensée de Platon est la conception de la réalité comme éternellement stable, uniforme, et immuable – la conception parménidienne de l'Être – et aussi une conception correspondante de l'âme humaine capable d'accéder à cette réalité. La doctrine des Formes est seulement l'expression littéraire préférée de cette conception de l'Être. De l'autre côté, la réminiscence et l'intuition noétique présentent deux expressions différentes de l'accès de l'âme humaine à cette réalité.

Eu égard à cette flexibilité dans l'expression de la pensée, la tâche de l'interprète des Dialogues est de comprendre comment un contexte particulier peut déterminer le choix de la doctrine, ou, du moins, comment il peut conditionner ce choix de manière à donner à la vision intuitive de formes un rôle seulement marginal dans le *Phédon*, alors que cette vision est centrale dans le *Banquet*; et de comprendre aussi pourquoi la théorie de la réminiscence est totalement exclue de la *République*, et négligée dans le *Banquet*. Nous devons donc réfléchir plus radicalement sur la fonction des doctrines dans l'œuvre de Platon.

Ce sont là des questions assez vastes. Pour chercher une réponse, il nous faut une terminologie plus souple. Le terme « doctrine » se montrera trop rigide, si par doctrine on entend une théorie explicite, une thèse qui puisse se formuler dans une proposition précise, ou dans une suite de propositions. Les images du Soleil, de la Ligne divisée et de la Caverne ne sont pas, en ce sens, des doctrines. Même la réminiscence est formulée chaque fois de façon assez différente, comme nous allons le voir.

Nous avons donc besoin d'une terminologie qui s'applique non seulement aux doctrines explicites mais également aux thèmes et aux images fondamentales qui présentent un contenu philosophique. Je propose d'utiliser le mot « schéma ». Le Soleil, la Ligne et la Caverne constituent donc trois schémas singuliers conçus pour former ensemble un seul schéma complexe, qui est la conception platonicienne de la connaissance selon la *République*. Le principe d'unité pour ce schéma global est l'idée de la connaissance comme vision. La question particulière que j'ai posée est la suivante : pourquoi, dans ce schéma complexe, n'y a-t-il pas de place pour cette autre conception de la connaissance comme réminiscence ?

Nous devons constater qu'il ne peut être question de contradiction entre ces deux schémas. Tous les deux vivent très bien ensemble dans d'autres Dialogues. Ainsi, le *Phédon* fait allusion au schéma de la vision noétique, bien que le thème de la réminiscence y domine. Et, dans l'histoire de l'âme racontée dans le *Phèdre*, les deux schémas, la réminiscence aussi bien que la vision des Formes, jouent un rôle essentiel. On peut même voir dans le *Phèdre* un effort de la part de Platon pour élaborer une conception unifiée de ces deux schémas. Il n'y a donc pour Platon aucune contradiction entre les deux.

Mon intention ici est de proposer une vue unitaire de l'œuvre de Platon, une vue selon laquelle la pluralité des schémas constitue pour ainsi dire la surface des Dialogues, tandis que l'unité de la pensée platonicienne se retrouve dans ce que j'appelle la structure profonde. Peut-être pourrait-on dire que la diversité superficielle des schémas fournit l'objet propre d'une interprétation littéraire ou littérale, tandis que l'interprétation proprement philosophique devrait déterminer l'unité sous-jacente. Je peux illustrer cette division du travail herméneutique par l'exemple suivant, tiré du *Banquet* et de la *République*. Au niveau littéraire, l'échelle de l'amour dans le *Banquet* (ascension graduelle dans les étapes de l'amour) est entièrement indépendante de la sortie de la Caverne dans la *République*. Dans le *Banquet*, la montée constitue un essor érotique vers le Beau lui-même, alors que le schéma correspondant dans la *République* trace une ascension intellectuelle pour saisir les Formes et, finalement, pour saisir l'Idée du Bien. Du point de vue de l'explication littéraire, chaque Dialogue est un tout complet, autosuffisant. Une interprétation philosophique, cependant, doit tenir compte du fait que les deux textes présentent des schémas du même type, avec la même structure : une ascension intellectuelle à partir des objets sensibles, qui se dirige vers la réalité intelligible et qui culmine pour finir dans une vision révélatrice, vision dont les deux objets correspondants – le καλόν d'une part, l'ἀγαθόν de l'autre – sont des concepts très voisins quant à leur signification, et aussi quant à leur valeur normative. Une des tâches de l'interprétation philosophique, me semble-t-il, est d'articuler cette structure commune des deux schémas. Car ce que j'appelle la structure profonde de la pensée de Platon est précisément ce qui est commun au *Banquet*, au *Phédon* et à la *République*. C'est une pétition de principe de supposer que l'intérêt philosophique doit se diriger vers ce qui est particulier à chaque Dialogue. Je prétends au contraire que ce sont surtout des considérations littéraires et dramatiques qui expliquent les différences entre, par exemple, le discours de Diotime et les livres centraux de la *République*. La signification philosophique de cette grande diversité entre les Dialogues est que, pour Platon, il n'y a pas de point de vue unique ou privilégié sur la réalité, et donc pas de formulation définitive de la vérité, pas de doctrine fixe d'ordre propositionnel. La philosophie de Platon s'exprime dans les Dialogues par la convergence d'une pluralité de schémas, chacun partiel et provisoire, correspondant à une diversité de points de vue, où l'optique de chaque participant est limitée par sa perspective et par sa capacité de comprendre. C'est cette diversité qui explique que Platon peut ainsi joindre un perspectivisme épistémologique à sa métaphysique réaliste et même rationaliste. Pour Platon nous sommes tous plus ou moins dans la caverne, mais il y a une grande diversité de perspectives sur la lumière.

Cette façon de lire les Dialogues est bien évidemment controversée, et mon intention aujourd'hui est simplement de la faire comprendre.

Pour en revenir à présent à la question de la réminiscence et de son absence dans la *République*, je veux préparer ma réponse en rappelant la différence entre les versions du schéma que nous trouvons dans les trois Dialogues où il figure : *Ménon*, *Phédon* et *Phèdre*. Il me semble que la divergence entre ces trois versions de la réminiscence est tout à fait comparable à celle entre les deux ascensions du *Banquet* et du livre VII de la *République*. Dans les deux cas – réminiscence et ascension intellectuelle – nous avons un seul schéma qui se distribue en plusieurs sous-schémas.

En ce qui concerne la réminiscence, nous en rencontrons la version primitive dans le *Ménon*, où aucune référence n'est faite à la doctrine des Formes. La réminiscence y est introduite en réponse au paradoxe de Ménon : comment est-il possible de chercher ce que nous ignorons ? La réminiscence répond : ce que nous cherchons à apprendre, nous le savons déjà, il nous faut seulement nous le rappeler. Dans le *Ménon*, Socrate ne nous parle pas de la nature des sujets rappelés. Il dit seulement que nous avons déjà appris « toutes choses » (81c-d) et que « la vérité des êtres », ἡ ἀλήθεια […] τῶν ὄντων, est présente dans l'âme (86b1). Nous devons avoir recours au *Phédon* pour savoir que les objets de la reconnaissance, ce sont des Formes intelligibles. Et le thème du *Phédon* est tout autre : le destin de l'âme après la mort. L'immortalité de l'âme, qui était présentée comme chose acquise dans le *Ménon*, doit être démontrée dans le *Phédon*, où la réminiscence en fournit une des preuves principales. Dans le *Phèdre*, en revanche, l'immortalité est établie par une preuve indépendante, et la réminiscence sert surtout à expliquer les phénomènes de l'amour, considéré comme une folie divine. Cette émotion, tomber amoureux, est expliquée comme un souvenir de notre vision prénatale des Formes.

Il n'est donc pas facile de formuler avec précision une doctrine de la réminiscence qui soit commune aux trois Dialogues. C'est à cause de cette diversité qu'il est commode de parler de « schéma » plutôt que de « doctrine ». Il est évident que la conception générale de l'âme et de ses capacités de connaître est la même dans les trois Dialogues, bien que cette conception soit formulée chaque fois d'une façon différente. Mais étant donné cette flexibilité dans la formulation, pourquoi la réminiscence n'est-elle pas mentionnée aussi dans la *République* ?

Il est toujours périlleux de vouloir expliquer pourquoi dans un texte quelque chose n'est pas dit. Mais il est permis, tout de même, de noter qu'une allusion à la réminiscence ne s'accorderait pas bien avec le thème de la vision intellectuelle qui domine dans les livres V à VII, thème servant à unifier cette large tranche de texte, liant ensemble les schémas du Soleil, de la Ligne et de la Caverne. C'est l'image du gouvernant comme artiste, comme peintre dont les yeux sont fixés sur le modèle des Formes, qui justifie le règne de la philosophie, puisque le philosophe seul peut atteindre à la vision de l'Idée du Bien. La conception du Bien comme objet suprême de la vision noétique réussit à réunir tous les aspects de la philosophie de Platon – sa théorie morale, sa politique, ses théories de l'éducation et de la connaissance – et à montrer comment toutes ces théories dépendent de sa métaphysique fondamentale. Ce long développement du thème de la vision arrive à son apogée au moment où, à la fin du livre VII, les gardiens achevés « élèvent l'œil de leur âme à la source de la lumière universelle, la prenant comme paradigme, pour ordonner la cité, les citoyens, et eux-mêmes » (540a).

En reprenant maintenant notre question initiale, l'absence de la réminiscence dans la *République*, nous pouvons demander : quel effet aurait l'adjonction de la conception de la connaissance comme réminiscence à ce réseau complexe d'images et de doctrines ? Je crois que nous pouvons tous reconnaître que cette idée pourrait seulement détonner avec les images harmonieuses de vision qui servent à unifier ce grand texte central. Imaginez les complications qui résulteraient pour l'allégorie de la Caverne si les prisonniers étaient supposés revenir à une expérience de la lumière qu'ils auraient antérieurement éprouvée avant d'être incarcérés. Il n'y aurait certes aucune contradiction philosophique à supposer que les prisonniers puissent se rappeler une expérience préalable de liberté et de clarté. Autrement dit, rien dans l'épistémologie de la *République* n'est incompatible avec la réminiscence. Mais le drame et la difficulté de l'ascension seraient ruinés, ou sérieusement endommagés, si les prisonniers libérés devaient suivre un chemin familier. La vision des Formes ne serait plus une surprise ! Donc, à mon avis, c'est pour des raisons essentiellement littéraires et dramatiques que la réminiscence n'a pas de place ici, et non pas pour des raisons de cohérence philosophique.

Si cela est vrai, nous pouvons admettre que c'est une erreur grave que de prendre la métaphore de la vision trop au pied de la lettre, et donc de conclure que Platon épouse ici une ontologie dominée par la théorie de l'intuition intellectuelle. Je crois que des philosophes comme Gilbert Ryle et Heidegger ont été victimes d'une telle erreur, et c'est pourquoi ils ont pensé que Platon avait conçu les Formes comme de « *simple nameables* » ou comme des objets solides et quasi-visibles. Nous sommes protégés contre cette erreur par des textes importants du *Phédon*, et même de la *République*, qui nous rappellent que les Formes sont conçues d'après le genre de réalité (αὐτὴ ἡ οὐσία) qui est le leur, et c'est « de cet être dont nous rendons et recevons compte quand nous questionnons et répondons » (ἧς λόγον δίδομεν τοῦ εἶναι καὶ ἐρωτῶντες καὶ ἀποκρινόμενοι, *Phéd.*, 78d). La désignation la plus officielle pour l'être des Formes, c'est αὐτὸ τὸ ὅ ἔστιν, « le X lui-même, ce qu'il est. » Il est donc clair que la nature essentielle des Formes doit être conçue non pas dans le cadre de la vision mais plutôt dans celui du λόγος, où le λόγος est compris comme une recherche dialectique de définitions et d'explications, par des questions et des réponses telles que : quelles sont les choses ? et, comment sont-elles ? C'est la dialectique, et non la métaphore de la vision, qui nous fournit la clef permettant de comprendre la nature des Formes platoniciennes.

Il y a alors une certaine dissonance entre cette conception quasi-linguistique de la dialectique et le schéma de vision noétique dans lequel la dialectique s'insère dans les livres VI et VII. C'est une tâche de l'exégèse philosophique que de clarifier les rapports entre ces deux conceptions platoniciennes, entre l'être des définitions et la vision des Formes, en plus de leurs rapports à tous deux avec le schéma de la réminiscence. C'est là un projet considérable, et je ne puis proposer ici que quelques suggestions.

Je veux insister tout d'abord sur le rôle proprement métaphorique du thème de la vision, qui ne devient jamais une doctrine fixe ou figée. La *République* ne nous offre aucune théorie des facultés de connaissance. Même le terme νοῦς, qui est fondamental pour désigner la vision intellectuelle, ne se durcit pas en un terme technique relevant d'une théorie élaborée. Il est frappant que Platon, à plusieurs reprises, évite le terme νοῦς pour se servir d'une périphrase : on voit le Beau lui-même « par ce par quoi il est visible » (*Banq.*, 212a), on amène « la meilleure partie de l'âme à la vision de ce qui est meilleur parmi les êtres » (*Rép.*, 532c). Comme la métaphore de la vision, la terminologie du νοῦς ne représente pas une théorie de la connaissance, pas plus que d'autres termes comme τὸ λογιστικόν ou τὸ φιλομαθές. Ces expressions désignent simplement une capacité de connaître et de comprendre, une capacité qui peut se tourner vers les Formes avec la « conversion » de l'âme toute entière. Mais Platon ne nous explique pas comment cette capacité se réalise. Nous savons seulement que les mathématiques sont très utiles à cet égard. Mais qu'y a-t-il dans l'âme qui la rende capable de s'éclairer, capable de profiter des mathématiques ?

Après avoir démontré, une fois de plus, l'immortalité de l'âme, Socrate avoue dans le livre X que la psychologie des livres précédents est limitée, puisque nous avons seulement considéré une âme déformée par l'incarnation. Pour mieux voir sa vraie nature nous devrions regarder « vers son activité philosophique, son amour de la sagesse, et nous devrions réfléchir sur l'objet de cette recherche, voyant comment l'âme est apparentée à ce qui est divin, immortel et éternel » (X, 611e).

Cette parenté entre l'âme et ses objets reflète le principe du semblable connu par le semblable – « *like knows like* ». Le *Timée* se sert du même principe dans la construction de l'âme. C'est ainsi que parmi les composants de l'âme du monde dans le *Timée* se trouvent les Formes les plus universelles, l'Être, le Même et l'Autre – avec les espèces correspondantes de substance corporelle (35a). Implicite ici est l'idée que l'âme est capable de connaître en vertu de sa parenté avec les objets connus. Nous avons donc dans le *Timée* l'équivalent physique (ou plutôt métaphysique) de la réminiscence : pour que la connaissance soit possible, il faut que les objets connus soient *déjà présents dans l'âme*. Nous retrouvons ainsi la doctrine du *Ménon*, où Socrate dit que « la vérité des êtres est toujours dans l'âme » (89b). Le *Timée* a donc sa propre version de l'« innéisme ».

Pour conclure, je veux revenir brièvement à la question plus générale de la fonction des doctrines dans les Dialogues de Platon. Nous avons vu comment la théorie de la réminiscence et la doctrine des Formes s'expriment de façon différente chaque fois qu'elles apparaissent. Même au sujet des Formes, il n'y a pas de formule unique qui représenterait la doctrine « officielle » de Platon. Chaque formule a ses limites, parce que chacune est adaptée à son contexte de discussion, aux auditeurs et aux circonstances particulières du dialogue. Il nous faut peut-être conclure que, pour Platon, il n'existe pas de doctrine qui soit « *topic neutral* » ou « *context-free* », indépendante de son rôle dans une discussion particulière. Il y a évidemment des degrés d'indépendance : par exemple, pour les Formes, la locution αὐτὸ τὸ ὅ ἔστιν et l'attribut « invariable » se rapprochent du statut de formule fixe. Mais de tels cas sont des exceptions rares. De façon générale, il n'y a de formule précise pour désigner ni les Formes, ni le monde sensible, ni le rapport entre les deux, comme il n'y a pas de schéma unique pour concevoir notre capacité de connaissance.

Si, pour finir, nous regardons ces variations de formulation comme l'expression littéraire d'une conception philosophique unifiée, nous pouvons dire que les schémas et les quasi-doctrines des Dialogues représentent autant de procédés pour amener notre esprit à un meilleur état de clarté, pour nous libérer des distorsions qui résultent de nos perspectives individuelles, « localisées » par l'incarnation humaine. Ou alors, si cette manière de parler semble trop plotinienne, disons plutôt que chaque formule doctrinale représente une perspective partielle et localisée sur une scène globale pour laquelle il n'y a pas de point de vue privilégié – « *no god's eye point of view* ».

Nous pouvons donc tomber d'accord avec la thèse de Tübingen, selon laquelle la dernière vérité platonicienne – le vrai sens de la philosophie de Platon – n'est pas formulé dans son œuvre écrite. Mais encore moins se trouve-t-il dans le compte rendu d'Aristote sur les *agrapha dogmata*, les doctrines non écrites, ou dans un commentaire moderne s'appuyant sur un tel rapport. Si ce sens ultime se trouve quelque part, c'est dans la compréhension totale qui résulterait de la poursuite de toutes ces discussions particulières jusqu'au point où on en apprécie la pénétration, tout en reconnaissant les limites et la relativité de chaque formule doctrinale.

REMARQUES SUR LES CINQ *MATHÈMATA* CHEZ PLATON

Ian MUELLER

LES DISCIPLINES MATHÉMATIQUES ET LEUR CONTINUITÉ

Notre mot « mathématiques » vient du grec μαθηματικαί, féminin pluriel de l'adjectif μαθηματικός. Cet adjectif apparaît pour la première fois assez fréquemment dans le sens de « mathématique » chez Aristote [1]. Le grec qui sous-tend l'usage aristotélicien du terme « mathématiques » se voit souvent traduit littéralement par des expressions telles que « sciences mathématiques » (ἐπιστήμαι) ou « arts mathématiques » (τέχναι), où parfois le mot ἐπιστήμαι ou τέχναι est implicite [2]. L'adjectif μαθηματικός dérive du nom μάθημα (au pluriel : μαθήματα), terme général provenant du

1. L'adjectif n'est probablement pas utilisé par Archytas : voir R. Goulet (éd.), *Dictionnaire des Philosophes Antiques*, vol. 1, Paris, Editions du C.N.R.S, 1989, p. 341-342. Par ailleurs, avant Aristote, le terme n'apparaît qu'à deux reprises chez Platon : dans le *Sophiste*, 219c, où il faudrait sans doute le traduire par une formule générale comme « qui concerne l'apprentissage », et dans le *Timée*, 88c, où il devrait probablement être traduit par « <personne> mathématique » (c'est-à-dire « mathématicien »). Selon Diogène Laërce (IV 5, 14), Speusippe a écrit un livre intitulé *Μαθηματικός*.

2. Parfois (en *Métaphysique*, N, 3, 1090b28-29 ou dans l'*Éthique à Nicomaque*, VII, 8, 1151a17), le terme « les mathématiques » sert à traduire le neutre pluriel (μαθηματικά) de l'adjectif. Habituellement, μαθηματικά désigne les objets étudiés par les mathématiques (les « objets mathématiques »), mais les Grecs emploient souvent les noms des sciences et ceux de leurs objets de façon interchangeable. Dans la *Métaphysique*, E, 1, Aristote se réfère à plusieurs reprises à la science mathématique, au singulier, mais il traite ici des mathématiques comme partie de la philosophie et les compare à la physique et à la théologie (on peut lire des occurrences analogues en K, 7, texte parallèle à E, 1, et en K, 4, où l'auteur différencie les mathématiques et la philosophie première).

verbe grec qui signifie « apprendre » : un μάθημα, c'est donc, en gros, toute chose que l'on peut apprendre, une étude ou une discipline. Aristote désigne les mathématiques en usant, en apparence indifféremment, soit de l'adjectif pluriel μαθηματικαί, soit du nom au pluriel μαθήματα. L'usage qu'il fait du nom est à coup sûr dérivé de Platon qui, dans la *République*, laisse Socrate faire de cinq μαθήματα une partie fondamentale de l'éducation des citoyens dans la *polis* qu'il construit :

– ἀριθμόν τε καὶ λογισμόν (ce qui est souvent traduit par « arithmétique », 522c)
– *géométrie*
– ἡ βάθους αὔξης μέθοδος (« stéréométrie », 528d)
– *astronomie*
– περὶ ἁρμονίας (« harmonie », 531a).

De notre point de vue contemporain, Socrate a combiné trois sciences pures avec deux sciences appliquées, mais il semble laisser de côté une telle distinction. Il insiste sur le fait que les cinq disciplines ont certains liens de parenté entre elles et avec « la nature de ce qui est » (537c). Pour Platon, la réalité est, bien sûr, intelligible et séparée des choses sensibles, mais cela ne l'empêche apparemment pas d'inclure dans la liste l'astronomie et l'harmonie, et cela parce qu'il insiste sur la nécessité d'un changement dans les objets d'étude respectifs de ces sciences. En effet, il demande que l'astronomie laisse le ciel tranquille et se consacre « aux mouvements qu'emportent la vitesse réelle et la lenteur réelle l'une par rapport à l'autre, selon le vrai nombre et selon toutes les configurations véritables, véhicules qui emportent ce qui est en elles » (529d, trad. P. Pachet) ; il demande aussi que l'harmonie ignore les accords et les sons perceptibles par l'ouïe et ne considère que les nombres harmonieux. Pour ces formes d'astronomie et d'harmonie, je parlerai d'astronomie ou d'harmonie « purifiées », par opposition aux formes ordinaires qui visent à produire des modèles mathématiques du ciel ou de sons concordants.

Dans la *République*, Socrate ne dit rien d'explicite quant aux relations logiques ou ontologiques qui unissent les cinq sciences, mais manifestement l'harmonie qu'il défend étudie certaines relations entre les nombres, objets de l'arithmétique ; de plus, Socrate indique que la séquence géométrie plane – stéréométrie – astronomie implique une progression, des figures planes en repos aux solides en repos, et de ceux-ci aux solides en mouvement (528a-e). Quoi qu'il en soit, il n'est pas évident que Platon confère une signification quelconque à cet ordre, qui n'est peut-être que d'exposition, et il ne dit rien de la relation entre arithmétique et harmonie.

Sur cette question relative aux caractéristiques générales des disciplines mathématiques, Aristote diffère de Platon sur plusieurs points dignes d'intérêt. Avant tout, il inclut la mécanique et l'optique dans les sciences mathématiques[1]. Ensuite, il est raisonnablement explicite quant à l'une des relations qui unissent ces sciences, relation que l'on nomme d'ordinaire subordination, et qui, selon Aristote (*Seconds Analytiques*, I, 13, 78b35-39), existe entre l'harmonie et l'arithmétique, l'optique et la géométrie, et la mécanique et la stéréométrie. Dans chaque cas, la science subordonnée est dite connaître le fait (τὸ ὅτι), la science subordonnante, la raison du fait (τὸ διότι). Bon nombre de commentateurs supposent qu'Aristote entend aussi subordonner l'astronomie à la stéréométrie[2]. Même s'il est possible qu'ils aient raison, Aristote, en réalité, n'affirme nulle part que l'astronomie est une science subordonnée, et, dans le passage des *Seconds Analytiques* auquel je viens de me référer, il introduit l'astronomie comme subordonnant quelque chose qu'il appelle les phénomènes (τὰ φαινόμενα).

La continuité de tous les μαθήματα pour Aristote est soulignée dans un passage de la *Métaphysique*, M, 3, où Aristote suggère une hiérarchie générale pour toutes les sciences mathématiques. C'est dans ce chapitre qu'Aristote élabore sa célèbre analyse des objets mathématiques :

> Beaucoup de choses appartiennent en soi (*per se*) aux choses dans la mesure où chacune d'elles fait partie des choses d'un certain genre (τῶν τοιούτων) : par exemple, dans le cas de l'animal, il y a des propriétés spéciales (ἴδια πάθη) <de l'animal> en tant que femelle et en tant que mâle, bien qu'il n'y ait rien qui soit femelle ou qui soit mâle en dehors des animaux. De la même façon, aussi, il y a des propriétés spéciales des choses en tant que simple longueur (μήκη μόνον) ou en tant que surface. (1078a5-9)

À ce point de la discussion, Aristote se détourne de l'examen direct de son sujet principal – l'ontologie mathématique – pour se concentrer sur l'ordonnancement des différentes sciences mathématiques en termes de ce qu'il appelle l'exactitude (ἀκρίβεια), ordonnancement corrélé à la relative priorité et simplicité de leurs objets :

> Et dans la mesure où <une science mathématique> a affaire à ce qui est premier logiquement (τῷ λόγῳ) et plus simple, dans cette mesure

1. Dans la *Physique*, II, 2, 194a7-8, Aristote désigne l'optique ainsi que l'harmonie et l'astronomie comme des μαθήματα « plus physiques » ; voir aussi les *Seconds Analytiques*, I, 14, 79a18-20. Sur la mécanique, voir les deux passages des *Seconds Analytiques* et de la *Métaphysique* discutés dans le reste de cette section.

2. Voir, par exemple, W.D. Ross (ed.), *Aristotle's Prior and Posterior Analytics*, Oxford, Clarendon Press, 1949, p. 554-555.

> elle aura plus d'exactitude (et l'exactitude est la simplicité). (1078a9-11)

Ensuite, Aristote en vient à des comparaisons spécifiques, établissant d'abord la priorité de l'arithmétique sur la géométrie et la stéréométrie :

> Ainsi, <une science mathématique> dont l'objet n'a pas d'étendue aura plus d'exactitude qu'une science dont l'objet est étendu. (1078a11-12)

De la même façon, dans le cas de la géométrie et des sciences impliquant le changement (ἡ κίνησις), dont la plus exacte est l'astronomie :

> Et <une science mathématique> a le plus d'exactitude si son objet ne change pas, mais, s'il change, elle est le plus exacte si son objet possède la première espèce de changement <la locomotion>, car celle-ci est le plus simple de tous les changements, et entre les espèces de locomotion, c'est la locomotion uniforme qui est la plus simple. (1078a12-13)

À ce point du texte, Aristote fait intervenir l'harmonie, l'optique et la mécanique :

> Le raisonnement est le même pour l'harmonie et l'optique. Car aucune des deux disciplines ne considère <ce qu'elle considère> en tant que rayon visuel ou en tant que son, mais en tant que lignes et nombres ; mais les lignes et les nombres sont des propriétés spécifiques (οἰκεῖα πάθη) des rayons visuels et des sons. Et de même pour la mécanique. (1078a13-17)

Si j'ai marqué des distinctions entre Platon et Aristote, c'est pour souligner une importante ressemblance : tout comme, de notre point de vue contemporain, Platon semble oublier la distinction entre mathématiques pures et mathématiques appliquées dans la *République*, Aristote, à son tour, ne différencie pas les sciences mathématiques selon les critères du pur et de l'appliqué. Bien plutôt, il les traite comme des éléments dans une échelle continue de plus ou moins grande ἀκρίβεια ou simplicité. Platon (et Aristote) distinguent, bien sûr, entre des disciplines qui ont affaire à des choses sensibles (ou – il faut ajouter pour Aristote – en tant que sensibles) et celles qui traitent des intelligibles (ou – pour Aristote – des choses sensibles, mais non en tant que telles), mais c'est là une distinction entre objets d'étude[1]. Aristote veut que sa caractérisation s'applique à l'astronomie et à l'harmonie, et aussi à l'optique et à la mécanique, autant qu'à l'arithmétique et qu'aux géométries plane et solide. Dans la *République*, Platon donne des objets des cinq μαθήματα[2] une description parallèle, mais dont les motifs sont opposés.

1. Je pense que l'on peut arriver à une assez bonne approximation de la distinction entre mathématiques pures et mathématiques appliquées en disant qu'une branche des mathématiques appliquées 1) est subordonnée à la branche correspondante des mathématiques pures et 2) s'applique à des objets sensibles. Il semble clair que, dans la *République*, Platon laisse entendre qu'aucun μάθημα ne s'applique aux choses sensibles et qu'Aristote, pour le moins, résiste à le faire sans détour (bien que son obscure affirmation en *Physique*, II, 2, 194a9-12, selon laquelle l'optique s'occupe de lignes mathématiques en tant que naturelles plutôt qu'en tant que mathématiques, puisse s'en rapprocher).

2. À la différence de la plupart de ceux avec qui j'ai discuté de ce problème, je pense qu'il est intéressant de savoir pourquoi Platon n'a pas inclus dans son cursus l'optique et la mécanique. La réponse la plus évidente, qui vient à l'esprit de la plupart des gens, consiste à dire que l'optique est avant tout l'étude de la manière dont les choses apparaissent et que la mécanique traite des propriétés indubitablement physiques des choses, comme la pesanteur par exemple. Mais l'astronomie ordinaire traite aussi de la manière dont les corps célestes paraissent se mouvoir, et l'harmonie ordinaire, des sons. Or, dans la *République*, Platon réinterprète ces sciences de façon très problématique afin de les transformer en disciplines convenables pour ses futurs gardiens. Je pense qu'il aurait pu faire de même pour l'optique et la mécanique. L'*Optique* d'Euclide est une espèce de géométrie où les relations géométriques sont reformulées dans un vocabulaire visuel : par exemple, « AB paraît plus grand que CD à celui qui perçoit en E » ne dit rien d'autre que « l'angle AEB est plus grand que l'angle CED ».

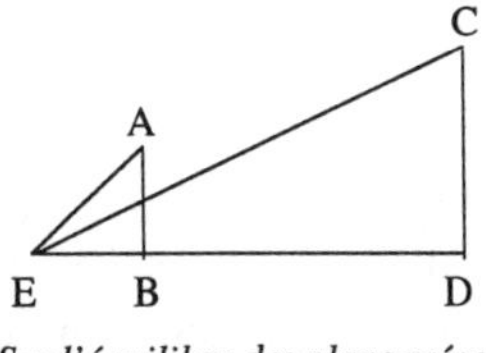

Et le traité d'Archimède *Sur l'équilibre des plans* présente une géométrie enrichie par le fait de considérer des proportions entre les tailles des figures dans le plan et leurs distances à un point fixe.

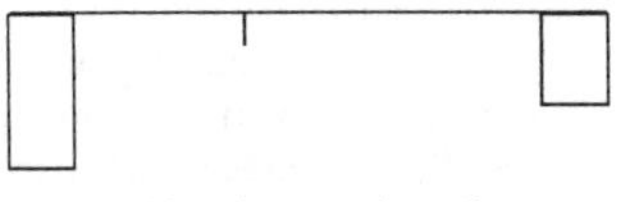

Il y a peut-être des raisons historiques qui expliquent pourquoi Platon a défendu une astronomie et une harmonie purifiées, mais a montré peu d'intérêt envers un traitement analogue de l'optique et de la mécanique : par exemple, certaines idées pythagoriciennes, un mépris général pour tout discours direct sur les apparences ou la pesanteur, les degrés relatifs de développement des sciences en question. Je prétends simplement que, selon ce que nous savons de la pratique de ces sciences en Grèce, rien n'empêche qu'elles soient toutes les quatre traitées de façon parallèle.

COMMENT APPRENDRE LES MATHÉMATIQUES

En *République* 536d, après avoir décrit les cinq μαθήματα et la façon dont ils constituent un préliminaire à la dialectique, Socrate explique de façon surprenante comment et quand il faut les étudier. Il faut les présenter aux étudiants dès qu'ils sont enfants et cela, sous forme de jeu, en même temps qu'on leur apprend la μουσική et la gymnastique. À un moment donné, dès qu'ils auront une vingtaine d'années, les meilleurs étudiants reviendront aux μαθήματα que, lorsqu'ils étaient enfants, on leur avait enseignés sans systématicité (χύδην), et les rassembleront sous une perspective d'ensemble qui saisira leur parenté les uns avec les autres et avec la nature de ce qui est. Dans sa description précédente des cinq disciplines, Socrate n'a rien dit qui puisse suggérer que ces μαθήματα seraient étudiés par le jeu, mais dans les *Lois* (819b *sq.*)[1], l'Athénien décrit des jeux – égyptiens selon lui – impliquant la division d'objets en différents groupes, l'organisation de tournois programmés, etc., destinés à enseigner l'arithmétique aux enfants, alors même qu'ils apprennent à lire et à écrire. Après quoi[2], les mêmes enfants se voient enseigner la géométrie plane et la géométrie solide, ce qui leur permet apparemment d'accéder à une compréhension théorique de la nature de la commensurabilité et de l'incommensurabilité (820c). Le troisième et dernier objet d'étude introduit par Platon pour les jeunes gens est l'astronomie, sujet qu'il ne relie pas à l'Égypte. Ici il s'agit principalement d'enseigner que les sept planètes n'ont pas en réalité de mouvements irréguliers, mais – malgré les apparences qui semblent prouver le contraire – se meuvent éternellement du même mouvement circulaire.

Il y a des différences évidentes entre le cursus mathématique des enfants dans les *Lois* et celui de la *République*, par exemple la combinaison de la géométrie plane et de la géométrie solide dans les *Lois*, l'omission de l'harmonie[3], ou – ce qui, dans la perspective qui est la mienne, est bien

1. Je parlerai, pour les trois disciplines mentionnées dans ce passage, d'arithmétique, de géométrie plane et solide, et d'astronomie, bien qu'aucun de ces termes n'apparaisse ici. L'Athénien fait référence à ces sciences pour la première fois en 817e en parlant 1) des calculs et de tout ce qui implique les nombres, 2) de l'art de mesurer la longueur, la surface et la profondeur, 3) du parcours des corps célestes dans leur relation réciproque.

2. Dans ce cas précis (et, peut-on supposer, dans le cas suivant), Platon, très explicitement, décrit les études dans l'ordre chronologique selon lequel elles seront abordées. Je supposerai que c'est aussi le cas dans le cursus de la *République* et dans le passage analogue de l'*Epinomis*, que je discute dans la troisième section du présent article.

3. Je ne connais pas d'explication satisfaisante de l'absence de l'harmonie dans le cursus mathématique des *Lois*, mais je ne suis pas enclin à y attacher une grande signification. Pour une courte tentative d'explication, voir L. Tarán, *Academica* : *Plato, Philip of Opus,*

plus important – l'aspect nettement plus empirique donné à l'astronomie dans les *Lois*. Il n'est d'ailleurs, selon moi, pas exagéré que de dire que la description de l'astronomie dans les *Lois* est celle de l'astronomie mathématique ordinaire, et qu'elle est en contradiction directe avec l'exigence d'une version purifiée de cette science dans la *République*[1]. Malgré ces différences, il me semble que nous sommes en droit de voir dans les *Lois* une indication du genre de contenu mathématique que Platon pense pouvoir et devoir être inculqué par le jeu. Et ce contenu est tout à fait sophistiqué. En fait, on se demande même quel contenu Platon considère comme *ne pouvant pas* être communiqué par le jeu. Dans la *République*, on peut lire que les étudiants qui reviennent aux mathématiques seront amenés à saisir la parenté de chacun des μαθήματα, l'un par rapport à l'autre et par rapport à la nature de ce qui est. Cela semble être une affaire de contenu philosophique plutôt que mathématique. Dans les *Lois* (818 a), l'Athénien indique que l'éducation mathématique qu'il s'apprête à décrire est destinée aux gens ordinaires (τοὺς πολλούς) ; mais seuls quelques uns – certainement, selon moi, les gouvernants – étudieront les mathématiques sous leur forme « précise » (ὡς ἀκριβείας ἐχόμενα). La précision en question suggère sans doute un type de rigueur mathématique analogue à celui que l'on rencontre dans certains textes mathématiques grecs. Mais la précision est une notion relative, et, entre le fait de diviser de manière ludique des objets en différents groupes et la rigueur des *Eléments* d'Euclide, il y a un écart important dans lequel peuvent se loger différents genres de traitements *précis*. Je reviendrai sur cette question du contenu des études mathématiques ultérieures quand je discuterai de l'*Epinomis* dans la prochaine section.

LES CINQ *MATHÈMATA*

Il est intéressant de comparer l'exigence platonicienne de purification de l'astronomie et de l'harmonie avec ce que Socrate dit de la géométrie dans un passage célèbre :

> Or, ceux qui ont ne serait-ce qu'une faible expérience de la géométrie ne contesteront pas que cette science est diamétralement à l'opposé

and the Pseudo-Platonic Epinomis, Memoirs of the American Philosophical Society, vol. 107, Philadelphia, American Philosophical Society, 1975, p. 27 n. 112.

1. Sur ce point très disputé, je me range du côté, par exemple, de T. Heath (*Aristarchus of Samos*, Oxford, Clarendon Press, 1913, p. 139-140), mais je serai prêt à être persuadé par ceux qui ne voient ici aucune incompatibilité.

> de ce qu'en disent les discours tenus par ceux qui la pratiquent. (...) Ils en parlent d'une manière à la fois ridicule et forcée (ἀναγκαίως), car c'est en praticiens, en vue d'une pratique qu'ils produisent tous leurs énoncés. Ils parlent de « carrer », d'« appliquer », d'« additionner » et autres choses semblables, alors que l'étude tout entière n'est qu'en vue de la connaissance. (...) Leurs raisonnements ne sont qu'en vue de ce qui est toujours et non de ce qui vient à l'existence et périt. (527a-b)

Bien qu'il soit vrai que Platon et Aristote soutiennent tous deux que les objets géométriques ne se meuvent pas[1], je ne pense pas que ce soit sur ce point précis que Socrate entende insister ici. Il est possible de lire la dernière phrase du passage comme la négation d'un quelconque changement pour les objets géométriques, mais il semble plus probable que Socrate se contente de nier le fait que les objets géométriques viennent à l'existence ou cessent d'exister[2] afin que l'on ne considère pas que les géomètres *font* quoi que ce soit quand ils parlent, par exemple, de construire un carré égal à une figure donnée. Socrate aurait d'ailleurs pu souligner la même chose, s'agissant des livres arithmétiques des *Eléments* d'Euclide, où l'on parle d'ajouter, de soustraire, etc., langage tout à fait parallèle à celui des preuves géométriques[3]. En tout cas, il est clair que,

1. Cette affirmation est impliquée par ce que Socrate dit de la séquence géométrie – stéréométrie – astronomie en 528a-e. Pour Aristote, voir le passage de la *Métaphysique* discuté à la fin de la première section du présent article, ou encore le passage, très explicite, du *Mouvement des animaux*, 1, 698a25-26.

2. Comparer ce que Proclus dit du raisonnement de Speusippe, soutenant que les propositions géométriques devraient toujours être appelées *théorèmes*, et jamais *problèmes* : « Il n'y a pas de *genesis* parmi les êtres éternels, si bien qu'il n'y a aucune place pour un problème dans leurs cas, car un problème nécessite la *genesis* et la production de quelque chose qui n'existait pas auparavant, par exemple, la construction d'un triangle équilatéral [*Éléments*, I, 1], la description d'un carré sur une droite donnée [I, 46], ou la position d'une droite sur un point donné [I, 2]. Par conséquent (...), il est préférable de dire que toutes ces choses existent et que nous considérons leurs γένεσεις, non pas en termes de production (ποιητικῶς) mais en termes de compréhension (γνωστικῶς), prenant les choses qui sont toujours comme si elles venaient à l'existence » (*Commentaire sur le premier livre des* Éléments *d'Euclide*, 77, 20-78, 6).

3. C'est l'un des aspects frappants du vocabulaire stylisé d'Euclide : quand, dans le cours d'une démonstration, une construction doit être produite, il utilise le parfait passif à l'impératif (« Avec un centre A et un rayon AB, que soit tracé le cercle BCD [I, 1] » ; « Que <le nombre> BC soit divisé en BE, EF, FC égaux à D [VII, 4] »). Et, quand il formule des problèmes tels que « Construire un triangle équilatéral sur un segment de droite donné [I, 1] » ou « Soient deux nombres, non premiers entre eux, trouver leur plus grande commune mesure [VII, 1] », Euclide utilise l'aoriste plutôt que le présent, dont Socrate fait usage dans le passage discuté (s'agissant des constructions arithmétiques, Euclide utilise uniquement l'infinitif « trouver » ou, dans deux cas, « rechercher » : *cf.* IX, 18, « Soient deux nombres,

pour Platon, les sciences mathématiques ne se réduisent pas à l'étude d'objets immobiles, puisque Socrate dit de l'astronomie et de l'harmonie qu'elles ont affaire à deux types de mouvement (530c-d, auquel on peut comparer 528a-b et d-e), bien qu'elles aussi dussent être exercées en vue de ce qui est éternellement.

Pour Platon, la façon de parler du géomètre est donc simplement une façon de parler, même si elle est inévitable. Il suffit pour lui que les géomètres traitent du bon genre d'objets, même s'ils doivent parler de ces objets de façon trompeuse. D'un autre côté, comme nous l'avons vu, la manière dont Platon entend purifier l'astronomie et l'harmonie consiste à donner de nouveaux objets d'étude à ces sciences. Le seul μάθημα pour lequel Socrate n'a que louange est « l'arithmétique ». Et cela, parce que, selon Socrate (526a), l'arithméticien parle de choses dont on ne peut douter qu'elles sont idéales : des nombres dont chaque unité est égale à chaque autre, ne différant en rien et n'ayant aucune partie. Le *Philèbe* (56d-e) montre clairement que Socrate oppose ce genre d'arithméticiens à ceux qui « regroupent dans un même calcul des unités inégales, tels que deux armées et deux bœufs, et deux objets quelconques parmi les plus petits et les plus grands[1]. »

rechercher s'il est possible d'en trouver un troisième proportionnel aux deux premiers », et IX, 19). Il est tentant de penser que ces usages du parfait et de l'aoriste reflètent une conception platonisante des mathématiques.

1. Aristote semble penser que les arithméticiens que Platon approuve se contentent d'abstractions à partir des différences de taille et de divisibilité des choses qu'ils dénombrent, c'est-à-dire qu'ils ignorent la taille et la divisibilité. De même, quand Aristote dit que la géométrie est d'une certaine façon une science des choses sensibles, mais non pas des choses sensibles en tant que sensibles, il est en désaccord avec l'interprétation platonicienne de la géométrie. Il vaut la peine, peut-être, d'examiner brièvement la plausibilité respective des conceptions platonicienne et aristotélicienne de l'ontologie de la géométrie et de l'arithmétique. Quand Aristote dit (en *Métaphysique*, M, 3, 1078a21-26) que le géomètre traite de l'être humain en tant que solide et l'arithmétique, en tant qu'unité sans dimension et indivisible, il semble selon toute évidence se fonder sur la conception anti-platonicienne du sens commun selon laquelle il n'y a pas dans la réalité d'objets plus abstraits que les êtres humains. Mais il ne semble pas qu'un arithméticien qui dit que 2+2 = 4 ou qu'un géomètre qui fait état du théorème de Pythagore « traitent », en aucune façon, d'êtres humains et de choses du même genre. Pour rendre plausible ce que dit Aristote, il faut comprendre qu'il ne s'agit pas pour lui de rendre compte du raisonnement mathématique mais de ses fondements psychologiques ou épistémologiques. La conception que le géomètre se fait d'un solide et celle que l'arithméticien se fait de l'unité dépendent de leur capacité à laisser de côté des propriétés telles que la température, la couleur, la taille ou la divisibilité pour concevoir des choses auxquelles ces propriétés font défaut. Ici, c'est le terme « choses » qui cache la difficulté pour Aristote. Je soupçonne que ces choses doivent s'avérer n'être rien si, comme je le suppose, elles ne peuvent être des objets ordinaires, comme des êtres humains.

Ainsi, le cursus mathématique de la *République* commence avec deux sciences, l'arithmétique et la géométrie, dont Platon est globalement satisfait, et s'achève avec deux autres, qu'il veut modifier. Au milieu, il y en a une, la stéréométrie, dont il serait trompeur aussi bien de dire que Platon n'en est pas satisfait, que de dire qu'il veut la modifier. À Socrate qui lui fait remarquer que la discussion a sauté par-dessus la stéréométrie, Glaucon dit que cette science ne semble pas avoir encore été « découverte » (ηὑρῆσθαι). Dans sa réponse, Socrate en appelle à l'aide enthousiaste de l'État pour l'établissement d'un D.E.S. (Directeur des Études Stéréométriques) autour duquel les stéréométriciens – critiqués pour leur manque général d'énergie (ἀσθενῶς ζητεῖται) et leur orgueil excessif (μεγαλοφρονούμενοι) – se rassembleraient et feraient avancer leur science. On pense communément, et selon moi de façon justifiée, que Glaucon fait ici référence à l'état de la stéréométrie au début du IVe siècle et critique la manière dont elle a été développée. Plus généralement, il semble probable que toute la discussion portant sur les mathématiques dans les livres centraux de la *République* repose sur une certaine idée de ce qu'étaient les mathématiques de cette époque et de ce qu'elles pourraient devenir. Malheureusement, nous n'avons que fort peu d'informations détaillées sur la nature des mathématiques grecques au début du IVe siècle, et encore moins sur ces méprisables stéréométriciens blâmés par Socrate.

Dans la description du cursus mathématique faite par Socrate, seuls deux noms de sciences semblent déjà codifiés : la « géométrie » et l'« astronomie ». Cela n'est pas surprenant si l'on considère que ces deux termes et ceux qui leur sont liés apparaissent, avec une signification plutôt pertinente, dans des contextes non théoriques, dès la fin du Ve siècle et au début du IVe [1], tandis que, dans les textes qui nous sont parvenus, les termes « arithmétique » et « harmonie » apparaissent pour la première fois chez Platon, et la « stéréométrie », pour la première fois, dans l'*Epinomis* et chez Aristote. Il est vrai, aussi, que nous disposons, quant à la relative ancienneté de leur développement, de témoignages plus explicites, dans le cas de la géométrie et de l'astronomie, que dans celui de l'arithmétique ou de l'harmonie, mais nous ne possédons aucun texte mathématique contemporain de l'époque de Platon ou antérieur à elle, et, naturellement, la fiabilité de la quasi-totalité des témoignages dont nous disposons s'est vue mise en doute.

1. L'affirmation d'Hérodote (II, 109), selon laquelle c'est d'Égypte que la géométrie vint aux Grecs, est sur ce point très claire. Il n'est pas facile de savoir ce qu'il faut entendre par « astronomie » (ἀστρονομία ou ἀστρολογία), mais l'association de l'astronomie et de la géométrie dans les *Nuées* d'Aristophane (201-203) est frappante.

Il existe, bien sûr, des textes mathématiques d'une grande importance postérieurs à Platon, et dont certains, ceux d'Autolycos de Pitane et d'Euclide, sont généralement datés d'une cinquantaine d'années après la mort de Platon. Pour l'arithmétique et les géométries plane et solide, on pense naturellement aux développements correspondants dans les *Eléments* d'Euclide : les livres XI et XIII pour la géométrie solide, et les livres VII à IX pour l'arithmétique. Dans le cas de la géométrie, on se concentre habituellement sur le livre I, mais y ajouter les livres III, IV et VI ne changerait sans doute pas grand chose. Pour ma part [1], j'ai avancé que l'astronomie purifiée de Platon pourrait être comprise si on pense à des ouvrages tels que les traités *De la sphère en mouvement* ou *Des levers et couchers héliaques* d'Autolycos, les *Phénomènes* d'Euclide et le traité *Des sphériques* de Théodose de Tripoli, et son harmonie purifiée, à des ouvrages comme la *Division du canon* qui nous est parvenue sous le nom d'Euclide. Il s'agissait alors pour moi de dire non pas que ces ouvrages remplissaient les critères de Platon, mais qu'on pouvait comprendre comment de telles œuvres ont pu être à même de donner à Platon l'idée que des versions purifiées de ces deux sciences étaient possibles. Je maintiens d'ailleurs ce point, mais seulement pour ce qu'il était, à savoir la suggestion d'une possibilité. Toutefois, je ne suis pas enclin à suggérer, d'une façon ou d'une autre, que cette possibilité correspond à la réalité, en raison, d'une part, du peu de témoignages sur les mathématiques du Ve siècle, et, d'autre part, de la difficulté qu'il y a souvent à relier les descriptions de Platon à une science connue de nous, quelle qu'en soit la forme.

À la fin du livre VI de la *République*, Socrate caractérise le raisonnement mathématique en général :

> (...) Ceux qui s'occupent de géométrie, de calcul, et de choses du même genre supposent le pair et l'impair, et les figures, et les trois types d'angles, et d'autres choses apparentées, selon chaque recherche, comme s'ils les connaissaient, et ils en font des hypothèses et ne jugent pas nécessaire d'en rendre raison, ni à eux-mêmes ni à qui que ce soit d'autre, comme si elles étaient évidentes pour tous. Partant de ces hypothèses, ils passent par d'autres choses et aboutissent de façon conséquente à ce qu'ils s'étaient fixé de chercher. (...) Ils font aussi usage de formes visibles et raisonnent sur elles, mais ils ne pensent pas à elles, mais à ce à quoi elles ressemblent ; ils raisonnent en vue du carré en soi et de la diagonale en soi, mais pas de la

1. *Cf.* I. Mueller, « Ascending to problems : astronomy and harmonics in *Republic* VII », dans J.P. Anton (ed.), *Science and the Sciences in Plato*, Albany, Eidos Press, 1980, p. 103-122.

diagonale qu'ils tracent, et il en est de même pour tout le reste. (510c-e)

Ici Socrate commence par faire allusion à l'usage que les étudiants en géométrie et en calcul font des hypothèses, et il l'illustre par un exemple relatif aux nombres, le pair et l'impair, et par deux autres exemples géométriques, les figures et les trois types d'angle (droit, aigu, obtus). Lorsqu'il en vient à l'usage des formes visibles – on suppose qu'il s'agit de diagrammes et de modèles – il ne donne que des exemples géométriques. Et après qu'il a répété son analyse, Glaucon déclare comprendre que Socrate parle de tout ce qui touche à la géométrie et aux τέχναι qui lui sont liées. Il y a donc des éléments qui indiquent que Platon considère ici les mathématiques en termes plus géométriques qu'arithmétiques, et pas du tout en termes d'astronomie ou d'harmonie.

Myles Burnyeat[1] a avancé que la description que Socrate donne de la pratique mathématique et autres choses dites par lui dans la *République* à propos de l'arithmétique et de la géométrie dépeignent très exactement ce qui se passe dans les livres correspondants des *Eléments* d'Euclide et ne sont que mieux comprises à l'aide de ces livres. Et il semble y avoir toutes les raisons de croire que la géométrie a toujours été exercée en utilisant des figures. L'épisode de l'interrogation du petit esclave dans le *Ménon* (82b-85b) est un bon exemple de raisonnement géométrique presque intégralement fondé sur des figures. Je suis même enclin à penser qu'une géométrie grecque sans figures est inconcevable. Mais, d'un autre côté, il est évidemment très difficile de mettre en corrélation les hypothèses de Socrate et les définitions, postulats et notions communes d'Euclide[2], autant de difficultés que Burnyeat néglige en ne discutant les « hypothèses » d'Euclide qu'en termes de définition. Il est plus important de remarquer que figures et hypothèses peuvent être utilisées dans des raisonnements géométriques, même s'il n'y a aucune systématisation générale d'une étude appelée « géométrie » où des hypothèses déterminées sont au fondement de tout raisonnement, en d'autres termes, même s'il n'y a pas d'*Éléments*

1. M. Burnyeat, « Plato on why mathematics is good for the soul », dans Timothy Smiley (ed.), *Mathematics and Necessity*, Proceedings of the British Academy, 103, Oxford, Oxford University Press, 2000, p. 22-25.

2. Voir I. Mueller, « On the notion of a mathematical starting point in Plato, Aristotle, and Euclid », dans Alan Bowen (ed.), *Science and Philosophy in Classical Greece*, London and New York, Garland Publishing Inc., 1991, p. 81-84, où je suggère que, parmi les raisonnements géométriques connus de Platon, les seules hypothèses explicites étaient les définitions. Mais, même dans ce cas, je suis enclin à croire que, dans la *République*, Platon interprète les hypothèses plutôt comme des choses ou des concepts que comme des propositions définitionnelles.

d'Euclide. L'exemple d'hypothèse mathématique présent dans le *Ménon* (86e-87b) concerne la propriété d'une figure spécifique; et dans le *Phédon* (99d-102a), la méthode par hypothèses est introduite comme une façon de traiter une question particulière et non pas de construire une théorie. La méthode dialectique du passage de la Ligne peut être considérée comme une tentative pour inscrire des enquêtes indépendantes les unes des autres dans une théorie architectonique, procédé développé de manière moins grandiose dans la théorie aristotélicienne d'une science déductive dans les *Seconds analytiques*, et incarné dans les *Éléments* d'Euclide. Mais il n'est en rien nécessaire de supposer que, dans la *République*, Platon considérait la géométrie comme une théorie unique, organisée déductivement, plutôt que comme une pratique consistant à faire usage de diagrammes pour établir des résultats à propos de figures dans le plan sur la base d'hypothèses. Cette façon de concevoir la géométrie permet aussi de comprendre plus aisément pourquoi Platon pensait qu'elle pouvait être enseignée par le jeu; il serait facile de développer l'épisode de l'interrogation du petit esclave en une méthode pour inculquer aux enfants des résultats géométriques intéressants. À l'inverse, je crois que la plupart d'entre nous ne penserait pas à faire de la lecture du premier livre des *Éléments* un jeu d'enfant.

Quelle que soit la façon dont on interprète la géométrie plane de Platon, on n'a encore que très peu d'éléments pour poursuivre l'interprétation dans le cas de la stéréométrie. Il est assez clair que les remarques de Socrate sur le sous-développement de la stéréométrie ne visent pas l'insuffisance déductive des arguments stéréométriques[1], mais plutôt le manque de résultats dignes d'intérêt. Pourtant, le *Timée* montre que les solides réguliers, qui constituent le sujet du dernier livre des *Éléments*, étaient assez bien compris à l'époque de Platon, et il semble clair qu'Archytas a produit une démonstration élaborée de la duplication du cube[2]. J'aurai une dernière suggestion à faire sur cette question un peu plus loin, quand j'aborderai l'*Epinomis*, mais je veux maintenant considérer la première discipline du cursus platonicien.

Burnyeat et la plupart des commentateurs supposent que la première discipline est quelque chose d'analogue à ce que nous trouvons dans les livres VII à IX des *Éléments*, et que l'on pourrait appeler « théorie des

1. Les problèmes fondationnels de la stéréométrie euclidienne sont bien connus : voir, par exemple, I. Mueller, *Philosophy of Mathematics and Deductive Structure in Euclid's* Elements, Cambridge, Mass., M.I.T. Press, 1981, p. 207-211.

2. Pour le détail de la démonstration, voir T. Heath, *A History of Greek Mathematics*, t. I, Oxford, Clarendon Press, 1921, p. 246-249.

nombres ». Pourtant Socrate introduit cette première étude comme « ce qui est commun à tous les arts, à toutes les opérations intellectuelles et à toutes les sciences, et qui figure parmi les premières choses que toute personne doit apprendre ». Et quand on lui demande ce que c'est, Socrate répond que c'est « l'occupation banale qui consiste à distinguer un, deux, et trois, c'est-à-dire le nombre et le calcul » (522b-c). En 525a, Socrate fait allusion à cette discipline en la désignant comme « l'arithmétique et le calcul », et en 522e, il parle de calculer et de compter (ἀριθμεῖν). Dans le *Gorgias*, en 451b-c, Socrate distingue l'arithmétique, qui a pour objet « le pair et l'impair, quel que soit le nombre de chacun », du calcul, qui a les mêmes objets, mais diffère de l'arithmétique, en ce qu'il « recherche aussi quelles relations quantitatives lient le pair et l'impair par rapport à eux-mêmes et l'un par rapport à l'autre[1] ». Mais dans les *Lois*, en 817e, l'Athénien affirme que le calcul et tout ce qui concerne les nombres ne constituent qu'un seul μάθημα. Ainsi, bien qu'il y ait une différence entre l'arithmétique et le calcul, ces deux études sont suffisamment liées pour ne former qu'une seule discipline.

Jacob Klein[2] a soutenu que pour Platon l'arithmétique est simplement l'art de compter, que le calcul est l'addition, la soustraction, la multiplication et la division de nombres entiers[3], et que c'est avec Aristote – qui n'utilise plus le terme « calcul » dans son sens approprié – que nous trouvons pour la première fois la conception d'une arithmétique comme pure science déductive. La distinction entre l'arithmétique et le calcul est parfois conçue comme identique à celle que j'ai mentionnée précédemment dans cette section, entre une science pure, traitant des nombres « que l'on peut seulement penser, et jamais manier de quelque autre façon que ce soit » (526a), et une pratique plus ordinaire qui touche aux nombres des choses sensibles[4]. Socrate fait une distinction analogue dans le *Philèbe* en 56d-57a, mais il s'agit d'une distinction entre deux types d'arithmétique, et il existe, nous dit-on, des distinctions parallèles entre le calcul dans le

1. On trouve la même définition du calcul dans le *Charmide*, 166a.

2. *Cf.* J. Klein, *Greek mathematical Thought and the Origin of Algebra*, trans. by Eva Brann, Cambridge, Mass., M.I.T. Press, 1968 (1934, 1936), p. 17-25.

3. Je remarque que la position de Klein implique une lecture du passage du *Gorgias* beaucoup plus directe que celle (voir, par exemple, E.R. Dodds, *Plato, Gorgias*, Oxford, Clarendon Press, 1959, *ad. loc.*) qui voit, dans « le pair et l'impair, quel que soit le nombre de chacun », des nombres considérés indépendamment de leur valeur spécifique (« le pair et l'impair, sans tenir compte de leur quantité » ou encore « les propriétés de séries de nombres entiers comme telles »).

4. Si l'on en croit Proclus, dans son *Commentaire sur le premier livre des* Éléments, *op. cit.*, 39, 7-40, 9, c'est de cette façon que Geminus distinguait l'arithmétique et le calcul.

commerce et la mesure dans la charpenterie, d'un côté, et le calcul et la géométrie pratiqués philosophiquement, de l'autre.

Je crois que la première science du cursus de la *République* est plus proche du dénombrement et du calcul portant sur des purs nombres, tels que Klein les décrit, que de la théorie euclidienne des nombres. Mais je pense qu'il faut élargir notre conception du calcul afin d'y inclure des lois de calcul, telle que « la somme de nombres pairs est toujours un nombre pair », des règles (par exemple, des techniques permettant de trouver des triplets pythagoriciens, ou d'obtenir une moyenne entre deux nombres), et encore des résultats plus sophistiqués que l'on peut associer avec la fin du ve siècle, notamment certaines preuves selon lesquelles il n'y a pas de triplets pythagoriciens de la forme <m, m, n> (c'est-à-dire la preuve de l'irrationalité de racine de 2), ou encore une autre preuve (très proche de la précédente) selon laquelle il n'y a pas de moyenne géométrique entre des nombres dont le rapport est de $n+1$ sur n. Ces résultats, tout comme d'autres résultats arithmétiques intéressants, peuvent être atteints par des moyens relativement peu sophistiqués, en tout cas indépendamment de tout ce que l'on pourrait appeler un système axiomatique[1]. Il n'existe aucun témoignage satisfaisant quant à l'existence d'« éléments d'arithmétique » vers 400 av. J.C.[2], et donc rien ne nous permet de supposer que Platon a eu l'intention d'inclure, dans son cursus mathématique, quelque chose comme une théorie des nombres.

1. Sur la date à laquelle fut découvert le premier résultat, et qui demande quelque justification, voir, par exemple, T. Heath, *A History*, *op. cit.*, p. 154-157. Sur le second résultat, attribué à Archytas, voir I. Mueller, « Greek arithmetic, geometry, and harmonics : Thales to Plato », dans C.C.W. Taylor (ed.), *Routledge History of Philosophy*, t. I : *From the Beginning to Plato*, London and New York, Routledge, 1997, p. 287-289. Enfin, pour des exemples de la façon dont des résultats arithmétiques sophistiqués peuvent être atteints par des raisonnements très rudimentaires, voir I. Mueller, *ibid.*, p. 294-298.

2. Affirmer cela revient à rejeter le point de vue influent de B.L. van der Waerden, et défendu par lui, de la façon la plus explicite, dans *Science Awakening* (trans. by Arnold Dresden, New York, John Wiley and Sons, 1963), ouvrage où il avance que les livres arithmétiques des *Éléments* dérivent tous de sources pythagoriciennes : il identifie une série de propositions à la fin du livre IX comme étant un « morceau de mathématiques pythagoriciennes archaïques [apparemment vers 500 av. J.C.] et tout à fait typiques » (p. 108) ; il dit du livre VIII, qu'il « devrait être attribué à Archytas » (p. 153), et du livre VII, qu'il « constituait un manuel sur les éléments de la Théorie des Nombres, en usage dans l'Ecole Pythagoricienne [avant Archytas] » (p. 115). Ainsi, pour van der Waerden, non seulement, il y a, du temps de Platon, quelque chose comme un style déductif euclidien déjà parfaitement développé, en tout cas pour ce qui est de la théorie des nombres, mais il y a même une théorie déductive pythagoricienne très ancienne, dont on peut voir la forme concrète dans la fin du livre IX des *Éléments*.

Il vaut peut-être la peine de noter que l'insistance de Platon sur l'usage des figures dans le sectionnement de la Ligne semble plus appropriée à qui use de jetons dans ses calculs qu'aux raisonnements d'Euclide dans les livres arithmétiques des *Éléments*, où, bien que les nombres soient figurés par des lignes droites, la figuration ne joue qu'un faible rôle dans la démonstration. Je reproduis, en guise d'exemple, la preuve euclidienne (VII, 16) que la multiplication est symétrique (m.n = n.m)[1] :

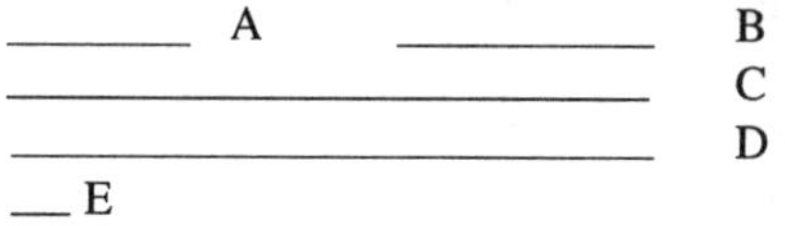

Soient deux nombres A, B, et que A multipliant B produise C, et que B multipliant A produise D. Je dis que C est égal à D. Car, puisque A en multipliant B a produit C, alors B mesure donc C selon les unités qu'il y a dans A. Mais l'unité E mesure aussi le nombre A selon les unités qu'il y a dans A ; par conséquent, l'unité E mesure le nombre A autant de fois que B mesure C. Par conséquent, de façon alterne, l'unité E mesure le nombre B autant de fois que A mesure C [par le théorème précédent]. Ensuite, puisque B en multipliant A a produit D, alors A mesure D selon les unités qu'il y a en B. Mais l'unité E mesure aussi B selon les unités qu'il y a dans B. Par conséquent, l'unité E mesure le nombre B autant de fois que A mesure D. Mais l'unité E mesure le nombre B le même nombre de fois que A mesure C ; par conséquent, A mesure chacun des deux nombres C et D le même nombre de fois. Donc C est égal à D.

1. À partir d'une représentation des nombres comme collections d'unités, figurés par des points (voir, sur ce point, O. Becker, « Die Lehre von Geraden und Ungeraden im neunten Buch der euklidischen Elemente », dans *Quellen und Studien zur Geschichte der Mathematik, Astronomie und Physik*, Abteilung B, 3, 1936, p. 533-553; repr. dans Oskar Becker, (ed.), *Zur Geschichte der griechischen Mathematik*, Darmstadt, Wissenschaftliche Buchgesellschaft, 1965, p. 125-45), on peut apporter un argument par figuration en faveur de la symétrie de la multiplication. Si, par exemple, le nombre 3 × 4 était représenté de la façon suivante :

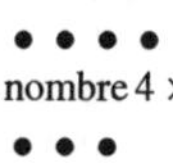

et le nombre 4 × 3 comme suit :

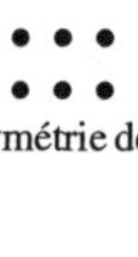

la symétrie de la multiplication deviendrait évidente.

La figure ne joue ici aucun rôle dans la preuve, et ne permet aucune inférence quant à la nature de celle-ci. On pourrait se servir de la figure pour rappeler ce que sont respectivement A, B, C, D et E, mais personne ne considérerait que cette figure est une représentation de la preuve, au sens où une figure géométrique est, ou peut aisément être, conçue comme telle [1].

En général, dans les dialogues, quand une discussion porte sur les nombres, c'est sur le calcul qu'elle se concentre. À ma connaissance, aucun passage n'est clairement consacré à la démonstration de théorèmes généraux sur les nombres, au sens des livres VII à IX des *Éléments*, bien qu'il y en ait certains – notamment, la description du cours de Théodore sur les puissances dans le *Théétète* – qui pourraient aisément être interprétés comme une leçon sur les racines carrées des nombres entiers. Je suis néanmoins porté à croire que Platon rangerait la leçon de Théodore dans la classe des leçons de géométrie. Mais démontrer cela est complexe et nous entraînera hors de la *République* et du *Théétète*, dans lequel la discipline dont la leçon fait partie est passée sous silence [2].

Dans la *République*, Socrate ne dit rien de la nature de la géométrie ou de la stéréométrie, excepté ce que j'ai déjà mentionné : la caractérisation générale de la méthode mathématique, dans le passage consacré au sectionnement de la Ligne, est très clairement centrée sur la géométrie ; dans la description du cursus, on met en garde contre la façon trompeuse de s'exprimer propre au géomètre ; et, quand est signalée l'omission de la stéréométrie, la géométrie est associée aux figures dans le plan, la stéréométrie, avec les solides. Cependant, dans les *Lois*, le cœur de l'étude de ce que j'ai appelé les géométries plane et solide est la commensurabilité et l'incommensurabilité, ainsi que je l'ai déjà dit. L'*Epinomis*, dont l'attribution est disputée, va encore plus loin. Dans la description des μαθήματα qu'on y trouve – μαθήματα qui, dans cet ouvrage, sont conçus comme préliminaires non plus à la dialectique, comme dans la *République*, mais à l'astronomie, une astronomie analogue à celle des *Lois* et non pas à celle purifiée de la *République* [3], et qui doivent aussi être dispensés aux

1. Il est vrai que les preuves que j'ai mentionnées n'impliquent pas les « actions » que Socrate condamne dans le cas de la géométrie, mais le point que j'ai souligné s'applique également à des preuves de ce type. Les diagrammes arithmétiques d'Euclide ne « s'imposent » pas de la même manière que ses diagrammes géométriques.

2. Théodore est constamment associé à la géométrie dans le dialogue (143b, 143e, 145a, 145c, 146c, 162e, 165a), bien qu'on le dise aussi maître en astronomie, en calcul et en harmonie (145a, 145c-d, 146c-d).

3. Une référence brève et superficielle est faite à l'importance de la dialectique en 991c. Mais la dialectique est traitée de la même façon superficielle dans les *Lois* : voir J. Harward, *The* Epinomis *of Plato*, Oxford, Clarendon Press, 1928, p. 37-39.

plus jeunes (quoique nulle mention ne soit faite du jeu) – le premier (et suprême) μάθημα est dit traiter des « nombres en soi, non pas ceux qui ont un corps, mais plutôt de la totalité de la γένεσις et de la δύναμις de l'impair et du pair, dans tout ce qu'elles procurent à la nature des choses qui sont » (990c). Ici, l'opposition entre les nombres en soi et les choses dénombrées est classique, mais l'insistance sur la puissance naturelle du nombre est bien plus précise que l'affirmation de la parenté des μαθήματα avec la nature de ce qui est dans la *République*.

Les deux μαθήματα suivants dans l'*Epinomis* sont dits avoir pour nom géométrie et stéréométrie, mais la description qui en est faite est parfaitement extraordinaire. La géométrie rend semblables (ὁμοίωσις) des nombres qui sont par nature dissemblables en produisant leur rapport avec des figures dans le plan (τῶν οὐκ ὄντων δὲ ὁμοίων ἀλλήλοις φύσει ἀριθμῶν ὁμοίωσις πρὸς τὴν τῶν ἐπιπέδων μοῖραν γεγονυῖα) ; la stéréométrie traite des nombres « à trois dimensions », qui sont comme les solides, et rend semblables ceux qui sont dissemblables. Ces descriptions sont passablement cryptées, mais reposent, selon toute vraisemblance, sur les notions de nombres plans et solides semblables dont Euclide donne une définition[1]. Il est aussi relativement simple de voir comment, si deux nombres plans sont représentés par deux rectangles R_1 et R_2, ou deux nombres solides par deux parallélépipèdes rectangles P_1 et P_2, on peut entreprendre de produire (a) un rectangle R_3 d'aire égale à R_2 et semblable (au sens géométrique) à R_1 ou (b) un parallélépipède P_3 égal à P_2 et semblable à P_1. Mais entreprendre de définir plus ou moins la géométrie ou la stéréométrie de cette façon, voilà ce que je ne peux comprendre que comme un désir d'établir, entre les sciences mathématiques, une parenté centrée sur les nombres. Néanmoins, une telle conception de ce qu'est l'essentiel de la géométrie et de la stéréométrie fournit une possible explication des lamentations de Socrate dans la *République* quant à l'état sous-développé de la stéréométrie. Le problème (a), touchant les figures dans le plan, les rectangles, est élémentaire et totalement résolu dans les *Eléments* d'Euclide ; le problème (b), relatif aux solides, n'est pas élémentaire, et, si jamais les mathématiciens grecs y ont travaillé, nous n'avons aucune preuve qu'ils aient fait avancer le problème vers une solution générale.

1. Le livre VII, déf. 16 et 17, dit qu'un nombre plan est le produit de deux nombres, le nombre solide, le produit de trois, et que les facteurs sont appelés « côtés » du nombre. Selon la déf. 21, des nombres plans et solides semblables ont leur côtés proportionnels. Ainsi, par exemple, les nombres plans 2×3 et 4×6 sont semblables parce que 2 est à 4 ce que 3 est à 6.

Cette interprétation du rôle de la géométrie et de la stéréométrie permet aussi à l'Athénien de passer, de façon artificielle, à l'harmonie, en introduisant le rapport de 2 à 1 et la série 1, 2, 2 × 2, 2 × 2 × 2 (nombre solide). Il évoque ensuite la procédure habituelle permettant d'établir des proportions représentant les intervalles musicaux de la quarte et de la quinte (à savoir l'insertion des moyennes arithmétique et harmonique dans le rapport de 2 à 1, représentant l'octave), en l'espèce, le cas très simple de l'insertion de 9 et 8 entre 12 et 6. Puisque, dans l'*Epinomis*, ces idées vagues et rudimentaires sur l'harmonie sont présentées comme préliminaires à l'astronomie, le point de départ du cursus est autre que celui de la *République*, à supposer du moins que les disciplines dussent être étudiées dans leur ordre d'apparition.

Il me semble évident que le genre de programme décrit ici, incluant une astronomie fondée directement sur la théorie harmonique et finalement sur un développement continu des cinq μαθήματα à partir de l'étude des nombres, doit être rapproché de la façon dont, dans le *Timée*, la théorie de la proportion arithmétique et l'harmonie sont un préliminaire à l'astronomie, bien que rien de décisif dans le *Timée* ne corresponde à l'arithmétique, ou aux géométries plane et solide[1]. Les notions arithmétiques et harmoniques sont développées un peu plus en détail dans le *Timée* que dans l'*Epinomis*, et – à moins de prendre en compte la cosmologie du mythe d'Er dans la *République* – c'est seulement dans le *Timée* que nous entrevoyons le type de contenu spécifique que l'on pourrait trouver dans une théorie astronomique. Il est assez simple de rapprocher ce contenu de ceux des astronomies développées dans les *Lois* et l'*Epinomis*, mais, dans le cas de la *République*, nous nous heurtons une fois de plus au problème de la purification de l'astronomie proposée par Socrate. Il y a bien des façons de tenter de résoudre ce problème, mais aucune d'entre elles ne s'impose autant qu'on pourrait l'espérer. Platon a peut-être pensé que des modèles mathématiques des phénomènes pouvaient être découverts et justifiés indépendamment de ces mêmes phénomènes, mais il ne nous a donné aucune indication sur la manière dont cela serait possible. Cette difficulté est moins directement frappante dans le cas de l'harmonie de l'*Epinomis* et du *Timée*, et cela parce que, dans ce cas précis, le rapport entre les opérations mathématiques et les phénomènes est obscur : il est aisé, et peut-être convient-il alors, de lire les opérations numériques de

1. Il est vrai, cependant, que l'usage des cercles du même et de l'autre pour déterminer le mouvement planétaire et la construction des solides élémentaires font appel, de façon significative, à des résultats géométriques.

Timée pour ce qu'elles sont, et rien de plus, puisque rien ne nous indique clairement qu'elles aient un quelconque rapport avec le son.

Peut-être vaut-il la peine de souligner, d'une part, que rien dans les *Lois* ou l'*Epinomis* ne suggère que les *mathèmata* sont de nature déductive, et, d'autre part, que, dans le *Timée*, la théorie des proportions, l'harmonie et l'astronomie nous sont simplement présentées comme des faits[1]. Il est possible, bien sûr, que Platon ait cru que ces faits pouvaient s'intégrer à une théorie déductive analogue à celle qui nous est devenue familière depuis les ouvrages mathématiques grecs plus tardifs, mais je suis enclin à croire que, même si Platon a eu une notion de la dérivation à partir de principes supérieurs, on interprète plus exactement cette notion si on voit qu'il s'agit moins d'une déduction au sens euclidien du terme que d'une relation plus vague d'intégration dans une théorie générale[2]. Je suis aussi enclin à croire qu'une théorie générale de cet ordre ne vaudrait pas seulement pour le monde intelligible, mais pourrait expliquer (à condition de lui donner un sens suffisamment vague) comment le monde sensible dérive d'une certaine façon du monde intelligible.

Traduit de l'américain par Dimitri El Murr

1. Je fais cette précision en réponse à la suggestion de Burnyeat (« Plato on why mathematics… », art. cit., p. 19 et p. 64-67), pour qui l'astronomie purifiée et l'harmonie de la *République* sont, tout comme la géométrie et l'arithmétique d'Euclide, des sciences déductives, dont le *Timée* nous donne une idée de qu'elles pourraient être.

2. Sur ce point, voir I. Mueller, « Mathematical method and philosophical truth », dans Richard Kraut (ed.), *The Cambridge Companion to Plato*, Cambridge, Cambridge University Press, 1992, p. 170-199.

LA DIALECTIQUE PLATONICIENNE D'APRÈS PLOTIN *

María Isabel SANTA CRUZ

> Les interprétations du célèbre passage sur le Soleil, la Ligne et la Caverne en *République* VI-VII, 504c-521b, sont progressivement devenues au cours du XXe siècle une véritable tour de Babel où chacune revendique auprès de son lecteur la faveur d'être la plus conforme au texte platonicien. Dans toute l'œuvre de Platon, il est difficile de rencontrer un passage qui présente une littérature secondaire aussi confuse et contradictoire. Tous ceux qui s'aventurent dans ce labyrinthe de la littérature secondaire et qui prennent au sérieux son état contradictoire risquent d'en éprouver un véritable vertige.

Voilà ce qu'écrivait Yvon Lafrance en 1986 au début de la préface de son livre *Pour interpréter Platon*[1], où il offre un bilan analytique des études sur la Ligne entre 1804 et 1984. Depuis cette date, l'accumulation croissante des contributions – de tous ordres et de qualité diverse – sur cette section de la *République* n'a fait que multiplier les problèmes. Le désaccord est considérable dans l'exégèse contemporaine sur une bonne quantité de points : comment construire la Ligne ? Quelle est la longueur relative des quatre segments ? Quelle est la nature des objets de la διάνοια ?

* Ce texte est une version d'une communication présentée à Lima dans le cadre du Colloque International « Los similes de la *Republica* VI-VII como expresión fundamental de la filosofía platónica », Pontificia Universidad Católica del Perú, septembre 2000. Je tiens à remercier tout particulièrement ici M. Dixsaut et W. Kühn pour leurs observations et leurs remarques.

1. Y. Lafrance, *Pour interpréter Platon*, Montréal-Paris, Bellarmin-Les Belles Lettres, 1986, p. 13.

Le principe anhypothétique s'identifie-t-il au Bien ? Quelle est la nature du Bien ? Est-il possible de le connaître ? C'est justement ce Babel qui nous invite à entrer dans le labyrinthe. Le problème reste d'avoir toujours le fil en main.

Dans cette étude je me propose seulement de développer quelques considérations à propos de la caractérisation platonicienne de la dialectique et de ses rapports avec la faculté dianoétique tant dans la Ligne que dans le texte qui suit, l'image de la Caverne. Je m'appuierai sur la lecture plotinienne, spécialement celle du traité I. 3 des *Ennéades*, consacré à la dialectique. Les chapitres 3, 4 et 5 peuvent être lus comme une exégèse rassemblant les caractérisations de la dialectique que Platon nous offre dans la *République* et dans le *Sophiste*. Je tenterai de montrer que, dans la présentation platonicienne de la dialectique, il y a une sorte de tension que Plotin semble avoir remarquée et qu'il essaie de résoudre.

Pour préciser le contexte, j'indiquerai tout d'abord brièvement la façon dont je lis le passage de la *République* pertinent pour notre question, pleinement consciente des problèmes qu'il renferme et des controverses qu'il suscite. Après l'image du Soleil, Platon élabore celle d'une ligne divisée en deux segments inégaux (509c), celui du visible d'une part et celui de l'intelligible d'autre part, chacun étant divisé à son tour selon la même proportion. Pour subdiviser le segment inférieur, Platon prend comme base la nature des objets et distingue entre les choses sensibles proprement dites et leurs images (ombres, reflets sur l'eau ou sur des surfaces polies et brillantes, 509d9-510a6). Mais, lorsqu'il passe au segment supérieur, Platon ne se sert plus du type d'objets comme critère pour séparer les sub-segments, mais fait appel à deux formes différentes d'appréhension que l'âme peut exercer. Il déclare en effet :

> Examine maintenant de quelle façon on doit couper aussi la partie intelligible. — Comment ? — Ainsi : dans l'une des sections, l'âme est contrainte au cours de sa recherche d'utiliser comme autant d'images les originaux de la section précédente, procédant à partir d'hypothèses non pour remonter à un principe mais pour aboutir à une conclusion. Dans l'autre section en revanche, l'âme, allant d'une hypothèse jusqu'à un principe anhypothétique sans se servir d'images, comme elle le faisait dans la section précédente, se fraie un chemin à travers les Formes à l'aide des seules Formes[1]. (510b2-9).

À la section supérieure, Platon assigne une forme de connaissance ou une faculté nommée νοῦς, intelligence ou compréhension – et qui, comme

1. Traduction de M. Dixsaut, Platon, *République (livres VI et VII)*, Paris, Pédagogie Moderne, 1980, reprint Bordas, 1986.

il sera indiqué un peu plus tard, est le propre de la philosophie ou de la dialectique – tandis qu'il fait correspondre à la section inférieure la διάνοια ou pensée discursive[1], laquelle a pour exemple le procédé habituel des mathématiciens et est caractérisée comme « quelque chose d'intermédiaire entre l'opinion et l'intelligence » (511d4-5). Cependant Platon ne se soucie pas toujours d'une stricte précision terminologique. Certes, il appelle διάνοια le procédé discursif et démonstratif des géomètres dans le livre VI aussi bien que dans le livre VII. Mais en 533d-e, il indique l'avoir également dénommée par routine ἐπιστήμη, alors qu'il faut tenir compte du fait qu'il s'agit d'un mode de savoir intermédiaire entre la δόξα et l'ἐπιστήμη (et non plus entre la δόξα et le νοῦς). Il ajoute d'ailleurs qu'il ne vaut pas la peine de se disputer à propos des noms. En outre, si dans le livre VI (511d-e) la διάνοια apparaît opposée au νοῦς ou à la νόησις, dans le livre VII on trouve la διάνοια et l'ἐπιστήμη englobées par la νόησις, celle-ci étant opposée à la δόξα (533e-534a)[2].

Platon ne signale pas en quoi l'objet de la διάνοια se différencie de celui du νοῦς. Il en résulte qu'il ne s'intéresse qu'à la diversité de procédures entre les deux formes d'activités de l'âme[3]. Le passage de la ligne doit être complété par les quelques indications fournies au livre VII après l'allégorie de la Caverne. Les mêmes notions y sont reprises de façon sommaire et envisagées d'un point de vue un peu différent. On sait bien que le rapport entre ces deux modes d'activité intellectuelle – pensée discursive et intelligence –, de même que la nature de leurs objets, posent un problème assez sérieux pour toute interprétation de la conception platonicienne de la connaissance et ont fait couler beaucoup d'encre. Dans

1. M. Dixsaut traduit διάνοια par « raison ».

2. *Cf.* M. Dixsaut, *Platon et la question de la pensée. Études platoniciennes I*, Paris, Vrin, 2000, p. 64.

3. Le caractère intermédiaire de la διάνοια ne dépend pas de la nature de ses objets, comme le remarque M. Dixsaut, *République (livres VI et VII)*, *op. cit.*, p. 103-104. Pourtant M. Dixsaut traduit le passage 511c3-7 d'une façon qui trace la distinction entre deux types d'objets : « à l'évidence tu veux distinguer, parce qu'elle est plus claire, cette partie de l'être et de l'intelligible vue par la science dialectique de celle qu'atteignent ce que nos appelons "connaissances techniques"... » La traduction de É. Chambry est sans doute plus « neutre » que celle de M. Dixsaut : « Il me semble pourtant que tu veux établir que la connaissance de l'être et de l'intelligible qu'on acquiert par la science de la dialectique est plus claire que celle qu'on acquiert par ce qu'on appelle les sciences, lesquelles ont des hypothèses pour principes... » Je ne suis pas d'accord avec les interprètes qui trouvent dans la ligne des objets mathématiques intermédiaires. *Cf.* 533b-d : les disciplines mathématiques saisissent quelque chose de l'être ; leur connaissance de l'être ressemble à un rêve et elles sont impuissantes à voir l'être en pleine lumière, étant donné qu'elles ne peuvent pas rendre raison des hypothèses.

les limites de cette étude, je ne prétends pas entrer dans la discussion et moins encore la trancher; je me bornerai donc à signaler – et non sans audace – ce qui, à mon avis, ressort du texte lui-même.

Platon écrit tout d'abord que la différence entre les deux modes de connaissance réside en ce que la pensée discursive part d'hypothèses comme si elles étaient des principes, sans les questionner, et accomplit à partir d'elles un processus déductif qui mène à une conclusion (VI, 510c2-d3), tandis que le νοῦς part lui aussi d'hypothèses, non pour accomplir une déduction, mais pour parcourir un chemin inverse : il « monte », en se servant des hypothèses comme de tremplins, jusqu'à atteindre un principe anhypothétique (dont il n'est pas dit dans ce passage qu'il soit le Bien), à la lumière duquel les hypothèses perdront leur caractère d'hypothèse, dans la mesure où elle seront justifiées (quoique le τὰς ὑποθέσεις ἀναιροῦσα de 533c8 puisse s'entendre aussi comme leur élimination ou leur rejet[1] et non comme une destruction de leur caractère hypothétique). Mais, soit qu'on annule les hypothèses, soit qu'on leur donne un fondement, le principe anhypothétique n'est pas le but final, puisque, une fois qu'il l'a atteint, le νοῦς redescend la chaîne des réalités qui constituent le monde eidétique et arrive aux limites de ce dernier (511b3-c2). « Ayant saisi le principe, la raison (λόγος)[2], dans une démarche inverse de la précédente, s'appuie sur ce qui découle de ce principe et redescend ainsi jusqu'à la conclusion sans faire d'aucune façon usage de rien de sensible, mais, en se servant des seules Formes pour circuler à travers les Formes, c'est finalement à des Formes qu'elle aboutit » (511b8-c2).

Le texte prend comme point de départ pour tracer la distinction entre l'un et l'autre de ces modes de connaissance la direction de leur chemin respectif. Platon souligne fortement cette opposition entre les deux formes de connaissance (VI, 510b5-c9 ; 511a5-6, b5-c6, c8-d1), mais, à dire vrai, il n'affirme jamais que le fondement de la distinction entre διάνοια et νοῦς soit l'opposition du sens de ces mouvements[3]. On ne peut pas nier un certain rapport entre entendement et synthèse d'une part, et νοῦς et analyse d'autre part, mais la distinction entre mathématiques et dialectique ne se fonde pas seulement sur ce point, mais aussi sur un autre : la διάνοια se sert d'images visibles et le νοῦς ne se sert que d'Idées. Ces deux traits

1. Voir Ch. Kahn, *Plato and the Socratic Dialogue*, Cambridge, Cambridge University Press, 1996, p. 295.

2. M. Dixsaut traduit ici λόγος par « discours ».

3. E. de Stricker, « La distinction entre l'entendement (*dianoia*) et l'intellect (*noûs*) dans la *République* de Platon », dans *Estudios de historia de la filosofía en homenaje al Profesor Rodolfo Mondolfo* I, Tucumán, Universidad Nacional, Facultad de Filosofía y Letras, 1957, p. 212.

d'infériorité de la διάνοια sont mentionnés ensemble en quatre occasions (VI, 510b4-5, c3 ; 511a1, a3-7, b5-c1), mais le texte ne nous donne aucune information claire et directe du rapport qui lie entre elles ces deux caractéristiques. Le point est objet de controverse, mais j'incline à les prendre comme deux caractéristiques indépendantes. L'âme est forcée de procéder par hypothèses quand elle n'a pas l'intelligence du principe. D'autre part, elle a comme objets des entités intelligibles mais, pour discourir sur elles, elle s'appuie sur le sensible, pris comme image. Je ne peux pas entrer dans la discussion concernant le type d'objets que Platon assigne à la διάνοια [1]. Mais il est certain que dans les mathématiques, qui s'appuient sur des images, la perception sensible joue toujours un rôle auprès de l'intelligence et c'est pourquoi ce type de connaissance n'a pas une pleine clarté et évidence [2], et prend une place intermédiaire entre opinion et νοῦς (VI, 511d4-6 ; VII, 533c5-6). Le mathématicien relie la conclusion à l'hypothèse, mais il ne relie pas celle-ci au principe. Son point de départ, d'après lequel il justifie la conclusion, reste sans justification. En ce sens, son activité manque de fondement mais, prise avec son fondement, elle est scientifique et appartient au domaine du νοῦς. Cela n'est pas valable uniquement pour les mathématiques, car la physique telle que Platon la présente dans le *Timée* présente elle aussi les mêmes sortes de procédures, comme j'ai tenté de le montrer dans une autre étude [3].

Je n'ai fait jusqu'ici qu'une présentation, qui risque d'être trop schématique, du texte platonicien qui m'intéresse pour mon propos. Je passe maintenant à l'exégèse que fait Plotin de la conception platonicienne de la dialectique et je prends comme point de départ le traité I. 3 des *Ennéades*. Son titre, Περὶ διαλεκτικῆς, bien qu'il ne soit pas de la main de Plotin lui-même mais donné plus tard par Porphyre, nous renseigne déjà sur le sujet développé. Il s'agit d'un écrit bref, technique et protreptique à la fois, et dont la structure et le plan sont assez simples. On peut remarquer que I. 3 est le seul traité des *Ennéades* où apparaît le terme « dialectique »,

1. Pour une revue des différentes interprétations, on peut voir, par exemple, N. Smith, « Plato's Divided Line », dans N. Smith (ed.), *Plato. Critical Assessments*, t. II, London-New York, Routledge, 1998, p. 297-298. N. Smith soutient que les objets de la διάνοια sont les mêmes que ceux de la πίστις, c'est-à-dire sont les originaux dont les images étaient l'objet de l'εἰκασία, mais pris à leur tour comme images.

2. E. de Stricker, *op. cit.*, p. 212.

3. Voir « Le discours de la physique : eikṑs lógos », dans T. Calvo and L. Brisson (eds.), *Interpreting the* Timaeus-Critias, Proceedings of the IV Symposium platonicum, Sankt Augustin, Akademia Verlag, 1997, p. 133-149. *Cf.* M. Dixsaut, Platon, *République (livres VI et VII)*, *op. cit.*, p. 102 : arithmétique et géométrie ne sont que des exemples de cette manière de raisonner qui part d'une hypothèse et qui emploie dans sa recherche des images sensibles. *Cf.* aussi M. Dixsaut, *Platon et la question de la pensée*, *op. cit.*, p. 122, n. 3.

absent dans le reste du corpus. Le traité est divisé en six chapitres, dont les trois premiers présentent une caractérisation de la dialectique qui suit de près certaines affirmations du *Phèdre* et du *Banquet* de Platon. Plotin commence par deux questions : « quel est l'art, quelle est la méthode, quelle est la pratique qui nous conduisent là où il faut aller[1] ? Où faut-il aller ? » Et il répond aussitôt :

> c'est au Bien et au principe premier. Voilà ce que nous posons comme accordé et démontré de mille manières ; et les démonstrations qu'on en donne sont aussi des moyens de s'élever jusqu'à lui. Que devra être celui qui s'élève ainsi ? (...) Oui, le philosophe, l'ami des muses et l'amant, en raison de leur nature, doivent s'élever. (I. 3, 1, li. 1-10).

Le terme de cette marche (τέλος τῆς πορείας, 1, li. 16-17) est, pour Plotin, le Bien, qu'il identifie, comme on sait, à l'Un, principe absolu, ineffable, au-delà de l'être, de la vie et de la pensée. Il est important de signaler que déjà dans ces lignes initiales – et je reviendrai sur ce point – Plotin affirme clairement que la pratique même de l'argumentation est un moyen d'élévation au principe de la réalité.

Il faut donc faire un voyage ; « ce qui marque la fin du voyage, c'est le moment où l'on arrive au sommet de l'intelligible » (τὸ ἔσχατον τοῦ τόπου, 1, li. 16 ; ἐπ' ἄκρᾳ τῷ νοητῷ, 1, li. 17). Arriver au sommet de l'intelligible est donc le but du musicien, de l'amant, du philosophe. Il importe de tenir compte du fait que, pour Plotin, l'âme humaine, qui a la même nature que celle de l'ensemble de la réalité, quoique intelligible, est intermédiaire, sorte de pont tendu entre l'intelligible et le sensible, et elle doit accomplir une « conversion », une ἐπιστροφή, conversion qui est à la fois cognitive et morale, théorique et pratique.

Le musicien que Plotin décrit au chapitre 1, celui qui recherche l'harmonie intelligible, nous rappelle *République*, VII, 531b-d, où Platon parle de ceux qui « cherchent des nombres dans les accords saisis par l'oreille, mais qui ne s'élèvent pas jusqu'aux problèmes demandant à examiner quels sont les nombres harmoniques, ceux qui ne le sont pas, et pour quelle raison » (531c1-4). « Le musicien – continue Plotin – peut se transformer en amant et, après cette transformation, il peut rester à ce niveau ou bien le dépasser » (2, li. 1-2). Quant au portrait de l'amant dans le chapitre 2, il s'inspire du *Banquet*, 210a *sq.* Après avoir décrit le musicien et l'amant, Plotin nous présente le philosophe. Le musicien, l'amant et le philosophe sont tous trois prêts (ἕτοιμοι) à s'élancer vers le

1. πορευθῆναι, 1, li. 2 ; *cf.* 1, li. 15 ; *cf.* 1, li. 12 et 1, li. 17 : πορεία.

Bien, mais à la différence des deux autres, l'élan du philosophe, qui le pousse à s'élever, est tout naturel (τὴν φύσιν, 3, li. 1). Le philosophe est « tout excité », κεκινεμένος, il a conservé ses ailes [1]. Encore, à la différence des autres, le philosophe est le seul qui accomplit sa marche (πορεία) exclusivement dans le domaine de l'intelligible, qu'il parcourt pour s'élever et atteindre finalement sa limite supérieure, le sommet de l'intelligible. En effet, Plotin distingue deux voies d'élévation : celle que suivent ceux qui partent d'en bas et doivent donc se séparer du sensible, et celle de ceux qui ont déjà pris pied dans le monde intelligible et sont détachés du monde sensible [2]. Cette dernière voie est réservée au naturel philosophe.

Le philosophe, bien sûr, a une disposition naturelle à s'élever; « il se meut vers le haut », dit Plotin. « Mais sa marche est incertaine, et il n'a besoin que d'un guide » (I. 3, 1, li. 3-4), à défaut duquel il pourrait sûrement s'égarer, ne pas trouver le chemin qui le mènera à la fin du voyage. Et Plotin ajoute tout de suite qu'à celui qui possède une nature philosophique

> il faut donner les « disciplines » (τὰ μαθήματα) pour l'habituer à l'appréhension et à la confiance de l'incorporel (κατανοήσεως καὶ πίστεως ἀσωμάτου) – et il les recevra facilement parce qu'il est ami du savoir (φιλομαθής) – et, comme il est vertueux par nature, élever ses vertus à leur perfection ; puis, après les disciplines, il faut lui fournir les arguments de la dialectique (λόγους διαλεκτικῆς) et en faire un vrai dialecticien (ὄντως διαλετικόν). (I. 3, 1, li. 5-10)

Comme on peut le remarquer assez facilement, Plotin suit de près le texte de la *République*. En effet, Platon caractérise la dialectique comme μέθοδος (510b8 ; 533b3, 533c7). Le thème de la πορεία évoque sans doute lui aussi Platon : en *République*, VII, 532b4, par exemple, la dialectique est présentée comme une πορεία (*cf.* 533c8 : πορεύεται). Le terme de cette marche est le premier principe, le Bien. Plotin reprend à la lettre (li. 16-17)

1. Voir V. Jankélévitch, *Plotin, Ennéades I 3. Sur la dialectique*, édité par J. Lagrée et F. Schwab, Paris, Les éditions du Cerf, 1998, p. 52. D'après lui on ne saurait donner un sens trop fort à l'accusatif de relation τὴν φύσιν que Plotin adjoint à ἕτοιμοι uniquement lorsqu'il parle du philosophe (p. 52). Je crois, par contre, qu'en 1. 1, 10, l'accusatif se refère aux trois personnages et non seulement au philosophe. Jankélévitch remarque aussi que les parfaits κεκινεμένος et plus bas λελυμένον expriment bien l'état naturel qui rend le philosophe apte à l'ascension. Ces parfaits sont apposés à l'expression ἕτοιμοι κινεῖσθαι appliquée au musicien et à l'amant (p. 53).

2. *Cf.* Jankélévitch, *op. cit.*, p. 69-70 : ceux qui partent d'en bas sont ceux qui dépendent de contingences adventices ; les autres sont ceux qui sont plus intérieurs à eux-mêmes que les premiers et ne dépendent pas directement de l'extériorité.

l'expression τέλος τῆς πορείας de *République*, VII, 532e3. Plotin, comme Platon, insiste sur l'importance de l'éducation, sur le besoin d'une παιδεία convenable, d'une éducation à donner aux natures les plus douées (526c), sans laquelle il est impossible, même à celles-ci, de trouver le vrai chemin. Les « disciplines » que le philosophe doit apprendre sont sans aucun doute les études mathématiques exigées par Platon comme prélude nécessaire au savoir dialectique (arithmétique, géométrie, stéréométrie, astronomie, musique). Le but de l'apprentissage des mathématiques, comme l'indique Plotin suivant Platon, est d'entraîner l'âme et de l'habituer à la notion de l'incorporel. Pour Platon, les disciplines mathématiques, en effet, attirent l'âme de ce qui devient à ce qui est, à la contemplation du plus excellent de tous les êtres (521d; *cf.* 529a; 532c). Elles conduisent naturellement à la νόησις et attirent vers l'οὐσία (523a; 525a, b, c et d; 526e); elles sont cultivées en ayant pour but la connaissance et la connaissance de ce qui existe toujours (527b); elles forcent l'âme à employer la νόησις pour la mener vers la vérité (526b); elles exercent la διάνοια du philosophe pour qu'il se dirige vers le haut et non pas vers le bas (527b); elles permettent de contempler plus facilement l'Idée du Bien (526e). Pour Plotin, les démonstrations sont elles-mêmes un mode d'élévation, elles font partie du processus d'ascension au principe[1], de même que dans la *République* l'étude des mathématiques est constitutive de l'ascension vers le Bien. D'autre part – il faut le souligner –, la pratique des vertus qui a pour but de les conduire à leur plus haut degré doit toujours accompagner cet apprentissage.

Il n'est pas sans intérêt de remarquer en passant que Plotin s'occupe justement de cette question dans le traité I. 2 consacré aux vertus, qui est immédiatement antérieur à celui consacré à la dialectique, aussi bien chronologiquement que dans l'ordre systématique de Porphyre. Plotin y affirme explicitement qu'on ne peut pas devenir philosophe ou dialecticien sans vertu, car la disposition naturelle est insuffisante et les vertus s'accroissent avec la sagesse. Si en I. 2 Plotin fait de la vertu le moyen de s'élever jusqu'au Bien, tout de suite après, en I. 3, il nous présente l'autre face de cette voie vers le Bien, la dialectique, inséparable de la pratique des vertus. Plotin exige donc ce que le Platon de la *République* appelait une conversion totale de l'âme (518c-d). Sur ce point, à ce qu'il semble, Plotin suit fidèlement Platon.

La définition – ou plutôt la description – que Plotin nous donne de la dialectique dans les chapitres 4 et 5 du traité I. 3 d'allure platonicienne, n'est pas tellement facile à suivre. Contre la conception aristotélicienne et

1. *Cf.* L. Gerson, *Plotinus*, London, Routledge, 1994, p. 211-212.

celle des stoïciens, Plotin s'emploie à restituer la dialectique telle que Platon l'avait conçue, il tient à énoncer à nouveau sa véritable nature et à la réhabiliter. Suivant la procédure qui lui est habituelle[1], Plotin semble ne trouver aucune difficulté à assembler diverses affirmations de Platon tirées de contextes différents, d'une part, et à combiner librement des éléments platoniciens et des éléments stoïciens, d'autre part.

Il commence par définir l'objet de la dialectique. La dialectique est tout d'abord une ἕξις, une disposition intellectuelle, une faculté qui permet de saisir et d'exprimer par un discours (ou bien conceptuellement : λόγῳ) ce qu'est chaque chose (τί τε ἕκαστον), c'est-à-dire ce qu'est chaque objet intelligible, chaque Forme, pourrions-nous dire; en d'autres termes, la science dialectique a essentiellement pour tâche de définir les êtres ; et pour ce faire, elle doit déterminer les différences aussi bien que les ressemblances. Cette détermination exige d'accomplir certaines démarches, six à mon avis : signaler 1) en quoi un être diffère des autres et 2) quel caractère commun il a avec eux. Mais, pour définir l'objet, il faudra en outre indiquer 3) parmi quels objets il se trouve, c'est-à-dire déterminer la classe d'objets à laquelle il appartient (le genre), et 4) la place ou le « lieu » précis qu'il occupe dans cette classe (la position dans le genre, c'est-à-dire la relation avec les autres constituants du genre). Et puis encore 5) déterminer s'il est ce qu'il est (εἰ ἔστιν ὅ ἐστι), et 6) à cette fin, déterminer combien sont les choses qui sont et combien celles qui ne sont pas, au sens où elles sont autres. La dialectique, ajoute Plotin, est un mode rigoureux de savoir dont les caractéristiques sont 1) qu'elle ne procède jamais par δόξα mais toujours par ἐπιστήμη (c'est-à-dire qu'elle procède toujours d'une façon « scientifique » et jamais par opinion), 2) qu'elle s'éloigne du sensible et ne travaille qu'avec des intelligibles et 3) qu'elle s'installe toujours dans – empruntant l'expression employée par Platon dans le *Phèdre*, 248b – « la

1. Il s'agit d'une exégèse, mais d'une exégèse qui ne doit pas être confondue avec le commentaire ni avec l'érudition ni avec le fait de réunir, sans argumentation et sans cohérence, un certain nombre de thèses. Entre les travaux consacrés à la méthode exégétique de Plotin, on peut citer J.-M. Charrue, *Plotin lecteur de Platon*, Paris, Les Belles Lettres, 1978 ; A. Eon, « La notion plotinienne d'exégèse », *Revue internationale de philosophie* 92, 1970 2, 252-289 ; P. Hadot, « Philosophie, exégèse et contresens », *Actes du XIV Congrès International de Philosophie* (1968), tome I, Vienne, 1970, p. 333-339 (reproduit dans *Études de Philosophie Ancienne*, Paris, Les Belles Lettres, 1998, p. 3-10); M.L. Gatti, « Plotinus : the Platonic tradition and the foundations of Neoplatonism », dans L. Gerson (ed.), *The Cambridge Companion to Plotinus*, Cambridge Univ. Press, 1996, p. 17 *sq.* Voir aussi les travaux de J. Pépin, L. Brisson et M.-O. Goulet-Cazé, dans *Porphyre, La Vie de Plotin* I, Paris, Vrin, 1982 et II, 1992. Qu'il me soit permis de citer aussi mon article « Plotin face à Platon. Un exemple d'exégèse plotinienne (*Ennéade* VI. 8 [39] 18) », dans M. Fattal (éd.), *Études sur Plotin*, Paris, L'Harmattan, 2000, p. 193-216.

plaine de vérité » et se sépare entièrement du domaine du faux et du mensonge[1] (4, 2-13).

Jusqu'à ce point, nous voyons comment, dans la description de son objet aussi bien que dans celle de ses caractéristiques, la conception plotinienne de la dialectique repose sur celle de Platon. Néanmoins, Plotin ne suit pas le fil d'un seul dialogue, il combine et concilie des éléments divers qu'il prélève en plusieurs endroits. En effet, dans le livre V de la *République* (454a) et surtout dans quelques passages du *Phèdre* (265d-266d), du *Sophiste* (253d, 262b-263b, 264c) et du *Politique* (262e, 268d), la procédure dialectique consiste à discerner d'après les formes (κατ' εἴδη διαιρεῖν) ; définir implique de déterminer la caractéristique remarquable qu'un objet possède en commun avec d'autres, mais en même temps et fondamentalement, tous les caractères différentiels qui le séparent des autres et permettent de le distinguer de ses semblables. La délimitation d'un objet, pour Platon et pour Plotin, comporte donc une unification aussi bien qu'une distinction ou discrimination.

De plus, les caractéristiques que Plotin assigne à la dialectique et même les termes dont il se sert sont d'origine nettement platonicienne et semblent être empruntés à la *République*. Dans l'image de la Ligne, Platon affirme que l'activité dialectique ne porte que sur les intelligibles et n'a aucun besoin de s'appuyer sur le sensible. L'activité dialectique appartient à l'ἐπιστήμη et jamais à la δόξα, car celle-ci est le mode de savoir du sensible. La dialectique fournit toujours une connaissance vraie, se meut toujours dans la vérité, à la différence de la δόξα qui peut être vraie ou bien fausse. La dialectique va vers les êtres « systématiquement » ou « méthodiquement » (ὁδῷ), dit Plotin (I. 3, 5, li. 12), lisant sans aucun doute *République*, 533b2-3 : « il n'existe pas d'autre discipline (μέθοδος) qui essaie en toute matière de saisir méthodiquement (ὁδῷ) l'essence de chaque chose[2]. »

Jusque-là, on reconnaît assez clairement l'appui textuel de Plotin dans ces quelques passages empruntés en grande partie aux livres centraux de la *République*. Mais il faut bien remarquer dans cette fidélité l'infidélité plotinienne. On peut souligner, par exemple – et cela montre comment Plotin procède toujours sélectivement lors de ses exégèses – qu'il ne fait aucune référence aux hypothèses, qui jouent un rôle fondamental dans la description de la dialectique et du procédé des mathématiciens critiqué par Platon, mais qui pour Plotin ne semblent avoir aucune importance. Il faut

1. Comparer τὸ ψεῦδος ἀφεῖσα (*Enn.*, I. 3, 4, 1 11) avec ψεῦδος μισῇ (*Rép.*, 535e2).

2. M. Dixsaut traduit : « il n'y a pas d'autre méthode pour saisir selon une voie déterminée, sur chaque sujet, ce qu'est réellement l'essence de chaque chose. »

toutefois signaler que, sans aucune référence aux hypothèses, Plotin distingue en I. 3, 5 les activités propres à l'âme de celles propres à l'intelligence et que différents passages des *Ennéades*, spécialement en III. 8 et surtout en V. 3 (chapitres 2-4) offrent une nette distinction entre διάνοια et νοῦς ou νόησις. En effet, la pensée discursive est l'apanage de l'âme, son activité constitutive, et elle est inférieure à la νόησις, propre à l'intelligence. La vertu de l'intelligence est la σοφία tandis que celle de l'âme est la φρόνησις, et la dialectique permet de s'élever de l'une à l'autre, progressant de l'être à ce qui est au-delà de l'être[1].

Or Plotin continue sa description en tentant de restituer la vraie nature de la dialectique telle que Platon l'avait conçue[2], en particulier dans le *Sophiste* mais aussi dans le *Politique* et dans le *Philèbe*. Il en signale le mécanisme et ajoute un autre élément d'origine platonicienne, quoique emprunté cette fois à un contexte différent : la dialectique emploie la division, la διαίρεσις platonicienne, et elle l'emploie pour 1) discerner les εἴδη, c'est-à-dire opérer une διάκρισις τῶν εἰδῶν ; 2) arriver au τί ἐστι, déterminer ce qu'est chaque εἶδος, et 3) arriver aux genres premiers. Autrement dit, la dialectique a recours à la διαίρεσις afin de discerner la structure complexe de l'intelligible, de saisir les connexions et les distinctions entre les Formes, d'établir une dépendance hiérarchique entre elles, de définir celles-ci et de déterminer finalement les genres premiers et leurs espèces subordonnées.

Une fois les genres premiers atteints, la dialectique – poursuit Plotin – combine intellectuellement ce qui procède des genres premiers et traverse la totalité de l'intelligible. Après avoir parcouru intégralement le domaine intelligible et réussi à saisir et à comprendre la liaison mutuelle entre les Formes et le tissu qu'elles constituent, elle reprend la voie inverse, celle de l'« analyse », et elle monte vers le principe de l'intelligible (4, li. 13-16). La description plotinienne de cet aspect de la dialectique a aussi une base platonicienne. En effet, Platon a recours à la διαίρεσις quand il s'agit de définir la dialectique, en particulier dans le *Sophiste* où il affirme qu'elle consiste à savoir diviser selon les genres et à déterminer les rapports hiérarchiques entre les intelligibles (253a-254a).

En caractérisant la dialectique comme un processus de distinction et de connexion des Formes renvoyant à certains genres suprêmes, Plotin se montre donc fidèle à Platon. La dialectique est le seul mode de savoir qui

1. Voir G. Leroux, « Logique et dialectique chez Plotin : *Ennéade* I 3 (20) », *Phoenix* 28, 1974 2, p. 182.

2. Voir É. Bréhier, Notice au traité I. 3, dans Plotin, *Ennéades*, Paris, Les Belles Lettres, 2e éd. 1954.

permette de saisir et de comprendre la structure complexe de l'intelligible et d'en trouver les genres premiers. Les genres premiers, dont le traité I. 3 n'offre aucune explication et qui constituent pourtant un point très important dans la doctrine plotinienne, ne sont autres que les μέγιστα γένη du *Sophiste*, dont Plotin fait l'exégèse dans le traité VI. 2 des *Ennéades*, le deuxième des trois consacrés aux genres et aux catégories[1]. Ce traité peut être lu presque comme un commentaire des passages du *Sophiste* où Platon présente la doctrine des μέγιστα γένη – Être, Mouvement, Repos, Même, Autre – que Plotin situe au niveau de la deuxième hypostase et transforme en constituants dynamiques de l'Intelligence une-multiple. Les cinq genres sont pour Plotin des genres premiers, et les seuls genres premiers, des genres qui sont en même temps des principes et qui, bien que concourant en une unité, ne peuvent être réduits l'un à l'autre[2]. Or notre pensée ne peut ni voir et ni saisir cette multiplicité dans son unité ; elle fragmente alors cette unité, l'énonce κατὰ μέρος, partie par partie. Et après avoir saisi l'unité partie par partie, la pensée peut attacher ensemble ces fragments, elle peut les laisser devenir, ou plutôt être, une unité. De la sorte, pour pouvoir saisir l'unité de l'intelligible, la raison doit séparer tout d'abord ce qui est en réalité uni, doit morceler, et c'est seulement après ce morcellement et après avoir saisi toutes les parties qu'elle pourra réunifier ce qu'elle avait séparé. Voilà le seul moyen dont la raison discursive dispose pour comprendre et saisir l'intelligible[3].

Fidèle à sa méthode et malgré sa prétention de fidélité à Platon – je reviendrai sur ce point – Plotin n'adopte pas d'une façon stricte les genres du *Sophiste*, mais il les interprète du point de vue de son propre système et en fait un libre emploi pour développer sa propre théorie. Lors de son exégèse de la dialectique platonicienne, Plotin interprète les μέγιστα γένη

1. Sur la doctrine plotinienne des genres et la bibliographie critique sur le problème, voir mon article « L'exégèse plotinienne des *mégista géne* du *Sophiste* de Platon », dans J. Cleary (ed.), *The Perennial Tradition of Neoplatonism*, Leuven, University Press, 1998, p. 105-118.

2. La pluralité des genres n'est pas fortuite, dans la mesure où tous les genres procèdent d'une source commune, d'une unité qui est extérieure aux genres qui en dérivent. Cette unité, l'Un au-delà de l'être, est la cause de ces genres. Ces genres forment donc une nature unique dont l'unité n'est pas l'unité primogène qui en est la cause, mais une unité multiple.

3. Il ne faut pas oublier que, à la différence de Platon, Plotin affirme que l'intelligence, en pensant, instaure la réalité de ce qu'elle pense. La pensée pose l'être. « Pour les choses immatérielles, la pensée qu'en a l'intelligence est leur être même » (VI. 2, 8, li. 4-5). L'intelligence en posant l'être pose les genres lorsqu'elle établit des séparations et des discriminations (VI. 2, 7, li. 40-41). En d'autres termes, la δαίρεσις ou la διάκρισις, comme activités de l'intelligence, posent les genres de l'être, la diversité dans l'unité. Chez Platon, l'être est sans doute l'objet de la pensée, mais il n'est pas instauré par la pensée.

comme étant subordonnés à l'Idée du Bien[1] et intègre les genres de l'être dans le tissu des intelligibles que l'âme doit parcourir lors de sa quête du principe anhypotéthique et de sa « descente » après l'avoir atteint. Plotin ne trouve pas de différences vitales entre la dialectique de la *République* et celle du *Sophiste*. Il les réconcilie et, plus encore, voit dans le discernement dialectique des formes ou genres comme une manière d'expliciter la dialectique présentée dans la *République*. On a parfois dit[2] que, pour Platon, la dialectique coïncide avec l'analyse, procès ascendant et régressif, tandis que la pensée discursive coïncide avec la synthèse, procès descendant et progressif[3]. Ce point est sans doute discutable[4], mais, à mon avis, Plotin semble avoir compris correctement les indications de Platon. Le texte de la *République* parle de lui-même :

> L'ayant saisi [le principe anhypothétique], la raison[5], dans une démarche inverse de la précédente, s'appuie sur ce qui découle de ce principe et redescend ainsi jusqu'à la conclusion sans faire d'aucune façon usage de rien de sensible, mais, en se servant des seules Formes pour circuler à travers les Formes, c'est finalement à des Formes qu'elle aboutit. (511b7-c2)

Après avoir atteint le principe anhypothétique – continue Plotin –, le dialecticien redescend d'idée en idée jusqu'aux limites du domaine intelligible, sans que ce parcours, à coup sûr synthétique, cesse d'appartenir au νοῦς[6].

1. Étant donné que le monde intelligible est chez Plotin une réalité de deuxième ordre et dérivée, dont la source, l'Un, est au-delà de l'être et de la pensée, les genres de l'intelligible ne peuvent avoir du point de vue ontologique comme du point de vue de la prédication ni la même portée ni la même importance que chez Platon, pour qui ils appartiennent à la région la plus élevée de la réalité. L'interprétation des cinq genres du *Sophiste* ne prend sens qu'à l'intérieur d'un système métaphysique donné, celui de Plotin.

2. Voir F.M. Cornford, « Mathematics and Dialectic in the *Republic* VI-VII », dans R.E. Allen (ed.), *Studies in Plato's Metaphysics*, London, Routledge and Kegan Paul, 1965, p. 68-72.

3. Par « analyse » on peut entendre le processus de recherche de la preuve d'un énoncé P à travers la recherche de propositions impliquant P, puis de propositions impliquant celles-ci, et ainsi de suite jusqu'à atteindre des propositions déjà établies ; la synthèse, pour sa part, consiste simplement à décrire la preuve découverte par l'analyse, c'est-à-dire à parcourir les mouvements de l'analyse en sens inverse. *Cf.* I. Mueller, « Mathematical method and philosophical truth », dans R. Kraut (ed.), *The Cambridge Companion to Plato*, Cambridge, Cambridge University Press, 1992, p. 175.

4. É. de Strycker, dans l'article déjà cité, argumente pour montrer que l'interprétation de Cornford n'est pas correcte.

5. M. Dixsaut traduit λόγος par discours.

6. D'autre part, Platon ne peut pas avoir voulu exclure l'analyse de la procédure mathématique. *Cf.* É. de Stricker, *op. cit.*, p. 211.

La fonction de la dialectique est donc de composer, combiner et diviser (I. 3, 5, li. 1-4) pour revenir finalement aux principes clairs et évidents fournis par l'intelligence. D'après Plotin, donc, le dialecticien s'élève dans sa quête du premier principe, et lorsqu'il l'atteint, éclairé par sa lumière, il parcourt la trame intelligible. Comme résultat de ce parcours et de ce discernement, il s'élève encore une fois, par la voie de l'analyse, vers le principe. Lorsque l'âme, après ce pénible exercice, atteint finalement le principe, elle se calme, s'apaise, se recueille en elle-même, abandonnant alors toute activité discursive. Étant la plus précieuse de nos facultés, la dialectique vise l'être, objet de la φρόνησις, et ce qui est encore plus précieux que l'être, ce qui est au-delà de l'être, objet du νοῦς (5, li. 5-8). Voilà que du *Sophiste*, on revient à la *République*. La dialectique est donc identique à la philosophie ou, du moins, elle en est la partie la plus précieuse, elle en est, pourrions-nous dire, le noyau ou le cœur. Plotin insiste – à la façon platonicienne – sur le fait que la dialectique ne doit pas être comprise comme un instrument, comme un organe dont le philosophe peut se servir pour arriver au savoir. Mais elle est ce savoir lui-même, un savoir qui n'est point séparé de la réalité objet de ce savoir [1].

Plotin distingue la dialectique d'une simple logique instrumentale. La dialectique n'est pas une méthode extérieure à la philosophie [2]. La logique,

1. « N'allons pas croire, en effet, qu'elle est un simple organe du philosophe, qu'elle soit simplement un ensemble de théorèmes et de règles ; elle porte sur des réalités (πράγματα) et sa matière, pour ainsi dire, ce sont les êtres ; mais c'est qu'elle va jusqu'aux êtres avec une méthode (ὁδῷ), possédant en même temps que les théorèmes les réalités elles-mêmes (πράγματα) » (I. 3, 5, li. 11-13). « De là-haut, elle considère la logique qui traite des propositions et des syllogismes, et les lui laisse comme on laisse à d'autres l'art d'apprendre à écrire. Parmi les formes de ces raisonnements, certaines s'imposent nécessairement et avant toute éducation technique. La dialectique soumet à son examen ces formes naturelles aussi que les autres, et elle estime que les unes sont utiles, tandis que les autres sont superflues et ne sont bonnes que dans les traités techniques qui s'occupent de ces questions » (I. 3, 4, li. 18-23).

2. « elle ne connaît que par accident l'erreur et le sophisme; elle les discerne comme une chose qui lui est étrangère lorsqu'un autre les commet; elle discerne l'erreur par les vérités qui sont en elle, lorsqu'on lui présente quelque chose de contraire à la règle du vrai. Elle ne connaît donc pas la proposition – car il s'agit de lettres – mais, connaissant la vérité, elle sait ce qu'on appelle une proposition, et, d'une manière générale, elle connaît les opérations de l'âme : ce qu' elle affirme et ce qu'elle nie [c'est-à-dire la proposition affirmative et négative] ; elle connaît aussi [la règle] : si on nie [le conséquent], on pose [le contraire de l'antécédent], etc. ; et elle sait si des termes sont différents ou identiques, ayant toutes ces connaissances d'une manière aussi immédiate que la sensation perçoit les choses. Et elle laisse à ceux qui ont le goût de cette étude le soin d'en parler avec minutie » (I. 3, 5, li. 13-23). Il y a là un rejet de la prétention stoïcienne et une position plus proche de l'aristotélicienne, dans la mesure où l'on confère à la logique, comprise comme *organon*, un statut autonome. *Cf.* G. Leroux, *op. cit.*

donc, ne portant pas sur des Formes mais sur des mots et des propositions, est un exercice technique, souvent superflu, qu'on laisse à ceux qui s'intéressent à ce type de subtilités. Ce que Plotin veut nous dire est que la dialectique ne doit pas être réduite à la logique. La dialectique connaît toutes les règles logiques, mais son savoir ne se borne pas aux règles et porte sur la réalité elle-même. En plus de la dialectique, qui est sa partie la plus précieuse, la philosophie en a deux autres : physique et éthique. Cette tripartition de la philosophie, déjà consolidée chez les stoïciens, a son origine – comme on sait – dans l'ancienne Académie.

La lecture du traité I. 3 montre d'une façon claire et éclairante la méthode philosophique de Plotin à l'œuvre. Face à Platon – face à Aristote aussi –, Plotin ne fait pas une simple relecture ni un commentaire littéral, mais une lecture heuristique, une vraie exégèse, c'est-à-dire une exégèse philosophique [1], comprise comme le moyen de défendre la vraie pensée de Platon et de corriger les mauvaises interprétations et falsifications dont elle avait été l'objet tout au long des siècles. Voilà une clé indispensable à la compréhension des écrits de Plotin, car l'exégèse est constitutive de sa manière de philosopher [2]. Plotin met en œuvre une méthode, d'inspiration aristotélicienne, de nature dialectique, dans la mesure où il se propose de développer sa propre doctrine comme le moyen de résoudre ce qu'il considère comme les problèmes et les difficultés importantes posées par ses prédécesseurs. Dégager les difficultés d'une position donnée est pour Plotin une partie nécessaire de la tâche consistant à reconstruire ce que cette position voulait (vraiment) dire [3]. L'exégèse ne suit pas la lettre de Platon ou d'Aristote, mais elle en vise le sens profond. Plotin veut faire revivre les doctrines de Platon et les mettre en concordance avec sa propre pensée, cherchant des solutions et non des apories, sans s'intéresser à la structure ni à l'unité d'un dialogue. Il ne cite ni n'interprète les passages dans leurs contextes, mais sélectionne ce qui l'intéresse et se concentre sur des phrases, parfois même sur un mot, dans l'intention de pénétrer sa vraie valeur. Pour Plotin, ce qui compte dans un texte philosophique est son

1. *Cf.* Charrue, *op. cit.*, p. 266. Depuis la moitié du IVe siècle avant J.C. et durant près de deux mille ans, la philosophie a présenté ce caractère exégétique, lié au phénomène de l'existence d'écoles philosophiques où l'on conservait la pensée des maîtres. *Cf.* P. Hadot, « Philosophie, exégèse et contresens », art. cit., p. 3-10) ; *cf.* L. Brisson, « Notices sur les noms propres », dans L. Brisson, M.-O. Goulet-Cazé, R. Goulet, et D. O'Brien, *Porphyre, La Vie de Plotin I*, *op. cit.*, p. 57-60.

2. Voir A. Eon, « La notion plotinienne d'exégèse », art. cit. *Cf.* Charrue, *op. cit.*, p. 266.

3. Voir S. Strange, « Plotinus, Porphyry, and the Neoplatonic Intepretation of the *Categories* », dans W. Haase und H. Temporini (eds), *Auftieg und Niedergang der Römischen Welt*, Berlin-New York, W. de Gruyter, 1987, p. 965.

fond, sa doctrine, explicite ou implicite. D'une façon qui montre son originalité, il tente de concilier entre eux les textes de Platon, surtout ceux sur le Bien, lorsqu'ils peuvent donner l'impression de se contredire sur quelque point. Si son exégèse fait toujours l'éloge de Platon, en revanche, quand il s'agit d'autres, comme Aristote, l'exégèse devient « corrective »[1].

Comme nous l'avons vu, dans le traité sur la dialectique, les passages empruntés au *Phèdre*, à la *République* et au *Sophiste* apparaissent l'un accolé à l'autre, comme s'il s'agissait d'une même œuvre, comme si Platon les avait pensés dans un même et seul contexte. Fidèle à lui-même, Plotin présente la philosophie et son cœur, la dialectique, d'une manière qui ne répète pas Platon mais ne le trahit pas non plus; Plotin s'attache à recréer des paroles et des pensées de Platon en les insérant au sein de son système propre. Je crois que cette recréation, loin d'obscurcir le texte platonicien, y projette une lumière intéressante. Plotin lit ensemble ce qu'on a l'habitude de nommer la première et la dernière dialectique de Platon et il ne semble voir aucun empêchement à un tel effort de conciliation. Il faut remarquer que la dialectique se situe, d'après Plotin, sur le plan de la pensée discursive, de la διάνοια, ce qui ressort clairement des dialogues tardifs et n'est pas tellement évident dans la *République*, où Platon – du moins dans la Ligne – place la dialectique sur le plan noétique, au-dessus de la procédure dianoétique des sciences. Pourtant, en insérant la dialectique tardive dans la *République*, Plotin semble avoir aperçu que la caractérisation de la dialectique dans les Dialogues moyens invite plutôt à la voir comme une pensée discursive, dans la mesure où sa fonction est, en dernier ressort, de discerner les rapports entre les Formes à la lumière d'un principe anhypothétique. En effet, dans la présentation que Platon fait de la dialectique dans les livres centraux de la *République*, on peut déceler une sorte de tension. D'une part, la dialectique conserve sa dimension critique et réfutative, manière peut-être de fournir aux sciences un fondement solide ou, du moins, une vision intégrée, synoptique, au-delà de leur inévitable spécialisation (voir 537c). La dialectique est la faculté capable de procurer la raison et la signification, exprimables discursivement, de chaque Idée, c'est-à-dire qu'elle est la faculté capable d'offrir des arguments et des définitions des « essences » de chaque chose. En effet, Platon nous dit qu'il faut donner et recevoir raison (δοῦναί τε καὶ ἀποδέξασθαι λόγον) de tout (531e4-5). Par la dialectique, sans recourir à aucun des sens, mais en usant de la seule raison, on atteint ce qu'est chaque chose (532a5-b2). La

1. Voir P. Aubenque, « Plotin et Dexippe, exégètes des *Catégories* d'Aristote », dans *Aristotelica*. Mélanges offerts à Marcel De Corte, *Cahiers de Philosophie ancienne* III, Bruxelles, 1985, p. 7-8. *Cf.* A. Eon, art. cit., p. 267.

dialectique est la seule discipline-méthode (μέθοδος) qui peut saisir l'essence de chaque chose (533b1-3). Est dialecticien celui qui saisit le concept (ou la notion ou la définition) de l'essence de chaque chose (τὸν λόγον ἑκάστου λαμβάνοντα τῆς οὐσίας) et est capable d'en rendre compte à lui-même et aux autres (534b3-6). Il doit se frayer un chemin au travers de toutes les objections et doit être prêt à réfuter non selon l'opinion mais selon l'οὐσία et venir à bout de toutes les difficultés par une argumentation (λόγῳ) infaillible (534c1-3). Mais, d'autre part, la dialectique a une dimension noétique, elle est orientée vers le « terme de l'intelligible » (τῷ τοῦ νοητοῦ τέλει, 532b1-2), le principe anhypothétique, l'Idée du Bien[1]. Le dialecticien, en effet, « ne s'arrête pas avant d'avoir saisi, par la seule νόησις, ce qu'est le Bien lui-même, et il parvient au terme de l'intelligible » (532a7-b2), à la vision de ce qu'il y a de plus excellent dans les êtres (532c5-6). La méthode dialectique est celle qui, éliminant les hypothèses, s'élève jusqu'au principe même pour y trouver un terrain solide (533c7-d1). Si l'on fait attention à ces passages, il faut bien convenir que, si la dialectique telle que Platon la caractérise s'inscrit dans le domaine de la discursivité, elle vise en même temps un plan qui lui est supérieur, celui de l'appréhension directe et immédiate de principes, sans la médiation de l'argumentation. C'est justement la première dimension de la dialectique qui la rend dangereuse lorsqu'elle est livrée aux jeunes gens dépourvus de la pratique nécessaire (537e *sq.*).

En insérant le *Sophiste* dans la *République*, Plotin affirme que la compréhension de la structure du monde éidétique exige d'avoir atteint le principe, mais l'appréhension du principe ne peut s'obtenir qu'après avoir compris cette structure. Plotin situe la procédure de διαίρεσις empruntée à la définition de la dialectique du *Sophiste* dans le chemin ascendant aussi bien que dans celui qui redescend à partir du Bien. Ainsi, tandis que dans la *République* Platon semble indiquer deux mouvements, montée et descente, nous trouvons chez Plotin un troisième mouvement de remontée vers le Bien.

Pour résumer ce que je viens de dire, d'après Plotin la philosophie est essentiellement dialectique, c'est-à-dire est un mode de savoir discursif ou dianoétique qui consiste à discerner et parcourir la structure complexe du monde intelligible pour pouvoir finalement accéder à l'appréhension du principe ultime. En d'autres termes, la philosophie est un mode de savoir caractérisé comme une quête de la connaissance du principe et du fondement dernier de la réalité, une quête qui cesse justement lorsqu'on

1. Voir M. Vegetti, *Guida alla lettura della* Repubblica *di Platone*, Bari, Laterza, 1999, p. 90-91.

arrive à acquérir ce savoir. Discursivement, la dialectique parcourt la totalité de l'intelligible dans ses articulations internes, partie par partie. Pour Plotin, donc, la dialectique n'est pas une faculté noétique, elle naît d'un plan inférieur, celui de la discursivité, de la διάνοια, qui morcelle, qui fractionne ce qui est unitaire. Mais au-delà d'elle il y a quelque chose de plus.

Comme la διάνοια est toujours un parcours (διέξοδος), lorsqu'on arrive au principe, qui est absolument simple, tout parcours devient impossible et on ne peut saisir le principe que par une sorte de contact intellectuel, par un acte supérieur à la διάνοια.

> La pensée discursive, afin de s'exprimer, saisit successivement les choses ; elle est en effet un parcours (διέξοδος). Or, dans ce qui est absolument simple, quel parcours sera possible ? Il suffit alors d'un contact intellectuel (νοερῶς ἐφάψασθαι[1]). (V. 3, 17, li. 23-25)

Plotin admet un certain type de connaissance du principe, mais cette connaissance n'est plus dianoétique, mais noétique. Le terme de la διάνοια est la νόησις, appréhension immédiate et directe du principe. La dialectique s'achève ainsi dans l'appréhension noétique de l'unité, cause première et fondement de la réalité, et elle est une condition nécessaire pour que l'appréhension puisse avoir lieu. L'appréhension finale de l'unité, résultant de l'exercice dialectique, n'est plus discursive, n'est plus dialectique, mais elle représente l'annulation et l'achèvement de la discursivité dans un acte supérieur, dans une intuition intellectuelle directe et immédiate, la νόησις. La dialectique a comme but, paradoxalement, sa propre destruction. Comme pour Platon et pour Aristote, la νόησις représente pour Plotin le degré le plus haut du savoir intellectuel, d'un savoir au-delà duquel aucune recherche n'est plus possible. « Car si toute recherche va vers un principe et s'y arrête, que chercher lorsqu'on ne peut aller plus loin ? » (VI. 8, 11, li. 4-5).

Le principe, l'Un ou le Bien, est en effet le plus haut νοητόν de l'intelligence, objet non plus d'une διάνοια mais d'une νόησις. Et la νόησις du Bien est le plus haut et vénérable mode de savoir. Sur ce point, on peut du reste se demander légitimement comment il est possible que l'Un, au-delà de l'être et au-delà de la pensée, absolument ineffable, puisse être le νοητόν de l'intelligence. Plotin insiste maintes fois sur la pleine ineffabilité de l'Un, mais il présente en quelques occasions le premier principe comme l'objet de l'intellection de l'intelligence. Ce n'est pas le

1. En *Rép.*, 511b4, Platon emploie ἅπτεται, en b7 ἁψάμενος et en 534c2 on lit aussi διεξιών, quelques lignes après διορίσασθαι (534b9).

moment d'examiner les divers passages des *Ennéades* qui peuvent paraître contradictoires, mais qui ne le sont pas lorsqu'on les place dans leurs contextes respectifs, comme j'ai tâché de le montrer dans une autre étude [1].

Lorsque l'intelligence contemple l'Un – ou plutôt, lorsqu'elle tente de contempler l'Un – ce qu'elle fait, à vrai dire, c'est se contempler elle-même, puisqu'elle est incapable de contempler l'Un en tant qu'Un. L'essai pour contempler ce qui la dépasse aboutit donc à une vision, à une connaissance de l'intelligence par elle-même. L'objet d'intellection de l'intelligence n'est pas l'Un en tant que tel, mais seulement l'Un transposé ou reflété dans la multiplicité des objets intelligibles constituant la nature même de l'intelligence. L'Intelligence est l'image fragmentée de l'Un (VI, 8, 18, li. 22 *sq.*). L'Intelligence n'arrive à connaître et à penser l'Un qu'au travers d'elle-même et en elle-même. Lorsqu'elle essaie de faire de l'Un son objet, l'Intelligence ne réussit qu'à le penser comme τὰ πάντα, comme la totalité des êtres intelligibles qui est en elle-même le reflet du principe unique.

L'intelligence peut donc arriver à posséder un savoir de l'Un tel qu'il peut se donner à l'Intelligence et, en ce sens, le savoir que l'intelligence a de l'Un se borne à être un savoir de ce que l'intelligence est par rapport à lui. Pour Plotin, le Bien, comme le disait Platon, est le μέγιστον μάθημα (*Rép.*, VI, 505a2), le plus haut et précieux objet de savoir à disposition du sage [2], qui se manifeste comme la cause de l'être, de l'intelligibilité de l'être et de sa propre intelligibilité. Or Plotin signale expressément que, en caractérisant le Bien comme le μέγιστον μάθημα, Platon ne pense pas à un type d'appréhension du Bien tel qu'il est en lui-même, dans sa propre et intime nature, mais seulement au savoir qui, comme résultat d'un μαθεῖν,

1. « L'Un est-il intelligible ? », dans *La Connaissance de soi. Études sur le traité 49 de Plotin*, sous la dir. de M. Dixsaut, avec la collaboration de P.-M. Morel et K. Tordo-Rombaut, Paris, Vrin, « Tradition de la pensée classique », 2002, p. 73-90. Il y a au moins quatre passages où l'Un est présenté clairement comme objet de pensée : en VI. 7, 40, li. 33-35, dans le but de démontrer que la pensée ne peut pas appartenir au Bien et qu'elle lui est inférieure, Plotin écrit : « Mais en disant que la pensée n'appartient pas au Bien, je ne veux pas dire qu'il ne soit pas possible de penser le Bien » (οὐχ ὅτι μὴ ἔστι νοῆσαι τὸ ἀγαθόν). L'Intelligence est autre chose que le Bien ; elle est image du Bien, parce qu'elle pense le Bien (τοῦ ἀγαθοῦ νοεῖν, V. 6, 4, li. 6-7). « Penser, c'est contempler le premier. Cette contemplation est l'acte premier, la pensée (νόησις) elle-même, et si elle est le premier acte, aucune pensée ne doit lui être antérieure » (III. 9, 9, li. 7-9).

2. *Cf.* I. 4, 13, li. 3-6 : « Quant aux actes de contemplation [du sage] il y en a qui se conforment à chaque objet en particulier; ce sont sans doute ceux dont l'expression est précédée d'une recherche et d'un examen; mais le plus grand des savoirs (τὸ δὲ μέγιστον μάθημα), il l'a toujours avec lui et toujours à sa disposition. »

est possédé sur le Bien (περὶ αὐτοῦ), savoir qui est antérieur à un type de contact plus étroit avec lui.

> La connaissance ou le contact du Bien est ce qu'il y a de plus grand ; Platon dit que c'est le plus grand des savoirs (μέγιστον μάθημα) ; il entend par savoir (μάθημα) non pas la vision du Bien, mais le fait d'avoir appris sur le Bien (περὶ αὐτοῦ μαθεῖν), avant cette vision. (VI. 7, 36, li. 3-6)

Par l'intelligence, nous apprenons l'existence nécessaire de l'Un, simple et premier. Mais cela ne signifie pas que nous ayons la possibilité de savoir quel il est, de le connaître tel qu'il est en lui-même. « Pour contempler ce qui est au-delà de l'intelligible, il faut écarter tout intelligible ; qu'il est, on l'apprend bien grâce à l'intelligible, mais pour savoir quel il est, il faut abandonner l'intelligible » (ὅτι μὲν ἔστι διὰ τούτου [τοῦ νοητοῦ] μαθών, οἷον δ' ἐστὶ τοῦτο ἀφείς, V. 5, 6, li. 19-21). L'intelligence peut arriver à posséder un savoir de l'Un tel que celui-ci peut se donner à l'intelligence. Si l'on parle au sens strict, il faut dire que l'Intelligence ne peut pas connaître l'Un ; la simplicité absolue, en effet, échappe à une appréhension rationnelle. Mais, paradoxalement, l'affirmation de l'existence de l'Un apparaît pour Plotin comme une exigence rationnelle.

On pourrait dire que l'existence de l'Un se « démontre » à partir de la nature imparfaite de l'intelligence, puisque l'intelligence nous permet de déceler la nécessité de l'existence de quelque chose d'absolument simple qui dépasse la dualité qui lui est inhérente et qui en est le principe – un bien sans division. L'existence de l'Un apparaît donc comme une exigence posée par la raison elle-même, sans que pour cela l'intelligence puisse saisir l'Un tel qu'il est en lui-même. En d'autres mots, l'Intelligence s'aperçoit que l'Un doit exister, ὅτι ἔστι, mais elle ne peut pas s'avancer plus loin, elle est incapable de s'emparer de l'Un dans sa nature propre, incapable donc de le connaître οἷον ἔστι.

L'Un apparaît ainsi à la raison comme une exigence, comme le fondement permettant d'expliquer et de valoriser la nature des êtres dérivés, de l'Intelligence et de la connaissance intellectuelle. Lorsqu'on dit de l'Un qu'il est « cause », « principe », « unité », etc., on ne lui applique pas des attributs ou des déterminations qui lui appartiennent, mais ces mots sont plutôt des manières d'exprimer le rapport que l'intelligence a avec Lui et la façon dont elle est contrainte de le penser. L'Un n'est connaissable et exprimable qu'à partir de son produit, qui est l'être et l'intelligence.

C'est ainsi que l'intuition intellectuelle de l'Un révèle à l'intelligence ses propres limites : lorsqu'elle pense l'Un, elle s'aperçoit que l'Un est toujours plus que ce qu'elle peut penser, qu'il est un au-delà dont la nature intime lui reste cachée et lui échappe. La νόησις est le savoir de l'existence du principe un et, en même temps et paradoxalement, le savoir de l'incognoscibilité radicale du principe en lui-même. La νόησις procure un savoir *du* principe et *sur* le principe, mais elle ne sait pas le principe même. Tout langage sera condamné à être un langage de l'Un, sur l'Un, mais il ne pourra jamais exprimer l'Un en lui-même.

> Comment alors parlons-nous sur lui (περὶ αὐτοῦ)? Nous pouvons parler sur lui (περὶ αὐτοῦ), mais non pas l'exprimer lui-même. Nous n'avons de lui ni connaissance ni pensée (νόησις). Comment parler sur lui si nous ne le saisissons pas lui-même? C'est que, sans le saisir par la connaissance, nous ne sommes pas tout à fait sans le saisir; nous le saisissons assez pour parler sur lui, mais nous ne l'exprimons pas lui-même... (V. 3, 14, li. 1-6).

Il n'est sans doute pas facile de traduire ce que Plotin dit. Il établit une différence entre λέγειν περὶ αὐτοῦ et λέγειν αὐτό, entre parler sur lui et le parler, dirions-nous, entre dire sur lui et le dire [1].

Voilà Plotin. Sa position est claire, et il pense pouvoir se réclamer de Platon. Mais qu'en est-il de Platon lui-même? Une appréhension du principe anhypothétique est-elle possible d'après lui? Et si elle est possible, de quel genre d'appréhension s'agit-il? Dans la *République*, le Bien est le μέγιστον μάθημα (504d2-3; 504e4-5; 505a2; 519c9-10), objet suprême de savoir. Il est caractérisé comme une Idée (505a2 : ἡ τοῦ ἀγαθοῦ ἰδέα μέγιστον μάθημα; 508e2-3 : τὴν τοῦ ἀγαθοῦ ἰδέαν). Même avant de le situer au-delà de l'être (509a7 : ὑπὲρ ταῦτα; 509b9 : ἐπέκεινα τῆς οὐσίας), Platon place le Bien à côté et au même niveau que le beau en soi et que d'autres idées :

> Nous affirmons aussi qu'il existe un Beau en soi, un Bien en soi, et qu'il en va de même pour toutes les choses que nous venons de poser comme multiples. En référant celles-ci à l'unité qu'elles présentent quand on les pense, nous posons à présent au contraire chacune de

1. Sur ces expressions, voir F. Schroeder, « Saying and Having in Plotinus », *Dionysius* IX, 1985, 75-84. D'après F. Schroeder, les deux emplois sont compatibles d'une façon qui préserve leur différence. Il traduit λέγειν περὶ αὐτοῦ par « *to discuss* » et λέγειν αὐτό par « to disclose ». Il signale que Plotin aurait offert une voie moyenne entre *discussing* et *disclosing* l'Un. Le langage philosophique, analogue à l'inspiration mantique, révèle l'Un. Le langage philosophique peut révéler l'Un. La révélation n'exclut pas la discussion, mais, au contraire, elle doit l'inclure. Le discours de la révélation reflète l'expérience, mais Plotin n'en appelle pas à l'expérience au détriment de la raison : l'inaptitude du langage à manifester l'Un ne nous permet pas de négliger la discussion.

> ces réalités dans son unicité et nous l'appelons son essence (ὃ ἔστιν)[1]. (*Rép.*, 507b5-7)

Les idées sont toutes objet de pensée (νοεῖσθαι, c1). Que l'Idée du Bien soit objet de connaissance et non quelque chose d'ineffable et d'insaisissable est ce qui ressort clairement du texte platonicien. Lisons, par exemple, 508e : « or ce qui procure la vérité aux objets de connaissance et qui confère au sujet connaissant sa puissance, affirme que c'est l'Idée du Bien. Réfléchis que celle-ci – que tu dois concevoir comme connaissable – est la cause de la science et de la vérité… » Il est vrai que ce texte ne va pas sans difficulté[2]. Mais il en est d'autres qui confirment que Platon n'a pas dit du Bien qu'il était inconnaissable mais bien plutôt le contraire : on peut le toucher (ἁψάμενος, 511b7), on peut le voir (ἰδεῖν, 519c10) et le voir suffisamment (ἱκανῶς ἴδωσιν, 519d2). Il est la partie la plus brillante de l'être (τοῦ ὄντος τὸ φανότατον, 518c9). Les disciplines mathématiques mènent vers la νόησις (523a1) et conduisent vers l'οὐσία. Le passage 532a5-b2 est encore plus clair :

> De même quand un homme essaye par la dialectique et sans recourir à aucun des sens, mais en usant de la raison (λόγου), d'atteindre à l'essence de chaque chose et qu'il ne s'arrête pas avant d'avoir saisi par la seule intellection ce qu'est le bien lui-même (πρὶν ἂν αὐτὸ ὃ ἔστιν ἀγαθὸν αὐτῇ νοήσει λάβῃ), il parvient au terme de l'intelligible (τῷ τοῦ νοητοῦ τέλει), comme l'autre tout à l'heure parvenait au terme du visible[3].

Un autre passage peut être mis à contribution, qui précise le rôle de la dialectique :

> celui qui n'est pas capable de discerner (διορίσασθαι τῷ λόγῳ) l'idée du Bien en la distinguant de toutes les autres, ni de se frayer un chemin, comme dans une bataille, à travers toutes les objections, dans le désir de les réfuter en s'appuyant, non pas sur l'opinion, mais sur l'essence, celui qui ne pourrait pas en tout cela venir à bout de toutes ces difficultés par un raisonnement infaillible, tu ne diras pas qu'un tel homme connaît (εἰδέναι) le Bien en soi, ni aucun autre bien,

1. M. Dixsaut traduit « ce que cela est ».

2. Je m'écarte de la traduction de Chambry et de celle de M. Dixsaut ; je préfère celle de Cornford, qui choisit de lire ὡς γιγνωσκομένην, à l'accusatif, et le rapporte à τὴν τοῦ ἀγαθοῦ ἰδέαν, et non pas γιγνωσκομένης, au génitif, qui se rapporterait alors à ἐπιστήμης καὶ ἀληθείας ou seulement à ἀληθείας. Je ne partage donc pas l'interprétation proposée par C. de Vogel d'après laquelle le Bien n'est pas objet de connaissance rationnelle. *Cf.* « Encore une fois le Bien de la *République* de Platon », *Zetesis* 1973, 40-56.

3. Traduction É. Chambry.

> mais qu'il saisit quelque fantôme du bien, qu'il le saisit par l'opinion, non par la science[1]. (534b-c)

Pour Platon, il est donc possible de connaître le bien, et cette connaissance est réservée à ceux qui exercent la faculté dialectique[2].

On pourrait bien dire que l'exégèse plotinienne est fidèle, dans la mesure où l'on peut être fidèle s'agissant d'une exégèse philosophique. La distance entre Plotin et Platon – pas moins de six siècles – est considérable. Et si Plotin est profondément platonicien, cela ne l'empêche pas de parler sa langue à lui et d'avoir longuement réfléchi sur des questions que Platon n'a pas posées explicitement ou qui manquent de précision. Je soutiens que l'exégèse plotinienne offre des indications qui peuvent nous aider à comprendre ou à clarifier ce que Platon exprime d'une façon pas toujours claire dans la *République*. Le Bien, en tant que premier principe, est connaissable, non pas en lui-même, mais seulement dans les Idées et à travers elles. C'est l'intelligence, et non une faculté différente ou supérieure à elle, qui arrive à saisir la nécessité qu'un tel principe existe. La tension dans la présentation de la dialectique s'accompagne peut-être de ce que nous pourrions appeler une tension entre une conception « cohérentiste » et une autre « fondationaliste »[3]. Platon est-il un philosophe du fondement, du moins dans les livres centraux de la *République* ? Le point est sans doute objet de controverse[4].

Pour résumer, je dirais que la fidélité de Plotin à Platon se manifeste dans sa présentation de la νόησις comme la tension la plus grande, comme la concentration la plus élevée que puisse atteindre l'intelligence, comme le plus haut degré de connaissance qui est, en même temps, une connaissance de ses propres limites ; car il s'agit d'un savoir du principe en même temps que d'un savoir de l'irrémédiable incognoscibilité de ce principe. Ni l'ἐπιστήμη ni la νόησις ne permettent l'appréhension du Bien en soi-même.

1. Traduction M. Dixsaut, légèrement modifiée.

2. *Cf.* M. Dixsaut, *Platon et la question de la pensée*, *op. cit.*, p 122 *sq.*

3. « Cohérentisme » et « fondationalisme » sont deux manières d'éviter la régression à l'infini. Pour une position fondationaliste, la régression s'arrête avec des croyances de base qui ne sont pas justifiées par d'autres, mais qui se justifient elles-mêmes ou sont évidentes par elles-mêmes. Dans une perspective cohérentiste, par contre, il y a une sorte de cercle dans la justification : on explique une chose en fonction d'une deuxième et celle–ci par une troisième, etc., jusqu'à faire éventuellement appel de nouveau au premier terme. *Cf.* G. Fine, « Knowledge and belief in *Republic* V-VII », dans S. Everson (ed.), *Companions to ancient Thought 1 : Epistemology*, Cambridge University Press, p. 86.

4. D'après G. Fine, art. cit., Platon est un « cohérentiste » plutôt qu'un « fondationaliste ».

> La plus grande difficulté, c'est que nous ne le comprenons (σύνεσις) ni par la science ni par une intuition intellectuelle (κατὰ νόησιν), mais par une présence supérieure à la science (...) Il faut donc surmonter la science et ne jamais sortir de notre état d'unité ; il faut s'éloigner de la science et de ses objets... (VI. 9, 4, li. 1-10)

Finalement l'intelligence doit cesser d'être intelligence, reculer, s'oublier elle-même, si elle veut voir l'Un. Et cette vision finale de l'Un est d'après Plotin le privilège d'une « intelligence aimante »[1].

Jusqu'à ce qu'on arrive à la νόησις, l'ascension – qui n'est qu'une intériorisation – est d'ordre rationnel. Y arriver est le but de la dialectique, le but de la philosophie, et avec elle s'achève la dialectique, s'achève la philosophie. Mais on peut s'avancer encore un peu et pour ce faire, il faut abandonner l'intelligence, laisser derrière toute forme et toute détermination, laisser derrière toute dualité, « tomber hors de l'intelligence » (II. 9, 9, li. 51-52). Celle-ci doit abandonner toute forme intelligible, laisser derrière elle la dualité qui lui est propre.

La νόησις marque donc le terme de la philosophie et elle marque aussi le point de départ de la mystique. Elle est, disons, le « pont » entre philosophie et mystique.

Plotin suit les traces de Platon et d'Aristote lorsqu'il conçoit la philosophie comme une activité dianoétique qui s'achève dans la νόησις du principe, au-delà duquel il n'est plus possible de continuer la quête, car le principe est le « pourquoi » premier. Mais Plotin, essayant de porter jusqu'aux dernières conséquences les développements platoniciens et aristotéliciens, cherche la voie permettant d'aller au-delà des limites de la raison. Il faut seulement faire encore un pas. Or l'intelligence elle-même devra le faire, car l'appréhension de l'Un est l'œuvre de ce qui dans l'intelligence même la dépasse, c'est-à-dire de la partie ou l'aspect qui,

1. Car l'intelligence a un double pouvoir : celui de penser et celui de ne pas penser mais de voir l'Un d'une façon différente (*cf.* VI. 7, 35-36). C'est-à-dire que l'intelligence a une double faculté : celle de se penser elle-même et de penser l'Un, et celle de se rendre présente à l'Un comme résultat final du fait de penser. « L'intelligence doit donc avoir deux pouvoirs, celui de penser, pour voir ce qui est en elle, et celui de voir ce qui est au-delà d'elle-même : c'est une intuition qui reçoit son objet; d'abord l'âme le voit seulement; puis, en le voyant, elle devient intelligence et s'unit à lui. Le premier de ces pouvoirs est l'acte de contempler qui appartient à une intelligence sage (νοῦ ἔμφρονος); le second est l'intelligence qui aime (νοῦς ἐρῶν). Hors d'elle-même et enivrée de nectar elle devient intelligence aimante en se simplifiant pour arriver à cet état de plénitude heureuse : et une telle ivresse vaut mieux pour elle que la sobriété » (VI. 7, 35, li. 19-27). L'Un ne se présente, ne se manifeste, qu'à ceux qui peuvent le recevoir et qui se sont disposés de manière à entrer en contact avec lui. L'Un « est là, présent à qui peut le toucher, absent pour qui en est incapable » (VI. 9, 7, li. 4-5).

dans l'intelligence, n'est pas intelligente. « Il faut bondir jusqu'à l'Un et ne plus rien lui ajouter, mais s'arrêter là par crainte de s'écarter de lui... » (V. 5, 4, li. 8-10). La contemplation noétique devient alors « une autre façon de voir », qui consiste à être hors de soi-même par une ἔκστασις, simplification, contact, coïncidence, unification, participation.

L'expérience mystique représente donc le développement le plus complet et le plus achevé de l'activité de l'intelligence. En ce sens la doctrine plotinienne ne marque pas un point de rupture avec la tradition grecque. L'expérience mystique n'est pas quelque chose de tout à fait différent et d'opposé à l'activité rationnelle, elle en est plutôt la suite et l'achèvement. Plutôt qu'une négation, anéantissement ou annulation de l'intelligence, l'expérience mystique est le couronnement même de son développement comme intelligence.

Il me semble – comme je l'ai déjà dit – qu'on peut accepter l'exégèse plotinienne de la dialectique de Platon. Mais Plotin suit-il toujours Platon lorsqu'il nous parle d'une appréhension supranoétique du Bien? Ma réponse est non. Je crois que la *République* ne nous invite qu'à parvenir à la νόησις d'un principe inconditionné, qui peut être compris, et chez Platon et chez Plotin, presque comme un postulat de la raison[1]. La raison nous demande d'affirmer qu'il est et qu'il est la cause de l'être et de la pensée, et c'est en ce sens que nous le connaissons. Mais le texte platonicien n'offre aucun indice d'un type de saisie *supra*-rationnelle de ce qui est au-delà du connaissable par la raison et par l'intelligence.

Si la philosophie est donc chez Plotin une quête dianoétique qui s'achève dans la νόησις du principe, la mystique se présente comme son développement et sa naturelle continuation. Le point de séparation et, en même temps, de transition entre philosophie et mystique est l'appréhension noétique de l'Un, achèvement de la philosophie et condition de possibilité de la mystique. En d'autres termes, la philosophie possède un sens et un fondement dans la mesure où son but final est la mystique; celle-ci, de son côté, n'est possible qu'à la condition de l'exercice philosophique. Modèle parfait, qu'on peut atteindre à peine, objet du désir de la raison discursive qui en est une image, le contact final avec l'Un n'est que momentané et sporadique, réservé à un petit nombre, apanage d'hommes divins et de dieux. C'est pourquoi la vie philosophique, celle du sage, reste désirable par elle-même. « La vie la plus parfaite [de l'âme] est la νόησις » (I. 1, 13, 6). Celle-ci est le mode de vie humain le plus élevé. Par conséquent, la possession de cette vie, la plus parfaite et continue, vie de

1. Voir C. de Vogel, art. cit., p. 55.

l'intelligence et de la vertu, garantit le bonheur. Plotin s'efforce d'établir ce point dans le traité I. 4 sur le bonheur.

Chez Plotin, philosophie et mystique s'exigent l'une l'autre : d'une part, on ne peut comprendre la fonction de la philosophie sans sa référence à la mystique, et il faut, d'autre part, comprendre en quoi consiste la philosophie pour comprendre la mystique plotinienne. Plotin s'inspire de Platon et essaye de développer le fil de sa pensée. Mais il faut se demander s'il le trouve dans les textes de Platon ou s'il l'y introduit. Plotin, qui non seulement se sert du ἐπέκεινα τῆς οὐσίας – formule qui ne figure qu'une fois dans la *République* – mais qui en abuse, croit trouver chez Platon cet Un-Bien, principe ineffable de toute la réalité et but de l'âme, qui peut être saisi dans un stade de « dépassement » de la raison. Jusqu'à quel point pourrons-nous dire qu'en cet aspect Plotin développe un germe présent chez Platon lui-même ? Jusqu'à quel point Plotin exagère-t-il ? Jusqu'à quel point, dans le but de récupérer Platon, lui attribue-t-il quelque chose que Platon n'avait jamais pensé ? Et, d'autre part, dans quelle mesure l'exégèse plotinienne de Platon enrichit-elle ou déforme-t-elle notre lecture de Platon ? Voilà des questions philosophiquement fort intéressantes et dont les réponses ne vont pas sans difficulté. Si l'on tient compte de la façon dont Plotin conçoit la tâche philosophique, si l'on pense à son attitude face aux Anciens, peut-on dire – du moins dans le cas des passages que nous avons travaillés – que la lecture de Plotin nous éloigne de la pensée de Platon et du vrai sens de ses textes ? Plotin a-t-il fait une lecture et un usage arbitraires de ces textes ? À mon avis, nous n'avons pas le droit de dire que, en lisant Platon, Plotin se trompe ou qu'il a mal compris ou qu'il agit de mauvaise foi. Il me semble, par contre, que Plotin, quoiqu'il s'appuie sur Platon pour exprimer sa propre pensée philosophique, a saisi le sens profond de la pensée platonicienne, qu'il ne la transforme pas en substance mais plutôt qu'il la développe dans une direction inspirée par Platon, mais que Platon lui-même, je pense, n'aurait pas autorisée.

DEUXIÈME PARTIE

DU BIEN

LA CONSTRUCTION PAR PLATON D'UN BIEN INTRINSÈQUE

Bernard WILLIAMS

Thrasymaque déclare au livre I de la *République* que la justice est « l'avantage du plus fort » (338c). Il n'avance pas cette proposition à titre de λόγος ou de définition de la justice. Si c'était le cas, il faudrait en conclure que, puisque le plus fort recherche certainement son propre avantage, il doit rechercher la justice, ce que rejette bien sûr Thrasymaque. L'énoncé ultérieur de 343c s'approche davantage de ce qu'il cherche à dire, en soutenant que la justice est un ἀλλότριον ἀγαθόν, quelque chose qui produit toujours le bien de quelqu'un d'autre. L'exposé de Thrasymaque se situe au niveau très primitif d'une division des agents (individus ou cités) en deux types, les forts et les faibles, et d'une identification de la justice à un simple dispositif utilisé par les forts pour exploiter les faibles. De telles affirmations soulèvent immédiatement une question sur ce qui fait qu'un agent est plus fort qu'un autre. En particulier, qu'est-ce qui fait qu'un agent collectif, tel qu'une cité ou une association de malfaiteurs, est fort ? Et même, qu'est-ce qui en fait un agent collectif tout court ? La réponse donnée par Socrate en 351 *sq.* est principalement que les individus composant un agent collectif injuste pratiquent entre eux la justice. Par conséquent, le modèle primitif proposé par Thrasymaque ne doit pas être le bon.

Cela implique en outre que nous ne pouvons plus continuer à soutenir simplement que « la justice fait toujours le bien de quelqu'un d'autre ». Thrasymaque lui-même, quand il s'exprimait ainsi, ne voulait pas dire que les avantages que procure un acte juste profitent seulement à un autre que l'agent. Il ne niait pas que, lorsque le parti des faibles agit en accord avec la justice, il se procure un avantage à lui-même ; il déclarait que, lorsqu'il en va ainsi, c'est seulement à cause d'un pouvoir possédé par quelqu'un de plus fort qui, de la sorte, obtient aussi un avantage. La justice a toujours pour objet l'intérêt de quelqu'un d'autre parce que, lorsqu'un agent possède quelque intérêt à accomplir une action juste, c'est toujours (en laissant de côté les erreurs discutées en 339 *sq.*) parce qu'il est dans l'intérêt de quelqu'un d'autre qu'il en aille ainsi.

Cependant, même cela ne saurait être totalement vrai, dès lors que l'on accepte que la justice contribue à rendre forts les agents collectifs. Au livre II, Glaucon substitue à la formule de Thrasymaque – la justice est un dispositif employé par les forts pour exploiter les faibles – l'opinion que la justice est un dispositif mis à profit par ceux qui sont (individuellement) faibles pour se rendre (collectivement) forts – pour se rendre plus forts en fait que ceux qui, avant cette association, étaient individuellement forts. La première formule de Thrasymaque : la justice est l'intérêt des plus forts, pourrait donc être remplacée par un slogan tout aussi brutal : la justice est l'intérêt des plus faibles. Quand ceux qui étaient précédemment faibles s'associent et que se constitue un agent collectif, la justice procure un bien à chacun des membres de cette association, mais d'une manière qui n'a rien à voir avec le fait de procurer un bien au camp des exploiteurs.

Présentées en ces termes, les conceptions de Thrasymaque et de Glaucon semblent s'opposer. Pas seulement parce qu'elles peuvent être aisément formulées en termes contraires : nous aurions des raisons de croire que l'opposition porte également sur leur valeur éthique. La thèse de Thrasymaque, dans la mesure où on peut y trouver une cohérence, est violemment réductrice et « démasque » la justice en y voyant un dispositif d'exploitation. La théorie de Glaucon, en revanche, est l'ancêtre des honorables doctrines du contrat, qui montrent pourquoi la justice est la base des entreprises collectives et de la division du travail, et pourquoi elle a une valeur considérable pour les êtres humains.

Étant donné ces différences, il est significatif que chaque interlocuteur, dans la discussion de la *République,* traite la position de Glaucon (et son élaboration par Adimante) essentiellement comme une version un peu plus subtile de celle de Thrasymaque. « Je vais reprendre l'argument de Thrasymaque » déclare Glaucon (358b-c), et Adimante, qui, comme son frère, n'adopte pas personnellement cette position mais veut l'entendre réfuter par Socrate, déclare qu'il a donné, autant qu'il a pu, toute sa force à la thèse de Thrasymaque et de ceux qui sont d'accord avec lui (367b). D'un certain point de vue, la raison en est évidente. Il y a à coup sûr une opinion sur la justice que Thrasymaque d'un côté et Glaucon et Adimante de l'autre partagent, en dépit de leurs autres différences : la vie selon la justice[1] est d'une certaine façon un pis-aller. Ce point est mis en évidence au début du livre II, quand la distinction est faite entre choses qui valent en elles-mêmes, choses qui valent pour leurs conséquences, et choses qui valent pour les deux (357-358)[2]. Socrate est alors encouragé par ses interlocuteurs à démontrer que, contrairement à l'opinion commune exprimée de diverses façons par Thrasymaque et Glaucon, la justice entre dans la troisième classe. Il est évident que c'est là l'objet du débat, mais une autre question demeure à laquelle la réponse est moins évidente : pourquoi la discussion prend-elle cette forme ? Pourquoi les critères de la valeur de la justice sont-ils si exigeants ?

Il faut tout d'abord souligner combien, à ce niveau de la discussion, l'objet du débat est abordé sous un angle radicalement individualiste. Certes, on peut dire de l'exposé de Glaucon qu'il montre que nous avons intérêt à rechercher la justice, ce qui est entièrement vrai si nous considérons que le « nous » a un sens collectif. De fait, comme on l'a vu, la justice n'est pas un pis-aller eu égard au « nous collectif » – sans justice, il n'y aurait pas de « nous » collectif. Mais ce « nous » collectif a tendance à se désagréger et, lors de la discussion avec Thrasymaque, rien ne nous autorise à supposer ce « nous ». Tant Socrate que Thrasymaque considèrent que la question « pour quelle raison rechercher la justice » s'adresse à chacun d'entre nous. La question que chacun de nous doit poser est : « quelle raison ai-je d'être juste ? », « qu'est-ce que la justice m'apporte ? ». C'est la force de la remarque précédente de Socrate (352d) : notre discussion ne porte pas sur un point de peu d'importance, mais sur la façon dont on doit vivre[3].

1. Compte tenu du large éventail de sens du terme δικαιοσύνη dans la *République*, on peut comprendre que la discussion qui s'y déroule est relative à la valeur générale des contraintes éthiques qui pèsent sur les relations interpersonnelles. « Justice » est la seule traduction correcte du terme, et je la conserverai, mais il faut garder à l'esprit l'ampleur de la question.

2. « Conséquences » traduit plusieurs expressions : τὰ ἀποβαίνοντα, 357b6 ; ὅσα γίγνεται ἀπ' αὐτῶν, d1, 358b6. Il y a aussi, bien sûr, diverses allusions à des conséquences spécifiques de la justice, ou plutôt, à des conséquences spécifiques de la réputation de justice.

3. χρὴ ζῆν : pour la force du χρή, voir B. Williams, *Shame and Necessity*, Berkeley, California University Press, 1993, p. 184 n. 57 et les textes qui y sont cités (trad. *La Honte et la Nécessité*, Paris, PUF, 1997, p. 68 n. 2). Au temps de Platon, le terme comporte une certaine différence d'avec δεῖ, qui introduit plutôt une notion de (relative) nécessité externe. Ainsi, dans la *République*, l'idée que la vie juste est une vie que l'on doit (χρή) vivre est opposée à l'idée que l' « on a à », et que l'on est « forcé de » la vivre ; voir 358c : les gens recherchent la justice comme une nécessité, non comme un bien.

La question est donc celle de la meilleure vie pour l'individu et, déjà en 347e, Socrate percevait en elle un problème « plus important » que celui posé par les premiers énoncés de Thrasymaque : le véritable enjeu est de savoir s'il a raison de juger meilleure[1] la vie de l'injuste que la vie du juste. L'idée est proche de celle selon laquelle personne ne choisirait d'être juste s'il avait le choix (« personne n'est volontairement juste », 360c). Deux expériences mentales proposées par Glaucon sont censées illustrer la force de cette position : l'anneau d'invisibilité (359d-360d), et l'invitation à comparer deux hommes, l'un jouissant de toutes les récompenses sociales accordées à la justice alors qu'il n'est pas véritablement juste, l'autre possédant la justice authentique sans bénéficier d'aucune des récompenses conventionnelles (360e-361d).

Chacune de ces expériences mentales soulève des difficultés : la seconde, en raison d'une ambiguïté[2] quant à ce que nous sommes censés mettre sous les termes servant à caractériser les deux hommes, et la première parce qu'on ne voit pas bien la leçon à en tirer pour la vie réelle. Mais elles ont en tous les cas pour but de poser avec acuité cette question : « accordez-vous une valeur à la justice pour ce qu'elle est, ou pour les récompenses et la réputation qui lui sont conventionnellement attachées ? »

Question qui devient plus incisive encore quand on prend en compte la contribution d'Adimante. Son résultat général est de renforcer l'insistance de Glaucon sur la nécessité de « laisser de côté la réputation » (367b). Mais pourquoi, aux yeux d'Adimante, Glaucon n'a-t-il pas exprimé l'argument de manière adéquate, et en quoi « ce qui avait le plus besoin d'être dit ne l'a-t-il pas été » (362d) ? Adimante veut dire en fait que, de la façon dont Glaucon a présenté les choses, ce sont des ennemis de la justice, tel Thrasymaque, qui insistent sur l'idée que les gens recherchent la justice en vue des récompenses conventionnelles. Au contraire, indique Adimante, le réel problème est que ce sont précisément les amis de la justice, ceux qui exhortent la jeunesse à être juste, qui mettent eux-mêmes en avant ces récompenses, et ce faisant, font bon marché de la justice – et Adimante de citer des passages de poètes qui vont dans ce sens (préfigurant quelques-unes des objections qui leurs seront adressées plus loin dans le dialogue).

1. Κρείττων, ἀμείνων, 358c.

2. En particulier, on ne sait si l'authentique homme juste « apparaît » injuste parce qu'il a une notion non conventionnelle de la justice, de sorte que le monde juge défavorablement le caractère qu'il possède réellement, ou parce que le monde commet une erreur de fait sur la nature de son caractère. J'ai discuté le passage dans *Shame and Necessity*, p. 98 *sq.* avec la note 46 (*La Honte et la Nécessité*, p. 135-6) ; voir aussi la note 47, qui montre que la référence à Eschyle n'est pas d'un grand secours.

Tout cela, donc, doit permettre de donner sens à l'idée d'une recherche et d'un éloge de la justice « pour elle-même ». Mais il faut maintenant se demander pourquoi Platon estime si important d'évaluer la justice de cette façon. Que veut dire cette insistance sur le fait que la justice n'est pas correctement appréciée à moins qu'elle ne le soit de cette façon, c'est-à-dire pour elle-même ? Un lecteur moderne pourrait être ici facilement égaré, et juger la réponse à cette question plus familière qu'elle ne l'est. Il pourrait en effet considérer que Platon pense à une motivation morale pure, autosuffisante, motivation telle que l'agent accomplit des actions bonnes ou droites tout bonnement parce que c'est là ce qu'elles sont, et pour aucune autre raison. Ce qui veut dire que réfléchir à la valeur d'une vie morale, c'est simplement porter l'accent sur sa valeur morale ; en cela consiste le fait d'être concerné par la justice et par les autres valeurs morales pour elles-mêmes, sans relier ces valeurs à quoi que ce soit d'autre, par exemple à son propre bonheur.

Mais tel n'est certainement pas le souci de Platon. L'argument ne peut être formulé que si la raison pratique comporte un genre unique et univoque de questionnement : « comment dois-je vivre ? », « quelle est la vie la meilleure ? », « comment agir au mieux ? », questions auxquelles Thrasymaque et ses amis donnent la mauvaise réponse, et auxquelles Socrate, pour le compte de la justice, donnera la bonne. Ce n'est donc pas que la recherche de la justice « pour elle-même » possède une valeur tout à fait spécifique, une valeur morale qui se justifierait par elle-même. La question de sa valeur est bien plutôt celle de ce qui fait que la vie vaut d'être vécue, une question à laquelle d'autres biens « non moraux » pourraient en principe, comme les autres le suggèrent, fournir la réponse.

Autrement dit : l'idée de « rechercher la justice pour elle-même » figure dans la réponse de Socrate, non dans la question elle-même. La question n'est pas : « quelle est la valeur de la justice quand elle est recherchée pour elle-même et non pas pour ses conséquences ? », mais : « quelle est la valeur de la justice ? », et la réponse de Socrate est : « elle n'a pas vraiment de valeur en dehors de la valeur qu'elle acquiert quand elle est poursuivie pour elle-même. » Reste par conséquent la question suivante : pourquoi le Socrate de Platon pense-t-il ainsi ? Pourquoi place-t-il si haut la barre pour la justice ?

Nous avons formulé le problème en parlant de désir, de valorisation ou de recherche de la justice pour elle-même. Nous aurions pu aussi bien parler d'une justice recherchée ou estimée en tant que fin, ou en tant que bien dernier. Toutefois nous ne sommes pas encore en mesure de dire en quel sens la justice constitue un bien ultime, distinct du fait qu'un agent la recherche comme bien ultime, mais la discussion entre Socrate, d'une part,

Thrasymaque et ses partisans, d'autre part, indique déjà par quelle voie aller pour atteindre cette notion – voie qui sera approximativement la voie aristotélicienne, à savoir que la justice est un bien ultime à condition qu'une personne raisonnable, réfléchie ou prudente la poursuive comme tel. Nous devons garder cette idée à l'esprit.

Cependant, mon titre emploie une expression différente, il fait état d'un « bien intrinsèque », et nous ne devons pas supposer qu'il s'agisse de la même idée. Christine Korsgaard a fait remarquer[1] que ce qui s'oppose habituellement à « ultime » est « instrumental », tandis que ce qui s'oppose habituellement à intrinsèque est extrinsèque, et que l'identité entre ces deux distinctions, loin d'être immédiate, demanderait une démonstration. Korsgaard dégage différents points importants, mais je ne peux pourtant pas m'en tenir à son analyse ni la prendre comme base de ma discussion. Elle écrit :

> Dire qu'une chose est intrinsèquement bonne, ce n'est pas, par définition, dire qu'elle est estimée pour elle-même, c'est dire qu'elle a sa bonté en elle-même. C'est localiser ou indiquer la source de la valeur plutôt que la façon dont nous évaluons la chose. (« Two Distinctions in Goodness », p. 170)

La bonté extrinsèque est au contraire une valeur qu'une chose tire d'une autre source.

L'un des moyens utilisés par Korsgaard pour distinguer entre l'opposition intrinsèque-extrinsèque et l'opposition ultime-instrumental ne me semble pas avoir le résultat escompté. Il y a, dit-elle, différentes manières pour la bonté d'une chose de dépendre de la bonté d'une autre, et la première n'est pas forcément un moyen pour la seconde. Beaucoup de ces manières possibles relèvent également de la raison pratique. Comme David Wiggins et d'autres l'ont noté à propos d'Aristote, on peut estimer que le fait d'assister à un concert est une façon de passer une bonne soirée, et non pas une condition pour en passer une. Ce genre d'exemple fait partie de ceux dont se sert Korsgaard pour distinguer la valeur extrinsèque de la valeur instrumentale[2]. Or ces exemples ne nous conduisent pas forcément à

1. « Two Distinctions in Goodness », *Philosophical Review* 92, 1983, 169-195; repr. dans *Created the Kingdom of Ends*, Cambridge, University Press, 1996.

2. [Assister à un concert n'est pas un moyen d'atteindre la fin « passer une bonne soirée », car cela nous conduirait à lui conférer une valeur purement « instrumentale », analogue à celle, disons, d'ouvrir une bouteille pour pouvoir boire (geste qui n'a de valeur que parce que nous lui en donnons une dans une situation donnée). Selon B. Williams, il n'y a pourtant pas lieu de poser, à partir d'exemples de ce genre, deux espèces de valeurs différentes : les valeurs instrumentales ne sont qu'un cas particulier des valeurs extrin-

conclure à une notion qui, par opposition à la distinction entre la fin et le moyen, se référerait à la source de la valeur plutôt qu'à la façon dont nous évaluons la chose. Ils n'entraînent pour seule conclusion que, même à l'intérieur du domaine de la raison pratique, ou encore de ce que nous pouvons valoriser, ce qui s'oppose à « ultime » doit être quelque chose de plus large qu'« instrumental » ; il y a diverses façons de rechercher quelque chose de manière « dérivée », par opposition au fait de rechercher celle-ci comme fin ou comme bien dernier, et l'une de ces façons est de la rechercher à titre de moyen ou d'instrument.

Nous n'avons pas besoin de nous appesantir davantage sur cette question. Mais il en est une autre, relative à l'explication par Korsgaard de ces distinctions, qui est tout à fait pertinente pour notre discussion. Voici ce qu'elle déclare :

> L'une de ces distinctions s'opère entre les choses estimées pour elles-mêmes, et celles qui le sont pour autre chose – entre les fins et les moyens, ou les biens derniers et les biens instrumentaux. L'autre distinction est celle entre les choses qui ont leur valeur en elles-mêmes et celles qui dérivent leur valeur d'une autre source : choses intrinsèquement bonnes contre choses extrinsèquement bonnes. (« Two Distinctions in Goodness », p. 170)

Aristote n'est pas indispensable ici pour se rappeler qu'une personne raisonnable ou prudente peut rechercher ou valoriser une chose à la fois pour elle-même et pour autre chose. Nous avons déjà vu que ce que Socrate désire démontrer (programme qu'à la fin du dialogue il juge avoir rempli) est que la justice doit être valorisée à la fois pour elle-même et pour ses conséquences, qu'elle est à la fois un bien dernier et un bien instrumental.

Nous pouvons considérer que « un bien » est un type d'objet ou un objet général de recherche ou de valorisation, comme la justice, l'honneur, ou le plaisir. (C'est en ce sens que deux politiciens rivaux qui poursuivent individuellement l'honneur poursuivent tous les deux le même bien.) Si un même bien peut être à la fois fin et moyen, alors la distinction ne se situe pas entre différentes classes de biens ; c'est une distinction entre formes de bonté, ou encore entre façons de compter une chose pour un bien, et non, comme l'entend Korsgaard, une distinction entre des choses différentes. Mais la distinction intrinsèque-extrinsèque doit absolument, selon elle, être une distinction entre choses : si une chose « possède sa valeur en soi-même » – quoi que cela puisse signifier –, elle ne peut sans

sèques. La relation moyen-fin n'est en effet pour lui qu'un cas particulier de la relation plus large existant entre voies de recherche (qui peuvent être « dérivées » et non pas « moyens » au sens strict) et objet recherché (fin au sens large). N.d.T.]

doute pas « tirer sa valeur d'une autre source ». Ce qui montre que nous ne sommes pas simplement en train de séparer l'une de l'autre deux distinctions opérant dans le même champ.

Mon propos n'est pas d'aller tout droit à l'idée d'un bien intrinsèque distinct à la fois du bien ultime ou du bien comme fin. Il est plutôt d'atteindre dans la pensée de Platon, par une voie détournée, une certaine idée de bonté intrinsèque et de voir quelle fonction elle y assume. Au terme de mon exposé, je suggérerai que nous avons besoin, pour ce faire, d'une idée de bonté intrinsèque passablement différente de celle que nous aurons attribuée à Platon, le paradoxe étant que c'est l'argumentation même de Platon qui y aura contribué.

Pour ce qui est en tout cas de la discussion de Platon, il y a trois idées que j'aimerais retenir des analyses de Korsgaard et de ses discussions. La première est simplement l'impossibilité de ramener la notion d'un bien intrinsèque à celle d'un bien dernier. La seconde, qui peut être tirée du vocabulaire korsgaardien des « sources », est celle d'un rapport entre les notions de bonté intrinsèque et extrinsèque et les façons par lesquelles la bonté de différentes choses se trouve expliquée, et, en corollaire, celle que la notion d'une chose intrinsèquement bonne est celle d'une chose dont la bonté est en quelque façon auto-explicative. La troisième est qu'il y a incertitude quant à la nature des objets – choses ou concepts – sur lesquels portent ces distinctions.

Je voudrais prendre un nouveau point de départ dans l'œuvre de Platon : le discours de Diotime dans le *Banquet*. Les convives ont exposé leurs vues sur la nature d'ἔρως et sur celle de l'amant. Nous savons que l'amant a des désirs. Nous savons que l'amant et ses désirs ont un certain rapport au τὸ καλόν, ou aux καλά, à la beauté ou aux belles choses, en particulier aux beaux jeunes hommes. Avec Diotime, nous apprenons d'une façon plus précise quels sont ces désirs et quelle est leur relation avec le beau. Ce n'est certainement pas – Diotime s'oppose ainsi à ce que certains des discours précédents affirmaient – que le désir lui-même soit beau. Pas davantage le désir n'est-il désir du beau, à tout le moins dans un sens qui soit pleinement transparent : « L'amour n'est pas l'amour du beau, comme tu le penses. — Qu'est-il alors ? — C'est l'amour de la génération et de l'engendrement dans la beauté » (206e2-5). Le désir lui-même se révèle être une expression ou une forme de désir d'immortalité [1].

À considérer les choses de façon plutôt formelle, nous disposons d'un schéma qui peut être rempli de diverses manières selon différents types

1. Le dialogue suggère peut-être qu'il est lui-même l'expression du désir que le bien soit avec soi pour toujours, 206a. Je n'aborderai pas ce point ici.

d'ἔρως. Ainsi l'ἔρως d'un homme pour une femme définit littéralement l'engendrement, τόκος; le ἐν, « en association avec », est sexuel, et l'immortalité en question, génétique. Mais un homme peut mettre au monde ou engendrer non des enfants mais des idées ou des poèmes, et vivre ainsi pour toujours ou du moins pour longtemps à travers ses œuvres. La beauté qui le saisit peut être alors celle d'un certain garçon, ou bien quelque chose de plus général comme la beauté juvénile ; ou elle peut encore être la beauté d'une âme plutôt que celle d'un corps. Rien de tout cela n'implique que les divers raffinements, comme nous pourrions peut-être les appeler, progressent ensemble. Socrate était enclin à n'engendrer des pensées nobles et des idées qu'en compagnie de jeunes gens au corps bien fait, bien qu'il ait fait une partie du chemin qui le mène à être amoureux de tous les beaux corps (210b), au lieu d'être obsédé par un seul. Inversement, nous l'apprenons un peu plus tard, Alcibiade est attiré par la belle âme de Socrate (215-217), mais il ne soupçonne guère ce que serait le τόκος approprié[1].

Ensuite, Diotime explique la suite de l'ascension, jusqu'« aux derniers et plus hauts mystères de l'amour », auxquels elle se demande si Socrate est capable de parvenir. Là, nous dit-elle dans un passage fameux, l'amant se tourne vers l'immense océan de la beauté et en viendra à percevoir quelque chose de « merveilleusement beau en sa nature », qui

> toujours est et jamais ne vient à naître ou à périr, ne croît ni ne décroît, n'est pas beau d'une façon et laid d'une autre, ni beau à un moment mais pas à un autre, ni beau relativement à une chose et laid relativement à une autre, ni beau dans un lieu et laid dans un autre, comme il le serait s'il était beau pour certains et laid pour d'autres.

Et ce beau n'est incarné en aucun visage, aucun corps, aucune idée, aucune connaissance, ni en quoi que ce soit d'autre.

Cette rencontre, qui culmine enfin de façon totalement satisfaisante, s'inscrit encore dans le schéma original. Une telle vie vaudrait en effet pour un homme la peine d'être vécue (212a) : celui-ci produirait alors non des images de vertu mais de la vertu véritable, et sa relation au τὸ καλόν, terme qui précisément vient d'être décrit, serait celle d'une vision et d'un « commerce », vocabulaire qui rappelle le langage utilisé à propos des relations sexuelles avec une belle personne.

Ce texte, il est important de le remarquer, ne comporte pas un certain nombre des implications qu'on lui prête habituellement. On a pu penser

1. Cela nous aide à répondre à la question que suscite la présentation platonicienne de Socrate : pourquoi l'amour qu'il porte à Alcibiade n'a-t-il pas transformé ce dernier ? En fait, c'est aimer Socrate qui aurait pu le transformer, mais Alcibiade ne savait pas s'y prendre.

qu'il impliquait que nul n'aime réellement une personne particulière mais seulement la beauté dans cette personne, beauté dont elle est au mieux un exemplaire imparfait. Au contraire, le discours de Diotime confère une signification à l'amour d'une personne particulière en déployant l'éventail des différents contenus articulés par le schéma ascendant originaire, et nie que l'amour s'adresse à la beauté elle-même. En outre, rien n'indique que les choses particulières, corps ou âmes, revêtent seulement une beauté apparente ou illusoire. Elles ne sont simplement pas inconditionnellement, sans réserve, ou peut-être (et en prenant le terme comme opposé à « relativement ») absolument belles, qualités qui n'appartiennent qu'à l'objet de la vision finale. Certes, rétrospectivement, une fois arrivé à la vision finale, les corps humains, les couleurs et les choses de ce genre apparaissent simplement comme « inepties de mortels », mais c'est là un jugement de valeur comparatif, qui n'implique pas que c'était une pure et simple erreur d'avoir jugé ces choses belles, ni même qu'on se méprenait à les poursuivre. Nous pouvons dire qu'il en va ici comme de l'évolution du goût esthétique, quand on passe d'une musique populaire à une musique plus élaborée. Cela ne conduit pas à nier le fait et l'objet du goût antérieur, ne serait-ce que parce que celui-ci était la condition du processus, qui est davantage un progrès que la simple détection d'une erreur ou l'élimination d'une mauvaise appréciation.

Diotime souligne en 210a que les poursuites et les recherches antérieures étaient en vue (ἕνεκα) des dernières révélations, et elle dit aussi de celui qui parvient à la contemplation qu'il parvient au τέλος érotique, ce qui peut signifier quelque chose de similaire, mais pas nécessairement. À plusieurs reprises, et catégoriquement, elle déclare qu'il n'en est ainsi que pour celui qui s'y prend de la bonne manière dans le domaine érotique[1]. Ce qui ne veut pas dire qu'à défaut d'atteindre l'étape ultime les étapes précédentes soient sans intérêt, mais qu'à partir de la dernière perspective nous pouvons percevoir à leur sujet quelque chose qu'elles ne révèlent pas du tout à certains individus, et qu'elles ne révèlent qu'imparfaitement à ceux qui les parcourent de manière correcte. Pour ces derniers, cette imperfection engendre un obscur sentiment d'insatisfaction ou d'incomplétude au sein de ces relations amoureuses, qui se traduit par leur échec à exprimer adéquatement le désir d'être immortel, de posséder pour toujours le bien[2].

1. 210a2; a4; e3; 211b5.

2. Jusqu'où et de quelles manières un tel sentiment peut survenir, sous une forme non interprétée, même chez ceux qui s'y prennent mal dans les choses de l'amour, est une question dont les discours précédents laissent entrevoir des réponses.

Diotime en quelques endroits pourrait sembler affirmer que, une fois qu'on s'est engagé sur la bonne voie, l'ascension ou le raffinement deviennent presque inévitables (210b) : « si l'on recherche la beauté de la forme, ce serait d'une grande stupidité de ne pas reconnaître que la beauté dans tous les corps est une et la même. » Pourtant, selon sa description, l'ascension exige aussi d'accomplir certaines tâches (e6). Tout cela fait référence aux degrés les plus élevés, au-dessus du point dont Diotime doute que même Socrate puisse le franchir. Assurément on ne peut pas soupçonner Socrate de risquer de faire preuve d'une grande stupidité, et le discours d'Alcibiade va nous montrer qu'il n'est pas non plus incapable des tâches éthiques que peut impliquer le parcours érotique. Je considère que cela nous enseigne d'une part que Socrate n'était pas réellement en situation de « poursuivre la beauté de la forme », et d'autre part que la découverte de l'océan de beauté, la vision finale, exige des tâches intellectuelles qu'il revient à Platon d'avoir formulées.

L'objet de la vision finale est absolument ou inconditionnellement beau. En associant l'idée d'intrinsèque à celle d'explication, nous pourrions aussi dire que cet objet est intrinsèquement beau; bien que Platon n'en dise pas grand chose dans le *Banquet*, il pensait certainement que cet objet devrait expliquer, d'une manière ou d'une autre, pourquoi une chose, y compris lui-même, est belle. Cet objet est aussi, je présume, une chose bonne : l'atteindre était en effet le τέλος d'un parcours inspiré par le désir de posséder le bien pour toujours. Cependant, en vertu de l'analyse (ou plutôt de la justification) que nous avons proposée pour « intrinsèque », il ne faut pas conclure que parce que cet objet est intrinsèquement beau et qu'il est bon, il est intrinsèquement bon. S'il était intrinsèquement bon, sa bonté ne serait expliquée par rien d'autre. Mais nous savons, non par le *Banquet* mais par la *République*, que sa bonté est expliquée par quelque chose d'autre, la Forme du Bien, qui explique la bonté de toute chose, y compris de lui-même (comme le soleil rend visibles toute chose et lui-même, 508b). En nous appuyant sur l'analyse provisoire de la bonté intrinsèque, nous pouvons affirmer que la Forme du Bien est, pour Platon, la seule chose intrinsèquement bonne.

Il y a des différences de ton significatives entre le *Banquet* et la *République*. Le *Banquet* insiste davantage sur le pathos de la finitude, sur la séduction d'une beauté contingente et périssable, séduction qui s'accompagne néanmoins d'une aspiration vers ce dont la beauté ne serait pas passagère, et vers quoi quelques-uns seraient capables de s'élever. L'ascension a bien sûr des parallèles dans la *République*, mais les images les plus fortes de ce dialogue sont des images de descente, qui manifestent le regret de retourner dans la caverne et d'abandonner l'inconditionné pour le conditionné. Et – ce qui est lié – la *République* insiste davantage sur l'idée que l'opposition entre inconditionné et conditionné est une opposition entre réalité et apparence, et les images que le dialogue donne de ce qui est contingent, particulièrement celles qui se rapportent à la caverne et aux arts, sont celles de l'illusion, de la tromperie et des rêves (476a1); même si, lorsque Socrate explique au livre V (479a) pourquoi « les amateurs de spectacles » sont dans un état de croyance (δόξα), les « apparences » dont il parle relèvent d'une comparaison ou sont relatives[1].

Pourtant, le terme du récit éducatif raconté par la *République*, et la vision qui vient alors le couronner, sont d'une manière frappante similaires à ceux que nous trouvons dans le *Banquet*. Les gardiens sont tirés vers l'univers intellectuel par l'amour : ils aiment l'étude qui les éclaire sur l'être (485b), et la Forme du Bien est « le plus important objet d'étude » (505a2). « Et ainsi nous dirons qu'ils admireront et aimeront (ἀσπάζεσθαί τε καὶ φιλεῖν) les choses dont il y a connaissance » (479 fin); en 490b, particulièrement, nous apprenons que

> l'authentique amoureux de l'étude (...) continuerait sans se décourager et son ἔρως ne cesserait pas avant qu'il ne saisisse par la partie appropriée de son âme ce que chaque chose est par nature, et s'approchant de ce qui est réellement étant et s'unissant à lui (μιγείς), il engendrerait raison et vérité, il connaîtrait et vivrait dans la vérité, et ainsi nourri, son labeur pénible prendrait fin[2].

Le beau intrinsèque du *Banquet* n'était pas une chose qu'il y aurait sens à désirer : ce que l'on désirait, c'était engendrer l'espèce correcte de rejetons (la vertu, en fait) en sa présence, c'est-à-dire en sa présence une fois connue. Exactement de la même façon, la Forme du Bien, qui est et qui est seule à être intrinsèquement bonne d'un point de vue explicatif, n'est pas davantage une chose que l'on désire : ce que l'on désire, c'est engendrer la raison et la vérité en sa présence, c'est-à-dire dans sa présence une fois connue et par sa lumière intellectuelle.

Aristote dit dans un passage célèbre (*E.N.*, 1096b33-35) que s'il y avait un Bien séparé et absolu, « il est évident qu'il ne pourrait être accompli ou possédé par l'homme ; pourtant, c'est quelque chose de cette sorte que vise notre enquête ». Si Aristote veut dire par là (peut-être n'est-ce pas le cas) que Platon a malheureusement négligé cet aspect de la Forme du Bien, à savoir qu'elle ne peut être accomplie par une action, il a raté son coup : ce

1. La phrase de 479a6 (τῶν πολλῶν καλῶν μῶν τι ἔστιν ὃ οὐκ αἰσχρὸν φανήσεται;) signifie « parmi ces nombreuses choses belles, y a-t-il rien qui ne puisse apparaître laid ? », et non pas « qui ne puisse paraître être laid ? ».

2. Pour ᾧ προσήκει ψυχῆς, cf. *Banquet*, 212a1 : ᾧ δεῖ.

serait une erreur catégorielle de croire qu'elle puisse être une telle chose. S'il veut dire (et à nouveau, peut-être n'est-ce pas le cas) que Platon introduit la Forme du Bien comme une chose intrinsèquement bonne supposée être auto-explicative à la place d'un bien dernier qui est ce qu'Aristote lui-même recherchait, alors il se méprend aussi. Platon n'a pas qu'un seul bien dernier, et le plus remarquable est la vie de l'intellect – une vie qui se vit, comme il le dit, dans la présence des Formes et par conséquent dans la lumière de la Forme du Bien. Ainsi, il y a un bien dernier, un parmi d'autres, lequel est relié au bien intrinsèque auto-explicatif, mais qui n'est pas identique à lui, et il n'y aurait aucun sens à supposer qu'il l'est.

Pour des raisons qu'Aristote a données, et que Platon a commencé à explorer dans ses dernières œuvres, de graves problèmes se posent lorsqu'il s'agit ne serait-ce que de comprendre la notion d'une chose absolument bonne ou belle au sens du *Banquet* et de la *République*. Ces problèmes ne découlent pas seulement de l'idée que la bonté ou la beauté d'une telle chose doivent être auto-explicatives. Un problème important est que cette chose est censée expliquer la bonté ou la beauté de toutes les autres choses qui sont bonnes ou belles, donc que la chose en question ne peut pas constituer une espèce particulière de chose bonne ou belle, et que rien d'autre ne peut, à son propos, expliquer sa bonté ou sa beauté ; donc, apparemment, elle est bonne ou belle, mais strictement rien d'autre. C'est à coup sûr inintelligible.

Certains des problèmes les plus notoires viennent par conséquent de l'idée qu'il y a un seul bien intrinsèque, à la fois auto-explicatif, et explicatif de tous les autres. Pourtant, bien des réticences devant la Forme du Bien, la difficulté de dire quoi que ce soit à son sujet, surgiraient à coup sûr également si on avait affaire à une classe plus large de biens intrinsèques auto-explicatifs, constituant une classe d'objets dont la bonté devrait être expliquée préalablement à toute valorisation humaine. De telles réalités (à la différence de la Forme du Bien) posséderont d'autres propriétés, et la façon dont leur bonté est auto-explicative est sans doute qu'elle sera expliquée par ces propriétés. Mais alors, en quoi consiste la garantie *a priori* (ce qu'elle devra être) qu'une telle explication ne peut se référer à autre chose, par exemple ne pourrait être *améliorée* par référence à quelque chose d'autre ? Ne pourrait-on l'améliorer, par exemple, en reliant ces propriétés à des choses que nous valorisons ? De plus, qu'est-ce qui garantit *a priori* que certaines de ces mêmes propriétés ne pourraient être *causées* par d'autres choses intrinsèquement bonnes – ce qu'elles ne peuvent être, si biens intrinsèques et biens extrinsèques doivent constituer deux classes distinctes ? Je n'essaierai pas d'approfondir ces questions ici, mais je trouve difficile de croire que les problèmes posés par la Forme platonicienne du Bien sont entièrement dus à sa fonction spéciale, celle d'être un bien très ambitieusement intrinsèque, unique et explicatif.

Cependant, mon objectif principal n'est pas de montrer combien Platon est embarrassé pour préciser la Forme du Bien, mais plutôt combien de choses il réussit à dire sans la préciser. Toute critique de Platon opérée dans un style aristotélicien, et soutenant que son explication du bien est trop intellectualiste et inadéquate aux buts de la raison pratique, a des chances de nous rendre insensibles à une caractéristique pourtant assez frappante de la *République,* à savoir que ce qui nous est réellement dit à propos de la Forme du Bien tient en des considérations qui la relient pour la plupart à la raison pratique. Presque rien ne nous est dit du contenu intellectuel de la rencontre avec la Forme du Bien. Nous ne savons pas exactement ce que Socrate lui-même en connaît, mais nous savons qu'il ne peut pas, à ce moment, expliquer ce qu'il peut bien en savoir (506e, 517b, 532-533). Pourtant Socrate est censé, à la fin du dialogue, avoir relevé totalement le défi qui lui a été lancé au livre II; par conséquent il doit être possible de comprendre pourquoi la justice est un bien ultime sans comprendre adéquatement, ou à peine, ce qu'est le seul et unique bien intrinsèque, ni ce qu'implique sa contemplation théorétique. Nous pouvons comprendre la réponse de Socrate parce que nous pouvons en extraire au moins les points suivants : la personne sage ou raisonnable doit considérer la justice comme un bien dernier, et peut la justifier en tant que bien dernier. D'autres considérations peuvent également être retenues à propos du rôle de la Forme du Bien dans cette affaire, et je reviendrai plus tard là-dessus, mais l'essentiel est de pouvoir retenir les deux précédentes conclusions.

La première, que la personne raisonnable doit regarder la justice comme un bien dernier, a un aspect à la fois individuel et politique. Sous son aspect individuel, cette conclusion est implicite dans la description de la division de l'âme au livre IV et dans les exposés relatifs aux différentes vertus. Elle apparaît de façon moins schématique dans l'étude des formes de dégénérescence aux livres VIII et IX, mais il est moins facile de la voir, en partie parce que ces analyses, pour des raisons évidentes, tendent à mélanger des considérations psychologiques et politiques, et en partie parce que l'histoire de la dégénérescence est déterminée par comparaison avec un état de justice achevé, qui à ce moment est tenu pour acquis, de sorte qu'une telle histoire pourrait n'être pas d'un grand secours pour voir exactement ce qu'est le besoin individuel de justice. Afin d'avoir à ce sujet un aperçu légèrement différent, il peut être utile de sortir à nouveau de la *République* et d'aborder un dialogue qui partage avec celle-ci nombre de préoccupations identiques, le *Gorgias.*

Ce dialogue relate les conversations de Socrate avec trois interlocuteurs, Gorgias, Polos, et Calliclès, qui prennent successivement des positions de plus en plus radicales. Les discussions s'articulent autour de trois couples distincts de valeurs opposées. Le premier oppose δίκαιον et ἄδικον, le juste et l'injuste, mis en rapport, comme dans la *République,* avec des valeurs se rattachant à des relations correctes avec les autres, au respect pour les personnes et leurs propriétés, et généralement à l'interdiction de les exploiter. Les termes de la deuxième opposition, καλόν et αἰσχρόν, beau et laid, sont ici pris, non pas directement dans leur signification esthétique comme c'est le cas dans le *Banquet,* mais dans leur rapport avec l'action et le caractère, où ils touchent à l'honneur et à la honte. Je considère, comme je m'en suis expliqué ailleurs, qu'il ne s'agit pas seulement d'une question de réputation ; la distinction s'établit ici entre choses que des agents peuvent être fiers d'avoir faites ou d'avoir été et qui leur fournit l'estime d'eux-mêmes, et choses pour lesquelles ils se méprisent eux-mêmes, se sentent honteux, embarrassés, ou méprisables [1].

La dernière opposition, entre ἀγαθόν et κακόν, bon et mauvais, est souvent, dans le *Gorgias* comme ailleurs, interprétée en termes d'intérêt personnel : on recherche l'ἀγαθόν quand on recherche ce qu'il y a de mieux pour soi-même. L'idée fondamentale est cependant plus abstraite et plus générale, il s'agit de ce qu'un agent a une bonne raison de rechercher ou de ne pas rechercher. Ce sont là les termes qui, tout au long de ces discussions, se trouvent incontestablement liés aux conclusions de la raison pratique, et dans ce contexte, il est absurde de dire qu'un agent sait que quelque chose est (par comparaison) κακόν et qu'il a décidé que c'est cela (par comparaison) qu'il a raison de rechercher.

Gorgias, le premier interlocuteur, accepte l'idée traditionnelle que toutes ces valeurs sont liées, de sorte que ce qui est δίκαιον est aussi καλόν et ἀγαθόν : nous avons une raison de rechercher le juste et d'estimer nous-mêmes et les autres pour l'avoir accompli. C'est en ces termes qu'il défend sa pratique de la rhétorique. Quand Polos entre dans la discussion, il introduit une position plus radicale, qui dissocie le juste du bon : nous ne devons plus penser que le juste est ce que nous avons des raisons d'accomplir. Cependant, comme il traite les aspects du beau et du laid d'une façon moins radicale, Socrate peut l'amener par ses manœuvres à affirmer que la conduite injuste est laide (αἰσχρόν), et que ce qui est laid est

1. Pour le rôle de la honte dans l'expérience éthique grecque (et, de fait, dans la nôtre), voir *Shame and Necessity, op. cit.*, en particulier le chapitre IV et la Note finale 1.

mauvais (κακόν) – ce qui signifie que nous avons des raisons de l'éviter[1]. Ainsi se trouve contredit son effort pour établir que l'injustice n'est pas mauvaise.

L'erreur de Polos est de maintenir à la fois un lien conventionnel entre δίκαιον et καλόν (un comportement juste est admiré, l'injustice est ce dont on doit avoir honte), et un lien naturel entre καλόν et ἀγαθόν (nous avons des raisons de faire ce qui nous permettra d'être admiré, aucune raison de faire ce qui nous donnera honte de nous-mêmes). Le dernier interlocuteur, Calliclès, perçoit l'erreur de Polos, et, faisant un pas de plus, refuse le lien conventionnel entre καλόν et ἀγαθόν : l'homme raisonnable désirera être admiré et envié, avoir bonne opinion de lui-même et ne pas être un objet de mépris, mais il y parviendra, conseille Calliclès, grâce à un pouvoir sur les autres et à leur exploitation, sans aucun souci des exigences de la justice[2].

Calliclès est une version de Thrasymaque plus puissamment éloquente, et d'une certaine manière plus sophistiquée. Il est censé être réfuté, mais on peut aisément succomber au sentiment que Platon lui a délibérément distribué des cartes perdantes. Quoiqu'il y ait plusieurs points complexes dans son argumentation, Calliclès finit effectivement (à partir à peu près de *Gorgias*, 491) par défendre une forme particulièrement gloutonne et grossière de l'attitude hédoniste, que peu sont vraisemblablement disposés à envier. Mais ce n'était pas là son idée initiale. L'homme injuste et triomphant était bien davantage censé incarner une figure pleine de puissance, de grandeur, et de style – il faut entendre ici les échos esthétiques du καλός – figure que d'autres, s'ils étaient honnêtes, pourraient admirer et envier ; mais il devient, dans la réfutation de Socrate, un être bas et assujetti au plaisir, au mieux un *bon vivant* ennuyeux et cruel, que n'importe qui ayant un peu de goût mépriserait. Il est tentant de penser que Socrate gagne seulement parce qu'il change de sujet.

Toutefois, la stratégie argumentative est plus subtile que les lignes précédentes ne le laissent penser. Calliclès (491b) veut dire que l'homme injuste qui a réussi sera καλός, et admirable pour des raisons que l'on pourra reconnaître : il sera, par exemple, intelligent et courageux. Mais la ligne que suit l'argumentation de Socrate, se rapprochant ainsi des préoccupations de la *République*, est d'établir que Calliclès n'a pas le droit, à supposer que lui et son homme injuste soient crédités de ces qualités, de

1. *Gorgias*, 474c *sq.* Κακόν et αἰσχρόν apparaissent le plus souvent au comparatif dans cette discussion.

2. Mon résumé très sommaire suit ce que je considère comme les points les plus significatifs pour la question présente. Inutile de dire que d'autres énoncés importants peuvent être tirés de cet ensemble très riche d'arguments.

croire qu'il y aurait un fondement possible soit de l'admiration envers des vertus telles que l'intelligence et le courage, soit de l'affirmation que l'homme injuste puisse vraiment les développer. Comment Calliclès explique-t-il les valeurs du courage et de l'intelligence ? Il pourrait le faire en termes de pouvoir politique ; mais très tôt dans leur discussion (488-489), Socrate montre qu'il y a conflit entre une telle conception politique et l'idéal de Calliclès d'un individu « meilleur », puisque le pouvoir politique est une entreprise collective, dans laquelle les individus ne deviennent pas « meilleurs » au sens qu'il donne à ce mot, surtout s'ils sont dans une démocratie[1]. L'alternative serait qu'il explique la valeur de ces qualités humaines simplement en termes de satisfaction des désirs – c'est-à-dire, comme Platon l'indique, en termes de plaisirs. Mais ce n'est guère convaincant, puisqu'il n'est possible à quelqu'un de se considérer comme καλός qu'à la condition de s'admirer lui-même, ce qui implique que d'autres aient des raisons pour l'admirer, et implique plus généralement qu'une personne puisse en admirer une autre[2]. Un critère consistant simplement dans la satisfaction des désirs individuels ne fournit aucun fondement à l'admiration. Tout ce qui reste est l'hédonisme.

Dans le *Gorgias*, Socrate établit que l'admiration ne peut se fonder que sur ce qui comporte τάξις et κόσμος (503d *sq.*), ordre et discipline, qui, appliqués à l'âme, constituent la justice. L'argument employé, qui, dans le *Gorgias*, pourrait être poliment qualifié de schématique, se trouve renforcé dans la *République* par l'exposé des parties de l'âme et de leurs fonctions. En même temps, l'analyse de la *République* est plus complexe, puisqu'elle autorise l'existence de types d'individus intermédiaires entre l'homme parfaitement juste, et l'homme démocratique, ou pire, tyrannique, auquel l'idéal de Calliclès doit, selon le *Gorgias*, inévitablement se réduire. Mais la *République* prétend bien entendu établir que les types intermédiaires ne sont pas tels qu'ils désireraient être s'ils comprenaient mieux leur nature ; et que même eux doivent, dans une certaine mesure, considérer la justice comme un bien dernier.

En outre, il est indispensable qu'il y ait des gens qui voient dans la justice un bien ultime s'il doit y avoir de la stabilité pour quiconque. C'est

1. En liaison avec la précédente discussion à propos de Périclès, Socrate nous présente Calliclès aux prises avec un dilemme à propos du régime aristocratique, ou de l'oligarchie amorale (auxquels semblent aller les préférences de celui-ci) : l'empire athénien, gouverné d'une façon qu'il devait admirer, était dirigé par une démocratie.

2. C'est une idée propre à Calliclès, évidente dans son discours introductif sur la nature et la convention (482 *sq.*), que l'homme respectable admire secrètement l'homme sans pitié, à moins qu'on ne l'ait rendu craintif à l'égard de tels sentiments. L'inspiration est ici très proche de celle qu'on trouve dans l'histoire de l'anneau de Gygès dans la *République*.

l'aspect politique de l'argument. L'« analogie » entre l'individu et la cité, introduite en *République* 368d, est officiellement avancée pour nous aider à comprendre la justice dans l'individu : c'est comme si, dans la cité, le même message était écrit en lettres plus grosses. En fait, cette façon de procéder signifie que la justice dans la cité et la justice dans l'individu ne peuvent être séparées, et les réponses que le dialogue donne finalement à Thrasymaque et aux questions de Glaucon et d'Adimante sont essentiellement politiques.

Quel que soit exactement l'état dans lequel les classes inférieures de la cité sont supposées être[1], il est certainement vrai qu'elles ressemblent aux parties inférieures de l'âme, sous ce rapport qu'elles ne peuvent prendre soin d'elles-mêmes : elles n'ont pas de principe inhérent d'ordre et de discipline. L'ordre et la discipline dont elles ont besoin viennent d'ailleurs, des gardiens. Cela signifie que les gardiens doivent se suffire éthiquement à eux-mêmes, en d'autres termes qu'ils doivent être capables de reconnaître que la justice vaut d'être recherchée pour elle-même. Si la justice, comme le soutenait Glaucon, n'avait de valeur qu'à titre de pis-aller, les gardiens n'auraient aucun motif d'être justes puisqu'ils ne sont soumis à aucun pouvoir extérieur. La constitution de la cité de Platon dépend essentiellement de la perception par ses gouvernants de la justice comme bonne en elle-même, ou bonne par elle-même, et si cette constitution doit être plus qu'une tyrannie morale, les classes inférieures devront posséder une opinion ayant en quelque façon le même contenu.

Naturellement, Platon ne pouvait utiliser cette conclusion pour *démontrer* que la justice est bonne en elle-même. Ceux qui acceptent les arguments de Glaucon ne feront raisonnablement pas confiance à la constitution platonicienne. Pour eux, une cité juste rejettera cette forme d'aristocratie éthique et sera composée de citoyens imparfaits se contrôlant mutuellement. C'est pourquoi les aspects politique et éthique de l'entreprise platonicienne se soutiennent mutuellement. L'argument éthique que nous avons déjà parcouru suggère que les vies des gens seraient incohérentes si ceux-ci relevaient (comme le propose l'analogie politique) de l'espèce qui forme les deux classes inférieures de la cité et si, en outre, ils essayaient d'être éthiquement autosuffisants. La démocratie, en particulier, est le projet d'individus de cette nature, cherchant à être éthiquement autosuffisants en tant que collectivité ; c'est une aventure vouée à l'échec, qui se ter-

1. J'ai discuté une difficulté implicite à ce sujet dans cette soi-disant analogie, dans « The Analogy of City and Soul in Plato's *Republic* », dans Lee, Mourelatos and Rorty (eds.), *Exegesis and Argument : Studies in Greek Philosophy presented to Gregory Vlastos*, Assen, van Gorcum, 1973.

mine en tyrannie, exactement comme Calliclès – qui aurait aimé compter au nombre des esprits libres, admirant et admiré par d'autres esprits libres – ne peut être à la fin rien d'autre qu'un esclave misérable du désir.

La cité a besoin d'hommes justes pour dirigeants, mais les hommes justes ont également besoin de la cité. Cette réciprocité demeure dans une certaine mesure cachée par le mouvement descendant de la *République*, qui insiste sur le sacrifice des gardiens acceptant la charge de gouverner. Mais la question de ce sacrifice ne peut être soulevée que dans le contexte où les jeunes gens doués ont reçu une éducation qui les prépare à être gardiens, éducation offerte dans une cité juste. Les gardiens n'émergeront pas, et les jeunes gens ne deviendront pas pleinement justes, à moins que les institutions ne les reproduisent (ce qui, comme l'atteste le récit du déclin, peut finalement ne pas arriver); et, en l'absence de ces institutions, ce seront justement les esprits les plus forts qui se corrompront le plus (492). Donc non seulement la cité a besoin de personnes qui voient dans la justice un bien ultime, mais de telles personnes, et les jeunes gens qui voudraient devenir tels sans comprendre pleinement ce que cela implique, ont besoin de la cité juste, ou de quelque approximation de celle-ci capable de les former à leur destination.

Nous pouvons ainsi répondre au défi du livre II. La personne raisonnable doit percevoir la justice comme un bien ultime. De plus, elle et nous pouvons comprendre ce que cela signifie, parce que c'est exactement ce que les différents arguments de la *République* nous ont appris, notamment les deux conclusions que nous pouvions, comme je l'ai dit, extraire de l'argumentation socratique. Si nous les acceptons, alors il me semble qu'il nous faut reconnaître qu'il a été établi que la justice est un bien ultime.

La Forme du Bien, ce que nous avions identifié comme étant, selon la conception platonicienne, le seul et unique bien intrinsèque, a certes joué un rôle dans la démonstration, mais force est de constater à quel point ce rôle est limité. Il nous est dit que si nous arrivions à le saisir et à redescendre à partir de lui, nous comprendrions le ressort de toutes les vertus, aussi bien d'ailleurs que de tout le reste. Mais, comme je l'ai déjà dit, la chose vraiment significative est que Socrate a été capable de relever le défi et de nous faire comprendre sa réponse sans qu'aucun d'entre nous ait le moins du monde aperçu la Forme du Bien. Reste toutefois un élément essentiel de cette réponse (même telle que nous ou Glaucon et Adimante la comprenons) où la Forme du Bien se trouve mentionnée, à savoir la motivation des gardiens. C'est elle qui les rend réticents à gouverner, ce qui en fait les seuls gouvernants dignes de confiance : ils sont conduits par l'amour de la vérité, lequel, d'après Platon, expulse les autres désirs (485), avec pour conséquence qu'ils ne recherchent aucune récompense, et ainsi ne se querelleront ni ne conspireront comme le font les dirigeants ordinaires (520 *sq.*). Platon semble penser que la recherche de la vérité est le seul mobile authentiquement désintéressé ; en même temps, ce mobile est intimement lié à la nature personnelle du chercheur de vérité, parce que c'est seulement en tant qu'esprit cherchant la vérité qu'il est possible de satisfaire vraiment le désir d'immortalité. La Forme du Bien est l'objet ultime de cette recherche de la vérité. Mais une fois encore, il est instructif de noter à quel point, si tel n'était pas le cas, la différence serait minime quant à l'argumentation. Car pour que les gardiens soient animés par ce qui, selon la conception de Platon, est leur mobile essentiel, ils doivent avoir à l'esprit un certain bien ultime : comprendre ; peut-être, étant donnée la conception platonicienne de l'immortalité, ce but doit-il se spécifier en : comprendre une réalité éternelle. Que l'élément le plus haut de cette réalité soit ou non le seul et unique bien intrinsèque ne fait aucune différence.

C'est seulement parce que la Forme du Bien, qui est pour Platon le seul bien intrinsèque, est si en retrait et si inexplicable, que l'analyse platonicienne de la justice comme étant un bien, et plus généralement, l'analyse de ce dont doit se préoccuper un individu vivant la meilleure vie possible, ont si peu à voir avec lui. Platon peut par conséquent répondre au défi principal de la *République – montrer* que la justice est un bien dernier –, et y répondre d'une façon à ses yeux raisonnablement compréhensible pour nous, sans faire beaucoup plus que saluer au passage *le* bien intrinsèque.

C'est paradoxal, et le paradoxe suggère quelques leçons sur la manière dont nous devrions examiner ces notions. Ce ne sont que des suggestions, mais je pense qu'aussi bien les échecs que les réussites de l'entreprise de Platon devraient nous encourager à les envisager avec sérieux.

Premièrement, nous devrions abandonner l'idée que la distinction entre bonté intrinsèque et extrinsèque détermine deux classes de choses. J'ai déjà indiqué que cette idée contribue au caractère opaque *et* inutile de la Beauté absolue et de la Forme du Bien. Si nous acceptons qu'une seule et même chose peut être à la fois intrinsèquement et extrinsèquement bonne, alors nous pouvons, dans cette mesure, faire s'accorder la distinction intrinsèque-extrinsèque et la distinction ultime-instrumental.

La suggestion suivante est que nous devrions franchir une nouvelle étape dans la même direction, et traiter les biens ultimes comme des espèces des biens intrinsèques. Je soutenais précédemment, en critiquant Christine Korsgaard, que le terme opposé à « dernier » n'est pas nécessairement « instrumental », mais quelque chose plus général; je proposais l'appellation « dérivé ». Ce faisant, je voulais proposer un terme suffisamment indiscutable. Il est *plus* discutable de suggérer, comme je le fais à présent, que la distinction dernier-instrumental devrait être comprise comme l'application d'une distinction plus fondamentale entre bonté intrinsèque et bonté dérivée – en donnant maintenant à ce terme une signification plus large. La raison pour laquelle cette proposition est plus discutable dépend d'un point que nous avons accepté tout au long de la discussion au sujet du bien dernier : à savoir que la notion fondamentale, de ce point de vue, est celle de quelqu'un désirant ou recherchant quelque chose comme une fin ou un bien dernier, et que cette notion qu'une chose *est* un bien ultime doit s'expliquer dans ces termes-là, par exemple comme ce qu'une personne sage ou raisonnable poursuivrait comme une fin.

Cela étant, la bonté intrinsèque sera traitée de la même manière. La notion d'une chose comme bien intrinsèque sera expliquée au moyen de cette notion plus fondamentale : celle de quelqu'un donnant à une chose la valeur d'un bien intrinsèque[1]. Il est important de noter que cela n'implique pas que toute valorisation soit réductible à des attitudes pratiques : « valoriser » n'entraîne pas « désirer », « rechercher » ou « essayer de produire » (ou la conjonction des trois). Fait particulièrement significatif pour nous, qui, à la différence de Platon, considérons toute une gamme de choses du monde comme possédant une bonté intrinsèque, quoiqu'elles ne soient ni fins ni biens derniers, œuvres d'art par exemple, ou beautés naturelles. Valoriser de telles choses ne peut se réduire à des attitudes pratiques, bien qu'un tel jugement de valeur puisse bien entendu s'exprimer dans des attitudes pratiques. Ce jugement serait en effet vide si cela était impossible, même si dans certaines circonstances la valorisation ne peut être exprimée par rien d'autre qu'un souhait. Ce que suppose exactement valoriser dans des circonstances différentes, en tenant compte des attitudes pratiques que cela peut entraîner, est une question intéressante, et nous devons nous attendre à ce que les réponses apportées restent passablement ouvertes. C'est là en effet *un* aspect de cette notion très abstraite qu'est la « valorisation ».

Ces suggestions ont en partie pour fonction d'indiquer qu'il doit y avoir des réponses à la question de savoir ce qu'implique de donner à une chose la valeur d'un bien intrinsèque, tout comme à cette autre importante question : pourquoi lui donnerions-nous cette valeur ? Voilà qui nous conduit à traiter de la place de l'explication au sein de ces notions. C'est un point commun à toutes les conceptions, je suppose, que l'extrinsèque ou le dérivé est expliqué à partir de l'intrinsèque. Les questions intéressantes

1. Cela signifie, bien sûr, que nous ne pouvons pas expliquer « nous donnons à x la valeur d'un bien intrinsèque » en l'identifiant à « nous le valorisons (nous l'apprécions) parce que nous croyons qu'il est un bien intrinsèque ».

concernent l'explication de l'intrinsèque. Jusqu'à présent, nous avons admis, comme Platon l'admettait quand il discutait de la Forme du Bien, que la bonté intrinsèque doit être auto-explicative. L'idée s'est avérée stérile. Cependant, lorsque nous avons examiné l'exposé par Platon de ce bien dernier qu'est la justice, nous avons découvert que (relativement à ses propres présuppositions) il était à même de l'expliquer au moyen de notre besoin de considérer la justice comme un bien dernier, et de notre capacité à justifier une telle entreprise.

Ma dernière suggestion est que nous devrions étendre ce schéma à la bonté intrinsèque en général. Puisqu'elle ne mène à rien, nous abandonnons l'idée d'une bonté intrinsèque qui serait auto-explicative. Nous disons qu'une chose est intrinsèquement bonne si nous avons besoin de lui donner une valeur intrinsèquement bonne, et que nous pouvons comprendre pourquoi nous le faisons[1]. La formule « nous pouvons comprendre pourquoi nous le faisons » est destinée à faire dans cette discussion une place à quelque chose qui est presque toujours une bonne idée en philosophie, expliquer sans réduire.

Prenons le cas de la confiance ou plus généralement de relations franches entre individus. C'est très largement considéré comme une bonne chose, et beaucoup peut être dit sur les raisons pour lesquelles c'est une bonne chose. Elle n'est pas auto-explicative, et la déclarer telle serait en fait la laisser inexpliquée, en faire l'objet d'une intuition vide. Pourtant sa bonté n'est pas davantage dérivée. Nous la considérons réellement comme un bien intrinsèque. De plus, nous avons à la regarder comme un bien intrinsèque même si elle s'avère être un bien dérivé, puisque beaucoup de ses bons effets, et en fait son existence, dépendent de sa valorisation comme bien intrinsèque. Dès lors, de quoi avons-nous besoin pour être capables de la comprendre comme un bien intrinsèque ? Nous devons être capables de saisir réflexivement que la confiance et la franchise ont leur place dans la structure des qualités humaines et des relations sociales, et cela d'une façon qui les relie à d'autres choses auxquelles nous accordons une valeur, et ne les réduise pas à un procédé pour maximiser l'utilité ou pour se sortir du dilemme du Prisonnier[2]. Si elles apparaissaient à la

1. Je ne pense pas que l'expression « avoir besoin » soit trop forte, étant donné qu'une justification de la proposition « x est un bien intrinsèque » est en même temps fournie. Cette justification laisse ouverte la possibilité de traiter une chose comme un bien intrinsèque (par exemple une fin), sans pour autant aller jusqu'à déclarer que c'est un bien intrinsèque *überhaupt*.

2. [Soient deux hommes arrêtés pour vol à main armée. Le commissaire, qui n'a pas assez de preuves pour les faire condamner à la peine normalement encourue et ne peut retenir contre eux que le port d'arme passible d'un an de prison, leur propose la chose

compréhension réflexive comme ne relevant que d'un tel procédé, l'idée qu'elles sont intrinsèquement bonnes s'évanouirait, et nous ne pourrions plus les comprendre comme un bien intrinsèque.

Si nous pouvons le faire, nous ne *prétendons* pas qu'elles sont un bien intrinsèque. Car cela serait quelque chose d'autre : ce serait prétendre en avoir besoin, ou prétendre que nous pourrions les comprendre comme un bien intrinsèque, et aucune de ces deux prétentions n'est indispensable. Si nous pouvons comprendre la confiance et la franchise en de tels termes, alors nous aurons *construit* un bien intrinsèque.

La Forme platonicienne du Bien est un exemple singulier et vraiment extrême de ce qu'un bien intrinsèque doit être, s'il est regardé comme un genre de chose se présentant soi-même comme un bien auto-explicatif, avant toute considération sur la façon dont on pourrait lui accorder une valeur. Nous avons vu la minceur de sa contribution à l'entreprise platonicienne. D'un autre côté, nous avons vu tout ce que Platon accomplit, dans les termes qui lui sont propres, en posant les questions : « avons-nous besoin de donner à la justice la valeur d'un bien dernier ? » et « pouvons-nous comprendre pourquoi nous le faisons ? ». Si nous utilisons « intrinsèque » dans l'acception nouvelle et plus large que nous lui avons donnée, alors on pourra dire que Platon pose effectivement ces questions à propos de la justice comme intrinsèquement bonne, et qu'en y répondant, il aura construit un bien intrinsèque.

Traduit de l'anglais par Monique Dixsaut et Fulcran Teisserenc

suivante : « Si l'un de vous deux avoue, il sera libre et son complice fera dix ans de prison. Si vous avouez tous les deux, chacun n'en fera que cinq. » Les suspects, évidemment, ne peuvent pas communiquer entre eux. Il semblerait raisonnable pour tous deux de se taire, mais du point de vue de chacun, la stratégie la plus rationnelle est d'avouer, car si A avoue alors que B nie, il sera libre, et si B avoue également, il ne fera que 5 ans de prison au lieu de 10. Le paradoxe réside dans le fait que si les deux suspects se comportent chacun rationnellement, ils subiront une peine plus lourde que s'ils avaient tous deux ensemble nié. La réflexion sur ce paradoxe s'est développée en rapport avec des problèmes posés par la coopération et la résolution des conflits. N. d. T.]

LA FORME DU BIEN ET LE BIEN DE L'HOMME : QUELQUES PROBLÈMES D'INTERPRÉTATION DU PASSAGE 504A-509C DE LA *RÉPUBLIQUE*

Terry PENNER

POUR TRACER LA COURBE LA PLUS RÉGULIÈRE ENTRE SIX POINTS DISTRIBUÉS IRRÉGULIÈREMENT

Je voudrais mieux comprendre certaines expressions très importantes du sixième livre de la *République*, en particulier la manière dont elles se relient entre elles. En elles-mêmes, ces expressions peuvent sembler ne pas présenter trop de difficulté. C'est quand on veut les saisir ensemble qu'elles donnent l'impression d'être des *disjecta membra*. Ces expressions sont les suivantes :

A) Le « circuit plus long » qu'il faut prendre si nous voulons contempler plus exactement ce qu'est la justice, la tempérance, le courage ou la sagesse (504a4-d3, *cf.* IV, 435c9-d3)[1] – un circuit dont nous voudrions aussi qu'il soit emprunté par nos gardiens eux-mêmes (502c *sq.*, en particulier 503e1-504a3, 504c6-d1 et peut-être 505e4-506b1).

B) La « plus grande étude » (μέγιστον μάθημα : 503e4, 504a3, d2-3, e4-5) qui s'avère être celle de l'idée du bien (505a2), quoique nous ne connaissions pas ce qu'est cette dernière (504e5-6, 505a4-6, c 1-2, et peut-être 505e2, 506d8-e1).

C) Le « bien » que la multitude identifie au plaisir et que les raffinés identifient à l'intelligence (505b5-6).

D) Le « bien » que recherche toute âme (505d12-506a4).

1. Pour le texte grec et la numérotation des lignes, j'utilise l'Oxford Classical Text (1902).

E) La forme du bien qui est la « cause » de la science et de la vérité – qui « donne aux objets connaissables [c'est-à-dire à toute autre forme] la faculté d'être connus en même temps que l'existence et l'être » (509b6-8), et qui est de plus la cause de n'importe quelle chose (517c2-5).

F) Ce bien qui « n'est point l'être », mais plutôt quelque chose qui « dépasse de loin l'être » en majesté (ou peut-être ancienneté : πρεσβείᾳ) et en puissance (509b8-10).

D'abord quelques observations sur ces expressions. À propos de (A), la première question soulevée par « le circuit plus long » est celle-ci : en quoi la discussion suivante révise-t-elle, ou éclaircit-elle, notre explication des vertus ?

C'est certainement à une telle question que le texte nous invite à faire attention lors de cette discussion. Or Socrate ne dit rien d'explicite à son propos, et même la passe apparemment sous silence. C'est à un tout autre sujet qu'il donne l'impression de s'intéresser, à savoir (B), la plus grande étude identifiée à la forme du bien. Il ne veut, ou ne peut, fournir une explication plus élaborée s'agissant des vertus.

Mais même quand il en vient à discuter la plus grande étude, Socrate semble oublier où il en est. Après avoir présenté la forme du bien, il passe aux points (C) et (D), qui concernent les objets poursuivis par la multitude et les raffinés – et même par toute âme. Socrate paraît vouloir une fois encore changer de sujet : il abandonne, semble-t-il, la forme du bien, entité bien métaphysique, en faveur de quelque chose de plus humain – l'ἀνθρώπινον ἀγαθόν d'Aristote, le bien de l'homme, un bien *possible à pratiquer*. À première vue, ce bien pratique est tout autre chose que la forme du bien, puisqu'on peut légitimement supposer que la multitude n'en connaît rien et ne peut même pas la concevoir quand on tente de la lui faire connaître (476c2-4). Or si la multitude ne sait rien de la forme du bien, comment pourrait-elle la rechercher ? Il semblerait que nous ayons alors un second changement de sujet, et que la forme soit laissée de côté afin de discuter du seul bien poursuivi par la multitude et les raffinés ainsi, en réalité, que par toute âme. Car si Platon ne changeait pas ici de sujet, il serait aussi confus qu'Aristote le soupçonnait. En passant ainsi, sans crier gare, de la forme au bien pratique de l'homme (et en arrière-plan, aux biens que poursuivent la multitude, les raffinés et finalement toute âme), Platon nagerait en effet dans une confusion totale !

Avancer cette hypothèse de deux biens, l'un métaphysique et l'autre pratique, c'est assurément reprendre la critique adressée à Platon par Aristote dans *l'Éthique à Nicomaque*, I, 6, 1096b32-35, qui s'appuie sur cette distinction :

> Si même il existe un bien qui soit un concept un, c'est-à-dire qui puisse être un prédicat commun, ou un bien séparé qui soit une chose en-soi, ce bien ne saurait évidemment être pour l'homme ni un bien qu'il puisse prendre pour objet de son action, ni un bien qu'il puisse posséder (οὐκ ἂν εἴη πρακτὸν οὐδὲ κτητὸν ἀνθρώπῳ) [...] Or pour l'instant ce que nous cherchons, c'est un bien qui puisse être l'un et l'autre [1].

La différence entre bien métaphysique et bien pratique est plus frappante encore quand nous considérons le traitement en (E) et (F) de la forme du bien comme « au-delà de l'être » et comme « cause de toute connaissance et de toute [réalité] ». Il est très tentant de croire que cette forme du bien doit être tout à fait extraordinaire si elle « dépasse de loin l'être » et si elle est hors de portée de la multitude. « Δαιμονίας ὑπερβολῆς » s'écrie Glaucon (509c1-2) – comme s'il voyait dans les paroles de Socrate l'indice d'une théorie métaphysique très éloignée de la théorie du bien pratique [2]. Glaucon suppose sans doute que ce bien qui dépasse de loin l'être ne saurait être ni le but du désir de toute âme, ni ce à quoi la multitude identifie le plaisir. C'est ce que John Cooper admet pour sa part :

> Aristote avait raison, me semble-t-il, d'insister sur le fait qu'il n'existe pas de chose telle que le bien en soi, et que même s'il en existait une, on ne devrait pas orienter vers elle notre pensée pratique comme vers une fin ultime. En tout cas, si Aristote met tant d'insistance à l'affirmer, c'est que cela a des conséquences que sa sensibilité morale aurait eu la plus grande répugnance à abandonner : en situant *dans* le monde l'objet ultime à rechercher, Aristote est à même d'ouvrir un espace où une large variété de poursuites, d'intérêts et d'attachements humains ordinaires sont des constituants permanents du bien final [3].

1. Traduction de R. A. Gauthier et J. Y. Jolif, *L'Éthique à Nicomaque*, t. I, 2, Louvain, Publications Universitaires, et Paris, Béatrice Nauwelaerts, 1958, 2e éd. 1970.

2. G.X. Santas, *Goodness and Justice : Plato, Aristotle and the Moderns*, Malden Massachussetts and Oxford, Blackwell, 2001, chap. 5. Santas essaie toutefois de lier la théorie des formes avec la théorie du bien pratique, mais il n'y réussit que grâce à un usage assez invraisemblable de la notion d'auto-prédication. J'ai discuté de cette notion dans ma présentation à la Sorbonne, mais on m'a fait savoir que mes collègues français ne s'intéressaient plus à l'auto-prédication, et je l'ai donc laissée de côté avec plus de reconnaissance que je ne saurais dire. J'en ai discuté dans *The Ascent from Nominalism : Some Existence Arguments in Plato's Middle Dialogues*, Dordrecht, Reidel (Kluwer), 1987 et dans « The Forms, the Form of the Good, and the Desire for the Good in Plato's *Republic* », inédit.

3. Les italiques sont de Cooper. Voir J.M. Cooper, « The Psychology of Justice in Plato », *American Philosophical Quarterly* 14, 1977, repris dans *Reason and Emotion*, Princeton, Princeton University Press, 1999, p. 148. Cooper parle de ce qui est « dans le monde »

En somme, en dépit de l'apparente unité de ce passage, nous avons, semble-t-il, trois problèmes distincts : l'explication plus adéquate des vertus ; la plus grande étude qui est celle de la forme du bien, laquelle dépasse de loin l'être ; et le bien possible à pratiquer pour l'homme, celui que poursuivent la multitude, les raffinés et toute âme. Platon, quant à lui, ne fait rien pour relier ces trois thèmes. Tel est le défi de ce passage.

AUTRE PROBLÈME D'INTERPRÉTATION : LE RAPPORT ENTRE LE BIEN ABSOLU ET LE BIEN PROPRE À CHACUN (L'INTÉRÊT, L'AVANTAGE)

Le lecteur désireux de comprendre ce passage ne peut négliger une autre difficulté d'interprétation. Car le rapport aux poursuites, intérêts et attachements ordinaires des hommes que mentionne Cooper rappelle – au moins à la plupart des interprètes anglo-américains contemporains – qu'il y a quelque chose d'incertain dans le traitement du bien pratique tant chez Aristote que (s'il y est) dans le livre VI de la *République*. Quel est ce « bien » qui figure dans les deux expressions « la forme du bien » et « le bien pratique de l'homme » ? S'agit-il de l'intérêt, du bien propre à chaque individu, mon bien, le vôtre, et ainsi de suite – ce que la plupart des interprètes anglo-américains contemporains appelleraient un bien égoïste ? Ou s'agit-il d'un bien beaucoup plus général, voire d'un bien absolu, qui peut inclure le bien moral et le bien d'autrui et est indépendant du bien propre ?

La distinction entre bien propre à chaque individu et bien absolu est nettement marquée par N.P. White[1], qui note à propos de la notion de « *benefit* » (« bénéfice », « avantage », « intérêt ») :

> La conception platonicienne du Bien, c'est-à-dire de la Forme du Bien, est que le Bien est bon sans condition, ou encore, absolument. Ce qui ne veut pas seulement dire que le bien est inconditionnellement identique à lui-même, mais qu'il est bon inconditionnellement au sens prédicatif d'avoir (pour ainsi dire) la propriété d'être

comme s'il disait quelque chose de clair. C'est sans doute qu'il pense que parler des formes, c'est parler d'entités hors du monde et absurdes. Donc, « dans le monde » est clair. Mais ce bien pratique n'est-il pas un universel ? Or est-ce que les universaux sont dans le monde ? Sont-ils dans un endroit particulier de l'espace ? Pourquoi Cooper pense-t-il que les formes font moins partie du monde que les universaux, ou qu'elles sont plus hors du monde que les universaux ? À mon avis, « dans le monde » n'éclaircit rien.

1. N.P. White, *A Companion to Plato's Republic*, Indianapolis, Hackett, 1979, p. 35.

> bon[1] [...]. Pour l'instant, le trait le plus remarquable de cette absence de condition est que le Bien est bon *indépendamment* de toute référence à des goûts, des préférences, des désirs, des croyances personnelles et particulières quant à ce qui est bon : ce n'est pas la notion de quelque chose de bon ou de profitable *à* ou *pour* quelqu'un ou quelque chose. L'Idée du Bien est bien plutôt l'Idée de quelque chose qui est bon *indépendamment de toute référence à un sujet bénéficiaire, référence implicite dans la notion de bénéfice telle qu'elle est ordinairement comprise.* Cela ne signifie pas que le Bien puisse être mauvais pour quiconque. Cela ne nie pas davantage que celui qui possède une claire compréhension du monde *doit forcément* reconnaître le Bien et lui accorder une valeur. Cela veut dire que, telle que Platon la conçoit, la notion du Bien est la notion d'une chose qui peut et doit être reconnue pour bonne indépendamment de toute considération d'un sujet auquel elle bénéficierait. (Les italiques sont de White.)

(L'avantage est avantageux *pour quelqu'un*; le bénéfice est le bénéfice *de quelqu'un*. Selon White, le bien n'est ni l'un ni l'autre, sauf en 412d-e[2].)

Il y a donc deux possibilités quant à la forme du bien : elle est soit la forme de l'avantage ou de l'intérêt (avec toujours un rapport implicite au bien propre de tel ou tel individu), soit la forme d'un bien absolu et nullement relatif aux individus. De la même façon, il y a deux biens pratiques – le bien propre à chaque individu et le bien absolu vers lequel un individu peut tendre. (L'affaire serait certes plus compliquée si le bien signifiait une chose dans « la forme du Bien » et une tout autre chose dans « le bien pratique »[3].)

Il règne parmi la plupart des interprètes anglo-américains une grande agitation sur cette question. C'est qu'ils sont restés traumatisés

1. Nous trouvons ici la doctrine de l'auto-prédication que plusieurs philosophes anglo-américains sont tout heureux d'attribuer à Platon. Comme nous le verrons, les interprètes, à l'instar de C.R. Morris dont nous discutons plus loin le cas, n'ont pas besoin de cette doctrine pour expliquer la conception d'un nouveau bien absolu, sans lien aucun avec les conceptions du bénéfice ou de l'avantage. Quant à l'auto-prédication, voyez n. 2, p. 179, n. 1 et 2, p. 189, et les références à Richard Kraut à la fin de la section III.

2. N.P. White, *A Companion*, *op. cit.*, p. 193-5, p. 103.

3. Si les interprètes parlent d'un bien égoïste dans le premier cas, ce bien est néanmoins tout à fait général, parce que « le bénéfice » et « l'avantage » sont parfaitement généraux. Ce bien ne se rapporte pas seulement à moi. Il en va ainsi de l'art de gagner de l'argent dans le premier livre de la *République*. Cette science, quoi qu'on puisse s'en servir pour soi-même, est générale. On peut s'en servir afin d'aider *les autres* à gagner de l'argent. De la même façon, on peut se servir d'une science du bonheur ou du bien pour satisfaire ses propres désirs tout comme ceux *des autres* si on désire les satisfaire. D'après Platon, comme d'après Socrate, la *science* du bien est générale; c'est seulement le *désir* du bien qui est particulier.

par les suggestions de H.A. Prichard dans son célèbre discours d'inauguration, « Duty and Interest » (1928)[1]. Ce que Prichard a compris est que, si la thèse centrale de la *République* est que la justice nous rend plus heureux que l'injustice, alors le bien en question, en nous rendant plus heureux, ne pourrait guère être que le bien propre à chacun, mon bien, le vôtre, etc. (Prichard déclare suivre à ce propos Cook Wilson, dans ses conférences à Oxford sur la *République*[2].) De plus, déplore Prichard, Platon semble proposer ici une conception erronée de la vertu selon laquelle le mobile poussant à choisir la justice serait précisément l'intérêt propre. Platon devait savoir, dit Prichard, que la justice, et le bien que la justice recherche, ne peuvent être que le bien moral et non le bien particulier. Platon reconnaît du reste ce bien moral quand il permet à Thrasymaque et Glaucon de donner, sans soulever de protestation de la part de Socrate, des exemples d'actes qui sont évidemment justes selon le critère de Prichard et ne font donc nul appel au bonheur[3]. (Nous connaissons avec certitude, selon Prichard, le sens ou la signification de « la justice »[4], et ce sens ou cette signification en déterminent la dénotation[5].)

1. Repris dans H.A. Prichard (1871-1947), *Moral Obligation*, Oxford, Clarendon Press, 1949.

2. Reprises dans J.C. Wilson (1849-1915), *Statement and Inference*, recueil posthume, 2 vol., Oxford, 1926.

3. Voir 343d-e, 360b-c, 442d-443a, 589c-591a.

4. Prichard écrit (« Duty and Interest », Oxford, Clarendon Press, 1928, repr. dans *Moral Obligation*, 2nd edition, Oxford, Clarendon Press, 1968, p. 215) : « Quand Platon soulève la question : "qu'est-ce que la justice ?", il ne demande pas par là "que voulons-nous dire par les termes 'justice' et 'juste', ou, dans notre langage, 'devoir ' et 'droit'", comme nous pourrions demander "que voulons-nous dire par le terme 'optimisme', ou par l'expression 'être vivant' ?" En fait, s'il avait voulu dire cela, il aurait alors soulevé une question seulement verbale, et non pas réelle, en ce que tout effort pour la poser aurait impliqué que la réponse était déjà connue et que par conséquent il n'y avait rien à demander. » Nous savons infailliblement « ce que nous voulons dire » (*what we mean*). (Cette position de Prichard l'expose immédiatement au paradoxe d'analyse – paradoxe fatal, à mon avis, à l'affirmation que « le sens détermine la référence » (*meaning determines reference*) ; pour le paradoxe d'analyse, voir M. Dummett, « Frege and the paradox of Analysis », dans *Frege and Other Philosophers*, Oxford, Clarendon Press, 1991, p. 17-52, et n. 5 ci-dessous. Je ne m'engagerai pas ici dans une discussion plus étendue.) Prichard poursuit : « Il veut dire : "quelle est la caractéristique par la possession de laquelle une action est nécessairement juste, c'est-à-dire une action qu'il est ou serait de notre devoir d'accomplir ? ». Bref, il veut parler de ce qui rend juste ou droite l'action juste ou droite. » Difficile ne pas voir ici un passage qui a influencé, directement ou indirectement, G. Ryle (« Systematically Misleading Expressions », *Proceedings of the Aristotelian Society* 32, 1931-32, 139-70) et L. Wittgenstein (*The Blue and Brown Books*, Oxford, Basil Blackwell, 1958 [1933]).

5. Comme le dit Hilary Putnam, dans l'esprit de Frege, « le sens détermine la référence ». Voir aussi Penner, « Platonic Justice and what we mean by justice », dans

Ainsi, selon Prichard, il y a dans la *République* une confusion entre le bien moral (la vraie justice) et une conception fautive de la justice d'après laquelle chacun ne reconnaîtra pour juste que ce qui assure en même temps son propre bonheur. Ces interprètes veulent pour la plupart démontrer que cette confusion ne se trouve pas dans la *République* et que la présence d'un bien égoïste dans la *République* n'est qu'apparente. Cette dénégation a commencé avec les remarques fondamentales de C.R. Morris [1]. Celui-ci rejette catégoriquement l'opinion de Prichard d'après laquelle 1) Platon se laisse tenter par l'idée que le mobile de la justice est le bonheur individuel, et rejette celle relative aux mobiles possibles, à savoir que 2) sauf dans ses actions irrationnelles, chacun recherche toujours son propre bien ou son propre intérêt [2].

Morris récuse donc deux thèses, l'une morale, l'autre psychologique. On peut douter qu'il soit possible d'agir en vertu d'un mobile désintéressé si, conformément à (1), le mobile de la justice est toujours l'intérêt. Selon Morris, l'agent doit pouvoir rechercher dans les actions qu'il choisit autre chose que son intérêt. Morris a bien compris que le moraliste a besoin d'une nouvelle sorte de mobile. Nous trouvons à peu près la même thèse psychologique chez beaucoup d'interprètes anglo-américains contemporains – celle selon laquelle le bien pratique que poursuivent les hommes n'est pas limité au bien propre à l'individu. Cooper, Irwin, White, Annas, Kraut, etc., sont de dignes successeurs de Shaftesbury, Hutcheson, Butler, Hume et Sidgwick. Comme ces grands prédécesseurs, ils insistent sur l'existence de mobiles purement non égoïstes tels que la bienveillance, la sympathie, l'altruisme, etc. [3] – même si (pour des raisons textuelles) la

Plato, online Journal of The International Plato Society, at : www.nd.edu/~plato/plato5issue/Peuner.pdf.

1. C.R. Morris, « Plato's Theory of the Good Man's Motives », *Proceedings of the Aristotelian Society* 34, 1933-4, 129-42.

2. Voir Prichard, *op. cit.*, p. 218 : « On ne peut échapper à la conclusion que, lorsque Platon se propose de considérer non pas ce que ce qui *devrait* conduire, mais ce qui *réellement* conduit un homme à agir, lorsqu'il agit de façon délibérée et pas seulement en réponse à une impulsion, sa réponse est alors "le désir de quelque bien pour lui-même et cela seul". » (Italiques de Prichard.)

3. On peut expliquer la bienveillance, la sympathie et l'altruisme sans avoir à admettre que ces sentiments sont absolument purs. Un sentiment tel que l'altruisme – s'il n'est pas l'altruisme *pur* – peut aussi être intéressé (aider les autres est aussi avantageux pour soi-même). Les moralistes anglais et écossais ont insisté sur le fait qu'un sentiment tel que l'altruisme peut être *purement désintéressé*. Personne n'a relevé cette insistance et les difficultés qu'elle entraîne aussi clairement que Kant, quand il s'interroge sur la possibilité de mobiles purement moraux. (J'ai critiqué ces arguments lors de mes conférences à l'Université de New Mexico en 2000.)

plupart d'entre eux ne va pas jusqu'à accorder, comme le font en revanche Morris et Mabbott, la présence d'un mobile purement moral chez Platon. Mais même ceux-là admettent que si ce bien n'est pas exactement le bien moral, il en est au moins tout proche.

En tout cas, cela permet de poser les conditions psychologiques d'un bien presque moral. Non seulement il est possible d'agir de façon rationnelle sans mobile intéressé, mais, selon une perspective très moderne[1], si vous proposez une raison de votre action, cela sera *en fait* votre raison – le but de votre action. Croire que telle est votre raison, c'est savoir que telle est votre raison. Dès lors, si vous prétendez que le mobile de votre action est purement altruiste, il n'y a pas de problème – en dépit des doutes kantiens[2]. Celles que vous proposez comme étant vos raisons sont en fait vos raisons. Il y a là des présupposés psychologiques que je n'accepte pas du tout. Mais je ne poursuivrai pas cette discussion ici.

Quant à la question du bien que les gardiens recherchent – le bien absolu – Morris a totalement convaincu J. D. Mabbott[3], et l'article de Mabbott a par la suite influencé de façon décisive la discussion anglo-américaine (Kirwan, Irwin, Cooper, White, Annas, Kraut, Korsgaard) – sans toutefois l'albatros auto-prédicatif qui ne prend son envol qu'avec Vlastos[4].

Morris croit donc que la forme du bien de la *République* nous procure un bien tout nouveau non seulement du point de vue de la métaphysique, mais aussi dans l'histoire de la morale. Il dit :

> Nous devons maintenir que la philosophie, en nous donnant une compréhension plus profonde de la réalité, nous découvre de nouveaux objets de désir ; (…) [V]oir cet objet suprême [*sc.* la Forme du Bien], c'est la désirer d'un désir si intense qu'à côté de lui tous les autres désirs tombent dans l'insignifiance. Alors, une fois appréhendé l'objet suprême, nous ne pouvons plus jamais être mus par autre chose qu'un désir pour cet objet suprême (…) C'est ainsi grâce à la philosophie qu'il m'est possible de connaître et par là de

1. Voir T.M. Scanlon, *What we Owe to Each Other*, Cambridge, Massachusetts and London, The Belknap Press of Harvard University Press, 1998, p. 17-76.

2. Kant, *Fondements de la métaphysique des mœurs*, AK IV 407-8, 419, etc.

3. J.D. Mabbott, « Is Plato's *Republic* utilitarian ? », *Mind*, 46, 1937, 468-74, revised and reprinted in G. Vlastos (ed.), *Plato*, vol 2, Garden City, N.Y., Anchor Paperbacks, Doubleday, 1971.

4. G. Vlastos, « The Third Man Argument in the *Parmenides* », *Philosophical Review* 63, 1954.

désirer le suprême objet de désir ; en me conduisant à ce désir, elle rend inévitable le fait que je vivrais la vie excellente (*the good life*) [1].

(Belle expression – presque irrésistible – de l'aspiration platonicienne.) Les mots de Morris « *the good life* » entendent désigner une vie morale totalement indépendante de la recherche du bonheur individuel, même si – par une θεῖα μοῖρα, pour ainsi dire, ou une harmonie préétablie – les conséquences incluent, après tout, le bonheur individuel. Dans la même communication, Morris dit un peu plus loin à propos des mobiles des gardiens :

> Quand l'élément rationnel auquel Platon se réfère domine, l'homme est un homme accompli et un philosophe, et son âme est en harmonie (…) Le philosophe est mû par l'Idée du Bien, non par le désir de son propre bien [2].

Même si le philosophe ne cherche pas son propre bonheur mais un tout nouvel objet de désir n'ayant aucun rapport nécessaire à son propre bonheur, ce bonheur individuel en est néanmoins une conséquence. En plus du bien individuel que l'homme recherche, Platon, d'après Morris, découvre dans la forme du bien un nouveau bien – aussi révolutionnaire dans l'histoire de la morale que la découverte par Kant de l'impératif catégorique. Évidemment, le bien nouvellement découvert dans la montée de l'âme dont parle Morris doit être le bien absolu, très proche de l'idée du bien moral, différent du bien de chaque individu [3].

1. C.R. Morris, « Plato's Theory of the Good Man's Motives », p. 138.

2. C.R. Morris, *ibid.*, p. 142. Morris doit supposer ici – sans grande plausibilité, à mon avis – que lorsque Platon affirme en 505e11 que « toute âme » recherche le bien, il veut seulement dire que les âmes de tous les *gardiens* poursuivent ce bien.

3. Voir Cooper, « The Psychology of Justice », art. cit., p. 147-8 : « Il est vrai au-delà de tout doute raisonnable que l'homme juste de Platon n'est pas égoïste, quel que soit le sens retenu pour ce terme. Non seulement il ne fait pas tout ce qu'il fait dans le souci de son propre bien, mais il ne fait jamais quoi que ce soit pour cette raison. Même quand il agit pour en retirer un bénéfice, et qu'il en est conscient, sa raison pour agir ainsi est que le bien lui-même l'exige. Que *son* bien le demande est strictement indifférent. Par la même occasion, il n'agit à aucun moment par souci pour les autres et par sollicitude pour *leur* bien, seulement par ce que ce serait le leur. Mais il procure tous les bénéfices par égard pour le bien lui-même, et non par égard pour ces bénéficiaires humains plus immédiats » (italiques de Cooper). Pour Cooper, des mobiles non intéressés existent assurément d'après Platon *même avant de penser à la forme du bien*. (Cooper doit ici être un partisan d'arguments semblables à ceux de Butler, Hume, etc.). Ce n'est pas l'opinion générale des interprètes qui pensent avoir affaire au bien absolu dans la *République*. Presque tous estiment, comme Morris, que nous ne rencontrons le bien absolu que quand nous découvrons la forme du bien. C'est celle-ci, et non pas celle de Cooper, qui est selon moi la meilleure hypothèse s'agissant d'un bien absolu. Bien sûr, elle semble plus vraisemblable si l'on suppose – comme je le fais – que dans les parties

Notons en passant qu'avec l'introduction d'un bien absolu nous disposons de deux méthodes mutuellement exclusives pour arriver à la thèse

1) la justice nous rend heureux.

La première est de soutenir que

2C) pour réaliser ce but qu'est notre propre bonheur, nous choisissons d'agir d'après la justice. (Appeler dans ce cas le bonheur *le bonheur choisi.*)

La deuxième est de soutenir que

2S) il ne faut pas avoir comme but notre propre bonheur, mais un bien absolu ; notre propre bonheur viendra de surcroît. (Appeler dans ce cas le bonheur *le bonheur surajouté.*)

Faisant preuve à mon sens d'un jugement plus perspicace que tous ces modernes, Prichard en est venu à penser que le bonheur choisi est selon Platon le bonheur vers lequel tendent les hommes justes.

Toutefois, ce bien moral extraordinaire et absolu pourrait être à la rigueur envisagé si l'on songe à cette entité métaphysique extraordinaire que nous avons entrevue dans les expressions (E) et (F) – le bien comme cause de toute connaissance et de toute réalité, au-delà de l'être. On pourrait supposer que cette forme non seulement recèle quelque chose de vraiment bizarre dans son ordre métaphysique, mais que ce nouveau bien se situe au-delà des notions d'intérêt, d'avantage ou de bénéfice dont nous venons de parler. Pas exactement un bien moral, mais un bien libre de tout intérêt, de toute utilité, de tout profit. Ce nouveau bien – ce bien absolu – pourrait, une fois découvert, éveiller une nouvelle sorte de désir que la plupart des philosophes anglo-américains supposent aussi possible pour nous que Kant le pense à propos de son impératif catégorique.

Quant à moi, l'aspiration platonicienne vers quelque bien extraordinaire se dévoilant seulement dans le mouvement ascendant de l'âme ne me pose aucun problème. La question qui demeure est seulement de savoir s'il faut identifier à ce bien inconnu la vraie nature de l'avantage (ou, dans la mesure où il concerne les hommes, la vraie nature du bonheur), ou s'il est quelque autre bien plus impersonnel. En tout cas, si les partisans du désir d'un bien absolu dans la *République* ont raison, cela se révélera à coup sûr en 504a-509c. Commençons donc par là.

socratiques du corpus platonicien, le bien que recherche tout homme est son propre bien (voir *Euthydème*, 278e-282d, 288d-292e). En 278e3-4, Socrate demande : « est-il vrai que nous autres hommes, nous désirions tous être heureux (βουλόμεθα εὖ πράττειν) ? » Cette question initiale ne porte pas sur un bien absolu, mais sans conteste sur un bien propre. Il n'est pas question de désirer le bonheur général, comme on peut le lire chez Bentham et J.S. Mill. La référence à l'avantageux est également fréquente dans les quatre premiers livres de la *République*.

Solutions proposées

Je me propose dans ce qui suit de résoudre les difficultés relatives aux six expressions signalées précédemment et de répondre à la question sur la sorte de bien à laquelle nous avons affaire dans « la forme du bien ». Je tiens à m'acquitter de ces tâches sans recourir à ce *bien absolu* dont j'aimerais montrer un jour qu'il est entièrement absent de la *République*. Je ferai donc référence seulement à une forme de l'avantage – objet selon moi (voir la note 8) de la science du bien. En second lieu, je veux résoudre ces difficultés sans faire référence à un bien pratique qui viendrait s'ajouter à cette forme du bien (la forme de l'avantageux). En dernier lieu, je dirai des six locutions qui pourraient laisser croire que Platon est toujours en train de changer de sujet, qu'elles ne concernent en fait qu'un seul et même sujet d'un bout à l'autre – la forme du bien. Afin que le lecteur ne perde pas de vue le raisonnement que je vais suivre, voici mes principales thèses :

1) À propos de (A) : par l'expression « le circuit plus long », il s'agit de spécifier ce qu'est le bien poursuivi par la raison présente en toute âme (et par les gardiens de la cité idéale) quand elle s'acquitte de la tâche qui lui revient – c'est-à-dire l'intérêt ou l'avantage de *l'individu total* avec ses trois parties (de même que dans la cité la tâche des gardiens est de réaliser l'intérêt ou l'avantage de *la cité totale* avec ses trois parties).

2) À propos de (B) : la plus grande étude est celle de ce même bien que poursuivent la raison et les gardiens – la forme du bien. Ou, s'il semble étrange qu'on poursuive la forme du bien plutôt que le bien pratique de l'homme, les expressions suivantes doivent être tenues pour vraies et équivalentes :

> la *recherche* du bien = la *recherche* d'une situation où la forme du bien en vient à caractériser ma vie au maximum = la *recherche* de la forme du bien [1].

Il en résulte que, pour expliquer ce que veut dire l'*expression* « rechercher le bien pratique », nous n'avons besoin de nous référer à aucune autre *chose* qu'à la forme du bien, par exemple à un bien pratique de l'homme. Conserver l'expression, éliminer la chose [2].

1. Suivant Frege, j'utilise le signe d'égalité = au sens de « est identique à ». Si $x = y$, il n'y a là qu'une chose : x, c'est-à-dire y.

2. Bien sûr, *s'il y a* et une forme du bien et un bien pratique de l'homme, ce sont deux choses différentes. Mais si nous pouvons éliminer ce bien pratique de notre ontologie, le problème disparaîtra. Pour l'éliminer, on peut abréger ainsi : rechercher ce bien = rechercher [la situation où la forme de] ce bien [pour faire qu'elle caractérise ma vie au maximum], et de même : désirer le bonheur = désirer [que] le bonheur [caractérise ma vie au maximum]. Comme « désirer le bien pratique » est désirer que la forme du bien en vienne

3) À propos de (B), (C) et (D) : cette forme du bien est aussi l'objet de tout désir du bien, y compris pour la multitude et même si celle-ci ne connaît presque rien de cette forme[1].

4) À propos de (E) et (F)] : quoique la forme du bien, comme cause de toute connaissance et de toute réalité située au-delà de l'être, semble être une réalité assez métaphysique et même mystérieuse, elle n'est néanmoins que ce bien dont nous avons besoin comme objet du désir de toute âme.

Enfin, moyennant les identités établies en (S2), nous pouvons établir que

5) rechercher la Forme du bien ≠ rechercher le bien *général* (à la façon des utilitaristes), ou ≠ rechercher le bien moral (à la façon de Kant), ou ≠ rechercher le bien absolu (bien inconditionné, non relatif à l'individu), comme le disent plusieurs philosophes contemporains dans la tradition des moralistes du XVIIIe siècle.

Je soutiendrai à cet effet que

6) le bien platonicien que recherche la partie rationnelle de l'âme selon la *République* n'est pas différent du bien socratique – un bien purement « prudentiel » c'est-à-dire intéressé. (Si nous prenions en considération les désirs irrationnels, ce serait une autre histoire.)

Tant pis pour la morale de la *République* conçue comme nécessitant un bien distinct et situé au-delà de ce que j'ai appelé (2C) *le bonheur choisi* à la fin de la section précédente. À mon avis,

7) la *République*, comme Prichard l'a soupçonné, tourne autour du *bonheur choisi* de l'individu.

La *République* n'est pas un dialogue sur la morale ou sur un bien absolu strictement non relatif à l'individu. La *République* propose la même chose que les dialogues socratiques – être vertueux, c'est vivre de la façon la plus heureuse possible dans les circonstances qui sont les nôtres. La personne sage choisira la vertu comme moyen pour atteindre un bonheur pratiquement réalisable.

Malheureusement, je ne peux discuter ici en détail d'autres conceptions des formes. Qu'il suffise de dire que je soutiens ici que la forme du bien n'est pas l'instance parfaite ou le modèle d'une chose bonne ou d'une personne bonne – instance parfaite où le modèle *possède* la vraie nature du

à caractériser ma vie au maximum, on peut remplacer tout rapport à ce prétendu bien pratique par un rapport à la forme du bien. Voilà pourquoi je dis que si l'on ne peut pas dire que le bien pratique est la forme du bien, néanmoins on peut encore dire que rechercher le bien pratique n'est rien de plus que rechercher la forme du bien. C'est là à mon sens la manière dont Platon se représente la situation que veulent décrire Aristote et avec lui Cooper, Santas et les autres, en termes de bien pratique.

1. Je traite cette difficulté dans les pages 194-200.

bien (comme par exemple dans la version auto-prédicative proposée par Kraut[1], où les formes sont elles-mêmes justes). Il ne saurait être selon moi question de *posséder* la nature du bien : la forme du bien est *identique à* cette vraie nature même. Il en découle qu'imiter la forme du bien n'est pas imiter une chose qui *posséderait* elle-même cette vraie nature (auto-prédication encore[2]) ; c'est bien plutôt imiter cette vraie nature, c'est-à-dire vouloir que cette vraie nature caractérise nos actions.

Il va sans dire que ces indications ne forment que le prélude d'une argumentation en faveur de ces grandes thèses. J'espère toutefois que l'esquisse présentée sera utile.

SUR LE PASSAGE (A) : L'EXPLICATION AMÉLIORÉE (LIVRE VI) DES VERTUS (LIVRE IV)

Ma question est celle-ci : quelle révision ou éclaircissement de l'explication des vertus proposée au livre IV sont-ils rendus possibles par la discussion du livre VI ? Comme je l'ai déjà dit, Platon, après avoir posé cette question, semble s'en détourner pour passer à la plus grande étude, à savoir la forme du bien. La seule façon d'éviter que cette transition manque de rigueur est de supposer qu'il y a quelque rapport entre la forme du bien – ou du bien pratique (s'ils ne sont pas la même chose) – et l'explication des vertus. Mais quel rapport ?

Considérons d'abord la vertu fondamentale, la justice, et cela plus précisément dans l'âme individuelle. C'est de la justice individuelle, après tout, que nous cherchons une explication plus adéquate. Quant à la justice dans la cité idéale, nous nous y intéressons principalement pour ce que nous en dira l'analogie entre la justice dans la cité et la justice dans l'âme. Or, à propos de cette analogie il faut rejeter sans hésitation, comme je l'ai fait observer ailleurs[3], l'hypothèse selon laquelle *si*

1) la justice dans la *cité* idéale consiste en des relations *intérieures* à la cité – ces relations étant des relations *extérieures* aux relations mutuelles entre citoyens[4],

1. R. Kraut, « The Defense of Justice in Plato's *Republic* », dans R. Kraut (ed.), *The Cambridge Companion to Plato*, Cambridge, Cambridge University Press, 1992, p. 322-4.

2. R. Kraut, art. cit., p. 327-330

3. Voir T. Penner, « Platonic Justice and what we mean by justice », art. cit., et « Forms, the form of the good and the desire for good in Plato's *Republic* », *The Modern Schoolman* 80, 2003, 191-233.

4. À strictement parler, les parties intérieures de la cité idéale sont les trois classes. Si je mentionne les citoyens, c'est pour souligner l'extrême différence entre Platon et les

alors

2) la justice dans l'individu consiste en des relations *extérieures* à celles qu'un *citoyen* individuel de la cité idéale entretient avec les autres (sans qu'il soit nullement nécessaire de considérer ce qui se passe à l'intérieur du citoyen).

Il faut rejeter cette hypothèse, bien que ce soit précisément celle des théoriciens modernes lorsqu'ils expliquent le rapport entre justice sociale et justice individuelle. Pour eux, la justice de l'individu consiste dans les mêmes relations extérieures entre citoyens que celles impliquées par la justice sociale à l'intérieur de la société [1]. La seule différence est que ce qui est *intérieur* dans la perspective de la cité est *extérieur* dans la perspective du citoyen.

Or – sauf dans le dessein d'éclaircir la formule déterminant la justice dans la cité et sauf certaines aberrations [2] – Platon ne s'intéresse pas à la formule portant sur la justice du citoyen. Aussi incroyable que ce soit pour quiconque n'a pas lu la *République*, il s'intéresse seulement à établir une analogie entre les deux formules, c'est-à-dire :

3) la justice dans *l'individu* de n'importe quelle cité consiste en des relations *intérieures* entre les *parties de l'âme*.

Notons que la formule (2) sur la justice du citoyen rejetée ici nous présente seulement l'individu juste *de la cité idéale*. Par contre, la formule (3) concerne l'individu *de n'importe quelle cité*. Oublier cela, c'est oublier que la recherche principale de la *République* est la recherche de la justice

philosophes modernes à propos de la relation entre la justice d'une société et la justice d'un individu.

1. Voir J. Rawls, *A Theory of Justice*, Cambridge, Massachusetts, The Belknap Press of Harvard University Press, 1971, et G. Santas, *Goodness and Justice*, *op. cit.*, chap. 3.

2. Il est difficile de nier que la construction d'un état idéal est un projet qui peut être poursuivi d'un point de vue purement politique, sans référence à la justice dans l'âme (voir, par ex. *Tim.*, 17a-19b. De plus, Socrate semble parfois s'intéresser dans la *République* à l'éventualité que Denys II soit un roi-philosophe ou qu'une société comme la société pythagoricienne se réalise (499c, 502a, *cf.* 500d-502c, 600b). En même temps, il dit souvent qu'il n'importe guère de savoir si la cité idéale peut se réaliser ou non (472b3-e6, *cf.* 368d1-369b2, et en particulier 592a7-b6) : la seule chose qui compte en effet est de disposer d'une cité théorique pour expliquer ce qu'est la justice dans l'âme. À mon avis, il y a là une tension non résolue dans la *République*. Platon ne peut jamais faire abstraction d'un intérêt purement politique, qui ne se rapporte pourtant pas à la question clé de la *République*; la question clé étant celle de la nature de la justice dans l'âme individuelle, pour laquelle celle de la justice du citoyen n'a aucune signification. Les questions ici sont trop vastes pour être traitées complètement.

dans l'individu, non de la justice dans une cité construite en théorie (λόγῳ), à la réalisation de laquelle Platon ne s'intéresse qu'incidemment[1].

Muni de cet éclaircissement, nous sommes en mesure de poser la question suivante : qu'y a-t-il dans l'explication de la justice offerte au livre IV qui ne soit pas encore clair ? Socrate nous dit que cette vertu est présente dans l'individu quand les trois parties de la communauté qu'elles forment (chaque âme individuelle : 442c7-8) font chacune ce qu'elles ont à faire (τὰ αὑτοῦ) sans se mêler des tâches qui incombent aux autres (441d12-e2, *cf.* dans la cité, 433a4-5, d4-5). Cette explication serait inadéquate si ces tâches n'étaient pas claires[2].

Or il y a une tâche qui pourrait concerner surtout la forme du bien à laquelle nous voulons relier notre explication de la justice : celle de la partie rationnelle. Quelle est alors la tâche (ou la fonction) propre à cette partie ? Elle réside dans la vertu spécifique à la raison[3], la sagesse (441e4). Et qu'est-ce que la sagesse ? Une capacité de prévoir qui veille sur l'âme toute entière (ἔχοντι τὴν ὑπὲρ ἁπάσης τῆς ψυχῆς προμήθειαν : 441e4-6). Or cette prévision consiste en « la science de *ce qui est utile à chaque partie (τοῦ συμφέροντος ἑκάστῳ) de l'âme et de la communauté qu'elles forment à elles trois* » (442c5-8)[4].

Le mot important est συμφέρον. Il donne la clef de la liaison avec la forme du bien. Rappelons également la place centrale de ce mot au livre I, où Thrasymaque fait de la justice l'intérêt (συμφέρον) du plus fort. Socrate précise :

> C'est donc l'intérêt, Thrasymaque, qui est la justice : voilà ce que toi aussi tu as répondu, après m'avoir interdit cette réponse ; il est vrai que tu as ajouté : du plus fort ; (339a6-9)

1. Les passages qui imposent de réfléchir sur cette question sont essentiellement les livres VIII et IX.

2. Voir G. Santas, *Goodness and Justice*, *op. cit.*, p. 72-5, sur le bien fonctionnel présent dans le premier livre de la *République* (la vertu propre d'un bon instrument ou d'un bon organe est de remplir sa fonction), et sur l'application qui, selon Santas, en est faite pour expliquer les vertus au livre IV. Je suis certain que Santas a raison sur ce point important. Si j'ai des réserves au sujet d'une théorie du « bien fonctionnel », elles tiennent d'abord à ce qu'à mon sens il est très important de ne pas y voir une théorie distincte de la théorie de la forme du bien. De plus, avec le mot « fonction », on risque de ne penser qu'à l'habileté des experts ou à l'excellence des organes ou des instruments (qui sont tous *des moyens*), en oubliant la *fin* que toute fonction remplit – fin qui est aussi un bien. (Je ne dis pas que Santas commette seul cette faute ; il s'agit d'un travers plus communément répandu.)

3. Voir à la fin du livre I de la *République* et dans *l'Hippias Mineur* la relation entre fonction et vertu.

4. Dans la cité, les gardiens gardent le bien de la cité dans sa totalité (520a1, 420b3-421c6, 428c11-d3).

et

> Je conviens avec toi que la justice est quelque chose d'utile; mais toi, tu ajoutes à [cette explication] et tu prétends que c'est au plus fort (339b3-5, *cf.* aussi auparavant, 336c-d, et 337b-c)[1].

C'est seulement cette addition – qui implique, comme on le voit par la suite, que les forts s'arrogent de grands avantages (344a1) et qu'ils l'emportent en toute chose sur les autres hommes, qu'ils soient justes ou injustes – que Socrate désavoue. Non pas qu'il veuille parler seulement en faveur de l'intérêt des faibles – comme souvent dans l'œuvre de Platon, Socrate ne s'attaque pas aux *mots* de son interlocuteur (ici Thrasymaque); c'est plutôt que la vraie justice doit être l'avantage aussi bien des forts que des faibles. Or, dans cette exploitation des faibles par les forts, les forts font du mal aux autres – ce qui ne tournera pourtant pas à leur avantage (voir 351a7-e1, cf. *Apol.*, 25c5-26a8, *Criton* 49a4-c11, *Rép.*, 335b2-e5, 351a-d et ma note 2, 351b1-e1, 421a5-8, 500b8-c2, 414b1-6, 416a2-417b6, *cf.* 378c-380c). Il n'est pas possible de se procurer ainsi son avantage. La théorie de la justice comme science de l'exploitation des autres est incohérente[2].

Je prétends donc que la fonction de la raison dans l'âme juste est de chercher le bien de l'âme entière moyennant la recherche de la science du bien. De plus, ce bien que la raison recherche n'est pas l'intérêt de la raison, mais l'intérêt de *l'âme entière.* Néanmoins, ce que ma raison cherche n'est pas le bien absolu, mais *mon bien individuel.* Dès lors la forme du bien à laquelle je veux participer est la forme de l'avantageux.

1. Traductions (ici et par la suite) adaptées de Chambry, Platon, *La République*, Paris, Les Belles Lettres, « Coll. des Universités de France », t. I-III, 1932-1934).

2. Voir la prétendue science de l'injustice en 351a-d, qui pousse la cité à asservir de manière totalement injuste d'autres cités. Or cette injustice fait naître la haine et la discorde, même parmi les citoyens de la cité injuste; et elle fait naître par la même occasion *l'impuissance à rien entreprendre en commun.* Où trouverions-nous donc une science capable d'asservir d'autres cités inspirant une action commune et d'une complète injustice? Beaucoup d'arguments du livre I – plus que l'on croirait peut-être – sont des arguments démontrant l'incohérence de ces prétendues sciences qui ne peuvent être autre chose que des « pseudo-sciences ». Pour d'autres « pseudo-sciences » (la rhétorique de Gorgias, le commentaire littéraire de Ion), voir T. Penner « Socrates on the Impossibility of Belief-Relative Sciences », dans le *Boston Area Colloquium for Ancient Philosophy*, Lanham, Maryland, 1988.

SUR LE PASSAGE (B) : LA PLUS GRANDE ÉTUDE. PREUVE ADDITIONNELLE QUE LA FORME DU BIEN EST LA FORME DE L'AVANTAGEUX ET NON UN NOUVEAU BIEN ABSOLU

Mon identification de la forme du bien est confirmée par l'introduction de la plus grande étude, celle de la forme du bien en 505a2-b3. (Je ferai usage par la suite des lettres que j'ai insérées dans le texte, et j'ai mis en italiques les expressions qui donnent fortement à penser que le bien est ici le bien de l'intérêt ou de l'avantage.)

> … tu m'as souvent entendu dire que <*a*> l'idée du bien est l'objet de la science plus haute, et que <*b*> c'est d'elle que la justice et les autres vertus tirent leur *utilité* et leurs *avantages*. C'est encore, tu t'en doutes bien, ce que je vais te répondre à présent [c'est-à-dire répondre à la question τὶ ἐστι posée à propos de la plus grande étude en 504e6], en ajoutant que <*c*> nous ne connaissons pas exactement cette idée [c'est-à-dire que la réponse à la question τὶ ἐστι n'est guère complète quand nous disons que la plus grande étude est celle de l'Idée du Bien ; car nous ne savons pas ce qu'est ce bien], et que, si nous ne la connaissons pas, <*d*> connussions-nous tout ce qui est en dehors d'elle aussi parfaitement qu'il est possible, cela, tu le sais, *ne nous servira de rien*, de même que <*e*> sans la possession du bien celle de toute autre chose nous est *inutile*. Crois-tu, en effet <*f*> qu'il y ait quelque *avantage* à posséder quoi que ce soit qui ne soit pas bon, ou à tout connaître sans connaître le bien, et à ne rien connaître de beau ni de bon ?

J'espère qu'il est hors de doute que le bien n'est pas ici le bien absolu. Ce que nous avons ici (n'en déplaise à White[1]) est un bien d'« utilité » et d'« avantage ». C'est aussi le bien qu'évoque Socrate lors des deux exhortations à la vertu de l'*Euthydème*. La seule différence est que, dans l'*Euthydème*, Socrate parle de la *sagesse* comme instrument de l'utilité et du bonheur, tandis que dans la *République*, c'est *l'Idée du Bien* qui est cet instrument[2]. Il est vrai que dans ce passage de la *République* Socrate

1. N. White, *A Companion*, art. cit., p. 193-195.

2. J'emploie sans honte le mot « instrument » mais refuse d'être accusé de ne parler que d'un bien instrumental et non d'un bien intrinsèque. Car cette opposition n'a aucune raison d'être, sauf à considérer que Platon croie à un tout autre bien que l'avantage, et c'est là précisément ce qui est en question. Il ne faut pas être hypnotisé par des paroles telles que αὐτά γε καθ' αὑτὰ ἀγαθά en *Euthyd.*, 281d4-5. Rien n'empêche qu'elles se rapportent aux choses qui sont toujours bonnes – bonnes en toutes circonstances – tandis que les autres choses dont parle Socrate (la richesse, la santé, etc.) sont tantôt bonnes, tantôt mauvaises.

attaque immédiatement l'hypothèse selon laquelle la sagesse ou l'intelligence serait le bien. Il la rejette en raison d'un cercle vicieux :

Qu'est-ce que le bien ?

Une science.

Mais quelle science ?

La science du bien.

Nous ne sommes guère avancés. Mais cela ne prouve pas que la pensée de Socrate dans l'*Euthydème* soit différente de celle exprimée dans la *République*. Car Socrate argumente ainsi dans la seconde exhortation de l'*Euthydème* :

Qu'est-ce que ce bien en soi ?

La sagesse – une science.

Mais quelle science ?

Une science du bien – la science royale qui procure le bien aux citoyens.

Le cercle est le même. Il faut donc se préparer à la possibilité que l'idée du bien qui rend toute chose utile et avantageuse dans la *République* ne soit rien de plus que la sagesse ou science socratique du bien dans l'*Euthydème* – ou plutôt rien de plus que l'objet de cette science, quel qu'il soit. Voyez surtout les passages de l'*Euthydème* qui trouvent un écho dans notre passage de la *République* : 288d9-e2, 290b1-c6 (avec le *Cratyle* 389d-390d), 291c7-d3. En d'autres termes, il faut être prêt à admettre que

3) la vraie nature du bien = la vraie nature de l'avantage (ou du bénéfice).

Un point, au moins, est certain : l'idée du bien n'est pas l'idée d'un bien absolu, entièrement séparée de l'idée d'utilité et de l'avantage. Si c'est là confondre l'idée avec le bien pratique de l'homme, qu'il en soit ainsi. Mais je ne le crois pas.

SUR LE PASSAGE (D) : LE BIEN QUE RECHERCHE TOUTE ÂME

Cette supposée confusion, que mettent en avant Aristote, Cooper, Santas et autres, entre l'idée du bien et le bien pratique de l'homme devrait se retrouver en 505d11-506a7, où Socrate affirme qu'il y a un bien que recherche toute âme. Nul ne prétendra que toute âme connaît la forme du bien. Si donc nous mettons l'accent sur

4) la nécessaire connaissance de ce que l'on désire,

il résulte soit

5a) qu'il est impossible que le bien désiré par toute âme soit la forme du bien,

soit

5b) qu'il faut admettre que cette confusion existe chez Platon.

Il est pourtant certain que le passage qui suit se rapporte à la forme du bien :

> Or ce [bien : 505d 7] que toute âme recherche et dont elle fait la fin de tous ses actes, dont elle devine qu'il est quelque chose (ἀπομαντευομένη τι εἶναι, 505e1 [1]) <c*> sans pouvoir atteindre à la certitude et définir au juste ce qu'il est (λαβεῖν ἱκανῶς τί ποτ' ἐστίν [2]), ni s'en reposer sur une solide croyance, comme <d*> elle le fait à l'égard des autres choses, ce qui <b*, e*, f*> fait perdre aussi les *avantages* qu'elle pourrait tirer d'elles – ce bien <a*> si précieux, si considérable, doit-il, à notre avis, rester couvert des mêmes ténèbres pour ces citoyens éminents à qui nous devons tout confier ? – Point du tout, dit-il – En tout cas, il n'importe guère, à mon avis, que <a*> le juste et l'honnête trouvent un gardien, si ce gardien ignore leur rapport avec le bien [3], et je prédis qu'on ne les connaîtra pas suffisamment, avant de connaître ce rapport.

Les lettres insérées mettent suffisamment en évidence que le bien décrit (poursuivi par toute âme) ne peut être que l'idée du bien mentionnée dans le passage 505a-b précédemment cité, où nous avions inséré les mêmes lettres aux points correspondants. Nous avons donc *a*, *b* : chose de grande importance pour nos gardiens ; *b*, *e*, *f* : chose sans laquelle aucune autre – et vraiment aucune autre science – n'est *utile ;* *c* : chose inconnue de toute science connue (alors que) *d* : les sciences des autres choses sont mieux connues. Qui plus est, l'expression λαβεῖν ἱκανῶς τί ποτ' ἐστίν (en 505e3) est en général une formule qui engage les formes platoniciennes [4].

Il est vrai que dans les lignes qui précèdent immédiatement (505d5-10), Socrate semble parler d'une façon plus simple que celle qu'on associe avec les formes. Car, dit-il, à l'égard du juste (δίκαια) et de l'honnête (καλά), on s'en tient aux apparences, mais à l'égard du bien (ἀγαθά), personne ne se

1. Chambry préfère traduire : « dont elle devine l'importance ».

2. Locution très importante que je commente ci-dessous, n. 4.

3. Difficile de ne pas croire que le rapport est ici à l'objet de la plus grande étude. Si tel est le cas, il est clair que le bien poursuivi par toute âme est l'idée du bien.

4. À s'en tenir à la *République*, on a dans τί ποτ' ἐστί la question τί ἐστι, à laquelle on répond correctement en se référant à la forme ou en l'expliquant. Voir en particulier 1) 506d8 : τὸ ἀγαθὸν αὐτό – certainement la forme du bien ; 2) les passages où Socrate parle du modèle que le législateur doit avoir en vue pour établir la cité idéale, par ex. 462a2-7, *cf.* 519c1-d10, 484c6-d7, b3-7 ; et enfin 3) les passages concernant la question clé, « qu'est-ce que le bien ? », qui conduit droit aux formes (523d4, 524c7, 11, e6). Ces derniers démontrent, comme nous le verrons, que la vision – traitée ici comme une personne – ne peut être que nominaliste quand elle ne peut répondre de façon adéquate à la question τί ἐστι portant sur la grandeur, la petitesse et l'unité en elles-mêmes.

contente des apparences et s'attache seulement à la réalité. Ce passage ne présente guère de difficultés : il suffit de comprendre qu'on se contente de ce que nos actions *semblent* participer à l'idée de la justice, alors que, pour ce qui est de l'idée du bien, nous voulons qu'elles y participent réellement.

De deux choses l'une, donc : soit

5a*) le bien dans cette page est la forme du bien, soit

5b*) Platon confond ici le bien pratique de l'homme avec la forme du bien.

J'ajoute cependant que si cette dernière confusion est avérée, elle se propage alors dans les lignes suivantes. Car Glaucon demande aussitôt : « mais toi-même, Socrate, que penses-tu que soit le bien (τὸ ἀγαθόν) ? Science, plaisir, ou quelque autre chose ? » (506b2-4). Il est impossible que τὸ ἀγαθόν puisse désigner ici autre chose que le bien que recherche toute âme en 505d11-e1. Si ce bien est à son tour ou la forme, ou une confusion entre la forme et le bien pratique, la confusion réside également dans les identités proposées entre le bien et le plaisir ou la science.

Ce que confirme 506d8-e1 : la question « quel est le bien – plaisir, science, ou quelque autre chose ? » n'est manifestement rien d'autre que la question « que peut être le bien lui-même ? » (αὐτὸ μὲν τί ποτ' ἐστὶ τἀγαθόν). Nous avons donc

6) la question « qu'est-ce que le bien ? est-ce plaisir, science ou quelque autre chose ? »

= la question « que voulons-nous identifier avec la forme du bien ? ». La confusion persiste donc, s'il y a vraiment confusion.

Or la référence au plaisir et à la science démontre aussi que les opinions de la multitude et des raffinés mentionnées plus haut (505b2-4) contiennent probablement la même prétendue confusion. Ce qui ressort également de la syntaxe utilisée par Socrate en 505a2-b6 (je souligne par des italiques quelques correspondances) :

> * *l'idée du bien*...
>
> * c'est *d'elle* que la justice et les autres vertus tirent leur utilité et leurs avantages...
>
> * nous ne connaissons pas exactement *cette idée*...
>
> * si nous ne *la* connaissons pas (...) cela, tu le sais, ne nous servira de rien...
>
> * sans la possession *du bien*, celle de toute autre chose nous est inutile.
>
> * Sans connaître *le bien*...
>
> * tu sais aussi que la multitude fait consister *le bien* dans le plaisir

Si l'idée dont nous cherchons la connaissance dans les quatre premières locutions est le bien mentionné dans les trois dernières, la même prétendue confusion est toujours à l'œuvre.

SUR LE PASSAGE (C) : COMMENT LA MULTITUDE PEUT-ELLE IDENTIFIER LA FORME DU BIEN AU PLAISIR, ALORS QU'ELLE NE PEUT PAS CONCEVOIR CETTE FORME ?

Accuser Platon de confondre la forme du bien avec le bien pratique de l'homme découle du raisonnement suivant : si la multitude croit le bien identique au plaisir, la multitude devrait connaître cela même qu'elle juge identique au plaisir ; or si la multitude ne peut pas même concevoir la forme du bien, comment pourrait-elle penser que cette forme est identique au plaisir ? Comme le dirait peut-être Cooper, le bien que la multitude identifie au plaisir doit être un bien *dans ce monde-ci*.

Pour résoudre cette difficulté, il faut se lancer dans une assez longue digression (qui occupera les deux sections qui suivent). Commençons par le passage 475e-476e, où Socrate estime que la multitude (si on l'identifie aux amateurs de spectacles : 506b2-4, 476c3, 507b2-7) ne peut pas concevoir la forme, lors même qu'on voudrait la lui faire connaître (476c3). Or, dans ce passage, Socrate tient également un discours susceptible de nous faire réviser l'idée d'une multitude incapable d'avoir une opinion sur la forme du bien. En fait, il essaie d'éclaircir ici la différence entre ceux qui croient aux formes et ceux qui n'y croient pas. La différence en question, comme j'ai pu le montrer en détail dans *Ascent from Nominalism*, est celle-ci : les amateurs de spectacles croient (dans un rêve éveillé) que

7) la forme de la beauté = les beaux spectacles,

tandis que les vrais philosophes (les partisans de la théorie des idées), pleinement éveillés, estiment que

8) la forme de la beauté ≠ des beaux spectacles (476c2-d3).

Mon utilisation des signes d'identité et de non-identité est fondée sur ce que dit Platon à propos du rêve et de la veille : rêver, c'est prendre un objet qui ressemble à un autre non point pour l'image de cet objet mais pour l'objet lui-même auquel il ressemble, alors qu'être éveillé, c'est ne pas confondre les belles choses sensibles avec le beau, ni le beau avec ces choses.

Quoique les amateurs de spectacles ne puissent concevoir la forme de la beauté, ils pensent donc néanmoins que cette forme est identique aux spectacles. Comment comprendre la manière dont sont présentés les amateurs de spectacles et les vrais philosophes qui sont les partisans des formes ? Le problème est le suivant :

9a) les amateurs de sons et de spectacles ne peuvent pas concevoir le beau en soi,

mais, en même temps, dans leur rêve,

9b) ces amateurs de sons et de spectacles se disent que ce beau en soi = le grand nombre de belles choses sensibles [1].

La seule interprétation à mon avis raisonnable de ce que se disent les amateurs de spectacles dans leur rêve est que tout ce qu'il y a de beauté se résume aux belles choses sensibles. Il faut comprendre que les amateurs de spectacles s'adressent ainsi à Platon : ces entités du type dont vous parlez toujours, vous Platon, ne sont rien d'autre que les choses sensibles.

Nous avons ici un argument déflationniste. Platon, et même Aristote, veulent enfler notre ontologie en y incluant des structures abstraites (la forme ou l'universel); les amateurs de sons et de spectacles veulent la dégonfler. Dans sa réplique aux amateurs des spectacles (voir également ci-dessous l'exemple de la santé), Socrate entend démontrer que croire en l'existence des formes platoniciennes, c'est croire qu'il y a, eu égard à la beauté, quelque chose d'autre que les belles choses sensibles.

Comment le démontrer? Nous pouvons le voir en nous reportant à la version donnée par Aristote de ce qu'il appelle l'Argument platonicien des sciences, tel qu'il est rapporté par Alexandre (*In Metaph.* 79), qui se situe dans la même perspective anti-nominaliste. Si l'on veut établir que la santé n'est rien d'autre que ce qui a trait à des personnes saines, alors, juge Platon, on ne pourrait comprendre ce qu'étudient les étudiants en médecine, et par conséquent on ne pourrait admettre l'existence d'une science de la médecine. La version moderne de cet argument est la suivante :

> Si l'on vient de Manitowoc à l'école de médecine de Madison pour faire des études de médecine afin d'exercer ensuite le métier de médecin à Manitowoc, ce n'est pas, à en croire les nominalistes, la santé que l'on veut dispenser à Manitowoc que l'on étudie. Car, d'après la thèse nominaliste, on étudie seulement à Madison les

1. « Sensibles » à cause de 507a7-b10. Ces couleurs (le *blanc*) et figures (le *cercle*) ne sont pas des universaux (n'en déplaise à Irwin) parce que les universaux ne sont pas sensibles sinon tous le seraient. (Si, voyant la chaise blanche, on voyait la couleur *blanc*, pourquoi ne verrait-on pas l'universel *chaise* ?) Et que dirions-nous de ces prétendus universaux dont parle Thrasymaque, par ex. *l'avantage du plus fort* ? Les commentateurs les trouvent dans les τῶν πολλῶν καλῶν (...) καὶ τῶν δικαίων de 4796-7, mais ils doivent alors supposer que toute phrase susceptible d'être employée a nécessairement rapport à quelque chose qui existe. Je ne le crois pas. (Ce serait manifeste s'il n'existait pas d'autres universaux que les vraies natures, comme je le soupçonne. Voir aussi la n. 3, p. 179-180.)

personnes saines de Madison, et non pas les personnes qu'on veut soigner à Manitowoc. S'il est sensé de venir faire ses études à Madison, c'est donc que la santé consiste en autre chose que les personnes saines de Madison (« quelque chose de commun » dirait-on). Cette chose, c'est la vraie nature de la santé – la même chose, ou la même structure abstraite, présente dans les personnes saines de Madison et de Manitowoc.

Impossible donc d'éviter de poser l'existence d'une santé distincte des personnes saines. La bonne foi exige de l'admettre – d'admettre ce que nous appelons une forme de la santé. Aristote reconnaît la validité de cet argument jusqu'à un certain point, puisqu'il admet qu'il existe une réalité distincte de celle des personnes saines. Mais il se refuse à faire de cette réalité une forme, il la tient seulement pour un universel (je n'examine pas les considérations qu'Aristote avance à ce propos.) Quoi qu'il en soit, avec cet argument [1], même Aristote reconnaît la fausseté du nominalisme

Car pour lui aussi les arguments en faveur des formes platoniciennes ont une portée anti-nominaliste. J'ai plaidé pour l'idée selon laquelle l'examen de la perception en *République* 523a1-526b3 est fait du point de vue d'un nominaliste qui tâcherait d'expliquer ce que peuvent bien être la largeur et la petitesse en s'en tenant aux seules choses sensibles [2]. Et je développerai ailleurs que c'est seulement dans cette perspective anti-nominaliste que l'on peut comprendre les arguments de la ligne divisée et

1. Voir *Ascent from Nominalism, op. cit.*, en part. p. 1-11, pour les raisons qui font que je ne suis guère impressionné par l'alternative substituant les universaux aux formes. Il est vrai que Platon présuppose, sans envisager d'autre possibilité, que dans la formule « croire aux formes platoniciennes, c'est croire qu'il y a quelque chose d'autre eu égard à la beauté que les belles choses sensibles », le « quelque chose d'autre » en question n'est pas du tout une entité construite à un certain moment de l'histoire par nos activités politiques, législatives, culturelles ou linguistiques, comme l'imaginent les sophistes. (Cette alternative sophistique n'est pas formellement exclue par ces arguments anti-nominalistes.) Mais Platon entend ce « quelque chose d'autre » comme une réalité déjà là, attendant qu'on la découvre. Même Aristote, en dépit de ce qu'il dit de l'abstraction mathématique – précurseur sur ce point du constructivisme de Berkeley et des modernes – présuppose que les universaux ne sont pas des entités construites : ils sont déjà là. (Il n'est jamais non plus venu à l'esprit des géomètres grecs que les entités mathématiques puissent être construites par nous.) Aussi, quand je dis que Platon offre un argument anti-nominaliste (ou anti-déflationiste) pour l'existence des Formes et que j'affirme en conséquence que c'est un bon argument, je reconnais qu'il n'offre aucun argument justifiant leur existence *antérieure* à notre pensée et montrant qu'il ne s'agit pas d'une entité construite.

2. Voir n. 4, p. 195 ci-dessus.

de la caverne concernant la question : « pourquoi n'avons-nous aucune connaissance d'une entité quelconque si elle n'est pas une forme ? »[1].

En somme, rapportée à la notion de la vraie nature de la santé ou de la beauté, la pensée que j'attribue aux amateurs des spectacles est celle-ci :

10) la vraie nature de la beauté – quelle qu'elle puisse être, et même si elle diffère entièrement de ce que je crois (j'ai mes opinions) – n'est rien de plus que le grand nombre de belles choses sensibles.

C'est cette conception de la multitude que Socrate n'accorde pas. Son désaccord porte sur la vraie nature de la beauté, même si l'une des parties ne connaît pas du tout ce qu'est cette vraie nature.

ÉLABORATION D'UNE CONCEPTION DES FORMES ANTI-NOMINALISTE ET PROCHE DE CELLE DES « LOIS DE LA NATURE »

Pour expliciter la conception des formes dont je me servirai ici et qui m'autorise à penser que la multitude est à même de croire que le plaisir s'identifie à la forme du bien, je vais proposer une idée simplifiée des *lois de la nature*. L'idée de lois de la nature est certes un peu anachronique relativement à Platon. Je pense cependant qu'elle est en mesure de procurer une réponse à la question de savoir si la multitude peut croire que la forme du bien = le plaisir.

Je simplifie ainsi cette idée. Les lois de la nature lient des paramètres par des fonctions mathématiques, comme c'est le cas dans les équations différentielles. Mais à une époque comme celle de David Hume, les lois de la nature étaient simplement conçues comme des conjonctions constantes qui ne peuvent être que des conjonctions entre un attribut et un autre attribut, par exemple entre l'humain et la mortalité (« tous les hommes sont mortels »). Je suggère que les idées ou les formes platoniciennes sont très semblables aux attributs liés dans les lois de la nature selon Hume (qui aurait eu horreur, j'en suis sûr, de cette suggestion. Tant pis. Il n'a pas suffisamment reconnu la nécessité d'admettre l'existence des attributs qui découlait de sa conception des « *necessary connections* ». Comme l'a démontré Donald Davidson, des conjonctions constantes entre événements individuels ne sont pas possibles, pour la bonne raison que les événements individuels n'ont lieu qu'une fois.)

1. Pourquoi les prisonniers enchaînés ne connaissent-ils pas les ombres projetées par le feu sur la paroi de la caverne ? Pourquoi les géomètres de la ligne divisée ne connaissent-ils pas le carré que désignent leurs hypothèses ? Pourquoi les prisonniers ne savent-ils pas que ces ombres traversent cette paroi ?

Or ce que Hume appelait des attributs conjoints, je l'appelle des *vraies natures*. En *Cratyle* 389a6-d2, la forme de la navette est décrite comme « un objet naturellement propre au tissage (τοιοῦτόν τι ὃ ἐπεφύκει κερκίζειν) ». Si la navette se brise pendant la fabrication, le menuisier fixe les yeux non sur la navette brisée mais sur la forme dont il s'inspirait en fabriquant la navette qu'il a brisée, c'est-à-dire la navette en soi. C'est là assurément la vraie nature de la navette – une structure abstraite, pour ainsi dire, ou un paradigme, que l'artisan voudra réaliser dans une matière[1]. Qui plus est, à des matières différentes (lin, laine, pour vêtements léger ou épais), il faut appliquer la forme de la navette naturellement la plus appropriée à chaque ouvrage (ἔργον). À chaque genre de tissu est naturellement propre une [sorte de] navette. Voilà une sorte de conjonction constante.

Au livre X de la *République*, en 597a1-598a3, nous avons presque la même chose : le menuisier qui fabrique un lit fixe ses yeux sur l'idée du lit pour faire d'après elle tel ou tel lit. L'idée sur laquelle il fixe ses yeux est le lit réel, ce qu'est le lit (ὃ ἔστι κλίνη) – αὐτὸ τὸ ἐν τῇ φύσει ἕκαστον : cette entité en soi qui est dans la nature – et non un lit particulier (597a4-7, d1-3)[2]. C'est là encore la vraie nature du lit.

Il y a évidemment un passage de la *République* qui s'approche encore davantage de l'idée de conjonction constante. Je pense au moment où Socrate expose l'égalité des femmes (V, 452d3-457b5, en particulier 453c3-5, 454a4-e 4, 455d6-e2, 456a7-b10) :

> Nous convenons en effet qu'à des natures différentes il faut des occupations différentes, et d'autre part que la nature de la femme est différente de celle de l'homme, et [par contre] nous n'en soutenons pas moins en ce moment qu'à ces natures différentes il faut donner les mêmes occupations.

1. Et non quelque navette parfaite à l'aide de laquelle tisser des vêtements parfaits, comme l'affirment volontiers les partisans de l'auto-prédication. Platon précise au sujet de la forme du lit que ce qu'est le lit n'est pas un lit particulier (597a2, d1-2). Voir note suivante et p. 205-207.

2. Encore une fois, nous n'avons pas ici le moindre signe d'auto-prédication. Nous avons certes en 597a4-5 des indications sur la perfection de la forme et sur la ressemblance entre celle-ci et les choses sensibles qui en participent – indices régulièrement cités par les partisans de l'auto-prédication. Mais Platon nie aussi explicitement que la forme du lit soit elle-même un lit (*cf.* n. 1 *supra*) – conséquence qu'on aurait pu penser désastreuse pour la thèse de l'auto-prédication.

Il faut ici, dit Socrate, ne pas s'attacher aux mots (comme font les chicaneurs dans leur effort pour contredire l'interlocuteur[1]), mais il faut examiner en dialecticiens (454a8-9) l'identité et la diversité des natures (454b6-d1). Nous découvrons que, les facultés ayant été uniformément partagées entre les deux sexes, la femme est appelée par nature à exercer dans la cité toutes les fonctions, de même que l'homme. Il en résulte que certaines femmes sont propres à garder la cité et que d'autres ne le sont pas (456a4-11). Et puisqu'il y a chez la femme comme chez l'homme une même nature propre à garder la cité, c'est qu'il existe une conjonction constante entre une nature commune à certains hommes et à certaines femmes, et une nature propre à gouverner la cité idéale. Il faut alors assigner les mêmes emplois aux mêmes natures – qu'elles soient masculines ou féminines.

Autre exemple très proche de l'idée de lois de la nature :

11) l'objet du vouloir rationnel est le vrai bien.

En *Topiques* VI, 8, 146b36-147a11, Aristote fait de cette formule la définition platonicienne de la βούλησις. Il suppose alors évidemment que Platon soutient que

11a) il y a une conjonction constante entre la vraie nature de la βούλησις et la vraie nature du bien[2].

Cette « loi de la nature » a pour conséquence que

11b) tout le monde veut le vrai bien déterminé d'après cette « loi de la nature ».

1. Cette distinction entre les formes et ce qu'expriment les mots aurait dû faire hésiter ceux qui considèrent naïvement que, dans le livre X, Platon soutient sans condition la sotte vue selon laquelle à chaque mot correspond immédiatement une forme (596a5-8). Ce qu'il dit là est vrai des lits et des chaises ; c'est tout.

2. Quand, dans ce passage, Aristote se réfère à la forme du bien, c'est évidemment aux vraies natures du désir et du bien et à leur relation que songe Aristote, c'est-à-dire aux vraies natures des formes ou des universaux. Ce qui suffit à contester l'opinion de Cooper qu'il faudrait, en particulier chez Aristote, distinguer entre la forme du bien et le bien dans ce monde. Je note en passant un point que je regrette ne pas avoir le temps de discuter ici, à savoir que, selon Platon, le bien qu'on désire est en fait le vrai bien et pas le bien apparent qu'Aristote croit nécessaire à toute explication du vouloir – et qu'il invoque triomphalement dans ce chapitre des *Topiques*. J'ai au contraire montré ailleurs (« Desire and Power in the *Gorgias* : the Argument of *Gorgias* 466a-468e that Orators and Tyrants have no Power in the City », *Apeiron* 24, 1991, 147-202) que le vrai bien est *de rigueur* pour l'argument traitant du pouvoir des tyrans en *Gorgias* 466a-468e, en particulier 468c2-5 et 466b6-7, d6-e2, 467a4-6, 468d1-7. Je le trouve aussi en *Rép.*, 506d11-e2 et (pris avec ce dernier passage), d5-9 (quoique j'admette que, *pris en lui-même*, il n'est pas certain qu'il se rapporte au vrai bien). Je trouve cela enfin sous une forme implicite dans la discussion de l'ἀκουσίον et l'ἑκουσίον (le volontaire et l'involontaire) en 412e10-413a8.

Dès lors,

11c) chaque personne veut la vie particulière qui est, en fait, la meilleure,

et par conséquent

11d) je veux mon bien particulier comme vous voulez le vôtre.

Relevons au passage que *l'avantage* est un universel en (11a), (11b) et peut-être (11c), alors qu'en (11d), nous avons *mon* avantage, *votre* avantage, et ainsi de suite.

Il est temps maintenant de tirer une conclusion pertinente à propos de nos inquiétudes relatives à la multitude. Il est possible, après tout, que la multitude pense que la forme du bien est identique avec le plaisir. Car ce qu'elle se dit au sujet du bien et du plaisir est que

12a) la vraie nature du bien est le plaisir

ou, étant plus clair sur les intentions que j'attribue ici à Platon,

12b) la vraie nature du bien, quelle qu'elle puisse être, et même si elle est entièrement différente de ce que je pense – j'ai mes propres opinions –, c'est le plaisir[1].

Ceux qui supposent que nos pensées sont toujours des pensées de *propositions* et que la proposition est la signification (d'après Frege, *die Gedanke*) de la phrase par laquelle on l'exprime, nieront que la multitude puisse avoir la pensée contenue en (12b). Partant de ce présupposé, des commentateurs comme David Sachs ont déduit que Platon n'avait pas répondu à Thrasymaque sur le problème de savoir si

13) les personnes justes sont plus heureuses que les personnes injustes.

Car selon Sachs,

13a) l'expression « les personnes justes » en (13) ne devrait se référer qu'aux personnes justes telles qu'elles sont conçues par Thrasymaque (c'est-à-dire à des personnes qui, selon Sachs, obéissent à certaines règles morales)[2],

alors que

13b) l'expression « les personnes justes » dans la réponse de Socrate se rapporte seulement aux personnes justes telles que Socrate les conçoit (c'est-à-dire à des personnes dont les parties de l'âme sont en ordre).

La réponse de Socrate serait donc fondée sur une équivoque, ce que Sachs appelle « *a fallacy of relevance* ».

1. Remarquer la ressemblance avec (10), p. 200.

2. Quand Sachs évoque la conception de Thrasymaque, il se rabat sur ce que Prichard a proposé pour signification de « la justice » et ne pense pas à l'avantage du plus fort. Comme Prichard et Frege, Sachs croit que « *meaning determines reference* ».

J'ai démontré ailleurs que de tels présupposés relatifs à la proposition (mieux formulés par Frege) sont très éloignés de la pensée de Platon. Contre (13a) et (13b), je soutiens que l'opinion de Thrasymaque est la suivante :

13c) la vraie nature de l'injustice – quelle qu'elle puisse être, même si elle est toute différente de ce que je pense (quoique j'aie mes opinions : l'avantage du plus fort) – rend les hommes plus heureux que la vraie nature de la justice[1].

Il y a ici un désaccord au sujet de la vraie nature de l'injustice et la vraie nature de la justice – et pas seulement sur la notion choisie par Thrasymaque pour lancer la discussion. (Comme si les premiers interlocuteurs avaient toujours le privilège d'établir les règles de la discussion, même s'ils se trompent complètement sur la vraie nature qui en fait l'objet.) Je note en passant qu'il ne suffit pas de dire (comme me l'a objecté Jerry Santas) que

14) Thrasymaque ne parle pas d'une vraie nature, mais seulement de l'avantage du plus fort,

car cela laisse sans réponse la question de savoir si Thrasymaque pense, comme je le crois, que

14a) cet avantage des plus forts est la vraie nature de l'injustice,

ou bien s'il pense seulement que

14b) l'injustice comme il la conçoit (quelle que soit sa vraie nature) rend les hommes plus heureux que la justice comme il la conçoit (quelle que soit sa vraie nature).

Il n'est pas possible de se servir de (14) pour décider entre (14a) et (14b).

La conclusion est alors que le bien dans la phrase « il semble à la multitude que le bien est le plaisir » (505b5-6) se rapporte à la vraie nature du bien, c'est-à-dire à la forme du bien. On doit en tout cas arriver à ce résultat en raison de 506b2-4 et 507a3 (αὐτοῦ τοῦ ἀγαθοῦ), et de 505d11-506a2 : ces deux derniers passages montrent qu'en 506b2-4 la question pour Socrate est celle de savoir si lui-même pense que la forme du bien est le plaisir, la science ou autre chose.

1. Noter encore la ressemblance avec (10) et (12b) ci-dessus.

SUR LES PASSAGES (E) ET (F) : QUE LA CAUSE DE TOUTE CONNAISSANCE ET DE TOUTE RÉALITÉ N'EST AUTRE QUE LA VRAIE NATURE DE L'AVANTAGEUX

Nous arrivons enfin à ce qui peut sembler être la plus grande difficulté de cet essai : démontrer que la cause de toute connaissance et de toute réalité peut être la forme de l'avantageux. Car la cause de toute connaissance et de toute réalité, située au-delà de l'être, semble bien trop métaphysique pour être une science de l'avantageux comme dans l'*Euthydème*. Mais la solution de cette difficulté n'est en fait qu'un corollaire de tout ce que nous avons dit plus haut, en particulier si nous y ajoutons quelques considérations relatives au lien affirmé dans le livre X entre la forme du bien et les autres formes.

Considérons le passage où s'épanouit cette théorie des formes, passage très inquiétant où Platon déclare qu'il y a trois lits :

a) l'idée du lit, qui n'est fabriquée par aucun ouvrier (596b9-10, 597a9-10), et qui n'est pas un lit particulier (597a2, d2), mais plutôt *ce qu'est le lit* (ὃ ἔστιν κλίνη, 597a2, 4, c3, 9, d2), ce qui est parfaitement réel (τελέως εἶναι ὄν, 597a5) ;

b) un deuxième lit, fabriqué par le menuisier d'après l'idée (596b6-10), toujours un lit particulier, qui n'est pas parfaitement réel et qui n'est pas ce qui est, mais seulement quelque chose qui ressemble à ce qui est ;

c) le lit du peintre, que le lit du menuisier représente non tel qu'il est mais tel qu'il paraît, situé au troisième rang au-dessous du roi et de la vérité (597e7).

Ce passage est sans conteste de style métaphysique, plusieurs phrases marquant même des degrés dans la réalité. Mais il importe de ne pas se tromper. Car est absolument parallèle à ce passage celui de 601b-602b. Nous y trouvons, par rapport aux trois espèces de lits et aux trois artisans présidant à leur fabrication (597b5-14), trois sciences (601d1-2) correspondant à chaque objet. L'exemple est la bride et le mors ; nous avons

– (a) l'art qui s'en sert,
– (b) l'art qui les fabrique,
– (c) l'art qui les imite.

Le fabriquant d'un instrument, quoiqu'il n'en possède pas la science, dispose d'une opinion droite parce qu'il est en rapport avec celui qui sait, c'est-à-dire qui sait se servir de l'instrument, alors que l'imitateur n'a ni science ni opinion droite. Seul celui qui sait en user connaît la forme de l'instrument (voir *Cratyle*, 389a-b et 390a-b : la forme de la navette – sa vraie nature – est connue par celui qui s'en sert). En parallèle avec (11) (loi reliant la vraie nature de la βούλησις à la vraie nature du bien), on pourrait dire que

15) il y a une loi de la nature – une loi des arts, en effet – reliant ce qu'est un instrument à son bien (à son bon usage).

En d'autres termes,

15*) il est une loi de la nature qui joint la forme de l'instrument à la forme du bien.

Ici, la forme, c'est *ce qu'est l'instrument*. Et connaître la forme de l'instrument, c'est savoir se servir de l'instrument. Rien de plus. Impossible de faire échapper à ce parallèle le texte du livre X : la connaissance du lit parfaitement réel est la science de son usage. Connaître la forme du bien dans la *République*, c'est donc savoir comment se servir des soi-disant biens de l'*Euthydème* (de telle sorte qu'on soit heureux). Rien de plus.

Nous trouvons aussi en (15*) l'explication des propos étranges que Platon avance en 509b : pour toutes les autres formes, la forme du bien est la cause non seulement du fait d'être *connues*, mais aussi de leur *être* et de *ce qu'elles sont*.

Sur le plan épistémologique, pour connaître la forme de la navette, il convient de connaître les choses auxquelles la forme de la navette est liée par les lois de la nature. En vertu de (15*), il faut alors connaître la forme du bien. Mais cette liaison entre les deux formes n'éclaire peut-être pas suffisamment le fait que la science de la navette dépende de la connaissance de la forme du bien, et non l'inverse. Il faut donc considérer l'enchaînement suivant :

Pour connaître ce qu'est la navette, il faut savoir ce qu'est le tissage ; mais

pour savoir ce qu'est le tissage, il faut savoir ce que sont les vêtements, et

pour cela, il faut connaître la forme de l'être humain, et

pour cela, à son tour, il faut la connaissance de la fin de l'être humain, cas spécial du bien en soi. (Voir les passages de l'*Euthydème* et du *Cratyle* cités à la fin de la section V.)

Sur le plan ontologique, la navette est une chose dont on se sert pour tisser. Ce qu'est la navette dépend donc de ce qu'est le tissage, etc. Ce qu'est la navette dépend donc de la forme du bien. Et quant à l'existence de la forme de la navette, il est évident que sans l'existence du bien, la forme de la navette n'existerait pas.

Mais que faisons-nous de la suggestion que, vis-à-vis des autres formes, la forme du bien est « au-dessus de ce qu'elles sont, l'emportant en dignité et en puissance » ? Cette proposition affirme seulement que les autres formes dépendent d'elle comme les choses sensibles dépendent du soleil pour leur existence et pour leur connaissance. Ce que je viens de dire explique cette dépendance des formes.

Quant à la suggestion que la forme du bien est au-delà de l'être, Platon soutient-il vraiment ici que la forme du bien n'est pas un être, mais quelque chose de si métaphysique que nous ne pouvons même pas l'appeler un être ? Je ne le crois pas. En 518c9-10, Socrate parle de détourner les âmes des gardiens à la vue de « *la partie la plus brillante de l'être* que nous appelons le bien. » Le bien n'est au-delà de l'être que de la manière dont « le soleil n'est pas lui-même genèse » (509b3). Quoi qu'on doive entendre par ces derniers mots, cela n'empêche nullement le soleil d'être une des choses qui deviennent. Ce n'est que de cette façon que le bien, partie la plus brillante de l'être, est au-delà de l'être.

CONCLUSION

Platon reprend la question des vertus parce que leur explication renvoie au bien que la partie rationnelle recherche pour la totalité (de l'individu ou de la cité) dont elle fait partie. Ce bien est l'avantage de cette totalité qu'est chaque individu – l'avantage individuel. Pour se procurer ce bien, il faut que chaque individu recherche la forme du bien. Cette forme du bien étant la vraie nature du bien, l'individu désire que cette nature (ou cette forme) détermine au maximum sa vie. (Il n'y a aucune nécessité à faire en plus état du bien pratique.) La multitude pense que cette vraie nature est identique au plaisir, alors que les raffinés la juge identique à la connaissance. Enfin, si nous ne comprenons pas le bien de chaque chose – pour Platon, toute chose a en quelque sorte une fonction – nous ne connaissons pas cette chose. De plus, ce qu'est chaque chose est lié par une relation appropriée (comme par une loi) au bien. Dès lors, si le bien n'existe pas, la chose même ne peut pas exister[1].

1. Je suis très reconnaissant à Madeleine Arsenault et à Monique Dixsaut d'avoir corrigé quelques-unes des erreurs que je n'ai pu éviter en écrivant directement dans la belle langue française.

LES PARTIES DE L'ÂME
ET LE DÉSIR DU BIEN DANS LA *RÉPUBLIQUE* *

Christopher ROWE

Je me contenterai ici de traiter d'une contradiction apparente dans la *République* : comment se fait-il, je me le demande (comme d'autres avant moi), que, si mes désirs irrationnels parviennent à me dominer au point de me faire faire ce que la raison m'interdit, on puisse encore dire de moi que je « fais toutes choses en vue du Bien » ? Le premier scénario est à l'évidence celui décrit dans le livre IV de la *République*, qui admet l'existence de désirs indépendants du Bien, pouvant *par eux-mêmes* causer un acte contraire à la raison, et constituant donc apparemment en eux-mêmes une origine ou une impulsion autonomes de l'action ; la seconde position (si du moins elle diffère de la première, comme ce semble être le cas), selon laquelle toute personne « fait toutes choses en vue du Bien » est celle soutenue par Socrate au livre VI (ὃ [τὸ ἀγαθὸν] δὴ διώκει μὲν ἅπασα ψυχὴ καὶ τούτου ἕνεκα πάντα πράττει[1]). Face à ce problème, et à moins de considérer que les actions « akratiques » (pour employer un terme aristotélicien), telles celles de Léontios, ne sont pas des actions au sens propre – solution qui à première vue paraît aussi peu plausible que désespérée – il semble bien que le Socrate du livre VI contredise directement celui du livre IV : car *il y a* des actions, dont il a décrit deux espèces dans les livres précédents, qui précisément ne sont pas accomplies « en vue du Bien ». (Charles Kahn a défendu cette position « peu plausible » et « désespérée », mais, malgré son plaidoyer en faveur de cette solution[2],

* Le texte conserve le style oral, et dialectique, de la conférence donnée au Séminaire de philosophie antique de Paris I.

1. *République*, 505d11-e1 (j'utilise la linéation de Burnet).

2. *Cf.* Charles Kahn, *Plato and the Socratic Dialogue*, *The philosophical use of a literary form*, Cambridge, Cambridge University Press, 1996, p. 253-257.

celle-ci continue, même après réflexion, de m'apparaître peu plausible ; je retire néanmoins la suggestion selon laquelle cette solution est désespérée. J'y reviendrai un peu plus loin).

Quoi qu'il en soit, il me semble qu'il n'y a en fait que deux types de solutions disponibles. La première consisterait à tenter quand même, d'une façon ou d'une autre, d'exclure le type d'actions décrit dans le livre IV, les actions « akratiques », de l'ensemble des πράξεις (πράττει) auxquelles se réfère le livre VI, et cela, même si Socrate a bien l'air de traiter de toutes les actions sans exception (le πάντα πράττει de la ligne 505e1 semble après tout assez clair). L'autre solution, s'il s'agit bien d'une solution, consiste à essayer de vivre avec cette contradiction et peut-être de l'aborder comme une preuve de l'aspect dynamique de la *République* (cette solution est difficile), ou encore à faire une croix dessus en considérant que la contradiction n'est que l'effet de l'attachement passionné de Socrate au Bien (dont les mots dépasseraient alors la pensée). En réalité, aucune de *ces* possibilités ne semble prometteuse, et le premier type de solution se ramène quasiment au second : Socrate veut dire que toutes nos actions visent le Bien à *l'exception* de celles décrites dans le passage du livre IV consacré aux parties de l'âme. Il ne peut en aucun cas abandonner l'idée même d'une partition de l'âme dans le livre VI (l'interprétation « dynamique » de la *République*) car il en aura besoin et en fera usage abondamment dans les livres VIII et IX. Et s'il doit en faire usage dans ces livres, il devra probablement aussi souscrire à l'argument développé initialement au livre IV en faveur de cette tripartition et reposant sur la possibilité d'une « faiblesse de la volonté » – pour utiliser la traduction moderne et très malheureuse, imposée par la tradition pour rendre ἀκρασία. (Je ne sais pas vraiment si en fait une telle « solution » mérite d'être mentionnée. Selon moi, une lecture, quelle qu'elle soit, qui conduit à ne pas se soucier du tout des contradictions inhérentes aux Dialogues de Platon, ne vaut certainement pas la peine d'être prise en compte : je soutiens qu'il doit toujours en principe y avoir au moins un argument parcourant chacun des Dialogues et que si cet argument finit par tourner court, c'est le fait d'une négligence de Platon, ou qu'alors il le fait peut-être délibérément, à la fin de certains Dialogues par exemple.)

Il ne nous reste donc que la première solution : les types d'actions du livre IV devraient implicitement être exclus des πάντα du livre VI. Pour l'heure, je conçois deux manières, peut-être trois, de faire cela. D'abord, il y a la ligne d'interprétation défendue par Charles Kahn, que j'ai déjà proposé de rejeter, selon laquelle les actions « akratiques » sont en réalité involontaires, *contraintes*, et en ce sens, non *réellement* des actions. Le problème que pose cette interprétation, c'est qu'elle implique de prendre au sérieux des formules telles que « je ne sais pas ce qui m'a pris » ou « je n'ai pas pu m'en empêcher », et que, dans ces cas-là, je ne sais que trop « ce qui m'a pris ». Bien plus, il ne s'agit en rien d'une sorte de force extérieure, à tel point qu'une action de ce genre ne ressemble pas beaucoup à une action contrainte ordinaire et qu'elle n'est involontaire que parce que je la rejette ultérieurement, et peut-être même pendant – comme dans le cas de Léontios – que je l'accomplis. Naturellement, il est possible que Platon n'ait pas vu tout cela, mais il est peu charitable de le supposer (tout simplement parce que cela semble trop évident). Si des solutions de rechange existent, nous devrions les préférer.

Heureusement, il y a d'autres solutions. D'abord, on peut faire quelque chose d'analogue à ce que propose Terry Irwin, et considérer que Socrate dit simplement que « nous nous donnons le plus grand mal » pour réaliser le Bien (c'est-à-dire le bien pour nous), ce qui implique que nous puissions échouer dans certaines circonstances, parmi lesquelles celles où nous sommes dominés par nos désirs irrationnels :

> La description du Bien comme « ce que chaque âme poursuit et en vue de quoi elle fait tout » (πάντα πράττει, 505e1) s'oppose à la conception anti-socratique du livre IV si « fait tout » signifie « fait tout ce qu'elle fait » ; cf. *Gorgias*, 468b1-5. Mais cela peut aussi vouloir dire « se donner le plus grand mal pour faire », à l'instar des personnes sans scrupules mentionnées en 505d5-9 et attaquées au livre II. Voir L.S.J., *s.v.*, *pass*, D.III. 2 ; *Apologie*, 39a, *Ménon*, 89e7, *Phédon*, 114c7, *Banquet*, 218a1, *République*, 488c1, 504e1. Platon admet ainsi l'existence de l'incontinence[1].

Cette note, et l'explication du passage, n'ont pas, autant que je le sache, été reprises dans *Plato's Ethics*[2], mais, lors d'une discussion survenue en 2002, Irwin semblait soutenir encore une telle solution. Lors de la même discussion, John Cooper a d'ailleurs suggéré quelque chose d'analogue (voir plus loin). Ce qui sépare la position d'Irwin de la façon précédente d'éviter le problème, c'est naturellement qu'elle n'implique pas de nier que les actions « akratiques » sont des actions. Ce que nous recherchons tous et toujours, c'est ce qui est bon pour nous : c'est ce que « chaque âme poursuit », διώκει, pour reprendre le terme de Socrate, et nous employons tous nos efforts pour le réaliser. J'emprunte cette expression « employer tous ses efforts » à une intervention de John Cooper dans la discussion précédemment mentionnée. Cela me semble rendre le ton du (τούτου

1. Voir T. Irwin, *Plato's Moral Theory : the Early and Middle Dialogues*, Oxford, Clarendon Press, 1977, p. 336, n. 45.

2. T. Irwin, *Plato's Ethics*, Oxford, Oxford University Press, 1995.

ἕνεκα) πάντα πράττει (en 505d-e) qui est tout à fait catégorique, « *toute* âme faisant *tout* en vue de cela » ; le changement de construction assez maladroit (« *ce que* toute âme poursuit, et (elle) fait tout en vue de *cela* »), le *ce que* et le *cela* désignant la même chose, vise probablement à faciliter cette accentuation (l'autre possibilité reviendrait à lire un anodin « ce que chaque âme poursuit en toutes choses »). Mais dire que l'âme « se donne le plus grand mal » ou « qu'elle fait tous ses efforts » laisse ouverte, sans l'affirmer explicitement, la possibilité que les âmes puissent, malgré tous leurs efforts, *échouer*. Chaque âme fait tout ce qu'elle peut, mais rien ne garantit le succès ; c'est peut-être ce que dit implicitement le διώκει qui a précédé. Et qui trouve confirmation dans la suite immédiate : ce que nous recherchons, ce que nous poursuivons, c'est le Bien, mais le problème, c'est que nous nous contentons de deviner que c'est quelque chose (ἀπομαντευομένη τι εἶναι, le sujet féminin étant ἅπασα ψυχή) et que nous sommes déconcertés (ἀπορεῖν) et incapables de saisir adéquatement ce que c'est. Par conséquent, nous le recherchons, mais sans savoir ce que c'est ; nos intentions sont justes, pourrait-on dire, mais nos capacités limitées. Ainsi – c'est ce que suggère la solution en question – la limite de nos capacités inclut une tendance à, ou la possibilité d'une conduite *irrationnelle*, donc finalement non orientée vers le Bien. Il suffit peut-être tout simplement d'ajouter cette limite interne de nos actions à la liste des limites externes, qui sont autant de choses extérieures à nous et sur lesquelles nous n'avons aucun pouvoir.

Bien que sa différence d'avec la précédente ne soit pour l'instant pas très claire à mes yeux (celle-ci pourrait après tout n'être qu'une autre version de celle-là), il existe une troisième possibilité, qui remonte à H.A. Prichard. Je me suis résolument rangé de son côté jusqu'à maintenant [1], mais je suis à présent moins convaincu. En gros, la suggestion de Prichard revient à dire que πάντα dans πάντα πράττει renvoie à ce que l'on pourrait appeler des contextes de « planification » : ce que nous planifions toujours d'obtenir, que nous nous proposons de tenter d'acquérir, c'est cette chose qu'on appelle le bien – ce qui laisse place à certains cas où nos actions ne sont pas planifiées. (« On ne peut pas échapper à la conclusion suivante : quand Platon entreprend de se demander non pas ce qui devrait, mais ce qui *réellement*, de fait, amène un homme à agir quand celui-ci agit délibé-

1. Voir mon commentaire du *Banquet* : Plato, *Symposium*, ed. with an introd., transl. and comment. by C.J. Rowe, Warminster, Aris & Phillips, 1998, p. 181.

rément, et non pas simplement à cause d'une impulsion quelconque, il répond : "C'est le désir d'un bien quelconque pour lui, et rien d'autre"[1]. »)

Je ne suis pas sûr, cependant, qu'un tel type de lecture – j'entends, celui de Prichard – rende compte adéquatement de notre texte ; et pour être exact, autant que je me souvienne, sa référence n'est pas spécifiquement le texte de *République*, 505d-e. Cette lecture ne saisit certes pas ce sur quoi le passage met l'accent, et on pourrait même, en fait, dire qu'elle le trahit (ce qui ne veut pas dire, bien sûr, que ce que Prichard propose ne peut pas rendre parfaitement raison de la position générale de Platon ; j'y reviendrai). Les indications dont nous disposons dans le texte nous montrent que ce qui occupe ici Platon-Socrate, c'est la question de la connaissance et de l'ignorance : nous faisons tout ce que nous pouvons, autant que possible, en vue du Bien ou pour le réaliser ; c'est seulement notre défaut de connaissance, ou plutôt, l'absence en nous d'une μόνιμος πίστις, d'une « conviction durable » relative au Bien (505e2-3) qui nous retient. C'est ce qui cause ma réticence envers ce type de solution : Socrate ne semble pas avoir du tout en tête les actions « akratiques » (autre nom des actions « à cause d'une impulsion quelconque » de Prichard) alors qu'évidemment cela devrait être le cas. Autrement dit, Socrate devrait se souvenir qu'il a démontré spécifiquement que nous *ne sommes pas* des êtres uniquement tournés vers le Bien ; en effet, il y a une grande part de nous-mêmes – en fait, une part potentiellement énorme, si l'on en croit les livres VIII et IX – qui est tournée vers des choses très différentes. La seule limite qui semble en question dans ce passage, c'est-à-dire la seule limite à notre recherche du Bien, c'est l'état de notre connaissance ou de nos croyances ; rien n'est dit d'une irruption possible de désirs non tournés vers le Bien et venant troubler notre recherche exclusive, δίωξις, du Bien.

On peut dire tout cela plus fermement encore. Socrate est tout à fait explicite quant à la cause de notre incapacité à réaliser le Bien : « *pour cette raison*, nous n'arrivons pas non plus à tirer profit des autres choses, quelles qu'elles soient[2] », parce que nous nous contentons de « deviner » que le Bien est quelque chose, sans pour autant pouvoir le saisir véritablement. On aurait aimé que Socrate avance cela pour la raison mentionnée *et* à cause de la possibilité d'une intervention des désirs irrationnels (sans parler de circonstances extérieures ?). Mais il ne nous donne aucun signe qui pourrait nous encourager à penser que c'est bien cela qu'il veut dire. Serait-il alors possible que Socrate (et Platon) aient *oublié* ce qui était démontré de façon

1. H.A. Prichard, « Duty and interest », repr. dans *Moral Obligation*, Oxford, Clarendon Press, 1968[2], p. 218.

2. *République*, 505e3-4 : διὰ τοῦτο δὲ ἀποτυγχάνει καὶ τῶν ἄλλων εἴ τι ὄφελος ἦν.

si explicite et si frappante dans le livre IV ? Certainement pas. En ce cas, où cela nous mène-t-il ?

Il ne sera d'aucune utilité, selon moi, de tenter d'assimiler le type d'actions « akratiques » du livre IV à des cas d'échec de notre connaissance, et cela, parce qu'à la lecture du livre IV, on voit immédiatement que ce qui est en question, c'est la capacité des désirs irrationnels à surmonter et à entraîner (κρατεῖν et ἕλκειν) la « partie » rationnelle et ses désirs (voir 439c-d). On pourrait en effet dire que la raison de l'emploi du verbe ἕλκειν est précisément d'exclure cette possibilité, en évoquant, comme il se doit (pour nous en tout cas), ce célèbre passage du *Protagoras*[1], cité aussi par Aristote, et où Socrate montre à Protagoras qu'il est *impossible* pour la connaissance d'être « entraînée ». Cet aspect, ainsi que d'autres aspects de ce passage du livre IV, semblent bien suggérer que Platon a définitivement abandonné le genre de position qu'il défendait dans le *Protagoras*. (Ce point est d'ailleurs à l'origine de mon intérêt pour la contradiction apparente qui fait le sujet du présent article.)

On affirme, comme Charles Kahn par exemple, que la section « consacrée à l'hédonisme » à la fin du *Protagoras* intervient de façon purement *ad hominem*; Platon ne s'est jamais sérieusement intéressé à l'idée selon laquelle tout désir recherche le bien ou l'agréable, mais a soutenu tout au long de sa vie une théorie raisonnable de l'action reposant sur le conflit interne, du type de celui développé au livre IV de la *République*. Pour une telle interprétation, le livre VI est particulièrement utile, dans la mesure où il semble démontrer comment l'affirmation selon laquelle « tout désir recherche le Bien » peut en fait cohabiter avec un modèle de l'action tenant compte de celles dont la cause est irrationnelle, aussi bien que rationnelle[2]. Pour ma part – et cela résulte en grande partie de mon travail sur le *Banquet* et le *Lysis* –, je pense que Kahn sous-estime considérablement l'intérêt que Platon porte à un modèle « intellectualiste » de l'action, et sous-estime par là-même l'importance du livre IV de la *République*. Mais naturellement, il est clair qu'il devient du même coup très important pour ma propre thèse de trouver un moyen de désamorcer le livre VI. Une affirmation telle que « tout désir est désir du Bien » est, dans le *Lysis* (ou dans le *Banquet*), une expression qui veut dire exactement ce qu'elle dit. Mais en ce cas, quel sens prendra cette manière de parler dans la *République*, alors que l'on vient non seulement de dire, mais aussi de

1. *Protagoras*, 352b-353c.

2. Voir, pour toute cette question, mon débat avec Charles Kahn dans *Plato*, n°2 (*Internet Journal of the International Plato Society* : www. exeter.ac.uk/plato).

démontrer, de façon très développée, que tout désir *ne recherche pas* le Bien ?

Quoi qu'il en soit, absolument rien ne suggère, dans le contexte du livre IV, qu'un peu plus de connaissance ou une πίστις un peu plus stable feraient l'affaire et vaincraient les désirs irrationnels qui exercent une pression sur le λογιστικόν. Bien sûr, il est vrai que le sage sera capable (en tout cas, on peut le supposer, dans la plupart des situations) de résister à la force de ses ἐπιθυμίαι, et, évidemment, c'est de cela avant tout que dépendra sa *sagesse* ; mais être sage – le fait que la sagesse soit condition du contrôle des désirs irrationnels le prouve – ne constituera pas une condition suffisante de résistance aux désirs irrationnels. La « vertu » n'est plus considérée comme une connaissance, et le « vice » comme une ignorance, sauf lorsque la connaissance et la « vertu », l'ignorance et le « vice » coïncident. (Je mets « vertu » et « vice » entre guillemets, car je les considère comme de mauvaises traductions ; mais, tandis que « excellence » rend parfaitement ἀρετή, on ne dispose d'aucun équivalent clair pour κακία. Sarah Broadie et moi-même avons opté pour « méchanceté » (*badness*) dans notre nouvelle traduction de l'*Éthique à Nicomaque* d'Aristote, mais sans grand enthousiasme.)

J'ai trouvé plus d'indications utiles dans la nouvelle traduction de la *République* par M. Vegetti[1], plus particulièrement, dans le troisième volume, consacré au livre IV, et dans l'essai de Silvia Campese, dans ce même volume, intitulé « *Epithymia / epithymetikon* »[2]. Les remarques de Campese ont provoqué plus ou moins chez moi un retour à une solution du type de celle défendue par Irwin, dans le sens que voici (la position que j'attribue à Irwin est celle selon laquelle Socrate dit, en 505d-e, que nous nous *donnons le plus grand mal* pour réaliser le Bien, position analogue à qui dirait : « J'ai bien peur de n'avoir pas fait ce que j'avais promis ; j'ai pourtant fait tout ce que j'ai pu, mais n'ai pas réussi. »). Campese comprend que le conflit dans l'âme dont il est question au livre IV oppose les ἐπιθυμίαι conçues comme des besoins fondamentaux, physiologiques, d'un côté, et le désir du Bien, de l'autre.

> L'interprétation au moyen du modèle de la soif prise en tant que telle gouverne l'usage d'un nom aussi sévère qu'*alogiston* : celui-ci suit le principe irréfléchi de la satisfaction immédiate, cécité qui se manifeste par des maladies et une hypertrophie morale et physique mal-

1. *Cf.* M. Vegetti, *Platone : La Repubblica*, trad. e commento a cura di Mario Vegetti, Napoli, Bibliopolis, 3 vol., 1998.

2. Voir S. Campese, « *Epithymia / epithymetikon* », dans M. Vegetti, *Platone : La Repubblica*, *op. cit.*, vol. 3, [*H*], p. 245-286.

> saine. Une telle construction de l'*epithymia* a exclu la stratégie théorique consistant à décrire le dilemme de l'homme assoiffé comme interne à un désir intellectuel unique pour le bien oscillant entre deux options. La conflictualité intime que l'observation psychique a révélée peut être décrite à la lumière d'une théorie de la double motivation : l'âme est le champ d'affrontement de deux forces distinctes, l'appétitive qui l'entraîne et la résistance qui se produit *ek logismou*, le désir rationnel pour le bien [1].

Ce que souligne ce passage, et d'autres dans le même volume, avec une parfaite justesse, c'est que les ἐπιθυμίαι sont de nature *physiologique* : elles nous appartiennent en tant que nous sommes des êtres physiques, vivant dans un environnement physique, et tirant notre nourriture de cet environnement, etc. Chacune de ces ἐπιθυμίαι, c'est-à-dire chacune de celles appartenant à l'ἐπιθυμητικόν, selon la *République*, est en elle-même soit un besoin physiologique fondamental, soit quelque chose qui en dérive (plus ou moins) ; pour une telle conception des ἐπιθυμίαι, voir le *Phédon*, qui les décrit comme appartenant en fait au corps, ce qui, selon moi, sera vrai aussi, en un certain sens, même dans la *République*. Par conséquent, je me sens présentement enclin à prendre le contre-pied de Vegetti [2] quand il félicite Cornford et d'autres commentateurs pour avoir remarqué la radicale *discontinuité* existant sur ce point entre le *Phédon* et la *République*. (Cependant, Vegetti doit avoir raison de souligner l'aspect *réducteur* de la présentation de l'âme dans la *République*, que rend d'autant plus sensible l'analogie politique [3]. Une analyse en termes de désirs tendra, par exemple, à élider tout traitement adéquat des πάθη, affections ou émotions – qui, bien sûr, deviendront plus cruciales pour la psychologie morale d'Aristote. Le θυμοειδές de la *République* semble être parfois un peu le lieu – ou le lieu de certains – des πάθη, mais cela ne sera et ne saurait être sa fonction principale dans le schéma de la *République*, qui doit rester une division des différents types de désirs.)

Si, pour revenir à mon argument principal, les ἐπιθυμίαι doivent être comprises ainsi, c'est-à-dire comme des besoins physiologiques, alors je suis enclin à penser que la contradiction apparente entre le livre VI et le livre IV de la *République* est du même coup considérablement réduite. Car il semblerait bien que les ἐπιθυμίαι soient posées comme universelles, communes à tout être humain en tant qu'il est humain [4]. Socrate ne traite

1. *Ibid.*, p. 265.
2. Voir M. Vegetti, *Platone : La Repubblica*, *op. cit.*, vol. 3, p. 32, n. 27.
3. Voir M. Vegetti, *ibid.*, p. 31.
4. Voir T. Penner, « Platonic Justice and what we mean by justice », dans *Plato*, online Journal of the International Plato Society, at: www.nd.edu/~plato/plato5issue/Penner.pdf, et

donc pas d'un type particulier d'individu, tel l'homme incontinent (« akratique ») ou encore l'homme maître de lui-même (« enkratique ») d'Aristote, mais de chacun d'entre nous. Tous, nous avons, d'une façon ou d'une autre, à négocier, pour ainsi dire, avec nos ἐπιθυμίαι : c'est là un fait de l'existence humaine. Ainsi, quand Socrate demande à Glaucon s'il est vrai que certaines personnes, alors même qu'elles ont soif, refusent de boire, Glaucon répond : « tout à fait, dit-il, il y en a beaucoup et même souvent », ou « oui, il y en a énormément, et très souvent » (439c4)[1]. Ce qui, dans des cas de ce genre, nous mène, ou nous entraîne, est censé le faire à cause des παθήματα et des νοσήματα, en 439d2 : selon moi, cela signifie que le phénomène en question survient comme une réponse non rationnelle, à la fois chez des personnes normales en bonne santé et chez celles qui sont malades. Savoir quels genres de cas Socrate a en tête n'a pas d'importance ici, car n'importe quelle situation dans laquelle un désir ou un besoin de boisson existe, et où pourtant il y a un refus volontaire de boire, fera l'affaire. Dans tous les cas, le point où Socrate veut en venir s'annonce déjà en des termes qui nous mènent au-delà de l'exemple, élémentaire et simple, de la boisson, jusqu'à la passion sexuelle, la faim, la soif, et les « autres ἐπιθυμίαι », qui sont associées aux « rassasiements et aux plaisirs » (439d8).

(Je suis tenté d'essayer d'éclairer le contraste entre les deux explications, « à cause des παθήματα et des νοσήματα » – s'il s'agit bien de *deux* explications –, en les comparant aux distinctions faites par Aristote dans l'*Éthique à Nicomaque*[2] : « ces dispositions sont bestiales, mais certaines résultent de maladies [...], tandis que d'autres sont des dispositions morbides résultant de l'habitude ». Le dernier type pourrait-il être causé par les παθήματα – des affections, non contrôlées, produisant au bout d'un certain temps des dispositions ? – et distinct des affections qui trouvent leur origine dans la maladie – ou la folie ? Dans tous les cas, nous devrons garder à l'esprit la distinction aristotélicienne entre deux types différents d'ἀκρασία[3], l'*impulsivité* et la *faiblesse*. Très clairement, le livre IV de la *République* ne traite pas, ou pas exclusivement, de la première – Léontios n'est pas exactement *impulsif*; le « simplement à cause d'une impulsion quelconque » de Prichard demandera donc à être modifié.)

« Forms, the form of the good and the desire for good in Plato's *Republic* », *The Modern Schoolman* 80, 2003, 191-233.

1. *République*, IV, 439c4 : Καὶ μάλα γ', ἔφη, πολλοὺς καὶ πολλάκις.

2. Aristote, *Éthique à Nicomaque*, 1148b24 : αὗται μὲν θηριώδεις [...] αἳ δὲ νοσηματώδεις ἐξ ἔθους (en lisant νοσηματώδεις [ἢ] ἐξ ἔθους : Broadie-Rowe).

3. Voir *Éthique à Nicomaque*, 1150b19.

Ainsi, ce dont Socrate parle ici est à l'évidence un fait de l'expérience commune. Et de la même façon, quand, passant à l'étape suivante du raisonnement, il en vient à identifier le θυμός comme une troisième « partie » de l'âme (ou un troisième « genre de chose » en elle), et, alors même que l'exemple (celui de Léontios) dont il est parti est peu commun, il passe immédiatement à ce que « nous observons se produire non seulement dans ce cas mais dans beaucoup d'autres » (440a8) ; Socrate en appelle même à l'expérience que Glaucon fait des ses propres états intérieurs (440b5-6). Il est bien sûr indubitable que Socrate affirme ici ce qu'il niait dans le *Protagoras* et qui se voyait critiqué par lui comme une opinion de la « multitude » : il nous est bien possible de faire ce que nous savons ou pensons être mauvais – tout simplement, du fait des contraintes de notre nature humaine[1]. Cet éclairage du livre IV réduit à coup sûr considérablement les tensions entre le livre IV et le livre VI, dans la mesure où il devient à présent raisonnable (bien plus raisonnable qu'il ne m'apparaissait auparavant) de supposer que Socrate, dans le contexte du livre VI, considère tout simplement la possibilité de l'interférence des désirs irrationnels comme évidente, comme *allant de soi*. Nous poursuivons, διώκομεν, le Bien dans tout ce que nous faisons, nous tous, et nous engageons toutes les forces dont nous disposons pour le réaliser. Cependant, parfois, la partie rationnelle de l'âme (de certaines personnes) est dominée par les désirs irrationnels, mais cela ne contredit pas l'affirmation générale précédente ; ou, du moins, si jamais c'est le cas, Socrate concentre son attention sur un point qui lui paraît présentement beaucoup plus crucial, à savoir que, alors que chaque âme *poursuit* le Bien, chacune est loin d'avoir une détermination adéquate de ce que le Bien est réellement.

Quand j'ai pour la première fois présenté cette communication[2], André Laks a justement souligné l'importance de 505e (« *pour cette raison*, nous ne parvenons pas non plus à tirer profit des autres choses, quelles qu'elles soient ») où Socrate dit très exactement que c'est l'échec *intellectuel* qui est notre problème. J'ai déjà cité ce membre de phrase pour mettre en place le problème auquel se confronte le présent article. Ce qui est troublant est simplement le fait que Socrate, dans le livre VI, semble faire comme s'il n'y avait qu'un seul type d'échec (l'échec intellectuel), alors que le livre IV en a pourtant déjà introduit un second. En fait, ma réponse consiste à dire que la possibilité d'un échec *non* intellectuel est déjà établie de telle façon

1. *Cf.* l'insistance de Vegetti (*Platone : La Repubblica*, *op. cit.*, vol. 3, p. 29-30) sur la façon dont l'analyse repose ici sur « l'expérience quotidienne », le langage ordinaire et l'autorité de la littérature.

2. Lors de la première réunion du tout nouveau Collegium Politicum à Lille.

qu'elle n'a pas à être mentionnée dans un passage traitant spécifiquement d'un type d'échec différent. Autrement dit : en considérant ce que sont les êtres humains, et ce qu'est le monde lui-même, il va de soi que ce que les âmes recherchent – et pour lequel « elles se donnent le plus grand mal » (Irwin) – c'est le Bien. L'ennui est qu'elles n'en ont pas une compréhension ferme... L'article de S. Campese nous fournit une raison pour laquelle les contraintes « internes » peuvent être considérées comme aussi évidentes que les contraintes externes (mais peut-être cela nous ramène-t-il, en effet, à quelque chose comme la solution de Prichard ?).

Il y a, de plus, un autre aspect du contexte du livre IV qui n'est sans doute pas considéré autant qu'il le devrait (ou peut-être est-ce seulement moi qui ne l'ai pas considéré à sa juste valeur). C'est le fait qu'il n'y a qu'un seul cas – en l'espèce, celui de Léontios – où nous voyons des ἐπιθυμίαι irrationnelles dominant effectivement la raison. C'est Léontios qui fait figure d'incontinent aristotélicien ; pour le reste, Socrate décrit des êtres humains ordinaires, qui se révèlent être, comme chacun de nous, et en termes aristotéliciens, soit effectivement, soit potentiellement « enkratiques » (maîtres d'eux-mêmes). Et si le cas de Léontios est un cas pathologique (s'il est, par exemple, nécrophile, ou pour le moins, quelqu'un au goût morbide particulièrement malsain), alors l'objet du livre IV est moins l'action akratique, en tant que telle, que le conflit interne et sa résolution rationnelle, conflit qui *aurait pu* conduire à la domination de la raison, mais qui en réalité n'y conduit pas. Le cas de Léontios est un cas extrême, où l'irrationnel a remporté la victoire. Et il ne fait aucun doute que l'allusion à la passion sexuelle (qui mène à la liste des ἐπιθυμίαι en 439d6-7) entend suggérer un autre cas du même type. Mais – et le contexte peut peut-être le faire penser – la plupart du temps, nous ne nous laissons pas dominer par la passion ; ou encore, Socrate choisit simplement de souligner les cas où nous ne sommes pas dominés par elle.

Campese fait cependant une autre observation qui me convainc que c'est la première option qui est plus proche de la vérité : rien dans l'argumentation de Socrate ne précise (et dans tous les cas, rien n'implique qu'il en soit ainsi) que nous avons l'habitude d'être dominés par nos désirs irrationnels : il s'agit plutôt d'un cas exceptionnel ou en tout cas peu fréquent. Campese fait d'ailleurs remarquer comment la description de la victoire de la raison convient au cas de l'homme oligarchique du livre VIII :

> Le cas [de l'homme assoiffé] n'est (...) pas décrit en détail et la censure [de la raison à l'égard de l'appétit] est trop laconique pour expliquer sa raison, sa motivation. La délibération sur le bien général pourrait porter sur la satisfaction ordonnée et cohérente des objectifs de l'*epithymetikon*, utilisés comme critère de valeur. Il se produirait

> un désir rationnel – l'inhibition d'une pulsion immédiate – mais on aurait affaire à un désir rationnel dépendant d'un désir d'un autre ordre (du point de vue de sa motivation) et déjà donné. Une telle lecture impliquerait que le comportement de l'assoiffé est régi par un modèle analogue à celui qui sera attribué à l'homme oligarchique (VIII, 533b *sq.*). Celui-ci a mis sur le trône de son âme l'*epithymetikon* avide d'argent et, ayant fait du *logistikon* son esclave (*katadoulôsamenos*), il ne le laisse calculer (*logizesthai*) et rechercher rien d'autre que des moyens d'accroître sa fortune[1].

En fait, ce modèle risque apparemment, *mutatis mutandis*, de couvrir tous les types principaux d'hommes décrits dans les livres VIII et IX, qui, à leur tour, sont conçus, à n'en pas douter, pour inclure tous les types généraux possibles (selon la psychologie de la *République*) : dans tous les cas, à l'exception du cas idéal, la raison aura pour ainsi dire renoncé à elle-même et se trouvera asservie à l'une des deux parties de l'âme, tant et si bien que tout conflit entre la partie rationnelle et la partie irrationnelle n'opposera pas la raison idéale aux ἐπιθυμίαι, mais plutôt ces derniers à une sorte de raison avilie et corrompue[2].

À ce compte, nous serions des êtres rationnels, mais nos capacités sont mises au service de fins qui ne sont pas choisies par la raison elle-même. Si c'est bien le cas, Socrate a raison de considérer l'action akratique, dans le livre IV, plutôt comme l'exception que comme la règle. Ce n'est pas tant que la vie des gens ordinaires est une sorte de lutte perpétuelle entre le rationnel et l'irrationnel, ou que, lorsque les conflits de ce type surviennent (ce qui est fréquent, d'après ce qu'on nous dit ici), ils sont pour la plupart résolus à l'avantage de la déraison. Non, c'est plutôt l'inverse, et cela, parce que la plupart des gens, des gens ordinaires, ont arrangé une sorte de compromis intérieur entre les différentes parties, ou les différents aspects, de leur âme.

Mais bien sûr, ce n'est pas cette finalité vile ou corrompue que Socrate a en vue en 505d-e. Ce que toute âme est dite poursuivre n'est pas le bien que n'importe quelle âme se trouve percevoir (le « bien apparent » d'Aristote), mais plutôt le bien réel. Même si c'est effectivement autre chose que l'âme de quelqu'un recherche, ce qu'elle « poursuit », ce n'est pas cela, mais la chose réelle. Car après tout, comme Socrate vient tout juste de l'avancer (505d), personne ne se satisfait d'acquérir des choses qui ne font que

1. S. Campese, « Epithymia / epithymetikon », art. cit., p. 267.

2. Ce point est affirmé très clairement pour l'homme démocratique, en 560a *sq.*, et pour l'homme timocratique, en 548b *sq.* ; à moins que l'homme tyrannique ait cessé de raisonner, ou de calculer, il doit en être de même pour lui aussi. *Cf.* Vegetti, *Platone : La Repubblica*, *op. cit.*, vol. 3, p. 39.

paraître bonnes. Nous recherchons les choses qui *sont* bonnes, et n'attribuons qu'une valeur négative (ἀτιμάζειν) à ce qui n'est qu'apparence (δόξα) dans ce cas précis, quels que soient nos agissements dans d'autres cas (par exemple quand il est question de justice, de beauté). Le Socrate de Platon se place lui-même clairement ici dans la catégorie de ceux qu'Aristote critique pour avoir fait *du bien* l'objet de la βούλησις.

> Mais ceux qui disent que le bien est l'objet de la βούλησις en viennent logiquement à dire que ce que souhaite la personne qui fait un mauvais choix n'est pas βουλητόν (car si c'était βουλητόν, cela serait du même coup bon ; mais en fait, il s'est avéré que c'était mauvais) [1].

Mais Platon ne craint évidemment pas de telles conséquences et en fait les accueille favorablement. Ce que la personne qui fait un mauvais choix souhaite est quelque chose d'autre que ce qu'elle a choisi. Ou, pour le dire autrement, son « souhait raisonné », sa βούλησις (pour le dire en termes aristotéliciens) est en vue du bien réel. C'est pour cette raison que Platon peut faire dire à Socrate que la condition universelle de l'échec de la volonté est une condition d'*ignorance*, comme il est dit implicitement au livre VI. Si chacun d'entre nous connaissait la nature du bien, alors, quelle que soit la corruption de notre âme et bien que nous ne puissions pas y faire grand chose, tous, nous regretterions nos choix.

Ce sont apparemment des idées de ce genre qui permettent à Platon de continuer, même dans les *Lois*, à rester fidèle au « nul n'est méchant » ou « ne tourne mal volontairement » (pour traduire ἑκών selon l'usage). Bien sûr, il n'est pas vrai de dire que nous sommes méchants à *cause de* notre ignorance : nous serons méchants principalement, ou exclusivement, parce que nous avons été mal éduqués, et avons grandi en acquérant des croyances et des attitudes erronées, et la complexion du désir qui leur correspond. En fait, il n'est pas plus vrai maintenant de dire que, *littéralement*, personne n'est méchant ou ne tourne mal en connaissance de cause, car les authentiques akratiques tels Léontios, et peut-être les amoureux passionnés, ne savent que trop qu'ils sont méchants lorsqu'ils font quelque chose qu'ils ne devraient pas faire. Néanmoins, il reste littéralement vrai que nul n'est méchant volontairement (car l'objet de leur désir n'est pas là). Et c'est tout particulièrement vrai de l'akratique. Non seulement il « poursuit » quelque chose d'autre que ce qu'il recherche effectivement, dans la mesure où toute âme « poursuit » le bien (désire le bien), mais il le sait. Son action n'en demeurera pas moins un cas authentique, semble-t-il,

1. Aristote, *Éthique à Nicomaque*, 1113a17-19.

d'action menée en vue de quelque chose d'autre que le bien. Mais il n'en sera pas moins vrai que l'akratique, en tant qu'agent, « se donne tout le mal possible » (« fait tout son possible »), à partir de son état de départ, en vue du bien, et cela, parce que, comme tout le monde, c'est ce qu'il veut et poursuit, et non une contrefaçon du bien, ni un substitut pour la chose réelle. Léontios lutte avec son désir de voir les cadavres.

Voilà ce que je propose comme voie possible vers une solution au problème dont je suis parti. En bref, il me semble que mon propos s'achève en niant l'idée même d'une tension entre les livres IV et VI. Une fois saisies les idées dont ils dépendent, ces deux contextes sont parfaitement compatibles. C'est du moins ce qu'il me semble à présent. Nul ne cesse jamais de désirer le bien, ni de le « poursuivre » ; même lorsque nous faisons (exceptionnellement ?) quelque chose que nous savons ou pensons être mauvais pour nous-mêmes, ce que nous recherchons réellement est soit ce que nous ne faisons pas mais que nous savons que nous devrions faire, s'il s'agit du vrai bien, soit une part quelconque de notre vrai bien. C'est tout simplement que, la nature humaine étant ce qu'elle est, nous sommes capables d'être empêchés de faire ce qui est pour nous le meilleur par l'irrationnel qui est en nous. Je ne dis pas que tout cela se trouve condensé dans une page de la *République* (505d-e), loin de là. Ce texte précis, et son contexte, ne nous donnent qu'une partie du tableau général. Mais si on en complète les parties restantes, rien dans ce passage n'entre en contradiction avec celui consacré à la tripartition de l'âme dans le livre IV. Dans un autre contexte, l'expression τούτο (τοῦ ἀγαθοῦ) ἕνεκα (ἅπασα ψυχὴ) πάντα πράττει aurait bien pu signifier autre chose, mais, dans le contexte de la *République*, on ne peut la lire, ni lui donner sa signification, en faisant abstraction de ce contexte précis. Mais peut-être est-ce que j'enfonce ici des portes ouvertes, car qui avouerait qu'il rejette la validité d'un tel principe d'interprétation, à moins de faire allégeance à un système bien particulier d'interprétation ? La question cruciale est donc : *comment* lire le livre VI afin de le rendre compatible avec le livre IV ?

(J'ai déjà suggéré brièvement, plus haut, pourquoi cette question importe tant à mes yeux. Je me contenterai d'ajouter ici que, selon moi, même ce que la *République* traite comme des désirs irrationnels est en fait considéré dans le *Lysis* comme étant en vue du bien : « tous les désirs sont en vue du bien » signifie précisément cela, et non pas « tous les désirs, à l'exception de quelques uns, sont en vue du bien ». S'il en est bien ainsi, alors, quand Platon, dans le livre IV de la *République*, fait de la faim, de la soif, etc., des désirs spécifiquement et catégoriquement *non orientés vers le bien*, il argumente contre une position soutenue au moins une fois dans un des ses autres dialogues. Et si celle-ci doit être attribuée à Platon, alors, n'en déplaise à Kahn, il y a bien un changement qui se prépare entre le *Lysis* – et d'autres Dialogues – et la *République* ; et il s'agit d'un changement très substantiel, si l'irrationalité des ἐπιθυμίαι dans la *République* est liée – et c'est à coup sûr le cas – au fait qu'elles ne font, pour ainsi dire, pas de différence entre le bien et le mal. En réalité, il n'y a pas de place dans le *Lysis* pour la distinction entre désir irrationnel et désir rationnel, donc pas de place pour une partition de l'âme comme celle de la *République*. Mais tout cela est une autre histoire, que je n'ai pas le temps de raconter ici.)

Traduit de l'anglais par Dimitri El Murr, avec, pour l'italien, la collaboration de Thomas Benatouïl

ENCORE UNE FOIS LE BIEN*

Monique DIXSAUT

Le verdict porté depuis l'Antiquité sur le bien de Platon n'a cessé d'être repris sous différentes formes et se retrouve en ouverture de ces *Études* sous la plume de Stanley Rosen : « Vous ne trouverez pas, où que ce soit dans la *République*, un seul mot véritablement éclairant sur la nature du bien et la manière dont nous pouvons, non seulement le connaître, mais l'utiliser comme premier principe de notre connaissance du tout. » Inutilisable comme principe de connaissance, le bien lui semble l'être tout autant comme principe pratique et politique : « Qu'est-ce que la discussion sur le bien peut avoir à faire avec la fondation de la cité juste ? » Rosen a raison de dire qu'un lecteur de ce Dialogue doit se poser ces questions. Mais parce que je crois que la discussion sur le bien a tout à faire avec l'organisation de la cité juste, parce que la fonction accordée par Platon au bien ne me semble pas être celle d'un « premier principe » de connaissance, parce qu'enfin et surtout je pense que l'on peut trouver dans la *République* nombre

* À seule fin de justifier ce titre, j'ai abordé la question du bien dans *La République, livres VI et VII*, Traduction, Introduction et Commentaire, 1980, 2e éd. corr. Paris, Bordas, 1986; *Le Naturel philosophe, Essai sur les Dialogues de Platon.* 1985, 3e éd. corr., Paris, Vrin, 2001, p. 269-288 ; « L'analogie intenable », dans *Rue Descartes*, n. 1-2 : « Des Grecs », avril 1991, p. 93-120, repris dans *Platon et la question de la pensée*, *Études platoniciennes I*, Paris, Vrin, 2000, p. 121-151 ; *Métamorphoses de la dialectique dans les Dialogues de Platon,* Paris, Vrin, 2001, p. 94-101 ; *Platon. Le désir de comprendre,* Paris, Vrin, 2003, p. 253-265. On trouvera dans ce qui suit peu de renvois à d'autres auteurs ayant discuté de ce problème, mais d'autres articles de ce volume ainsi que la bibliographie qui est donnée à la fin fourniront les indications nécessaires. Provoquée par les affirmations de mon très vieil et cher ami Stanley Rosen, je souhaite en effet simplement apporter ici un complément à ce que j'avais avancé précédemment en posant quelques questions que je ne m'étais pas encore posées, et qui n'ont d'ailleurs pas été souvent posées.

d'indications sur la nature du bien et la manière de le connaître (dont certaines, il est vrai, ne seront pleinement développées que dans le *Philèbe*), je voudrais relever le défi lancé en m'efforçant de répondre à trois questions. Je vais d'abord examiner le contexte dans lequel est introduite la question du bien, me demander ensuite ce que signifie *idea* dans l'expression « l'*idea* du bien », et enfin tenter de comprendre en quel sens la connaissance du bien est dite être le *telos* de la dialectique.

DANS QUEL CONTEXTE LA QUESTION DU BIEN EST-ELLE POSÉE ?

La question du bien est introduite au livre VI, au moment où Socrate se propose d'exposer l'éducation qu'il convient de donner aux gardiens, et elle trouve sa conclusion au livre VII (540a4-b1) : quand, arrivés à cinquante ans, les gardiens appelés à gouverner auront, au terme de leur éducation, « vu le bien lui-même (ἰδόντας τὸ ἀγαθὸν αὐτό), ils s'en serviront comme d'un modèle (παραδείγματι) pour ordonner (κοσμεῖν) la cité, les particuliers et eux-mêmes ». C'est l'*idea* du bien « qu'il faut voir si on veut agir de manière sensée soit en privé soit en public » (517c4-5). La connaissance du bien est donc essentielle à la fondation de la cité juste, et même si elle a des conséquences éthiques et implique une distinction ontologique et épistémologique, elle a une fonction politique puisqu'elle oriente toute la formation à donner à ceux – aux philosophes – auxquels on confiera le gouvernement de la cité et puisque c'est elle qui déterminera par la suite tout ce qu'ils prescrivent.

Que doivent-ils étudier ? Le problème de savoir ce qu'il faut apprendre était déjà celui du *Protagoras* et de l'ensemble du *Lachès*, et, dans ces deux Dialogues, Socrate insistait sur la nécessité de le poser en fonction de l'âme de celui qui apprend. L'« âme des jeunes gens » est « ce en vue de quoi nous examinons à présent une étude » (*Lach.*, 185e1), car si la présence d'une vertu a pour effet de rendre les âmes meilleures, il faut déterminer dans quelle mesure (καθ' ὅσον) une étude aura cette présence pour résultat (190e2). Le *Protagoras* va dans le même sens en affirmant que toute connaissance devient intérieure à l'âme qui l'acquiert, on ne peut pas l'emporter dans un récipient à part. Apprendre, étudier quelque chose comporte ainsi un bien plus grand risque que consommer des aliments parce que toute étude a un effet sur l'âme (*Prot.*, 314a1-b4). Au livre VI de la *République*, la question n'est cependant plus celle de l'éducation des jeunes gens mais celle de la formation des gardiens : il faut se demander « au moyen de quelles études et de quelles occupations il y aura [dans notre cité] des sauveurs du régime » (502c10), sauveurs dont il faut « examiner si leur naturel sera capable de porter même le poids des plus importantes études » (503e3-4). Ces sauveurs auront d'abord dû se sauver eux-mêmes, préserver le naturel excellent qui est le leur, et le danger ne vient pas seulement des actes ou des œuvres qu'ils auront dû accomplir : les différentes sciences qu'ils auront apprises risquent elles aussi de les détourner du but, à savoir de la connaissance du bien.

Ils doivent cependant les apprendre car il faut qu'un gardien fasse « autant d'efforts pour apprendre que pour exercer son corps » (505b). Mais apprendre ne signifie plus, comme au livre III, compenser la gymnastique par l'étude de la « musique », ni acquérir une science particulière sur la valeur de laquelle on s'interroge (comme l'hoplomachie dans le *Lachès*, la rhétorique dans le *Protagoras* et le *Gorgias* ou les cinq sciences mathématiques dans le livre VII). Les *mathèmata* les plus importants désignent, à ce moment du livre VI, non pas les différentes sciences ou disciplines mais les différentes études visant à obtenir un savoir de ce qu'est en elle-même une réalité. Toutes les études qui procèdent dialectiquement sont les plus importantes parce que leurs objets, les Formes, sont les réalités les plus importantes, et le bien, quand il est mentionné, est une Forme parmi d'autres[1]. Le pluriel, *mathèmata*, est justifié car, si la dialectique est la plus haute science, la multiplicité de ses objets la pluralise nécessairement. Socrate se contente donc jusque là de rappeler ce qu'il a dit bien des fois, qu'une connaissance véritable ne porte pas sur ce qui devient mais sur ce qui est. Ce sont ces sortes de savoirs que doivent acquérir les gardiens.

Comme ils doivent conférer à la cité ses vertus et les sauvegarder, ils doivent, continue Socrate, prendre des vertus une mesure (μέτρον, 504c1) plus exacte. Les définitions des vertus données au livre IV n'étaient que des « esquisses », car « la mesure qui, en de telles choses, laisse de côté si peu que ce soit de ce qui est » n'en est pas du tout une : rien d'incomplet ou d'imparfait (*ateles*) ne peut être vraiment une mesure (*Rép*., VI, 504c1-3). Le jugement porté par Socrate s'explique pour peu qu'on réfléchisse au fait que la définition donnée alors de la justice, par exemple, pourrait parfaitement être acceptée par Thrasymaque, ce qui n'empêcherait nullement celui-ci d'estimer que la justice ainsi entendue n'est ni belle ni avantageuse, donc de ne pas la tenir pour une vertu. On ne prend pas l'exacte mesure de ce qu'est la justice si on ne sait pas à quoi et en quoi elle est bonne. Il faut donc parcourir « un circuit plus long » si on veut rendre les vertus « tout à fait évidentes ».

1. Voir par exemple, dans la seule *République*, 507b6, 517c, 534c. La majuscule indique qu'il s'agit de la Forme intelligible, mais j'écrirai par la suite le beau, le bien etc. pour ne rien préjuger quant à leur statut dans tel ou tel passage.

La question du bien est ainsi introduite à la faveur d'une opposition entre ce qui reste *ateles* (incomplet, inachevé, imparfait) et ce qui atteint son *telos*. Pour ce qui est des connaissances, elle sont achevées quand elles sont exactes, mais il existe des degrés d'exactitude[1] : « Les choses les plus importantes ne sont-elles pas dignes aussi des sortes d'exactitude les plus grandes ? » (504e2-3 : τῶν δὲ μεγίστων μὴ μεγίστας ἀξιοῦν εἶναι καὶ τὰς ἀκριβείας;). Le pluriel (τὰς ἀκριβείας) indique qu'il n'y a pas qu'une seule espèce d'exactitude, mais, concernant les réalités les plus importantes, il ne s'agit pas de degrés ; de ce point de vue, il n'existe entre elles aucune hiérarchie. Chacune mérite la plus grande exactitude, celle qui lui convient en propre et n'est pas forcément identique à une autre. L'exactitude requise pour la connaissance de la justice n'est sans doute pas de même nature que celle exigée par la connaissance du triangle ou du non-être, on n'y arrive pas par les mêmes chemins, mais l'impératif est le même : s'efforcer de ne laisser de côté aucun aspect de ce qu'ils sont.

Le texte du *Banquet* marquant les étapes de l'ascension érotique aboutissant à un *telos* qui, une fois « vu », permettra d'engendrer des vertus véritables (212a3-5), est souvent évoqué pour commenter ce passage de la *République*. Ce *telos* est atteint après avoir traversé différents ensembles de choses belles jusqu'à une unité qui n'est pas l'élément d'une multiplicité mais est l'unique objet d'une science unique (τινὰ ἐπιστήμην μίαν, 210d7), le beau. L'ascension s'achève « soudainement » sur la vision d'une réalité toujours même, sans mélange de rien de sensible (210e3-5). L'étude du beau lui-même (αὐτοῦ ἐκείνου τοῦ καλοῦ μάθημα, 211c7-8) n'est pas le *telos* de toute connaissance dialectique ; le beau semble en effet n'être pris que comme l'exemple le plus manifeste de ce qu'est une réalité « en soi » (αὐτὸ καθ' αὑτό) et des caractères qui la distinguent. Mais toute connaissance doit prendre ce genre d'être comme objet. L'aptitude à passer de la multiplicité des choses belles au beau lui-même, mais aussi des choses justes à la justice en soi « et ainsi pour tout le reste » constitue, à la fin du livre V (479e *sq.*), le critère servant à distinguer le philosophe authentique des philodoxes. Arriver au *telos*, au but, c'est donc, pour la connaissance, comprendre qu'elle doit s'appliquer à un être unique et invariable qui la mesure, et non pas à une multiplicité changeante. Ce n'est pourtant là que le premier but qu'elle doit atteindre.

En effet, quand au livre VI Socrate s'apprête à soulever la question du bien, il fait un pas de plus, et le *telos* dont il parle n'est plus de même nature. Ce qui constituait le terme de l'ascension du *Banquet* – la vision

1. Voir *Philèbe*, 56c4-9, 57c9-d2, 58c4 : la classification des arts et des sciences s'effectue en fonction de leur degré d'exactitude.

d'une réalité en soi – devient contemporain d'une recherche dont il ne peut être séparé et qui ne cesse de l'orienter. Posséder une science achevée, qu'elle soit celle du beau, du juste ou du bon, c'est pouvoir donner le logos de ce qu'est le beau, le juste ou le bon et la sorte de logos qui détermine complètement et exactement l'*ousia* de chaque chose est un logos dialectique (*Rép.*, VII, 534b4). Atteindre son *telos* signifie donc deux choses différentes selon qu'il s'agit du but assigné à un désir qui se détache de toute espèce de multiplicité pour saisir un être dans l'unicité de sa Forme, ou selon que la connaissance s'applique à découvrir les moyens de donner le logos de cette essence.

Dans la *République* comme dans le *Banquet*, le *telos* n'est donc pas celui d'une vie ou d'une action vertueuse, mais celui que doit atteindre toute science. Se demander quel rapport ces analyses ont avec la fondation de la cité juste, autrement dit se demander quel rapport ces affirmations « théoriques » ont avec la pratique politique, c'est refuser la subordination fortement affirmée par Platon de toute pratique à une connaissance. Le premier but assigné au long circuit, compléter la définition des vertus, apparaît en effet aussitôt comme n'étant qu'un aspect particulier d'un but plus général. Socrate passe alors du pluriel – « il faut éprouver la nature des gardiens pour savoir si elle est apte aux études les plus importantes » (τὰ μέγιστα μαθήματα, 503e4)[1] – au singulier : le *telos* de tous les efforts pour apprendre est « l'étude la plus importante et qui convient le plus » aux gardiens (504d2-3 : τοῦ μεγίστου τε καὶ μάλιστα προσήκοντος μαθήματος). Pourquoi ce passage ? D'abord, me semble-t-il, pour annoncer la supériorité de la science dialectique sur d'autres sciences pouvant prétendre s'attacher également à des réalités que le devenir n'a pas la puissance d'altérer. Toutes les sciences mathématiques commencent par soustraire leurs objets à toute espèce de changement ou de relativisme, et si des sciences peuvent revendiquer la détermination d'une mesure exacte, ce sont bien les sciences mathématiques. Pourtant, si elles peuvent apporter une connaissance vraie de certains êtres, elles sont impuissantes à en mesurer la valeur et surtout à apprécier justement celle des connaissances qu'elles procurent. C'est pourquoi, aux livres VI et VII, Socrate va affirmer à la fois leur utilité et leur infériorité en faisant de leur étude une propédeutique, un prélude à la mélodie dialectique. Aucun savoir ne peut être utile ou

1. Dans cette phrase : σκοποῦντας εἰ καὶ τὰ μέγιστα μαθήματα δυνατὴ ἔσται ἐνεγκεῖν, δυνατὴ renvoie à φύσις (503b8 : ἣν γὰρ διήλθομεν φύσιν δεῖν ὑπάρχειν αὐτοῖς) ; voir J. Adam, *The* Republic *of Plato*, edited with critical Notes, Commentary and Appendices, 2nd edition with an Introduction by D. Rees, t. II, Cambridge : University Press, 1965, p. 47 *ad loc*.

avantageux s'il est incapable de préciser en quoi il est bon, or c'est la question que ne pose justement aucune de ces sciences, et c'est ce qui enferme les mathématiciens dans leur rêve. Aucune de ces science ne pose donc la question du bien, alors que c'est elle qui peut empêcher une science de se croire bonne du simple fait d'être une science (ce qui est l'erreur des raffinés dénoncée en 505b). La surévaluation des mathématiques chez Platon par toute une tradition méconnaît leur ambivalence : indispensables comme propédeutique, elles sont aussi les disciplines les plus dangereuses si on les prend comme paradigmes de ce qu'est une science accomplie[1].

Ensuite, la nécessité d'une science du bon et du mauvais venant s'ajouter aux multiples sciences dont on allait jusqu'à supposer l'infaillibilité était déjà affirmée à la fin du *Charmide*, ainsi que son rapport avec le bonheur (172c-174d). La question de savoir si toutes les connaissances contribuent également au bonheur montrait qu'une hiérarchie s'impose, et la science du bien et du mal était placée au sommet dans la mesure où elle rend toute activité et toute autre science utile, sans que, à ma connaissance, aucun commentateur ait trouvé rien là de particulièrement énigmatique[2]. Donc lorsque Glaucon, surpris sans doute lui aussi par ce passage du pluriel au singulier, interroge : « mais quant à ce que tu appelles cette étude la plus importante et quant à ce que tu appelles son objet, quel qu'il puisse être, crois-tu qu'on va te laisser aller sans te demander ce que c'est[3] ? », Socrate peut à bon droit lui répondre qu'on lui « a souvent entendu dire » que « c'est l'*idea* du bien qui est le *mathèma* le plus important » (505a).

En 504d2-3, Socrate entendait par *mathèma* une sorte d'étude ou de science, alors que dans sa réponse à Glaucon, il lui donne manifestement celui d'objet d'étude[4]. Après avoir nettement distingué la science de son objet dans la question qu'il prête à Glaucon, Platon s'y prend de telle façon que Socrate ne paraît apporter qu'une seule réponse à une question qui, elle, était double. Il ne peut en être autrement : la plus grande importance de cette étude relativement aux études les plus importantes ne peut tenir à sa

1. Théodore, dans le *Théétète*, serait un bon exemple de celui qui n'a pas réussi à « sauvegarder » son naturel philosophe, lui que sa compétence mathématique n'empêche pas de se dire l'ami de Protagoras (162a) et d'estimer qu'il a passé l'âge d'apprendre à participer à une discussion dialectique (146b) ; c'est à préserver Théétète de ce danger que s'emploie Socrate tout au long du Dialogue.

2. L.-A. Dorion (*Platon. Charmide, Lysis*, trad. inédite, introduction et notes par L.-A. Dorion, Paris, GF Flammarion, 2004, note 206 p. 151) juge seulement cette position « assez paradoxale ».

3. 504e4-6. Dans ὃ μέντοι μέγιστον μάθημα καὶ περὶ ὅ τι αὐτὸ λέγεις, ὅ τι n'est pas interrogatif, c'est un relatif indéfini ; voir Adam, *op. cit.*, t. II, p. 50, note *ad loc*.

4. Sur ces deux sens possibles des noms ayant un suffixe en -μα, voir P. Chantraine, *La Formation des noms en grec ancien*, Paris, Klincksieck, 1978, § 145, p. 148-149.

forme (toutes sont également dialectiques), seulement à la nature de son objet. Glaucon (504d4) ne s'y trompe pas ; il ne demande pas à Socrate s'il existe une science plus importante que l'astronomie, par exemple, mais s'il existe une étude plus importante que celle « de la Justice et de ce que nous avons exposé » (c'est-à-dire exposé au livre IV concernant les vertus). Répondre que cette étude porte sur l'*idea* du bien, c'est simplement déclarer que le bien est plus important à connaître que les vertus, puisque les vertus sont une espèce de choses bonnes et que les connaître implique le savoir de ce qui les rend bonnes. L'affirmer n'est ni plus obscur ni plus inutile qu'affirmer que la connaissance du beau lui-même est plus importante que celle des multiples espèces de belles choses. Si on juge cette connaissance inutile, on juge forcément inutile la forme de savoir qui est le propre des philosophes, donc on décrète implicitement absurde la thèse de leur gouvernement. Car un savoir portant sur l'essence, complété par la connaissance de la valeur de ce savoir, est leur seule raison de prétendre gouverner quoi que ce soit. Un gouvernant doit être capable de déterminer ce qui est bon pour la cité et les citoyens, lui compris, non parce que telle est son opinion du moment, mais parce qu'il a fait l'effort d'acquérir la connaissance de ce qui est toujours, inconditionnellement, bon. Il doit être capable de défendre et de faire valoir la bonté des décisions qu'il prend, et c'est sa connaissance du bien qui lui permet de les imposer comme bonnes. Le bien est donc pour lui l'objet de la plus importante étude et le *telos* de sa formation, pour lui en tant que gouvernant et gardien des vertus d'une cité qu'il doit mettre en ordre. Connaissant en quoi les vertus sont bonnes en elles-mêmes, il sait aussi quelles sont de chacune les bonnes conséquences, donc qu'elles sont les conditions nécessaires et suffisantes de l'harmonie et du bonheur de chacun et de la cité toute entière[1].

1. Le bien de l'individu n'est pas pour Platon un bien individuel, particulier, il est le bien de toute âme humaine. Toutes les âmes ayant la même structure et étant habitées par les mêmes forces (la différence entre elles étant une différence d'intensité de ces forces), ce qui est bon pour l'une est bon pour toutes ; c'est en tout cas ce qu'il faut les convaincre de reconnaître, car aucune âme n'est naturellement gouvernée par sa partie rationnelle à l'exception de celle du philosophe (ce que confirme la description des types d'hommes aux livres VIII et IX). Il n'existe pas pour Platon d'agent rationnel ou moral dont on pourrait se demander si le bien est pour lui l'objet d'une recherche égoïste ou pas : si un individu n'est pas philosophe, ou n'est pas le citoyen d'une cité gouvernée par des philosophes, le bien qu'il cherche n'est bon qu'en apparence ou par hasard. Le problème du rapport entre le bien pour soi et le bien en soi comme celui de l'égoïsme me semblent donc, je l'avoue, être chez Platon de faux problèmes (sauf lorsqu'il s'agit des philosophes que l'on contraint à gouverner) ; pour une position différente, voir dans le vol. 1 l'article de T. Irwin, « Platon et le monisme de la raison pratique ». Poser la question du bien en fonction de la structure, analogue, de l'âme et de la cité est justement ce qui permet d'éviter de soulever ce genre de questions : il n'existe

La cité, donc, ne sera vraiment juste, sage, courageuse, modérée, qu'à la condition que ceux qui la gouvernent et la gardent connaissent ce qu'est le bien. À quoi il est courant d'objecter que Platon, précisément, ne nous dit jamais ce qu'il est – Socrate, dans la *République*, se dérobe, et dans le *Philèbe* il nous laisse en plan dans le vestibule sans nous faire entrer dans la demeure du bien. Même si elles ne sont pas mystérieuses, les affirmations de Socrate n'en seraient pas moins vides et les tâches assignées impossibles. De la manière dont la question du bien est introduite, on aura néanmoins appris ceci : c'est par l'*idea* du bien « que les choses justes et les autres choses dont on use deviennent utiles et avantageuses » (505a, *cf.* 517c : elle est « la cause de toutes choses droites et belles »). L'*idea* du bien est comme la valeur qui doit s'ajouter à toute valeur pour qu'elle cesse d'en être hypothétiquement une (d'en être une à la condition qu'elle procure un certain nombre d'avantages). L'affirmer « bonne » suffit pour établir la valeur d'une valeur, elle n'a besoin d'aucune autre justification, elle est achevée, complète, valeur « en soi ». L'*idea* du bien est le *telos* de la plus importante étude parce qu'elle rend *teleion*, accompli, parfait, ce qui participe d'elle.

QUE SIGNIFIE L'EXPRESSION : « L'*IDEA* DU BIEN » ?

Il me faut à mon tour emprunter un « long circuit ». Lorsqu'il répond à Glaucon, Socrate ne dit pas que l'objet de l'étude la plus importante est le bien, mais l'*idea* du bien. Pourquoi emploie-t-il, dans la *République*, ce terme à propos du bien et jamais *ousia* ou *eidos*[1] ? Faut-il d'ailleurs penser que cela a une quelconque signification, ou juger que, à la différence de leurs emplois dans le *Phédon*[2], les trois termes sont ici interchangeables ?

Il est évident qu'un tournant est pris à la fin du livre V, dont le signe le plus net est le changement du sens donné à *ousia*. Dans les trois premiers livres (le terme est absent du livre IV), *ousia* conserve son sens courant de propriété, fortune, avoir, sens qu'il retrouvera au livre VIII et au début du livre IX, et quand Socrate, à un moment du livre IX, donne à nouveau au

qu'un seul bon ordre et qu'une seule sorte d'harmonie et ne peut l'imposer que celui qui connaît le bien.

1. Voir 505a2, 508e2, 517b8, 526e1, 534c1.

2. Comme j'espère avoir réussi à le montrer dans « *Ousia, eidos* et *idea* dans le *Phédon* », *Revue philosophique*, 1991, n° 4, 479-500, repris dans *Platon et la question de la pensée*, *op. cit.*, p. 71-91.

terme son sens philosophique d'essence[1], il précise chaque fois qu'il parle d'une *ousia* pure (585b12), associée à la vérité (585c7, 12, d3). Au premier abord, on voit mal quel rapport pourrait exister entre les deux sens. Le *Phédon* fournit pourtant le moyen de les relier : « du beau, du bon et de toute *ousia* de cette sorte (...) dont nous découvrons progressivement qu'auparavant elle était nôtre... » (76d8-e2). L'âme n'existe pas à la manière de l'essence mais elle découvre en pensant l'essence, en « s'en ressouvenant » et s'y apparentant, que l'essence est le mode d'être qui lui appartient en propre, parce que sa puissance d'atteindre l'essence est ce qui la reconduit vers ce qui est le plus proprement elle-même.

Le terme change donc de sens lorsqu'il s'agit de défendre la thèse du gouvernement des philosophes : Socrate juge alors nécessaire de les distinguer des philodoxes. Les vrais philosophes sont toujours amoureux d'une « étude qui leur rend évident quelque chose de ce qui est essentiellement, qui est toujours et n'erre pas sous l'effet de la génération et de la corruption »[2], tandis que l'opinion porte sur des choses intermédiaires entre l'*ousia* et le non-être (479c7). L'ensemble de ces choses est désigné au livre VII par le terme « devenir » (γενέσις) : l'opinion porte sur le devenir alors que l'intellection (νοήσις) porte sur l'essence (οὐσία, 534a2-3). On notera au passage que si on tient à parler d'un « dualisme » platonicien, ce dualisme n'est pas celui du sensible et de l'intelligible (avec l'exemple du doigt, on voit que la perception n'est pas disqualifiée en tant que telle, elle suffit toujours à identifier un doigt – c'est-à-dire à susciter l'opinion droite que c'est un doigt –, mais parce qu'elle « n'est pas propre à mener vers l'essence », 524e2). Son « dualisme » est celui de l'être et du devenir. Tout au long de l'exposé des cinq sciences propédeutiques, une même question revient : sont-elles propres à nous conduire vers l'*ousia* (523d3, 525b5, 526e6), à opérer la conversion de l'âme vers la vérité et l'essence (525c6) ? On ne peut donc séparer l'*ousia* de la démarche qui la vise et la dit. Le terme apparaît dans un contexte qui est celui de la philosophie et de la conversion de l'âme : aucun contenu empirique ne saurait satisfaire le désir du philosophe de connaître « chacun des êtres ». Sa pensée confère à ce qu'elle vise le mode d'existence de l'*ousia*, mais

1. En fait, cette signification lui est donnée pour la première fois dans le Dialogue par Thrasymaque (II 359a5 : καὶ εἶναι δὴ ταύτην γένεσίν τε καὶ οὐσίαν δικαιοσύνης). Le procédé est le même que celui qui prête à Phédon la première occurrence d'*eidos* au sens de Forme intelligible (*Phéd.*, 102b). Manière, sans doute, pour Platon de refuser la paternité d'un vocabulaire « technique » qui couperait le sens d'un mot du mouvement du logos qui conduit à le lui donner.

2. *Rép.*, V, 485b1-3 : μαθήματός γε ἀεὶ ἐρῶσιν ὃ ἂν αὐτοῖς δηλοῖ ἐκείνης τῆς οὐσίας τῆς ἀεὶ οὔσης καὶ μὴ πλανωμένης ὑπὸ γενέσεως καὶ φθορᾶς.

l'*ousia* la détermine en retour comme une activité tout entière concentrée sur l'*ousia*. Le discours à l'intérieur duquel la pensée et l'être se déterminent réciproquement est celui de la philosophie.

Une *ousia* ne peut à coup sûr avoir d'autre référent qu'une Forme intelligible, car seules les Formes jouissent de ce mode d'être essentiel et inaltérable. *Ousia* et *eidos* ont la même référence, mais non le même sens : avec *ousia* l'accent est mis sur un mode d'existence, mais par *eidos* devient possible l'articulation entre les deux espèces si fortement opposées par Platon, celle des êtres qui sont vraiment et celle des êtres dont tout l'être consiste à devenir. Une même réalité est désignée par deux noms, mais le nom d'*eidos* affirme possible la participation des choses en devenir aux Formes et, plus régulièrement dans des Dialogues postérieurs à la *République* (mais déjà en *Rép.*, 476a4-7), la participation des Formes entre elles.

Si, en son sens d'essence, *ousia* n'appartient qu'à un même registre de langage, est qualifiée de « pure », existant toujours et toujours semblable et se trouve associée à la vérité et à l'intelligence, donc opposée au devenir et à l'opinion [1], *eidos* est employé au cours du Dialogue dans tous les sens possibles que lui confère la langue. Le *Phédon* est sans doute l'œuvre où apparaît le plus clairement la série de transitions aboutissant au sens de « Forme intelligible », mais il en va de même dans la *République*. La continuité entre les différents sens y est telle que cela ne peut que susciter hésitations chez celui qui cherche à constituer un lexique de significations tranchées. Cela va de l'aspect (618a6), la figure (les mathématiciens se servent de « figures visibles », τοῖς ὁρωμένοις εἴδεσι προσχρῶνται, 510d5) à l'« espèce », et de l'espèce à la Forme. Le sens d'« espèce » est de loin le plus fréquent dans le Dialogue : Socrate ne cesse de distinguer des espèces de discours, de rythmes, de musique, de lois, de constitutions, d'hommes, de forces en l'âme, de vertus, de vices, de mensonge, d'appétits, de plaisirs, d'altérité, de similitude, de puissances, de lieux, d'angles, de lits [2]... Ces espèces sont-elles des Formes intelligibles, au

1. *Cf.* 585b12, 585c1-2, 7-12, d3.

2. M. Heidegger, commentant le texte des trois lits (*Rép.*, X, 597b14), objecte : « Si l'on traduit εἶδος simplement par espèce [...] on escamote ce qu'il y a de décisif. Car l'intention de Platon est de rendre visibles ici les manières différentes dont le "même" se montre : trois manières de se manifester et partant, trois manières de présence et de dérivation de l'Être » (*Nietzsche*, Neske, Pfullingen, 1961, trad. de P. Klossowsky, Paris, Gallimard, t. I, 1971, p. 166). « Espèce » impliquerait en effet une coordination et exclurait la dérivation, donc la participation. Mais Platon ne dit pas « trois modes de l'aspect du lit » (κλίνης), mais bien trois sortes, ou espèces de lits (au pluriel) : τρισὶν εἴδεσι κλινῶν. Voir la critique de Heidegger par S. Rosen, « Du platonisme comme aristotélisme », dans *Contre Platon*, vol. 2 : *Renverser le platonisme*, M. Dixsaut (éd.), Paris, Vrin, « Tradition de la pensée classique », 1995, p. 47-76.

sens où Socrate oppose au livre V (454a6) une procédure éristique à celle qui divise κατ' εἴδη et qui est dialectique, ou encore au sens où la connaissance la plus haute est, sur la Ligne, celle qui ne se meut qu'à travers des Formes ? La possibilité de distinguer correctement des espèces ne suppose-t-elle pas nécessairement que la chose qui comporte ces espèces soit une réalité intelligible ? Or les choses que spécifie successivement Socrate n'en sont pas toujours – la musique n'en est pas une, qui est indissociable de son aspect sensible, ni l'âme, dont Socrate dit qu'il n'a pas expliqué la véritable nature (τὴν ἀληθῆ φύσιν), mais a néanmoins assez bien réussi à distinguer les *eidè* qu'elle présente dans la vie humaine (612a3-5). L'opération consistant à substituer à une diversité illimitée d'états et de qualités une multiplicité déterminée d'« espèces » est donc possible même en ce cas, mais « espèce » a alors davantage le sens d'aspect que d'espèce intelligible constituant une des parties d'une réalité elle-même pleinement intelligible.

Quand il désigne une telle réalité, un *eidos* confère aux choses qui en participent leur nom et leurs propriétés : « nous avons l'habitude de poser une Forme (*eidos*), chacune étant une, à propos de chacune des multiplicités auxquelles nous attribuons le même nom » (εἶδος γάρ πού τι ἓν ἕκαστον εἰώθαμεν τίθεσθαι περὶ ἕκαστα τὰ πολλά, οἷς ταὐτὸν ὄνομα ἐπιφέρομεν, 596a6-8). On a tiré de cette phrase des conclusions surprenantes, attribuant à Platon une conception qui fait des Formes des propriétés abstraites à partir des multiplicités sensibles et séparées d'elles, substantifiées, réifiées[1]. Il suffit pourtant, me semble-t-il, de se demander qui est le « nous » qui donne à ces multiplicités le même nom. C'est celui qui a l'habitude de poser ce qu'il cherche comme une Forme une : les noms (que ceux-ci désignent des essences ou des propriétés) qu'il donne aux choses quand il dit « c'est un lit » ou « cet acte est juste », il les donne en fonction de la Forme unique qu'il pose, celle du lit ou de la justice. Pour pouvoir passer de l'unité du nom à la position d'un *eidos* un, il faut que le nom soit donné par un philosophe dialecticien et qu'il ne soit pas

1. L'expression « *one over many* » (*cf.* G. Fine, « The One over Many », *Philosophical Review* 89, 1980,197-240), qui est censée désigner le rapport entre l'*eidos* unique et la multiplicité qui en participe, traduit une formule employée par Parménide dans le *Parménide* (132a2-3 : μία τις ἴσως δοκεῖ ἰδέα ἡ αὐτὴ εἶναι ἐπὶ πάντα ἰδόντι, *cf.* a6-7, et 132c3, c6-7 : εἶδος ἔσται τοῦτο τὸ νοούμενον ἓν εἶναι, ἀεὶ ὂν τὸ αὐτὸ ἐπὶ πᾶσιν;). Or, du *Ménon* au *Sophiste*, ἐπὶ πάντα et ἐπὶ πᾶσιν ne sont pas les formules habituelles pour signifier ce rapport, désigné plutôt par διά, et ici par περί. Je me contenterai de remarquer que cette formule permet à Parménide de comprendre « physiquement » la participation (voir l'exemple du voile) ; mais aller plus loin entraînerait une interprétation de l'ensemble du Dialogue, ce qui n'est pas ici mon propos.

seulement présent dans la « langue que le hasard nous fait parler »[1]. Les deux peuvent parfois coïncider, quand il s'agit de lits ou de tables, mais la multiplicité des choses justes constituées par Calliclès, Thrasymaque et sans doute par la majorité des hommes n'est sûrement pas celle que Socrate constituerait : lui, et tous les philosophes, distinguent les multiples choses belles, justes ou bonnes par le logos (διορίζομεν τῷ λόγῳ, 507b3), non par l'expérience ou l'usage. Il ne s'agit donc pas d'une multiplicité donnée mais d'une multiplicité correctement constituée. De plus, le dialecticien a la liberté de ramasser sous un seul *eidos*, en fonction du problème qu'il veut résoudre, des réalités qu'il est amené à distinguer et même à opposer dans une autre perspective. Ainsi, au livre IX (585b14-c1), Socrate considère comme relevant d'un même *eidos* (Forme ou espèce ?) « l'opinion vraie, la science, l'intelligence, et en un mot toute vertu » ; toutes, même l'opinion vraie, possèdent en effet la vertu d'être des sortes de « remplissement » de l'âme, donc des sources de plaisirs bien supérieurs à ceux procurés par la boisson et la nourriture[2]. Au dialecticien donc de poser l'*eidos* correspondant à ce qu'il veut montrer, et seul celui qui pose un *eidos* peut tenir un discours vrai. Qu'il y ait là un cercle est indéniable, mais ce n'est pas un cercle vicieux. Comme la réalité posée est posée comme étant toujours même qu'elle-même et pleinement intelligible, elle permet, même si on n'en tient pas la définition, d'éliminer les contradictions et les insuffisances des différentes définitions proposées, donc de montrer le caractère contradictoire des éléments d'une multiplicité auxquels on donne pourtant le même nom[3]. Identifier ainsi que le propose à un moment Hippias (*Hipp. Maj.*, 289d-291c) la beauté à l'or ne l'empêche pas d'admettre la beauté de choses qui ne sont pas dorées, ce qui suffit à invalider sa définition. La position d'une *idea* unique est le ressort de la réfutation (*elengkhos*) ; elle ne procure qu'une connaissance négative – un savoir de ce que n'est pas la chose en question – mais elle est néanmoins

1. Voir sur ce point l'analyse très claire de S. Rosen dans le vol. 1., p. 17-19, et l'ouvrage de T. Penner, *The Ascent from Nominalism : Some Existence Arguments in Plato's Middle Dialogues*, Dordrecht, Reidel, Kluwer, 1987.

2. On peut rapprocher ce passage de celui du *Philèbe* où une même *idea* caractérise la mémoire, la pensée, la science et l'opinion droite (60d5) : le problème à examiner – peut-on éprouver un plaisir sans que l'une d'elles intervienne – force également à dépasser l'opposition tranchée entre l'opinion et le savoir.

3. Tel est le sens du conseil donné par Socrate à Cébès en *Phédon*, 101d : vérifier s'il y a consonance dans ce qui découle de l'hypothèse. C'est pourquoi j'ai refusé (voir *Platon. Phédon*, trad. nouvelle, introduction et notes, Paris, GF Flammarion, 1991, note 289 p. 280-287) de traduire τὰ ἀπ' ἐκείνης ὁρμηθέντα (101d4) par « les conséquences de cette hypothèse » : la relation entre une Forme éponyme et les choses auxquelles elle donne leur nom n'est pas la relation logique existant entre une hypothèse et ses conséquences.

une connaissance, et la condition nécessaire pour chercher, apprendre et découvrir ce que cette chose est.

La coupure ontologique marquée par le terme *ousia* est donc surmontée par *eidos,* terme en lequel la participation s'affirme possible. Mais qu'en est-il d'*idea ?* Un commentateur récent affirme que « ἰδέα est synonyme de "nature" ou de "réalité" (φύσις ou οὐσία) », « l'exemple le plus suggestif » de cette identité étant « l'évocation de "l'idée du bien" (τοῦ ἀγαθοῦ ἰδέα) dans la *République* »[1]. Il est assez surprenant de donner comme seul exemple de cette assimilation un texte où le bien est précisément dit être « par delà l'*ousia* ». Le dernier traducteur en date de la *République* affirme pour sa part tout aussi catégoriquement : « Je ne conserve pas l'appellation traditionnelle (l'idée du bien), car on ne peut établir une différence quelconque entre *idéa* et *eîdos* dans le vocabulaire métaphysique de Platon[2]. » Le terme *idea* me semble donc mériter qu'on s'interroge un peu plus sur sa signification.

Je ferai dans son cas appel à l'ensemble de ses occurrences dans les Dialogues, car il est beaucoup plus difficile de déterminer s'il se distingue, et en quoi, d'*eidos*. Comme *eidos, idea* possède le sens d'aspect physique[3] (ainsi en *Rép.*, II, 380d2, 6, e2 – *idea* est alors associée à *morphè* –, et en *Rép.*, IX, 588c4, 7, d3). *Idea* peut prendre également le sens général d'aspect (*Rép.*, II, 369a2-3) : c'est dans l'aspect que présente le plus petit (ἐν τῇ τοῦ ἐλάττονος ἰδέᾳ), l'individu, qu'il faut examiner sa ressemblance avec le plus grand, la cité. Tout comme *eidos*, mais plus rarement, *idea* peut signifier espèce[4]. Il n'y a pas d'exemple incontestable de ce sens dans la *République :* lorsque Socrate demande à Glaucon s'il a à proposer une autre espèce (*idea*) de constitution politique qui puisse être elle aussi instituée en une Forme (*eidos*) clairement distincte (τινα ἄλλην ἔχεις ἰδέαν πολιτείας, ἥτις καὶ ἐν εἴδει διαφανεῖ τινι κεῖται, VIII, 544c8-d1), la phrase pourrait également s'entendre : « as-tu à proposer une autre figure de constitution politique qui puisse être elle aussi instituée en une espèce dis-

1. Voir J.-F. Pradeau, « Les formes et les réalités intelligibles. L'usage platonicien du terme εἶδος », dans *Platon. Les formes intelligibles, Sur la forme intelligible et la participation dans les dialogues platoniciens*, coordonné par J.-F. Pradeau, Paris, P.U.F., 2001, p. 17-54, p. 29, note 1 et p. 46, note 1.

2. Voir *Platon. La République*, traduction inédite, introduction et notes par Georges Leroux, Paris, GF Flammarion, 2002, p. 667, note 117. Pour un inventaire des principales questions et des principales occurrences d'*eidos* et *idea* (tenus pour synonymes), voir M. Baltes, « Idee (Ideenlehre) » dans *ΔΙΑΝΟΗΜΑΤΑ. Kleine Scriften zu Platon und zum Platonismus*, Stuttgart-Leipzig, B.G. Teubner, 1999, p. 276-281.

3. Voir *Prot.*, 315e1, *Charm.*, 157d2, 158b1, 175d7, *Banq.*, 196a5, 204c6, *Phéd.*, 108d9, 109b6, *Phèdre*, 251a3, 353b7.

4. Voir *Phèdre*, 237d6, *Théét.*, 187c4, *Soph.*, 235d2, *Polit.*, 289b4.

tincte ? » Comme l'*eidos*, encore, l'*idea* est éponyme (*Phèdre*, 283a3), peut être participée (*Soph.*, 255e5) et servir de paradigme (*Rép.*, X, 596a, cf. *Euthyph.*, 6e3-4). Enfin, les deux termes sont parfois employés successivement sans qu'aucune différence ne semble nettement marquée. On peut donc affirmer que dans certains cas *eidos* et *idea* sont synonymes – synonymie assurément plus vraisemblable que celle entre *ousia* et *idea*, en raison à la fois d'une proximité linguistique et d'occurrences où établir une distinction paraîtrait faire preuve d'une subtilité excessive [1]. La polysémie des deux termes fait qu'on ne peut cependant affirmer leur synonymie sans préciser, en chaque cas, selon laquelle de leurs significations on juge les deux termes synonymes. Quant à l'ambiguïté de ces significations, elle tient essentiellement à ce que tous deux connotent la participation. Quoi qu'il en soit, certains textes et certains emplois imposent de faire une différence.

Tout d'abord, dans le *Phédon*, *eidos* et *idea* apparaissent dans un même contexte : résoudre le problème de la génération et de la corruption. Les occurrences d'*idea* (sauf les deux figurant dans le mythe) se groupent en deux pages du dernier argument (104 et 105 Stephanus). Alors que ce que recherchent les vrais philosophes – ceux que caractérisent justement leur

1. Ce dont je ne saurais me priver. Dans les passages où un terme est peu après repris par l'autre, affirmer leur synonymie semble aller de soi. Ainsi, dans le *Cratyle* (389e3-390a6), le fabricant de navette doit regarder vers « cet *eidos* » (πρὸς ἐκεῖνο τὸ εἶδος), « celui que nous appellerons tout à fait à bon droit "ce qu'est" la navette » (389b2-6), et le nomothète doit de même regarder πρὸς αὐτὸ ἐκεῖνο ὃ ἔστιν ὄνομα. Chaque navette doit posséder l'*eidos* de la navette (τὸ τῆς κερκίδος ἔχειν εἶδος, 389b 9-10) et le nom sa nature de nom. Quel que soit le fer qu'il travaille, le forgeron doit donner au même outil la même *idea* (τὴν αὐτὴν ἰδέαν ἀποδιδῷ, 389e3) et le nomothète donner à n'importe quelles syllabes l'*eidos* du nom (τὸ τοῦ ὀνόματος εἶδος ἀποδιδῷ, 390a5-6). Les deux termes, alors, sont bien synonymes mais, quand ils le sont, *eidos* ne signifie pas la nature de la chose, ce qu'elle est, il n'est plus cet *eidos* vers lequel il faut regarder mais l'*eidos*, structure ou conformation, qu'il faut « donner » et qui convient à chaque chose qu'on fabrique. C'est en ce sens qu'il se fait synonyme d'*idea*, ce n'est pas l'*idea* qui « s'élève » jusqu'à devenir synonyme d'*eidos*. Cependant, dans le passage sur les trois lits, c'est vers l'*idea* du lit ou de la table que regarde le menuisier (πρὸς τὴν ἰδέαν βλέπων, *Rép.*, X, 596b7), *idea* qu'aucun artisan ne fabrique (οὐ γάρ που τήν γε ἰδέαν αὐτὴν δημιουργεῖ οὐδεὶς τῶν δημιουργῶν, 596b9-10), ce que Socrate reprend (597a1-2) en disant qu'aucun ne fabrique l'*eidos* du lit. Mais là encore, on peut penser que c'est seulement une fois rappelée la distinction entre apparences et êtres véritables (596e4) qu'on peut affirmer que c'est vers un *eidos* que le menuisier regarde et qu'il ne fait pas « ce qu'est » le lit, son *eidos* au sens de Forme intelligible. S'il n'en fait pas l'*idea*, la structure qu'il impose au lit qu'il fabrique, il n'en fait *a fortiori* pas l'*eidos* dont cette structure est l'*idea*. Pour achever de compliquer le tout, Socrate distingue trois espèces de lit (τρισὶν εἴδεσι κλινῶν, 597b14), puis démontre que « ce qu'est » le lit (formule qui était celle de l'*eidos* du lit en 597a2) ne peut être qu'unique. Le terme *eidos* a donc deux sens différents selon qu'il est au pluriel et signifie « espèce », ou selon que, au singulier, il désigne l'*ousia*. Tout ce que je souhaite montrer est qu'il faut en cette matière nuances et prudence.

réminiscence de ce mode d'être et leur parenté avec lui – était jusque là nommé *ousia*, l'hypothèse de la causalité de la Forme et de la participation intervient quand il faut surmonter les contradictions d'un discours portant sur les choses en devenir, contradictions qui risquent de faire tomber de l'antilogie à la misologie. Soumises à la génération, au changement et à la corruption et pouvant entrer dans une multiplicité de relations, ces choses peuvent acquérir successivement et posséder simultanément des propriétés contraires. Certaines pourtant font exception et obéissent au même principe d'exclusion des contraires que les Formes : elles sont incapables de supporter un prédicat qui leur est indirectement contraire (la neige ne peut accueillir le chaud). Le lien entre la Forme et les choses de ce genre est plus étroit : la triade, par exemple, et avec elle toutes les choses qui sont « trois » (tous les « trios »), ne supporteront jamais de recevoir l'*idea* du pair. *Idea* n'est ici ni un simple synonyme d'*eidos*[1], ni la propriété F que la Forme (F) imposerait à une chose particulière x[2]. Elle se définit « dynamiquement » par des verbes, donc par des actions, dont le caractère guerrier a souvent frappé les commentateurs : l'*idea* s'empare (104d1, 6) de la chose, la contraint à la posséder (104d2), marche sur, s'avance sur elle (104b10, d9-10, e1). La chose, en conséquence, ou bien consent ou bien refuse de recevoir l'*idea* (104b9, 105d10 *sq.*), et refuser signifie pour elle périr ou s'enfuir. L'*idea* signifie alors clairement la mainmise de l'*eidos* sur la chose, elle désigne la manière dont la Forme exerce sa causalité sur elle[3]. Quand elle accepte l'*idea* donnée par l'*eidos*, sa possession d'une *idea* est ce qui permet à une chose de résister à l'altération et à la dissolution. Elle ne doit donc pas s'écarter de son *idea* (cf. *Crat.*, 439c5, *Rép.*, II, 380d5 *sq.*), mais en fait toute chose en devenir est vouée à s'en écarter, à changer et à se corrompre : cessant alors d'être sous l'emprise de l'*eidos*, elle perd telle

1. P. Brommer (*EIDOS et IDEA, Étude sémantique et chronologique des œuvres de Platon*, Utrecht, Van Gorcum & Co, 1939-1940) voit dans l'*idea* une image de l'*eidos*, traduit par « Structure réelle ». S'il juge qu'il existe une différence entre les deux termes, la relation d'image à réalité qu'il établit entre eux le conduit à faire de l'*idea* du bien non seulement l'image, ou représentation, du bien dans notre âme, mais « l'Image créatrice qui trône dans l'esprit divin » (p. 71). *Idea* peut ainsi, à la différence d'*eidos*, avoir une valeur en quelque sorte *supra*-intelligible : « image de nature plus spirituelle et moins structurale que l'*eidos* » (p. 46), l'*idea* peut désigner l'« Unité créatrice », « fondement de tout être ». Ce n'est pas cette inspiration néoplatonicienne qui guide ma recherche de la différence entre *eidos* et *idea*.

2. Comme l'affirme par exemple R.S. Bluck, *Plato's Phaedo*, transl. with introd., notes and appendices, Londres, Routledge and Kegan Paul, 1955.

3. On se demande donc comment J.-F. Pradeau (*op. cit*, p. 46, note 1) peut affirmer que Platon « n'emploie jamais ἰδέα lorsqu'il évoque le rapport de participation qui lie une telle unité à des choses sensibles ».

ou telle de ses qualités et, pour finir, sa nature. L'*idea* est donc à la fois l'action et le résultat de l'action de l'*eidos* sur la chose : la chose contrainte d'acquérir son *idea* n'est plus un processus en perpétuel devenir, elle se trouve « œuvrée » par la Forme [1].

Quand il s'agit de mettre au point une règle de dénomination (105d13 *sq.*), l'*idea* semble cependant équivaloir à des adjectifs neutres : « ce qui ne peut pas recevoir le pair » est une expression strictement équivalente à « ce qui ne peut pas recevoir l'*idea* du pair ». Recevoir une *idea*, ce serait donc simplement acquérir un caractère ? Soit, mais le terme *idea* vient rappeler la cause qui permet d'attribuer droitement une propriété ou une essence à une chose ou un ensemble de choses. Dire « *idea* du pair » et non pas simplement « pair » signifie que la propriété n'est attribuée ni par convention de langage ni par une aptitude de l'esprit humain à abstraire et généraliser ; le terme fait entendre que toute détermination est œuvre de l'*eidos*. Enfin, l'inscription de l'*idea* dans la chose requiert dans certains cas une démiurgie, et l'artisan doit avoir pour modèle l'*eidos* ou l'*idea* qu'il donne à la chose [2].

L'emploi du terme possède une seconde particularité : *idea* est très fréquemment accompagnée de l'adjectif μία, unique [3]. C'est quasiment pour elle une épithète de nature. L'unicité de l'*idea* s'oppose alors à la multiplicité des réalités, sensibles ou intelligibles, à laquelle une Forme l'impose. Elle désigne le caractère commun à tous les éléments de cette multiplicité que le dialecticien a précisément pour tâche de discerner. La multiplicité qui fait obstacle à ce discernement n'est pas seulement sensible ou quantitative, la différence entres les espèces du juste, du beau ou du bon peut paraître telle qu'elle soit jugée impossible à dépasser et à unifier sous un même *eidos*. La perception de l'*idea* unique en dépit de la multiplicité sous laquelle cet *eidos* se présente est ce qui permet de

1. Voir *Phédon*, 104d10 : ἀπεργάζηται. Ce verbe est lié à ἰδέα dans des contextes « démiurgiques » ; cf. *Cratyle*, 389a-390a, où apparaissent le plus clairement les relations unissant εἶδος et ἰδέα à ἔργον, et voir la note suivante.

2. L'artisan divin du *Timée*, le Démiurge, doit tourner son regard vers ce qui reste toujours même, et « s'il prend une réalité de cette sorte pour paradigme, il en produit (ἀπεργάζηται) l'*idea* et la puissance et, ainsi, tout ce qu'il achève est nécessairement beau » (28a6-b1). L'*idea* n'est donc pas le modèle mais un trait caractéristique de ce modèle, et c'est ce trait, ainsi que la puissance propre à ce genre de réalité (probablement la puissance propre à chacune d'agir sélectivement sur d'autres réalités et d'en pâtir), que l'artisan inscrit dans l'objet sensible qu'il fabrique, autant qu'il lui est possible. Ce sens d'aspect caractéristique est par la suite le sens constant d'*idea* dans le *Timée*.

3. Voir *Euthyph.*, 5d4, 6d, *Rép.*, VI, 507b6, 7, IX, 588c4, d3, *Phèdre*, 265d3, 273e2, *Théét.*, 184d3, 203c6, e4, 205c2, d5, *Parm.*, 132a3, c4, 157e1, *Soph.*, 233d2, 3, 4, *Tim.*, 35a7, *Phil.*, 65a1, *Lois*, XII, 965c2.

conduire cette multiplicité à l'unité, de la « rassembler ». L'expression figure en effet dans des contextes qui sont presque tous épistémologiques, la saisie de l'*idea* unique est un moment indispensable de la démarche dialectique. Le passage de l'*idea* unique à l'*eidos* ou *ousia* me semble expliqué par cette phrase du livre VI de la *République* :

> Et quant au beau lui-même, assurément, au bien lui-même, et ainsi pour toutes les réalités qu'alors nous posions comme multiples, en les posant (τιθέντες) cette fois, inversement, d'après un caractère unique de chacune (κατ' ἰδέαν μίαν ἑκάστου), comme relevant de ce caractère qui est unique, nous appelons chacune « ce que c'est ». (*Rép.*, VI, 507b6-10)

Le participe τιθέντες pourrait se traduire par « si nous les posons » : la saisie de l'*idea* unique est la condition pour poser le beau, le bien, etc, comme autant de réalités intelligibles. Le texte décrit un changement de perspective : considérée du point de vue de son *idea*, et si elle relève d'une *idea* unique[1], une multiplicité peut être unifiée, ce qui rend possible de poser l'unité de l'*eidos*, ou *ousia* – ὃ ἔστιν peut désigner l'un ou l'autre terme – correspondant à l'*idea*. Ici, comme dans le *Phédon*, l'*idea* est le « trait essentiel » imprimé par une réalité intelligible à la multiplicité qui en participe.

Une des qualités du naturel philosophe est que sa pensée (*dianoia*), naturellement douée de mesure et de grâce, se porte spontanément « vers l'*idea* de chaque être » (*Rép.*, VI, 486d10). Mais le *Sophiste* ne se contente pas de répéter que le philosophe « est toujours, par ses raisonnements, orienté par l'*idea* de ce qui est » (254e9), et d'exiger du dialecticien philosophe qu'il « perçoive adéquatement » l'*idea* unique : il doit également distinguer les différentes façons dont elle peut être présente à telle ou telle multiplicité. L'*idea* peut en effet soit « être étendue à travers » tous les élément qui la possèdent, ou les « envelopper du dehors », ou encore les intégrer en une totalité[2] : elle n'unifie pas toujours de la même façon.

1. Dans πάλιν αὖ κατ' ἰδέαν μίαν ἑκάστου ὡς μιᾶς οὔσης τιθέντες, le génitif rompt le parallèle : on avait ἃ τότε ὡς πολλὰ ἐτίθεμεν, on devrait donc avoir κατ' ἰδέαν μίαν ἑκάστου ὡς μιᾶν οὖσαν. La seule solution me semble être de le prendre comme un génitif d'origine ou d'appartenance, et de traduire comme le fait P. Pachet (*Platon. La République. Du régime politique*, Paris, Gallimard, « Folio-Essais », 1993), que j'ai suivi. Dans son Appendice VII au livre VI, Adam (*op. cit.*, t. II, p. 81-83) explique ainsi sa correction en καὶ ἰδέαν μίαν : « *The only suitable contrast is that between the one Idea itself and the* πολλά. » (p. 81). Un des effets, ou méfaits, du présupposé de synonymie…

2. *Soph.*, 254d5-e2. Je commente ce texte difficile et controversé dans *Métamorphoses de la dialectique*, *op. cit.*, p. 177-205 et 221-230.

Enfin, quand, dans le *Philèbe*, est réfléchie la démarche dialectique, c'est encore une *idea* une qu'il faut, l'ayant posée, rechercher :

> Il nous faut donc (...) posant toujours, en chaque cas, à propos de chacune [*sc.* de chaque multiplicité], un caractère unique (ἀεὶ μίαν ἰδέαν περὶ παντὸς ἑκάστοτε θεμένους), le rechercher – on le trouvera en effet présent en elle (...) quant au caractère de l'illimité, ne pas l'appliquer à une multiplicité (τὴν δὲ τοῦ ἀπείρου ἰδέαν πρὸς τὸ πλῆθος μὴ προσφέρειν) avant de voir le nombre total de cette multiplicité. (*Phil.*, 16c10-e2)

Idea ne peut pas ici être synonyme d'*eidos* au sens de Forme : on ne peut pas appliquer (προσφέρειν a le sens d'administrer un remède) l'*eidos* entendu comme Forme intelligible à une multiplicité, mais on peut découvrir le trait caractéristique unique qu'une Forme lui confère, et du même coup à tous ses éléments. Le dialecticien devra, selon le *Philèbe*, non seulement découvrir ce caractère mais déterminer le nombre des espèces qu'une Forme comporte, donc diviser ; le moment correspondant au rassemblement est celui où l'on cherche l'*idea* immanente, non pas à une multiplicité de choses singulières, mais à chaque espèce et à chaque genre. On peut au contraire qualifier une multiplicité d'illimitée. S'il s'agit du caractère qu'apporte la Forme de l'illimité à une multiplicité, il s'agit aussi du caractère *(idea)* unique qu'une Forme déterminée lui apporte.

Enfin, il existe d'*idea* un emploi qui lui est particulier : on peut dire d'une chose qu'elle *est* une *idea.* C'est le cas de la lumière dans la *République*, et, hypothétiquement, de l'âme et de la syllabe dans le *Théétète*. Dans les trois cas, les réalités en question ne sont pas purement sensibles, mais il est impossible de les considérer comme des réalités atemporelles et purement intelligibles, ce ne sont pas des Formes. Chacune possède pourtant son unité propre et toujours même en dépit de la diversité de ses manifestations, et, dans le cas de l'âme et de la syllabe, malgré sa composition et son mode de composition en parties qui ne sont pas, ou pas toutes, intelligibles. Chacune possède aussi une puissance propre qui n'est pas immédiatement perceptible et il faut réfléchir pour l'appréhender et la leur attribuer. Elles ne peuvent l'exercer qu'en s'unissant à d'autres puissances : ce sont des conditions nécessaires, non des causes. La lumière n'est pas la cause de la vision, il faut que l'œil ait la puissance de voir et que l'objet soit visible ; l'âme n'est pas la cause de la vie qu'elle apporte aux corps qu'elle anime, elle les fait participer à la Forme de la vie (*Phéd.*, 106d) dans la mesure où ils en sont capables ; la syllabe ne devient signifiante que comme instrument de la puissance diacritique du mot et de l'usage qu'en fait un logos. On peut supposer que Platon parle alors d'*idea* précisément pour ne pas dire *eidos*, et qu'*idea* permet un emploi plus souple.

En résumé, il apparaît que, dans les cas où il ne peut être tenu pour synonyme d'*eidos* au sens de Forme intelligible, le terme *idea* 1) est un caractère imposé par un *eidos* aux réalités, sensibles ou intelligibles, qui en participent, ou encore inscrit dans les choses qu'il fabrique par un ouvrier tourné vers un modèle (lequel peut être, lui, appelé *eidos* ou *idea*) ; 2) et, réciproquement, que son unicité fait de l'*idea* la condition pour, rassemblant grâce à elle une multiplicité, remonter à l'unité d'une Forme intelligible (*eidos* ou *ousia*) ; 3) enfin, que ce trait unique peut être également saisi à propos de choses qui ne sont pas des Formes intelligibles, à partir d'une réflexion sur la puissance qu'elles exercent et le même type d'effets produits ; ces choses sont alors identifiées à leur *idea*.

Tout cela peut-il servir à éclairer le sens de l'expression « l'*idea* du bien » ? Le bien n'est pas, comme la lumière, identifiable à une *idea,* car il est dans le lieu intelligible et il y règne, il est donc parfaitement intelligible : le sens 3) doit être écarté. Quant au sens 2), celui de trait distinctif, peut-on admettre que, s'il existe une multiplicité de biens (ceux énumérés par exemple dans le *Philèbe* et dans les *Lois*), les nommer des biens suppose qu'ils présentent une *idea* unique ? La formule du *Phédon* peut-elle s'appliquer et est-ce par le bien que toutes les choses bonnes sont bonnes ? Une phrase du livre V dit explicitement qu'elle s'applique ;

> du juste et de l'injuste, du bien et du mal et de toutes les Formes (καὶ πάντων τῶν εἰδῶν), on peut dire la même chose : chacune en elle-même est une, mais du fait qu'elles se présentent partout mélangées à des actions, des corps, et les unes avec les autres, chacune paraît être plusieurs. (476a4-7)

Le bien, comme toute Forme, est un, même s'il se manifeste dans une pluralité de choses bonnes et est présent à d'autres Formes. La diversité des manifestations du bien peut pourtant paraître telle qu'elle est insurmontable, ce qui rendrait impossible la remontée de l'*idea* unique, le bon, à une Forme unique, le bien.

Cela semble être la conclusion du *Philèbe :* on ne peut capturer le bien sous une seule *idea*. Pourtant (*Phil.*, 15a4-6) le bien fait partie de ces hénades, ou monades, dont il faut poser l'unité et qu'il faut ensuite diviser, et pour ce faire il n'existe, comme dans la *République,* qu'une seule route, la dialectique. Ce n'est justement pas celle qu'emprunte la majorité des hommes : ils nomment bon ce qui leur est utile, avantageux, ce qu'ils trouvent agréable ou ce qui leur semble beau (au sens esthétique et éthique de décent, honnête). Atteindre le bien signifie pour eux mener une vie bonne et acquérir des choses bonnes. Socrate montre ce que doivent en être les ingrédients, et remonte jusqu'à la triple cause de leur bonté : proportion, beauté et vérité (συμμετρία, κάλλος, ἀλήθεια, *Phil.*, 65a).

Cette route-là ne conduit cependant pas jusqu'au bien lui-même, elle permet juste de le reconnaître dans ces trois manifestations. Ce ne sont pas les espèces en lesquelles se divise l'*eidos* du bien, ce sont trois effets inséparables de la *puissance* du bien, trois caractères qui s'entre-impliquent : la beauté est le signe manifeste (c'est son privilège, *Phèdre,* 250d) de la présence de la mesure : « la juste mesure et la proportion se trouvent sans doute faire naître partout beauté et vertu » (*Phil.*, 64e6-7, cf. *Tim.*, 87c : « ce qui est bon est beau, et le beau n'est pas sans mesure »); parce qu'elle comporte mesure et proportion la chose existe d'une existence véritable et n'est ni un simple processus ni un simulacre. En ce sens, les trois *ideai* n'en font qu'une : « Affirmons qu'il serait tout à fait correct de traiter cela [*sc.* ces trois manifestations] comme une seule unité (ὡς τοῦτο οἷον ἓν) et de les tenir pour responsables des qualités du mélange, et disons que c'est à cause de cela, qui est bon, que ce mélange l'est » (*Phil.*, 65a3-5). Le terme *idea* a alors clairement le sens 1), comme il l'avait déjà dans le *Cratyle :* « l'obligatoire (τὸ δέον), qui est en effet un caractère du bien (ἀγαθοῦ γὰρ ἰδέα οὖσα), apparaît comme une entrave (δεσμός), un obstacle à la translation » (418e7-8); l'obligatoire est dans le *Politique* (284e7) une des espèces de la juste mesure, qui dans le *Philèbe* est une des trois *ideai* du bien.

Le *Philèbe* n'affirme évidemment pas qu'il existe trois Formes, ou essences du bien. Mais parce que nous ne cherchons le bien que dans des choses mélangées, nous ne pouvons le capturer par une seule *idea.* Je crois donc que, dans la *République* et quand le terme figure dans l'expression « l'*idea* du bien », il a le sens qu'il aura dans le *Philèbe* de caractère imposé par une Forme intelligible. Il doit par conséquent avoir également le sens 2) : la position d'une *idea* unique doit permettre de remonter à ce qu'est, en soi-même, le bien. C'est en tout cas ainsi que je comprends ce que dit Socrate en *Rép.*, VII, 534b-c. Après avoir défini le discours dialectique – il est le logos qui saisit l'essence de chaque chose (τὸν λόγον ἑκάστου λαμβάνοντα τῆς οὐσίας) – et la capacité du dialecticien : être capable de tenir ce discours, c'est-à-dire de rendre raison (λόγον διδόναι) à lui-même et à un autre et, dans cette mesure, avoir l'intelligence de cette chose (534b3-6), il affirme : « Il en va donc de même du bien. » Que doit donc faire, à propos du bien, le dialecticien ?

> Celui qui n'est pas capable de définir par le logos (διορίσασθαι τῷ λόγῳ), en la distinguant de toutes les autres, l'*idea* du bien, et, comme dans une bataille, de s'ouvrir un passage à travers toutes les objections, ayant à cœur de les réfuter en raisonnant non pas selon l'opinion mais selon l'essence (μὴ κατὰ δόξαν ἀλλὰ κατ' οὐσίαν), et de se frayer un chemin au milieu d'elles toutes par un logos qui ne faillit

> pas, n'affirmeras-tu pas de celui qui se comporte ainsi qu'il n'a pas de savoir du bien, ni d'aucun autre bien d'ailleurs, mais que s'il en saisit par quelque biais une image, c'est par une opinion, non par un savoir qu'il le saisit ? (*Rép.*, VII, 534b8-c6)

Tout d'abord, la détermination, la distinction et la défense de l'*idea* du bien doivent se faire non pas en fonction d'une opinion, que ce soit celle propre au dialecticien ou celle des autres – autrement dit en fonction de ce que le bien leur paraît être, de l'image qu'ils en ont –, mais en fonction de l'*ousia* (κατ' οὐσίαν), de « ce qu'est » le bien. *Idea* ne peut ici être synonyme d'*ousia*, puisque la seconde est le fondement, la référence et la norme de tout ce qui doit être affirmé de la première. Ensuite, le logos se voit attribuer trois fonctions. Les deux premières sont inséparables : déterminer ou définir (διορίσασθαι) implique forcément distinguer. La troisième confirme ce qui a été dit plus haut : même si le dialecticien ne dispose pas d'une définition positive, le fait de poser une *idea* unique – donc distincte – lui permet de réfuter, d'une part, toutes les assimilations erronées (par exemple celle du bon à l'avantageux) et, d'autre part, toutes les objections envers l'unicité de cette *idea* (la position d'une multiplicité irréductible d'espèces de biens). Enfin, ne pas savoir ce qu'est en soi le bien, c'est être incapable de déterminer correctement ce qui est bon, donc de connaître aucun bien : aucun critère empirique (leur utilité, leur agrément) ne peut suffire à les faire considérer comme bons et risque de nous faire désirer de faux biens (cf. *Rép.*, VI, 491c4 : parmi les choses qui pervertissent l'âme et la détournent de la philosophie, il y a « tout ce qu'on regarde comme des biens »). La réfutation fait partie de la définition, elle en est un moment – on peut dire qu'elle en est le moment « socratique » – et ce moment est lié à la position et à la défense d'une *idea* unique. Mais elle n'est pas toute la définition, car une définition ne se fait pas « selon l'*ousia* », elle *porte sur* telle ou telle *ousia* donc sur une Forme intelligible, un *eidos,* et va d'*eidos* en *eidos*.

Dans le *Philèbe*, aucune des *ideai* du bien ne suffit à elle seule à déterminer la bonté d'un mélange, or la suffisance, signe de l'achèvement, est comme dans la *République* le critère du bien (cf. *Phil.*, 22a-b et 60c), c'est pourquoi il faut les tenir ensemble. Mais ces trois *ideai* ne sont pas la cause de la bonté de ce seul mélange qu'est la vie bonne, elles sont la cause de la bonté de tout mélange, et toute chose en devenir en est un. La triple *idea* du bien est à la fois la cause de la bonté et de l'existence de toutes les choses de ce genre en tant que par elle cette existence se trouve déterminée, distincte de toutes les autres et, ainsi, au moins partiellement intelligible. Là réside précisément une des difficultés concernant le bon : il n'est pas, comme le juste ou le courageux, seulement présent dans certaines des choses mélangées, il leur est présent à toutes, si toutefois ce sont des choses et non de simples processus ou phantasmes. Ce qui conduirait à écarter le sens 2) serait de juger que cette omniprésence du bien rend ses manifestations si diverses que, puisqu'il est impossible d'en discerner l'*idea* unique, il ne peut être saisi que dans sa toute-puissance, ce qui autorise à l'identifier à Dieu ou à l'Un-bien des néoplatoniciens. Ma principale objection est qu'une telle identification rend incompréhensible une déclaration maintes fois répétée, tant dans la *République* que dans le *Philèbe :* la dialectique est le seul moyen de connaître ce qu'est le bien et je vois mal la dialectique avoir pour objet Dieu ou l'Un-bien. Il faut donc admettre qu'il y a du bien une *idea* unique correspondant à un *eidos* donc à une *ousia*, et que seule la puissance dialectique peut l'appréhender. J'en arrive ainsi à ma troisième et dernière question.

EN QUEL SENS LA DIALECTIQUE A-T-ELLE POUR *TELOS* LA CONNAISSANCE DU BIEN ?

Platon semble ne donner au bien aucun contenu, et le bon ne paraît acquérir une sorte de contenu qu'en se multipliant, comme cela arrive dans le *Philèbe*, mais non pas dans la *République* où une *idea* unique doit être posée par le dialecticien. Elle se manifeste de trois façons dans les choses mélangées, mais comment le bien est-il présent aux réalités pures, tout entières intelligibles ? Et s'agit-il de deux sortes de présence radicalement différentes, ou peut-on établir une continuité entre elles ?

La réponse se trouve dans l'Analogie avec le soleil. À partir de la distinction entre deux lieux, l'un visible et l'autre intelligible, une série de correspondances est posée. Mais la symétrie n'est pas parfaite : dans le lieu visible, c'est la présence et l'action de la lumière qu'il faut faire découvrir ; le rapport avec son « maître », le soleil, est perceptivement évident alors que la lumière, condition de la vision, échappe à la vision ; ce qui donne à voir ne peut pas être vu, il faut réfléchir pour le saisir. Dans le lieu intelligible, les termes ayant une fonction analogue à celle de la lumière sont l'être et la vérité, or leur lien avec la connaissance est manifeste, c'est l'action du bien qu'il faut découvrir. Par la suite, la vérité figure seule comme analogue de la lumière, mais en 508d Socrate mentionne les deux termes. Il y a là une difficulté : tout au long des livres V et VI, l'être était l'objet et non pas la condition de la connaissance : on devrait donc le retrouver au rang des choses connaissables, non à celui de la Vérité. Leur association initiale est cependant nécessaire pour indiquer qu'en tant qu'elle est l'effet du bien, la Vérité n'est pas une vérité prédicative ou propositionnelle, mais une vérité ontologique, ce qui signifie en retour que l'être objet de la connaissance est le « vraiment étant », l'*ousia*. Chaque terme constitue pour l'autre une détermination interne. L'*alètheia* n'est pas un intelligible, elle est condition de toute intelligibilité, comme la lumière l'est de toute visibilité. C'est pourquoi on ne peut en parler que métaphoriquement. Elle est en fait la métaphore même puisque c'est le désir qu'elle en a[1] qui transporte l'âme du philosophe dans le seul lieu qui lui soit propre. Il y a donc un lieu visible *quand* le soleil dispense sa lumière ; il y a un lieu intelligible *parce que* le bien dispense la vérité, et la dispense *toujours*. En engendrant la vérité, le bien révèle au sujet connaissant la puissance de l'intelligence et il arrache les choses connues au devenir en leur donnant le mode d'existence de l'essence. Lorsque l'on articule ce terme, « bien », c'est avant tout cette puissance de distinction entre réalité et apparence qu'il convient d'entendre. La différence ontologique dont le bien est la cause est au demeurant énoncée de façon moins solennelle en 505d5-9 : « s'agissant des choses justes et belles, beaucoup choisiraient celles qui leur semblent l'être [...], mais quand il s'agit des choses bonnes, personne ne se contente plus de celles qui semblent l'être (τὰ δοκοῦντα), mais cherchent celles qui le sont réellement (τὰ ὄντα). » S'ils peuvent se contenter de l'apparence du juste ou du beau, c'est qu'ils croient que celle-ci suffira à leur procurer des avantages ou du plaisir. La recherche de l'avantageux et de l'agréable prend la forme d'un calcul et s'inscrit dans le devenir, alors que celle du bon reconnaît en quelque sorte sa transcendance, laquelle est cependant simplement « devinée » par eux (ἀπομαντευομένη, e1).

Principe de distinction, le bien est également principe de liaison. C'est, dans le *Phédon* (99c5-6), ce que ne comprennent pas les savants en science de la Nature : « mais qu'en vérité ce soit le bien, c'est-à-dire l'obligatoire (τὸ ἀγαθὸν καὶ δέον), qui lie et tienne ensemble (συνδεῖν καὶ συνέχειν) »... Selon l'Analogie, le soleil est son « rejeton », et c'est le bien qui, « dans le lieu visible, engendre la lumière et son maître » (517c3). Or la lumière était dite le « joug » le plus précieux (τιμιωτέρῳ ζυγῷ, 508a1) qui puisse unir un organe des sens à ses objets, joug dans la mesure où il impose une limite et à la puissance de l'organe et à celle des objets qu'il peut percevoir, et par là les assujettit l'un à l'autre. Mais la contrainte imposée est salutaire car elle est la condition de l'exercice de leurs puissances respectives ; cela vaut pour la vérité, elle est aussi un « joug » pour l'intelligence qui ne peut exercer sa puissance que sur des réalités

1. *Cf.* 485c4 : τὴν δ' ἀλήθειαν στέργειν, d3-4 : Τὸν ἄρα τῷ ὄντι φιλομαθῆ πάσης ἀληθείας δεῖ εὐθὺς ἐκ νέου ὅτι μάλιστα ὀρέγεσθαι.

intelligibles. À la différence cependant de la lumière qui est dans le lieu visible, la vérité éclaire les deux lieux, qui se trouvent ainsi reliés. Ce qui la dispense, le bien, lie donc l'essence à ses images sensibles (lien qui sera explicité lors des divisions de la Ligne et la Caverne), et grâce à lui, il n'existe pas de coupure entre la science d'ici et celle d'en haut (cf. *Parm.*, 134a-c) :

> Quand ils auront atteint cinquante ans, ceux qui seront restés sains et saufs (τοὺς διασωθέντας) en traversant travaux et sciences (ἐν ἔργοις τε καὶ ἐπιστήμαις) et s'y seront distingués en tous points et de toutes manières, il faudra alors les pousser vers le but (πρὸς τέλος) et les contraindre, en élevant la lumière qui est en leur âme (τὴν τῆς ψυχῆς αὐγήν), à regarder vers cela même qui fournit de la lumière à toutes choses (τὸ πᾶσι φῶς παρέχον), et quand ils auront vu le bien lui-même (καὶ ἰδόντας τὸ ἀγαθὸν αὐτό), ils s'en serviront comme d'un modèle pour ordonner la cité, les particuliers et eux-mêmes pour le reste de leur vie, chacun à son tour. (540a4-b2)

La vérité n'est plus prise comme analogue de la lumière, elle est métaphoriquement lumière et lumière qui « éclaire » toutes choses (*cf.* 508d4-5 : ὅταν μὲν οὗ καταλάμπει ἀλήθειά τε καὶ τὸ ὄν), mais cette lumière s'affaiblit en passant d'un lieu à un autre. Elle reste source de réalité et d'intelligibilité, auxquelles les choses mélangées ne peuvent cependant participer qu'à la condition d'être constituées selon une juste proportion. Le bien relie donc les deux lieux en les hiérarchisant, hiérarchie rendue possible par le rapport paradigmatique (qui suppose à la fois distinction et liaison) existant entre une réalité vraie et ses images. Toute connaissance, sensible ou intelligible, est donc un effet du bien, ce qui force à dépasser le clivage strict établi par l'Analogie, dépassement marqué par des métaphores [1]. C'est la dépendance au bien de la connaissance toute entière que l'Analogie commence par rendre évidente.

Cela revient certes à accorder au bien une forme de causalité éminente par rapport à celle qu'exercent toutes les autres Formes. Faut-il penser en conséquence que l'Analogie et le sectionnement de la Ligne ont pour but d'interdire de faire du bien une essence ou une Forme ? Avant d'examiner les deux passages sur lesquels on s'appuie habituellement pour arriver à une telle conclusion, je voudrais d'abord faire une simple remarque. Il est aisé de comprendre en quoi le soleil, qui fait partie du monde visible, surpasse pourtant ce monde puisque sans sa chaleur les réalités sensibles ne naîtraient ni ne croîtraient : le soleil est à la fois une chose visible et la

1. Pour ces métaphores, voir « L'analogie intenable », dans *Platon et la question de la pensée*, *op. cit.*, p. 129-130.

cause de tout devenir sensible, bien que sous ce second aspect il ne soit pas une *genesis*, un processus soumis à génération et corruption. Il me semble raisonnable de penser que le bien a dans le domaine intelligible le même double statut : il est l'objet d'une connaissance dialectique, une essence, une Forme, et il en a l'espèce de causalité. Mais tout comme le soleil n'est pas seulement un objet visible parce que sa puissance dépasse celle de toutes les autres choses qui tiennent de lui leur devenir, le bien n'est pas seulement une réalité intelligible parce que sa puissance dépasse celle de toutes les autres essences qui tiennent de lui leur manière d'être. Sous cet aspect, en tant qu'il est la cause de toute existence essentielle, il n'est pas seulement une essence.

Le poser comme *telos* de la dialectique signifie-t-il qu'elle doive remonter vers lui comme vers le principe suprême de toutes choses, et qu'alors elle arrive à son terme pour, de puissance dialectique, se muer en contemplation ? Est-ce ainsi qu'il faut comprendre les passages où la supériorité de la science dialectique tient à ce qu'elle ne se sert pas d'images et remonte des hypothèses vers un principe ? Il semble alors que l'on doive identifier son *telos* à ce principe :

> La seconde section de l'intelligible est celle que saisit le logos lui-même par la puissance dialectique (τῇ τοῦ διαλέγεσθαι δυνάμει), faisant de ses hypothèses non pas des principes mais bien réellement des hypothèses (τὰς ὑποθέσεις ποιούμενος οὐκ ἀρχὰς ἀλλὰ τῷ ὄντι ὑποθέσεις), qui sont comme des points d'appui et des élans pour aller jusqu'à ce qui est anhypothétique afin d'arriver au principe du tout (ἵνα μέχρι τοῦ ἀνυποθέτου ἐπὶ τὴν τοῦ παντὸς ἀρχὴν ἰών). (511b4-7)

Cette définition n'est pas une définition de « la dialectique » ou de la « science dialectique », mais de la puissance du *dialegesthai*. Sa puissance consiste en ce cas à supprimer le caractère hypothétique des hypothèses en remontant à un principe[1]. Or ce principe n'est pas qualifié d'anhypothétique. De plus, le verbe « aller » au participe présent (ἰών) est censé gouverner deux prépositions qui indiqueraient toutes deux un même but et ne seraient pas reliées entre elles, μέχρι plus génitif (μέχρι τοῦ ἀνυποθέτου) et ἐπί plus accusatif (ἐπὶ τὴν τοῦ παντὸς ἀρχήν). Cela me semble peu probable : μέχρι suivi du génitif indique qu'un mouvement, spatial ou temporel, est arrivé à son terme, a atteint une limite et ne va pas

1. Lors de la reprise des divisions de la Ligne, « supprimer les hypothèses » (τὰς ὑποθέσεις ἀναιροῦσα, 533c8) ne signifie pas les rejeter, mais rejeter leur caractère « hypothétique ». Tout le monde s'accorde à présent sur ce point, voir I. Mueller, « Mathematical method, philosophical truth », dans *The Cambridge Companion to Plato*, ed. by R. Kraut, Cambridge : University Press, 1992, p. 170-199, voir p. 188.

au-delà ; c'est ἐπί suivi de l'accusatif qui marque la finalité. Le logos va *jusqu'à* ce qui n'est pas hypothétique *pour atteindre* ce qui est le principe de l'ensemble. Rien n'empêche en effet qu'une hypothèse soit tenue pour un principe, et c'est ce que font les mathématiciens. Un principe n'est donc pas *en soi* anhypothétique, puisqu'une hypothèse peut parfaitement en remplir la fonction. C'est la puissance dialectique qui localise le principe dans ce qui n'est pas hypothétique, elle poursuit sa marche jusqu'à ce qu'elle atteigne de l'anhypothétique afin de découvrir ce qu'elle pourra tenir pour un principe. Le fait d'être « anhypothétique » n'est donc pas une propriété naturelle ou nécessaire de tout principe ; c'est la *condition* pour que le dialecticien, contrairement au mathématicien, accepte de parler de « principe ». On peut alors admettre que le « principe du tout » n'est pas forcément ni toujours le bien principe de toutes choses, mais seulement le principe de l'ensemble d'une démarche dialectique. Ce à quoi cette démarche parvient est une Forme dont l'existence n'est pas posée par hypothèse (ce que signifie précisément *ousia*), comme l'est, par exemple, la sorte d'unité définie au départ par l'arithmétique, définition qui est la condition de possibilité de tous ses raisonnements. Quand il remonte vers une *ousia*, tout examen dialectique remonte vers un principe, c'est-à-dire ce au-delà de quoi on ne peut pas remonter ; de principes, il en existe donc une multiplicité et tous sont anhypothétiques [1].

Leur pluralité va certes à l'encontre de ce que nous attendons d'un Principe premier : qu'il soit non seulement premier mais unique, universel, et qu'on y arrive au terme d'un parcours lui aussi unique, ascendant et continu. Or la dialectique n'est justement pas chez Platon un parcours continu allant d'étape en étape pour s'achever sur la saisie d'un Principe unique. Elle ne présente que l'unité de sa puissance – « interroger et répondre dans le lieu intelligible » – mais elle consiste en un cheminement (*poreia*, 532b4) multiple, en des parcours tous différents parce que chacun cherche à capturer un être essentiellement différent [2]. Chacun de ces êtres détermine les multiples moyens à mettre en œuvre et guide les multiples efforts pour le comprendre. À la différence du mathématicien, le dialecticien ne doit en effet pas seulement avoir une puissance d'agir sur ses objets, il doit être capable de pâtir de la nature de chacun et de se laisser

1. Dans le *Phèdre*, 276c3-4, Socrate parle de celui « qui a les savoirs des choses justes, belles et bonnes » (τὸν δὲ δικαίων τε καὶ καλῶν καὶ ἀγαθῶν ἐπιστήμας ἔχοντα). Ces « sciences » sont ce qu'il appelait dans la *République* les « études les plus importantes », et si ce sont des sciences, elles ont forcément la connaissance de leurs principes respectifs, le juste, le beau et le bien.

2. Comme j'ai tenté de le montrer dans *Métamorphoses de la dialectique, op. cit.*, en particulier p. 177-208.

guider par elle. Que le bien soit le principe de tout être et de toute intelligibilité – de celui des essences donc de l'être et de l'intelligibilité que ces essences confèrent à toutes les autres choses – n'en fait pas pour autant un principe de connaissance, et surtout ne condamne pas toutes les autres Formes, ou essences, à n'être que les hypothèses du dialecticien. Le bien est la cause de l'existence anhypothétique des Formes, il n'est pas le seul principe anhypothétique.

La dialectique n'a donc pas pour *telos* le bien en tant qu'il est un principe anhypothétique. Mais elle a pour *telos* le bien. On peut alors penser qu'il est son *telos* parce qu'il n'est pas une essence, qu'il est par delà l'essence. La remontée ne s'effectuerait plus d'hypothèse en hypothèse jusqu'à un principe premier, mais d'essence en essence, ou de degré d'être en degré d'être (selon l'ontologie plus ou moins scalaire prêtée à Platon), pour arriver à un au-delà de l'essence. C'est ce que semble déclarer une phrase fameuse du livre VI :

> Et de même pour les réalités connues, tu affirmeras que ce n'est pas seulement le fait d'être connues qui leur est présent grâce au bien (τὸ γιγνώσκεσθαι (...) ὑπὸ τοῦ ἀγαθοῦ παρεῖναι), mais que c'est par lui que leur viennent l'être et l'essence (τὸ εἶναί τε καὶ τὴν οὐσίαν) [1], non parce que le bien est une essence, mais parce que, par delà l'essence, il la surpasse encore en ancienneté et en puissance (οὐκ οὐσίας ὄντος τοῦ ἀγαθοῦ, ἀλλ' ἔτι ἐπέκεινα τῆς οὐσίας πρεσβείᾳ καὶ δυνάμει ὑπερέχοντος). (509b6-10)

Certains estiment que cette déclaration annule toutes celles où le bien a été et va être conçu comme une Forme ou comme une essence, et qu'elle détient une vérité transcendante que Socrate n'explicite pas parce qu'elle est au-delà de tout discours [2]. Ces lignes ont certes quelque chose d'énigmatique. Comment en effet interpréter cette phrase unique et dont Glaucon se moque, mais sur laquelle se sont construites des philosophies entières ? Peut-être en prenant ensemble les trois points énoncés par

1. La distinction entre être (ὄν) et essence (οὐσία) est appelée ici du fait que même les choses sensibles existent, donc possèdent une sorte d'être, mais non pas la manière d'être de l'essence (dans le *Phédon*, 79a6, Socrate pose deux espèces d'êtres, δύο εἴδη τῶν ὄντων, et, dans le *Sophiste,* l'être est un genre universellement participé). Quand il n'est pas opposé au devenir ou à l'apparence, « être » désigne toute forme d'existence, alors qu'*ousia* désigne seulement un mode d'existence véritable.

2. Certains en déduisent même que le bien est inconnaissable. Je ne reviendrai pas ici sur ce point, et me contenterai de renvoyer aux remarques décisives de M. Baltes, « Is the Idea of the Good in Plato's *Republic* beyond being ? », dans *ΔΙΑΝΟΗΜΑΤΑ*, *op. cit.*, p. 353-356. Je comprends mal, néanmoins, ce qui le conduit à affirmer ensuite : « *Being the cause of truth, the Idea of the Good is truth in itself* » (p. 357).

Socrate : le bien n'est pas une essence, il est par delà l'essence, il la surpasse en ancienneté et en puissance. Si on les prend séparément, il faut comprendre que le bien n'est absolument pas une essence, et la contradiction avec d'autres passages devient insurmontable. Mais si on relie ensemble les trois points et si on les rattache à l'Analogie avec le soleil, on peut comprendre que le bien n'est pas une essence *dans la mesure où* il est par delà l'essence, cette expression étant spécifiée par « en ancienneté et en puissance ». Le bien est « plus vieux » que toute autre essence étant la cause du fait que les essences existent et il possède une puissance supérieure à celle de toute autre essence : rendre connaissables toutes les choses connues et leur conférer une existence distincte. Sa puissance est à la fois antérieure et plus grande. Ancienneté et puissance déterminent ainsi la signification du terme « par delà » et la restreignent. Le bien ne peut pas être *seulement* une essence parce qu'il excède toute essence sous ce double rapport, mais cela n'implique pas qu'il n'en soit pas du tout une. Il n'est pas, sous tous les points de vue possibles, « par delà l'essence », et, comme le soleil, il peut posséder un double statut selon qu'on l'envisage dans ce qu'il est ou dans ce qu'il peut. On refuse évidemment cette interprétation si on le situe « par delà l'être », en substituant à la formule « par delà l'essence » (*ousia*) celle qui dit le bien « par delà l'être »[1]. Sa *puissance* le situe par delà l'essence, mais *ce qu'il est* est cause de la bonté de toutes les choses bonnes auxquelles il donne son *idea*. Le bien exerce donc deux sortes de causalité : une causalité éminente et une causalité eidétique semblable à celle de toute autre essence.

Une fois ces deux sens de *telos* écartés : principe anhypothétique du tout et au-delà de l'essence, en quel sens le bien est-il donc le *telos* de la dialectique ?

Il ne suffit pas « d'articuler le nom du bien » pour le comprendre (505c4), il importe de le reconnaître dans ses manifestations. Si son action peut rester inaperçue de la plupart, elle ne peut pas échapper au dialecticien qui n'est ce qu'il est et ne fait ce qu'il fait que parce que la puissance du bien existe. Si chaque démarche dialectique particulière ne va pas nécessairement jusqu'au bien, la pensée dialectique tout entière implique l'intelligence du bien comme étant sa cause. Le bien et la dialectique possèdent tous deux une puissance (l'expression *dunamis dialegesthai*

1. La transformation d'ἐπέκεινα τῆς οὐσίας en ἐπέκεινα τοῦ ὄντος (transformation que les exégèses pré-plotiniennes n'opéraient pas, voir M. Baltes, *op. cit.*, p. 360-371) se propage de Plotin à Proclus jusqu'à Heidegger, qui en donne une traduction manifestement impossible : « même si le Bien n'est lui-même ni mode d'être (*Wiesein)* ni essence (*Wassein*) » (*Les Problèmes fondamentaux de la Phénoménologie*, Paris, Gallimard, 1985, p. 341) ; ὄντος a dans le génitif absolu valeur de verbe, non de substantif.

pour désigner ce que nous appelons la dialectique se trouve dans le *Philèbe* comme dans la *République*), et il faut être à l'intérieur de l'une pour comprendre l'autre. Quand la puissance dialectique se déploie, le bien agit, il garantit qu'il existe des objets en lesquels peut se reconnaître la pensée intelligente et que l'intelligence a le pouvoir de les connaître complètement. *Telos* de la dialectique, le bien lui est nécessairement intérieur; c'est seulement de l'extérieur, en image, qu'on se le représente comme un principe transcendant et qu'il prend figure d'énigme. À l'intérieur, il est ce que l'intelligence dialectique comprend comme *sa* cause et *sa* fin. La puissance du bien garantit à la pensée que l'orientation de son désir est bon et que les essences qu'elle pose existent bel et bien, et la pensée dialectique est en retour la preuve décisive de l'existence du bien – toute pensée dialectiquement conduite, et non pas seulement celle qui s'applique à connaître le bien entendu comme un intelligible parmi d'autres. C'est la pensée intelligente tout entière qui doit se comprendre elle-même comme un effet du bien, et comprendre que, quoi qu'elle pense, c'est le bien qu'elle pense. Tel est le sens de l'objection adressée aux raffinés qui identifient le bien à la pensée (*phronèsis*) : ils sont contraints d'admettre que penser c'est penser le bien, si c'est vraiment penser (*phronein*) et penser ce qui existe en vérité[1]. D'où il résulte que la question de Glaucon était mal posée, car le rapport entre le bien et sa connaissance n'est pas, comme pour les autres sciences, le rapport d'un objet à une faculté de connaissance, c'est la relation entre un effet et sa cause, ou son principe. C'est au nom d'une expérience à laquelle on accorde un privilège exclusif qu'on identifie le bien au plaisir ou à la pensée; or c'est aussi son expérience propre qui fonde la représentation que le philosophe se fait du bien. Que la pensée soit capable de connaître ce qui est et non pas seulement d'opiner droitement ou d'argumenter et de démontrer, telle est pour elle l'action du bien. Le bien la libère de la relativité et de la précarité de l'opinion et lui ouvre un lieu où chaque être est anhypothétique, ce lieu où réside ce qu'il y a de meilleur dans les êtres[2]. De cela le bien est cause et non pas la vérité, qui peut

1. Leur thèse est, dans le *Philèbe*, attribuée à Socrate : elle n'est fausse qu'en tant qu'elle « s'arrête avant » de saisir le bien comme cause de la *phronèsis*.

2. Mon interprétation est donc assez proche de celle de H.G. Gadamer : « La dialectique a fondamentalement pour sens d'instaurer un rapport positif au problème du fondement (lequel se pose avec l'idée de savoir) » (*L'Éthique dialectique de Platon. Interprétation phénoménologique du* Philèbe, trad. de F. Vatan et V. von Schenk, Paris, Actes Sud, p. 115). À ceci près cependant : je parlerais plutôt du rapport interrogatif qu'entretient la dialectique, non pas avec le problème du fondement, mais avec le problème du sens. Pour les fondements, elle en a autant qu'elle a de principes, c'est-à-dire autant qu'elle pose de Formes ou essences.

comme la lumière s'obscurcir puisqu'il existe des opinions vraies et que les mathématiques ne cessent d'aligner des propositions vraies. Le bien est aussi la cause de ces sortes de vérité, mais c'est justement ce que l'opinion et les sciences dianoétiques ignorent.

En appeler à *eros* comme à un mode de liaison à la vérité et en appeler à la différence du philosophe indiquent que la question du bien ne relève pas d'une argumentation possible. La puissance du bien a pour effet la puissance dialectique ; de même qu'on ne peut définir le bien mais seulement le comprendre, de même la dialectique ne peut se définir elle-même, mais doit se comprendre comme la science qui a pour *telos* le bien :

> Et de la même manière, chaque fois qu'on entreprend par l'exercice dialectique (τῷ διαλέγεσθαι), sans user d'aucun des sens, de s'élancer grâce au logos vers ce qu'est chaque réalité (διὰ τοῦ λόγου ἐπ' αὐτὸ ὃ ἔστιν ἕκαστον), sans s'arrêter avant d'avoir saisi par la pensée intelligente elle-même (αὐτῇ νοήσει) ce qu'est en lui-même le bien (αὐτὸ ὃ ἔστιν ἀγαθὸν), on atteint à l'achèvement même de l'intelligible (ἐπ' αὐτῷ γίγνεται τῷ τοῦ νοητοῦ τέλει), comme l'autre tout à l'heure à celui du visible. (532a5-b2)

Ce texte décrit le parcours effectué à la sortie de la caverne, c'est-à-dire la libération et la réorientation du regard, autrement dit les étapes de la *paideia* conduisant à la dialectique[1]. La dialectique est donc le *telos* de la *paideia*, et l'intelligence du bien le *telos* de la dialectique. Mais si on peut, dans le premier cas, donner à *telos* à la fois le sens de but et de terme, peut-on l'entendre ainsi dans le second ? Il serait paradoxal que comprendre d'où elle tire sa puissance, sa différence et sa prééminence signifie pour la pensée son arrêt et son silence (paradoxe qui, on le sait, est au centre de la philosophie de Plotin). La dialectique ne doit pas s'arrêter avant de connaître le bien, mais rien ne dit qu'elle doive s'arrêter une fois qu'elle l'a connu. Pas plus que la connaissance du soleil comme cause de toute *genesis* n'implique pour l'astronome ou le physicien la fin de leurs recherches, la connaissance du bien n'entraîne l'abandon de tout examen dialectique, donc de la philosophie[2]. Arriver au *telos* est dans les deux cas nécessaire, car c'est la condition pour que les sciences propres à chacun des deux lieux cessent d'être imparfaites : plus rien ne leur manque pour être vraiment des connaissances, et en ce sens elles sont « achevées », mais elles ne sont pas « terminées ». En tant qu'il est gouvernant, le philosophe doit au contraire,

1. Voir G. Leroux, *op. cit.*, p. 687 note 78 au livre VII.

2. Au terme de leur éducation, les gardiens, qui auront « vu » le bien, devront consacrer le plus grande partie de leur temps à la philosophie (τὸ μὲν πολὺ πρὸς φιλοσοφίᾳ διατρίβοντας, 540b2), qu'ils n'abandonneront que lorsque vient leur tour de gouverner.

on l'a vu, tirer de sa connaissance du bien les conséquences pratiques et politiques, et en tant qu'il est dialecticien, il doit aussi en tirer les conséquences : comprendre que le trait essentiel, l'*idea* du bien, n'est pas le bon (au sens pratique) mais « ce qu'il y a de meilleur dans les êtres » (532c5) : leur réalité vraie et leur intelligibilité. Voir cela ne le dispense pas de sa tâche – ne le dispense ni de philosopher ni d'inscrire autant d'intelligibilité qu'elles sont capables d'en recevoir dans l'âme de chacun et dans la cité tout entière –, mais cela lui assure que cette tâche est possible et qu'elle a un sens.

Telle est la principale conséquence de la connaissance du bien comme cause de la connaissance : il garantit à l'intelligence que son désir de connaître ce qui est vraiment n'est pas une visée absurde et vide. La question du bien n'est pas seulement posée par la pensée, elle est, dans la pensée, la question du sens qu'il peut y avoir à désirer penser. Si énigme il y a, celle-là à coup sûr en est une. Le bien de Platon ne réussit sans doute pas à la dissiper, mais il a le mérite de nous la faire apercevoir.

TROISIÈME PARTIE

DU MYTHE

RACONTER UNE HISTOIRE ET PHILOSOPHER : L'ANNEAU DE GYGÈS

Jacob HOWLAND

Au livre X de la *République*, Socrate avertit Glaucon qu'il y a « une ancienne querelle entre la philosophie et la poésie » (607b). Alors que philosopher implique le développement de λόγοι ou arguments, l'activité première à laquelle Socrate associe les poètes est la construction de μῦθοι, ou histoires (330d, 377d). Les poètes sont par-dessus tout des fabricants de mythes et des conteurs d'histoires. Mais alors que certaines espèces d'histoires contribuent à établir des opinions droites et de bonnes habitudes dans les jeunes âmes, d'autres tendent au contraire à subvertir le règne de la loi (*nomos*) et du discours bien raisonné (*logos*) à l'intérieur de la cité comme des citoyens (605b-607a). C'est pourquoi Socrate conclut que « il ne faut admettre à l'intérieur de la cité en fait de poésie que les hymnes aux dieux ou les célébrations des hommes excellents » (607a), à moins que les poètes ou les amoureux de la poésie puissent fournir un *logos* en sa faveur (607c-d).

Les critiques que Socrate adresse à la poésie dans la *République* semblent accréditer la convention académique selon laquelle *logos* et *muthos* sont fondamentalement opposés dans l'esprit de Platon, le premier étant le véhicule de la philosophie, le second celui de la poésie[1]. Je crois

1. Paul Friedländer offre un bon exposé de cette vue traditionnelle dans son *Plato : An Introduction*, trans. Hans Meyerhoff, Princeton, Princeton University Press, 1973, p. 172 : « pour lui, [Platon], *Mythos* est opposé à *Logos*, c'est une "histoire" qui contraste avec l'analyse conceptuelle, essentiellement une ancienne légende, une tradition ancestrale, du folklore, une fable, un conte pour enfants, une histoire de vieilles femmes ; le mythe porte le sceau du *pseudos*, quoique non entièrement dépourvu de la substance du vrai. » Luc Brisson propose une approche similaire dans *Platon, les mots, les choses*, Paris, La Découverte,

cependant que cette vue traditionnelle découle d'une inaptitude à apprécier la signification philosophique du μῦθος. Je vais soutenir que, loin d'être simplement opposé à l'enquête philosophique, le *muthos* pris dans son sens large d'histoire ou de narration joue un rôle philosophique indispensable dans la *République*. Si j'ai raison, la narration est essentielle à la compréhension philosophique des réalités humaines comme telles. Mais cela ne signifie pas que la philosophie soit pour ainsi dire un mythe [1]. Au contraire, une appréciation plus profonde de la signification de *muthos* dans la *République* ne peut que nous aider à accroître notre confiance dans la possibilité et la valeur de l'enquête philosophique.

I

La notion de *muthos* qui m'occupe n'est pas aussi spécifique que l'est celle de « mythe » pour l'ethnologie ou l'anthropologie culturelle. Pour mon propos, cela ne fait pas de différence que le *muthos* soit transmis oralement ou par écrit, qu'il soit regardé comme une fiction ou comme la description d'événements réels, ou que celui qui raconte le mythe emploie

1994, p. 125 : un *logos* est pour Platon un argument qui suit un ordre logique et a pour but de démontrer une conclusion, tandis qu'un *muthos* est « un discours invérifiable qui peut être qualifié d'histoire parce qu'il relate des événements dont l'enchaînement ne respecte pas un ordre rationnel ». *Muthos* « doit être opposé à *logos* pris au sens de discours vérifiable et dans le sens de discours argumentatif » (p. 110). *Cf.* S. Halliwell, « The Subjection of *Muthos* to *Logos* : Plato's Citation of the Poets », *Classical Quarterly* 50.1, 2000, p. 104 : les *muthoi* sont des « "histoires" qui à première vue prétendent à un statut imaginaire ou fictif », tandis que les *logoi* sont « en gros des usages [quasi-]assertoriques du langage qui demandent à être pesés en termes de vérité et de fausseté ».

1. Il découle des positions de Brisson que Platon lui-même serait un poète ou fabriquant de mythes, puisque « les formes ou idées, comme les mythes, ne sont pas (...) fondées sur l'expérience ou démontrables par des arguments » (Edward Andrew, « Myths of the Scientific Historian », *The Review of Politics* 63.4, automne 2001, p. 609). Andrew relève la suggestion de Brisson selon laquelle « la grandeur de Platon ne consiste pas dans la découverte de la vérité au sujet des mythes, mais dans sa créativité décisive dans la reconstruction des mythes de formation et des mythes paradigmatiques en idées capables d'informer la vie humaine » (*ibid.*, p. 610). D'autres auteurs qui font une distinction analogue entre *logos* et *muthos* chez Platon ont explicitement tiré la conclusion que Platon remplace les vieux mythes poétiques par un mythe sur la possibilité de la philosophie entendue comme quête de la connaissance de l'être. Voir Stephen Gardner, *Myths of Freedom : Equality, Modern Thought, and Philosophical Radicalism*, Westport (Connecticut), Greenwood Press, 1998 : Pour Platon « le vrai *muthos* est le *logos* » (p. 63). Cette vue nietzschéenne de Platon prend la philosophie pour un mythe au sens fort; comme le noble mensonge dans la *République*, c'est une fiction qui n'est pas destinée à être reconnue comme une invention humaine, mais à être acceptée sans discussion comme la vérité.

l'imitation ou parle en son nom propre. Je m'intéresse à l'usage que Platon fait des histoires : une histoire est une narration d'événements. Ce qu'Aristote dit au sujet du *muthos* dans la *Poétique*, où le terme renvoie *grosso modo* au récit, au scénario, ou à l'action d'un poème épique ou d'un drame tragique, est d'un grand secours sous ce rapport. En tant qu'imitation d'une action, un *muthos* bien construit a un commencement, un milieu et une fin. Sa cohérence vient de l'interconnexion des événements qu'il relate ; ainsi que l'énonce Aristote, un événement doit découler d'un autre d'une manière probable ou nécessaire[1]. La notion de *muthos* est intimement liée à celle d'interprétation. Parce qu'il peut y avoir bien des choses qui restent implicites, la cohérence interne d'une narration est souvent loin d'être évidente, et l'auditeur ou le lecteur doit fournir un effort pour comprendre pourquoi les choses arrivent de la façon dont elles arrivent. Ce travail d'interprétation rassemble les parties dans un tout de manière à saisir leur cohérence, et produit de la sorte des distinctions et des connexions qui vont plus loin que ce qui est explicitement énoncé. En achevant l'histoire de cette façon, l'auditeur ou le lecteur s'efforce d'atteindre son sens interne. Mais interprétation implique imagination aussi bien qu'intellect, parce que c'est seulement en se projetant imaginairement dans l'histoire que l'on aperçoit la forme de ses parties et les lacunes qui ont besoin d'être comblées[2].

Or la *République*, comme tous les Dialogues platoniciens, est par elle-même un *muthos* dans le sens que je viens de préciser : c'est une histoire narrée par Socrate, à propos des événements d'« hier » (327a). Socrate attire l'attention sur ce point quand il remarque que Glaucon et lui devraient entreprendre d'éduquer les guerriers de la cité en parole, ὥσπερ ἐν μύθῳ μυθολογοῦντες, « tout comme des hommes qui racontent une histoire à l'intérieur d'une histoire » (376e). Une des « histoires » qu'ils vont narrer est l'« histoire », prise en un sens lâche, de la cité en paroles. La *République* est alors une histoire dans laquelle les hommes, parmi d'autres choses, racontent des histoires. Et ces histoires – comme par exemple celle que Socrate raconte aux livres VIII et IX sur la succession des régimes et les caractères des hommes qui l'habitent – requièrent une interprétation. Socrate est tout à fait clair sur ce point. Il souligne précisément la coopération de l'imagination et de l'intellect quand il remarque au livre IX

1. *Poétique*, 1450b21-34 ; 1451a11-15, 36-38 ; 1451b6-10 ; 1454a33-36.

2. Sur les divers sens de *muthos* dans la *Poétique*, voir Eric Downing, « *Hoion Psuche* : An Essay on Aristotle's *Muthos* », *Classical Antiquity* 3.2, Octobre 1984, p. 164-178. Comme le souligne Downing, Aristote suggère la présence d'« une fonction narrative et synthétique chez le lecteur » (p. 175) : c'est cette fonction que j'appelle « interprétation ».

que le juge approprié de la misère ou du bonheur du tyran est « celui qui est capable par la pensée d'*entrer dans* le caractère d'un homme et de *le percer à jour* » (577a, mes italiques). Comme nous allons le voir sous peu, l'histoire plus ample de la *République* – l'histoire de Socrate et de ses compagnons et celle de *leur* malheur ou bonheur, réel ou potentiel – réclame aussi une interprétation, car ce n'est pas toujours évident, même pour les personnages du dialogue, de savoir pourquoi ils font ou disent cela même qu'ils font ou disent.

Dans la *République*, le problème est celui de la justice et de l'injustice – « ce que chacune est », comme Glaucon l'exprime si succinctement, « et quelle puissance elle possède par elle-même quand elle est dans l'âme » (358b; *cf.* 367b). Glaucon poursuit en racontant un *muthos* au sujet d'un homme parfaitement injuste, parce qu'il veut que nous imaginions à quoi ressemblerait l'existence d'un tel homme, avec la vision du monde qui lui est particulière. Comme j'espère pouvoir le montrer ici, le *muthos* est indispensable à la découverte de la vérité que Glaucon recherche. Car toute explication de la nature et la puissance de la justice et de l'injustice doit commencer par les puissances de l'âme qui ne peuvent venir à la lumière qu'à travers la narration et l'interprétation d'histoires.

Je propose de commencer par l'examen du passage dans lequel Socrate conçoit l'idée d'observer, dans un logos, la naissance d'une cité. Ce passage nous aidera à justifier de manière générale l'idée selon laquelle notre capacité de saisir la signification philosophique de la *République* dépend de notre capacité d'interpréter des histoires. Nous pourrons alors nous tourner vers l'histoire contée par Glaucon sur l'ancêtre de Gygès. Mis en rapport avec le récit antérieur sur Gygès chez Hérodote, le *muthos* de Glaucon se manifestera comme une histoire traitant de narration et d'interprétation, de la connaissance de soi et des autres, et de la découverte des racines de la justice et de l'injustice.

II

En 367e-369b, Socrate propose de rechercher la justice dans l'âme en faisant le détour de l'examen de la justice dans la cité. Ce passage suit immédiatement les discours de Glaucon et d'Adimante au début du livre II, où les deux frères ont présenté leurs propres arguments en faveur de l'injustice dans le but de provoquer Socrate et de le pousser à une nouvelle discussion de la puissance de la justice dans l'âme. Ayant entendu les discours des deux frères, Socrate note que l'amoureux de Glaucon a parlé avec à propos quand il composait un poème où il appelait les frères des êtres « divins ».

> Car quelque chose d'assurément divin doit vous être certainement arrivé, si vous persistez à n'être pas persuadés que l'injustice est meilleure que la justice alors que vous êtes capables de parler de cette façon en sa faveur. Car vraiment, vous ne me semblez pas à présent être persuadés. Je l'infère des autres aspects de votre caractère, puisque sur la base des arguments eux-mêmes, je ne vous ferais pas confiance. (368b)

Selon le jugement de Socrate, les frères n'ont pas été persuadés par les arguments qu'ils ont avancés en faveur de l'injustice – qui ne sont pas en fait *leurs* arguments, mais ceux qui reflètent les discours et les opinions de la plupart des hommes[1]. Même s'ils vivent dans une société qui loue effectivement l'injustice, ils restent accessibles à la possible supériorité de la justice. Ils continuent à être animés par un désir philosophique de connaître la vérité sur la justice et l'injustice. C'est cette constante ouverture à la question de la meilleure vie qui frappe Socrate comme « divine » et digne d'éloge.

Socrate remarque que les arguments de Glaucon et d'Adimante, pris séparément, devraient suggérer qu'ils sont partisans de l'injustice. Mais il en juge autrement, parce qu'il est déjà familier du τρόπος, de la « manière d'être » des deux frères, du « tour » de leur âme. Plutôt que de prendre les arguments pour argent comptant, Socrate les interprète à la lumière de ce qu'il connaît déjà de ses jeunes compagnons. Pourtant, alors que Socrate est « entré imaginairement » dans leur caractère, et déclare « les percer à jour », il n'a pas de familiarité directe avec leur nature intérieure. Son estimation de la qualité de leur âme, de ce qu'ils sont au sens le plus profond, est elle-même une inférence tirée de leurs discours et de leurs actes. L'affaire est d'importance. La nécessité d'une telle inférence du visible à l'invisible est la prémisse fondamentale de l'analogie entre l'âme et la cité que Socrate va immédiatement proposer. Parce que, explique-t-il, notre œil n'est pas suffisamment perçant pour lire les « petites lettres » de l'âme directement, nous devons d'abord considérer les mêmes lettres dans un format « plus grand » et donc plus visible. C'est précisément ce que Socrate vient de faire : alors qu'il interprète les arguments de Glaucon et d'Adimante dans le contexte de ce qu'il sait de leur caractère, cette connaissance est elle-même enracinée dans une « lecture » antérieure de

1. *Cf.* la référence de Glaucon à ce que « chaque homme » suppose (360c-d) et l'attribution par Adimante de l'argument aux « nombreux et aux éminents » (366b).

leurs discours et de leurs actes. Il n'a pas d'autre accès à leur caractère, car l'âme d'autrui peut seulement être connue indirectement.

Bien sûr, Socrate ne « lit » pas littéralement les discours et les actes des deux frères. Mais c'est ce que *nous* faisons, car tout dans Platon nous arrive sous la forme d'une histoire écrite. Comme Socrate, nous essayons de passer, par le moyen de l'imagination et de l'inférence, de l'extériorité visible des « personnages » de Platon à leur intériorité invisible. Ce processus n'est rien d'autre que l'interprétation, par laquelle nous essayons de comprendre pourquoi les choses se produisent dans le dialogue de telle façon. Sans interprétation, l'histoire de la *République* serait incomplète, parce que l'interconnexion des événements se produisant dans le dialogue ne serait pas suffisamment intelligible. Bien mieux, notre expérience de lecteur éclaire la façon dont Socrate se comprend lui-même ainsi que ses compagnons. La décision de Socrate de raconter les événements d'« hier » traduit le fait que l'histoire est la forme dans laquelle nous pensons naturellement ce que nous-mêmes et d'autres faisons et disons. De fait nous sommes démunis pour faire des inférences à propos du caractère des autres. Quand nous le faisons, nous sommes tentés de clarifier pour nous-mêmes la cohérence intérieure de leurs actions, et par là, de rendre intelligibles ces actions à l'intérieur d'un cadre narratif qui va au-delà d'un simple récit de discours et d'actes. Le *muthos* est, à ce qui semble, le mode premier et inaugural sur lequel nous nous parlons de nos vies [1].

La remarque de Socrate sur le bon caractère des frères de Platon exprime sa confiance dans la pratique de l'interprétation que je viens de décrire. On ne peut pourtant s'empêcher de relever que la crédibilité de l'interprétation comme telle est remise en question par Glaucon quand il raconte l'histoire de l'anneau d'invisibilité au début du livre II. Alors qu'un usage habile de l'anneau garantit que l'injustice restera indétectée, le possesseur de l'anneau peut compter sur le fait que ses discours et actions visibles induiront les autres à juger faussement qu'il est juste (361a). L'histoire de Glaucon à propos de l'anneau présuppose par conséquent l'universalité de l'interprétation en même temps qu'elle répand un sérieux doute sur sa justesse. Est-ce à dire que Socrate ne tient aucun compte du défi de Glaucon ?

1. Remarquez que Socrate complète ses observations sur ses propres pensées et sentiments (par exemple 327a, 336d, 357a) par d'occasionnelles inférences sur le caractère ou les dispositions des autres. *Cf.* 338a (« Thrasymaque était clairement désireux de prendre la parole, afin d'acquérir une bonne réputation ») et 357a (« Glaucon est toujours parfaitement courageux en toute chose, et donc maintenant il ne pouvait se résigner à ce que Thrasymaque abandonne... »), *cf.* 368a-b.

Pour répondre à cette question, nous devons reconsidérer la proposition de Socrate d'examiner les petites lettres de l'âme à la lumière des grandes lettres de la cité. Cette image représente l'action que nous appelons interprétation – l'inférence imaginative d'un esprit qui passe d'une surface visible à un intérieur invisible. La recherche de la justice dans l'âme, fait remarquer Socrate, n'est « pas une chose ordinaire, mais une chose réservée à un homme à la vue perçante ». Dans ces conditions, cela ressemblerait à un don du ciel si l'on pouvait lire les petites lettres de l'âme après avoir d'abord considéré les mêmes lettres dans un format plus grand – « si », prévient-il, « il se trouve bien qu'elles sont les mêmes » (368c-d). Socrate est évidemment très conscient que la pratique de l'interprétation est marquée par l'incertitude. Et la clé de sa suggestion concernant la lecture des lettres dans l'âme à la lumière de celles de la cité est son emploi du terme *hermaion* (ἕρμαιον) – le mot pour « don du ciel » ou « heureuse trouvaille », qui signifie littéralement un « cadeau d'Hermès ».

Comme un guide conduisant l'âme au royaume invisible du monde souterrain, et comme un messager faisant connaître la pensée des dieux qui sans lui resterait obscure, Hermès donne son nom à la variété des activités interprétatives que les Grecs furent les premiers à appeler « herméneutiques ». L'*hermaion* de Socrate est précisément en relation avec l'interprétation. Il propose de lire les grandes lettres de la cité parce qu'il ne peut pas lire les petites lettres de l'âme. Les lettres, cependant, doivent être *écrites* avant d'être *lues*, et dans ce cas, c'est Socrate et ses compagnons qui procéderont, eux, à l'écriture. Car on se doute que les lettres de la cité que nous devons lire pour déchiffrer celles de l'âme ne sont pas celles d'un seul mot ni même d'une phrase. Elles sont les « lettres » formant le récit de la cité en paroles ainsi que le dialogue raconté qui encadre cette histoire. Si ce cercle doit être herméneutique plutôt que vicieux, ce processus d'écriture et de lecture, de narration et d'interprétation d'un récit, doit encore être guidé par quelque compréhension préalable – aussi obscure puisse-t-elle être – de la nature de l'âme. En fait cette compréhension préalable montre que, dans l'intuition qui guide Socrate, la cité est d'une certaine façon une image de l'âme. C'est cette intuition qui constitue plus particulièrement l'*hermaion* de Socrate. Sur un plan plus général, cependant, le don divin qui rend possible la connaissance de l'âme est le cercle de l'interprétation proprement dit – la pré-compréhension de nous-mêmes et de notre monde qui en même temps soutient la fabrication d'une certaine espèce de narration et nous aide à en saisir la signification.

L'histoire la plus célèbre à propos d'un présent d'Hermès nous est contée au chant X de l'*Odyssée*, où Ulysse et son équipage débarquent sur l'île de Circé. Quand Ulysse envoie un détachement explorer l'île, Circé transforme ces hommes en pourceaux. Ulysse échappe à ce destin seulement grâce à l'intercession d'Hermès, qui lui apparaît sous la forme d'un jeune garçon au seuil de l'âge adulte. Le jeune homme, explique Ulysse, lui a donné une plante pour se protéger de la magie de Circé :

> Il la tira du sol et me montra sa nature (φύσις).
> À sa racine, elle était noire, mais sa fleur était comme du lait,
> Les dieux l'appellent *môlu,* et les mortels ont du mal à l'arracher,
> Mais avec l'aide des dieux, tout est possible [1]. (10.303-306)

Dans l'épisode de Circé, la connaissance de la nature ou *phusis* (un mot qui n'apparaît nulle part ailleurs chez Homère) s'avère être essentielle à la conservation de l'humanité d'Ulysse et la restauration de celle de ses compagnons. Que les choses soient différentes de ce qu'elles semblent être, voilà ce qu'Ulysse, le maître des déguisements, sait aussi bien qu'un autre. Mais en révélant la nature cachée d'une fleur qu'autrement rien ne distinguait, le jeune homme enseigne à l'homme d'Ithaque une leçon socratique. Il rappelle à Ulysse qu'il est largement ignorant de ce que les choses sont. Pourtant, il lui fournit une raison d'espérer qu'avec une assistance divine il sera capable de pénétrer jusqu'aux racines invisibles des choses. Un exemple évident d'une telle pénétration est la perspicacité d'Ulysse devinant que le jeune homme est réellement Hermès.

Socrate semble avoir à l'esprit la rencontre d'Ulysse avec Hermès quand il appelle l'image de la cité un *hermaion.* Comme Ulysse, Socrate fait face à une menace qui vise son humanité en plus de celle de ses compagnons, car l'argument en faveur de l'injustice qu'il veut réfuter revient à déclarer que les parties bestiales de l'âme humaine doivent gouverner la totalité de l'âme (*cf.* 588e-589a). Et tout comme le salut d'Ulysse réside dans la saisie des racines cachées d'une fleur que tout le monde peut voir, Socrate et ses compagnons pourraient être sauvés de l'injustice s'ils arrivent à comprendre comment le phénomène familier de la cité est enraciné dans l'âme invisible. L'image de l'enracinement est appropriée puisque Socrate indique clairement qu'il n'entend pas simplement observer la cité en tant que telle, mais plutôt en saisir la croissance et le processus de formation. « Si nous observions une cité venir à l'existence en paroles – demande-t-il – ne verrions-nous pas également sa justice venir à l'existence, ainsi que son injustice ? » (369a). Regarder une cité venir à l'existence, c'est observer son émergence dans le cours même de l'entretien, et voir par là comment

1. [La traduction de ces vers suit la traduction anglaise légèrement modifiée par l'auteur de A.T. Murray, *Homer : The Odyssey*, 2 vols, Cambridge MA, Harvard University Press, 1934. N. d. T.].

elle surgit des besoins et des désirs de Socrate et de ses compagnons. Pour le dire autrement, Socrate envisage la lecture des lettres de la cité comme une interprétation contextuelle du processus d'*écriture* des dites lettres. Une fois que nous avons saisi ce point, l'intuition de Socrate selon laquelle les lettres de l'âme peuvent être éclairées par la lecture de celles de la cité est tout à fait sensée, car une pré-compréhension de l'âme doit *déjà* être impliquée dans toute explication du processus de formation de la cité.

Si les précédentes réflexions sont justes, l'analyse de la justice dans l'âme que Socrate se propose de lire à partir des lettres de la cité ne peut être comprise indépendamment de l'histoire qu'il raconte sur la croissance de la cité dans le cours de la discussion. En d'autres termes, le *logos* de la *République* n'est accessible qu'à travers le *muthos*. Socrate nous donne en outre une clef d'interprétation générale quand il conjecture que « nos besoins » feront la cité (369c). La soi-disant « cité de la plus grande nécessité » qu'il décrit aussitôt (369d) surgit des besoins physiques rudimentaires. À un niveau plus profond, cependant, la cité en paroles est enracinée dans certains besoins de l'âme, et en premier lieu, dans le désir partagé d'une défense de la justice. La cité ne serait jamais venue à l'existence si Socrate ne s'était senti obligé d'aider ses compagnons à répondre à ce qu'il considère comme *leur* besoin d'être détourné d'une vie d'injustice. Le sens qu'a Socrate de la justice, l'accessibilité de ses compagnons aux requêtes de la justice sont alors à l'origine de la cité en paroles. Au-delà, la cité croît et change à mesure que les autres remettent en question l'histoire que Socrate a entrepris de raconter. Quand Glaucon marque son opposition au fait de vivre comme un cochon dans la première et la plus simple des cités (372d), on songe à nouveau à la résistance d'Ulysse à la magie déshumanisante de Circé[1]. Ici comme ailleurs, le déploiement du *muthos* à propos de la cité en vient à porter l'empreinte de la nature érotique et du *thumos* des compagnons de Socrate.

III

Jusqu'à présent, j'ai soutenu que le *logos* de la *République* – son enseignement au sujet de la justice – dépend de son *muthos*, au sens où cet enseignement se dégage de notre compréhension du récit de Socrate et de ses compagnons. Cette histoire est, de plus, inaccessible à qui n'a pas la

1. Sur l'utilisation par Platon de l'*Odyssée* comme texte littéraire sous-tendant la *République*, voir Jacob Howland, *The Republic* : *The Odyssey of Philosophy*, Philadelphia, Paul Dry Books, 2004, p. 47-54.

capacité d'interprétation, capacité qui implique l'imagination en plus de l'intellect et qui nous autorise à la fois à comprendre et à façonner des histoires pleines de sens. Je voudrais maintenant apporter quelques précisions à cet argument assez général en examinant la contribution spécifique que deux histoires étroitement reliées, l'une dans la *République* et l'autre dans l'*Histoire* d'Hérodote, apportent non seulement à notre connaissance de la justice mais aussi à notre compréhension de l'interprétation.

Au début du livre II, Glaucon fait bien comprendre que la discussion précédente ne le satisfait pas. Il explique qu'il n'a pas encore appris de Socrate ce qu'il veut savoir de la justice et de l'injustice, c'est-à-dire « ce que chacune d'elles est, et quelle puissance (δύναμις) chacune a par elle-même quand elle est dans l'âme » (358a). En demandant quelle « puissance » chacune a « dans l'âme », Glaucon soulève implicitement deux nouvelles questions : qu'est-ce qui rend une âme capable d'actes justes ou injustes, et quel effet ont ces aptitudes ou ces capacités sur l'âme qui les détient ? Il pose ces questions parce qu'il veut savoir quel genre de vie mener ; il veut donc savoir ce que c'est qu'*être* juste et ce que c'est qu'*être* injuste. Cette connaissance – une connaissance pour ainsi dire de l'intérieur concernant la justice et l'injustice – ne peut être communiquée par un *logos* au sens de définition philosophique. Elle requiert un acte d'imagination, et elle est accessible seulement au moyen d'une histoire. L'histoire remarquable que Glaucon raconte à propos de l'anneau de Gygès joue en conséquence un rôle crucial dans le dialogue. Elle aide à provoquer la contre-histoire de Socrate sur la cité, et lui fournit un exemple à suivre pour son éloge de la justice (*cf.* 358d). Plus important encore, elle nous aide à apercevoir dans notre propre âme les racines de la justice et de l'injustice.

Le discours de Glaucon commence en 358e et se termine en 362c. Il comporte deux parties principales. La première (de 358e à 359b) explique « quelle sorte de chose est la justice, et d'où elle est venue » (358e). La seconde, bien plus longue, est une expérience mentale. Glaucon déclare que la meilleure manière de « percevoir » la puissance de l'injustice en l'âme serait d'en produire « au moyen de la pensée » une sorte de démonstration (μάλιστ' ἂν αἰσθοίμεθα, εἰ τοιόνδε ποιήσαιμεν τῇ διανοίᾳ, 359b7-c1). Nous pouvons ouvrir en pensée, propose-t-il, un espace imaginatif à l'intérieur duquel certaines vérités deviendront perceptibles à l'esprit[1]. Son

1. Sur la coopération de l'imagination et de l'intellect dans la recherche philosophique, voir Eva Brann, *The World of the Imagination : Sum and Substance*, Lanham MD, Rowman & Littlefield, 1993, p. 785 : « L'imagination fournit un éclaircissement, un lieu intermédiaire entre la source perceptive, l'environnement extérieur et l'action réflexive, fait de l'intellect le plus intérieur. Dans cet espace, libéré du fardeau de la matière impénétrable et de la distraction causée par de minimes détails, les objets gagnent en netteté. »

expérience de pensée se divise en trois parties. La première est l'histoire de l'ancêtre de Gygès, ce berger qui découvre un anneau qui rend invisible, et qui se sert de cet anneau de façon à commettre l'injustice tout en paraissant juste (359b-360b). Dans la deuxième partie, Glaucon nous invite à imaginer ce qui se passerait si deux hommes, l'un juste et l'autre injuste, mettaient chacun à leur doigt un anneau du genre qu'il vient de décrire (360b-d). L'homme juste, soutient-il, n'agirait alors pas différemment de l'injuste. Dans la troisième partie, Glaucon nous demande de comparer la vie d'un homme parfaitement injuste à celle d'un homme parfaitement juste (360e-362c). Cette comparaison l'amène à conclure que « les dieux comme les être humains procurent à l'homme injuste une vie meilleure qu'à l'homme juste » (362c).

Une particularité du discours de Glaucon est qu'il ne parle jamais en son nom propre. Glaucon dit qu'il a été « assourdi » par les discours de Thrasymaque et d'« innombrables autres » – ce même éloge de l'injustice qu'il « reprend » maintenant en l'attribuant à « ils » (358c). Bien mieux, il attribue tout le discours à un « ils » anonyme, avançant sans cesse pour preuve de ses affirmations ce qu'« ils » disent, ou ce que « tous les hommes » supposent (358c, 358e, 360b-d, 361e). Glaucon se cache ainsi derrière un voile d'anonymat. Bizarrement, ce choix de l'anonymat quand il imagine ce que c'est qu'être injuste imite les conditions d'injustice telles qu'il les dépeint dans l'histoire de l'anneau[1]. Être injuste implique une combinaison paradoxale de présence et d'absence, à la fois à soi-même et aux autres.

Dans l'histoire de Glaucon, l'injuste est littéralement invisible aux yeux des victimes de son injustice. Mais il est aussi *moralement* invisible

1. Il semble en outre se comporter injustement quand il soutient, pour le besoin de sa comparaison avec l'homme parfaitement injuste, que l'homme parfaitement juste devrait avoir « la plus grande réputation d'injustice » (361c). En élaborant cette comparaison, Glaucon laisse l'injuste jouir des conséquences de son injustice, y compris l'apparence de justice ; en toute équité, dans ces conditions, le juste devrait lui aussi jouir de la réputation de justice qui découlerait naturellement de ce qu'il est réellement juste. C'est ce que Glaucon admet implicitement au livre X, quand il convient de « restituer » à l'homme juste la réputation de justice qu'il lui avait « empruntée » dans le cours de son argumentation (612c-e). Et même si nous admettons avec Glaucon que, pour maintenir la comparaison, le juste « doit être dépouillé de tout sauf de la justice » (361c 3), il ne s'ensuit pas qu'on doive lui accorder la plus grande réputation d'injustice. Il serait plus équitable et plus raisonnable de lui donner une réputation neutre, celle qui s'attacherait à un individu qui ne serait ni visiblement juste ni visiblement injuste. Finalement, Glaucon fait en parole ce que fait en acte le possesseur de l'anneau : il commet l'injustice dans son argumentation tout en refusant toute responsabilité pour cette injustice – parce que, en fin de compte, tout son discours n'est jamais que ce qu'« ils » disent.

à *ses propres yeux*. Comme nous allons le voir, l'homme injuste ne manque pas d'imagination, mais son imagination est curieusement limitée. Il peut imaginer à quoi ressemble la possession de l'anneau d'invisibilité, et il peut se voir lui-même comme il imagine que les autres le verraient s'il possédait cet anneau. Mais il ne peut pas se mettre à la place d'un autre, parce qu'il ne peut pas s'envisager comme autre. Il manque de ce que nous pouvons appeler imagination sympathique. Il ne peut pas, pour emprunter les termes de Socrate, percer à jour le caractère d'un autre, d'abord parce qu'il ne peut pas *entrer* par l'imagination dans le caractère d'un autre. Il ne peut pas davantage se former une conception adéquate de sa propre identité morale. Parce que l'autre n'est pour lui rien d'autre qu'une sorte de surface réfléchissante, et parce que sa compréhension de soi ne s'étend pas au-delà de son imagination du spectacle qu'il offre aux autres, il ne peut pas entrer à l'intérieur de son propre caractère ni le percer à jour. L'injustice est par conséquent liée à un défaut d'imagination interprétative. Inversement, penser en s'inspirant de l'histoire de Glaucon laisse entendre qu'être juste présuppose cette capacité d'interpréter qui nous permet de commencer à comprendre les implications philosophiques du récit.

Examinons maintenant quelques détails du discours de Glaucon.

Glaucon définit la justice comme un moyen terme entre commettre l'injustice sans en payer le prix et subir l'injustice sans être capable de se venger (359a). « Ils disent, affirme-t-il, que commettre l'injustice est par nature bon, et subir l'injustice est par nature mauvais. » Mais, parce que le mauvais (subir l'injustice) dépasse le bon (la commettre), « il paraît profitable – à ceux qui n'ont pas le pouvoir (μὴ δυναμένοις) d'éviter l'un et de choisir l'autre – de s'entendre entre eux afin de ne pas plus commettre l'injustice que la subir » (358c-359a). L'être de la justice est donc une question de *nomos*. Et pourtant la justice, comme le dit Glaucon, « pousse naturellement » (359b) ; elle est, autrement dit, la conséquence naturelle de l'expérience de ceux dont le manque de vigueur les rend incapables d'éviter de subir l'injustice. D'un autre côté, « celui qui a le pouvoir de le faire [commettre l'injustice] et qui est véritablement un homme » serait « fou » de s'en tenir à l'accord initial (ni commettre ni subir l'injustice, 359b), probablement parce qu'il est capable de jouir du bien qu'il y a à la commettre sans avoir à « goûter » le mal qu'il y a à la subir.

Cette analyse soulève naturellement la question de savoir ce que Glaucon entend par « vigueur » et « courage viril » (ἀνδρεία). Quelle est la puissance naturelle de l'injustice dont l'injuste est doté par nature ? Pour répondre à cette question, Glaucon en vient au conte de l'ancêtre de Gygès et de son anneau. En mettant ce conte dans la bouche de celui-ci, Platon attire cependant notre attention sur une autre histoire qui précède la sienne et qui en est le pendant, l'histoire de Gygès rapportée par Hérodote dans son *Histoire* (1.8-12). Comme dans le conte de Glaucon, Hérodote raconte l'histoire d'un homme qui monte sur le trône en tuant un roi et en épousant sa veuve. Les deux histoires traitent de la justice et de l'injustice, de la visibilité et l'invisibilité, et des façons dont nous parvenons à voir par les yeux des autres – ou n'y parvenons pas. Commençons par le *muthos* de Gygès chez Hérodote.

IV

Il s'agit ici de Candaule, despote de Lydie. Candaule oblige Gygès, son garde du corps, à violer la loi de Lydie en contemplant sa femme nue. Il cache Gygès dans un réduit et lui assure qu'il pourra voir la reine sans lui-même être vu. Mais la reine, à l'insu de son mari, aperçoit Gygès et comprend ce qu'a fait le roi. Elle rencontre Gygès en secret et lui laisse le choix : ou bien tuer le roi et l'épouser, ou bien payer de sa vie l'injustice commise. Gygès choisit de survivre et devient le maître de la Lydie après avoir assassiné le roi.

Voici la première partie de l'histoire chez Hérodote :

> Ce Candaule devint amoureux de son épouse et estima (ἐνόμιζε), dans sa passion, qu'il avait avec elle la femme la plus belle de toutes les femmes. C'est ce qu'il estima (νομίζων). Or il avait parmi ses gardes du corps un favori, Gygès fils de Dascylos. Il lui confiait ses pensées les plus graves, il lui vantait constamment sans mesure la beauté de sa femme (τὸ εἶδος τῆς γυναικός). Peu de temps après – car le destin de Candaule était funeste – il dit à Gygès : « Gygès, puisqu'il me semble que tu ne me crois pas quand je te parle de la beauté de ma femme – car il se trouve que les hommes ont moins confiance dans leurs oreilles que dans leurs yeux – fais en sorte de la voir nue. » Mais Gygès se récria : « Maître, quels propos malsains ! M'ordonner de voir nue ma maîtresse? Car quand une femme se dévêt, elle se défait en même temps de la terreur sacrée (αἰδώς) qui l'enveloppe. Il faut retenir la leçon des nobles choses (τὰ καλά) que les hommes ont depuis longtemps découvertes. Et parmi ces choses, en voici une : chacun ne doit regarder que ce qui est à lui. Je suis persuadé que ton épouse est la plus belle de toutes, et je te supplie de n'exiger de moi rien d'illicite (ἀνόμων)[1]. » (1.8)

1. [Traduction de la traduction anglaise légèrement modifiée par l'auteur de David Grene, *The History : Herodotus*, Chicago, University of Chicago Press, 1987. N. d. T.]

Qu'est-ce qui pousse Candaule à ordonner à Gygès de contempler le corps nu de sa femme ? Hérodote nous dit que Candaule aimait sa femme. Le verbe utilisé est ἐρᾶμαι, apparenté au nom ἔρως. Mais ce que vante Candaule, et ce qu'il veut que Gygès voie, c'est non pas sa femme mais plutôt l'εἶδος de celle-ci, l'aspect visible de son corps. Et parce que Candaule accorde la valeur la plus haute à ce qui est visible, à ce que les yeux peuvent saisir, il dévalue la parole. Sa description de l'apparence de sa femme est à ses propres yeux inadéquate car la parole est indirecte, et par conséquent d'une certaine façon peu sûre. Gygès assure qu'il croit tout à fait que la femme de Candaule est la plus belle, même s'il peut simplement imaginer ce à quoi ressemble son corps nu à partir de sa propre familiarité avec la forme habillée de la reine. Mais pour ce qui concerne sa femme, Candaule ne veut laisser aucune place à l'imagination.

En disant que Candaule estimait que sa femme était la plus belle de toutes les femmes, Hérodote utilise deux formes du terme νομίζειν, verbe qui dérive du mot νόμος et suggère en particulier une croyance conforme à la coutume ou convention. Il semble que Candaule veuille que Gygès lui aussi νομίζειν que sa femme est très belle. Même si son désir entre en conflit avec le νόμος, pris dans le sens de loi ancestrale, Candaule veut en fait quelque chose de tout à fait conventionnel. La beauté de sa femme est sa beauté *à lui*, car sa femme lui appartient, et ce qui compte le plus pour Candaule est la manière dont les autres le voient, *lui*. Nous soupçonnons qu'il veut surtout voir le regard dans l'œil de Gygès quand celui-ci verra le beau corps de sa femme. Candaule est poussé non par amour (ἔρως) mais par une ardeur à rivaliser avec les autres hommes (θυμός) : il veut que Gygès reconnaisse la beauté supérieure de sa possession érotique la plus chère, parce qu'il accepte l'idée conventionnelle qu'un homme se mesure à ce qu'il possède.

Si j'ai bien compris Candaule, et la reine et Gygès lui sont au fond invisibles, tout comme au fond il est invisible à ses propres yeux. C'est son incapacité à imaginer ce que ce serait qu'être sa femme ou son garde du corps qui entraîne cette fatale erreur de jugement sur la reine comme sur Gygès. Candaule traite sa femme (qui restera toujours anonyme) comme si c'était une belle statue plus qu'un être humain, un extérieur sans intérieur. Parce qu'il la considère uniquement comme un objet à voir, il ne peut voir par les yeux de sa femme sa propre laideur intérieure. Au fond, il ne peut imaginer qu'elle voie quoi que ce soit. Cela apparaît clairement lorsqu'il tente de rassurer Gygès en lui expliquant qu'il a un plan lui permettant de contempler sa femme sans être découvert (1.9). De plus, ce que Candaule voit en elle – et ce qu'il espère voir dans les yeux de Gygès une fois que celui-ci aura observé la forme nue de sa femme – n'est rien que le reflet de sa propre supériorité.

Candaule, il faut le dire, ne manque ni d'imagination, ni d'intellect. Il se fabrique une histoire au sujet de ce que Gygès fera, et à l'intérieur de cet espace imaginatif ouvert par cette histoire, il est capable de voir avec l'œil de son esprit ce que verra Gygès. Mais son imagination narcissique et indifférente limite totalement sa compréhension. Son imagination lui permet d'envisager seulement comment lui-même apparaîtra à Gygès après que la vue de la beauté du corps inaccessible de sa femme aura éveillé son désir. Et dans la mesure où les frontières de sa connaissance de soi sont fixées par son imagination de la manière dont il apparaît aux autres hommes, il se traite *lui* en même temps comme s'il était un extérieur sans intérieur, quelque chose dont l'être entier consiste en sa visibilité.

Gygès, pour sa part, résiste au rôle que Candaule – qu'il appelle fidèlement « maître » – lui a préparé. Comme Candaule, Gygès a déjà dévêtu la reine dans son esprit, mais lui il voit sa nudité de l'intérieur, pour ainsi dire. C'est peut-être parce qu'il est esclave, donc soumis et vulnérable, qu'il en vient à imaginer ce que ce serait d'être reine dans un monde où les hommes ont perdu tout respect pour le *nomos*[1]. Quoi qu'il en soit, Gygès réussit à être sensible à l'extrême vulnérabilité de la reine en se racontant tout simplement ce qui arrive quand une femme ôte ses habits. Il comprend qu'une femme ne serait rien d'autre qu'un corps nu – et, en tant que tel, susceptible d'être possédée par tout homme doté d'yeux pour voir – sans la terreur sacrée qui l'entoure et la protège du regard masculin[2]. Pourtant, bien que Gygès possède une vue plus pénétrante que Candaule, nous allons constater qu'il y a bien des choses chez la reine qui lui échappent.

Gygès respecte le *nomos* voulant que chacun regarde ce qui lui appartient, parce qu'il le comprend. En résistant à l'occasion de contempler un beau corps, Gygès est guidé par la beauté intérieure d'une loi qu'il compte parmi « les belles choses » (τὰ καλά) que découvrirent les anciens Lydiens. Mais la beauté de cette loi n'aurait pu devenir sensible si Gygès n'avait pas été capable de pénétrer la surface des choses par un acte d'imagination sympathique et de remarquer ce qu'il voit. Candaule ne

1. On se demande si l'emploi par Candaule du vocatif Γύγη, à deux reprises dans l'histoire de Gygès, est destiné à attirer l'attention sur la ressemblance entre le nom de Gygès et le mot γυνή, « femme » ou « épouse ».

2. L'expérience voyeuriste et narcissique où Candaule entraîne Gygès a souvent été répétée de nos jours dans l'obscurité d'une salle de cinéma. Laura Mulvey étudie le regard mâle anonyme et sa réduction du corps féminin à un objet dans « Visual Pleasure and the Narrative Cinema » dans *The Sexual Subject : A Screen Reader in Sexuality*, John Caughie, Annette Kuhn and Mandy Merck (eds.), London, Routledge, 1992, p. 22-34.

comprend pas cela, car il suppose que Gygès hésite uniquement parce qu'il craint d'être découvert par la reine. Mais l'extrême réticence de Gygès à tuer le roi même avec l'assistance essentielle de la reine – Hérodote en parle trois fois (1.11, 1.12) – plaide contre cette lecture ; en effet elle peut être expliquée uniquement par son constant respect pour la loi.

Ce serait une erreur, cependant, de voir en Gygès le héros du conte d'Hérodote. Il est d'abord obligé d'accepter un rôle à côté d'une reine sans méfiance dans ce vrai spectacle de marionnettes qu'a monté le roi. Mais la reine récrit la pièce en secret et oblige Gygès, sous peine de mort, à attaquer un roi sans méfiance. Hérodote nous dit que « parmi les Lydiens, et parmi presque tous les autres barbares, c'est une grande honte, même pour un homme, que d'être vu nu » (1.10). Parce que la reine garde sa honte cachée, ni Gygès ni Candaule ne sont conscients que leur stratagème a été découvert. En effet, Gygès s'approche de la reine « croyant qu'elle ne sait rien de ce qui a été fait », et il est alors rempli d'étonnement quand elle le force à choisir entre être tué ou bien tuer Candaule. « Prends-moi, avec la royauté sur les Lydiens », lui dit-elle, « ou tu meurs à l'instant » (1.11). On soupçonne que l'étonnement de Gygès découle non seulement de ce dramatique renversement de l'intrigue de Candaule, mais aussi du fait que la reine a ourdi un complot de son cru. Gygès n'a tout simplement pas imaginé qu'elle en soi capable. Quoique sa vision soit plus perçante que celle de Candaule, il était lui aussi à sa manière incapable de voir qu'elle était plus qu'un corps. Pleine de tromperie et de vengeance, dotée d'une intelligence rusée, cette reine barbare est très proche des personnages féminins de tragédie grecque. Elle ordonne à Gygès d'attaquer le roi « à partir de l'endroit même où il t'a montré ma nudité » (1.11), comme si la mort de Candaule n'était rien d'autre qu'une extension et un complément de la première injustice. En cachant Gygès dans un réduit, la reine lui donne au fond un anneau d'invisibilité, comme le roi l'avait lui-même fait. Mais dans cette histoire, à la différence de celle de Glaucon, l'usage injuste de cet anneau est puni par son usage juste : c'est seulement au service de la loi que la reine encourage Gygès à violer la loi. Elle ne sort de l'ombre que le temps qu'il faut pour réparer le tissu des *nomoi* qui est sa plus grande protection.

V

J'ai voulu indiquer que l'histoire de Gygès chez Hérodote traite essentiellement du lien entre l'imagination sympathique et la justice. C'est aussi le sujet principal du conte narré par Glaucon et relatif à un berger anonyme ancêtre de Gygès. Cette histoire a pour thème l'injustice tyrannique extrême – cette espèce d'injustice que Thrasymaque appelle « la plus parfaite » (344a). Pourtant, alors que le crime de régicide commis par le berger éclipse le médiocre voyeurisme de Candaule, le berger ressemble à Candaule bien plus qu'à son propre descendant, car il est visiblement dépourvu de cette imagination sympathique qui caractérise Gygès. Le conte de Glaucon fait cependant de cette lacune un avantage. Plus précisément, Glaucon présente comme un défaut la capacité d'interpréter qui caractérise le juste. Son conte laisse entendre que le « manque de vigueur » ou « manque de puissance » qui retient le juste de commettre l'injustice (359b) vient de cette habitude chez lui de se mettre à la place d'un autre et de voir par ses yeux.

Je sais bien que Glaucon propose une interprétation de l'histoire du berger qui contredit explicitement ce que je viens de dire. Il ne dit absolument rien de l'imagination ou de l'interprétation, et considère la différence entre le juste et l'injuste comme une simple différence de degré de virilité ou d'audace propre à chacun. Selon Glaucon, le juste diffère de l'injuste simplement en ce qu'il n'a pas assez d'énergie pour faire ce qu'il a secrètement le plus envie de faire. Ceux qui pratiquent la justice, soutient-il, le font « malgré eux, et par impuissance à commettre l'injustice » (359b). Et pourtant ces hommes *seraient prêts* à commettre l'injustice s'ils avaient « licence » de le faire (359c), et nous le comprendrons si nous imaginons que le juste reçoit un anneau semblable à celui que l'ancêtre de Gygès avait découvert. Dans l'esprit de Glaucon, le mythe du berger est spécialement destiné à illustrer la licence qui accorderait au juste le pouvoir de commettre l'injustice. Si la possession de l'anneau suffit à faire qu'un homme juste commette l'injustice, alors le pouvoir d'invisibilité (360a) qui réside dans l'anneau suffit à compenser le manque de vigueur et de pouvoir dont souffre l'homme juste. Glaucon, en d'autres termes, fait entendre que la puissance de l'injustice en l'âme est égale à la somme du pouvoir se trouvant *déjà* dans l'âme de l'individu juste et de l'occasion – ou licence – conférée par l'anneau.

On pourrait se demander pourquoi ne pas supposer que le mythe signifie exactement ce que Glaucon dit qu'il signifie. La réponse est que Glaucon en personne nous enjoint de considérer moins ce qu'il *dit* que ce que le mythe *montre* ou rend perceptible à l'esprit dans l'espace ouvert par l'imagination. Bien plus, le mythe fait voir des choses différentes à des personnes différentes. Supposons que Glaucon raconte le mythe non pas à nous mais au Candaule et au Gygès d'Hérodote. Il est permis d'imaginer que pour Candaule – mais *pas* pour Gygès – le mythe montrerait que Glaucon a bien compris les puissances de la justice et de l'injustice dans l'âme. Tout dépend de la capacité d'interprétation avec laquelle on entre dans le mythe.

Tentons maintenant d'imaginer ce qui se passerait si l'on voyait par les yeux du berger.

Le berger, tout comme Gygès, servait le maître de la Lydie. Mais, étant le plus modeste des ouvriers agricoles de province, il est à la fois géographiquement et socialement à la plus grande distance du roi. Il est donc convenable qu'il reste anonyme dans cette histoire. La découverte de l'anneau, cependant, offre à ce personnage insignifiant une occasion de devenir rien moins que la lumière du pays, et il saute sur cette occasion presque immédiatement. On nous raconte qu'une grande tempête et un tremblement de terre ont ouvert un précipice à l'endroit où il faisait paître ses moutons. « Il le vit, et s'en étonna, et y descendit » (359d). Cette phrase nous éclaire sur la nature du berger avant l'acquisition de l'anneau. Il faut être franchement intrépide pour faire ce qu'il a fait. C'est le premier signe nous indiquant qu'il possède *déjà* la « vigueur » ou le « courage viril » censés être conférés par l'anneau. La suite immédiate confirme cette inférence. Le berger découvre un cheval creux en airain percé d'ouvertures permettant de voir un cadavre dont la taille « dépassait la taille humaine ». « Il ne portait rien qu'un anneau d'or à la main ; le berger le retira et s'en alla » (359d7-el). Ce simple larcin ressemble presque à un rite d'initiation pour l'admission dans un gang. Ces rites sont destinés à montrer que l'on a ce qu'il faut pour être admis. De plus, le vol ne laisse aucun doute sur la « vigueur » que le berger mettra à commettre l'injustice qui le caractérise avant même qu'il ne porte l'anneau.

Que peut-on bien éprouver à dévaliser une tombe, comme l'a fait le berger ? La plupart d'entre nous seraient terrifiés s'ils rencontraient un cadavre monstrueux quelles que soient les circonstances, à plus forte raison dans les profondeurs souterraines. Il n'y a aucun doute sur la bravoure du berger. Plus important, la plupart d'entre nous auraient honte de détrousser un cadavre, même sans être vus de quiconque. Aussi étrange que cela paraisse, éprouver de la honte dans cette situation revient un peu à se voir par les yeux du cadavre. Le Gygès d'Hérodote voit d'une manière aussi étrange quand il tente d'imaginer ce que ce serait d'être victime d'un crime quand on ne sait même pas que l'on a été attaqué. Et même, la violation d'un cadavre nu et anonyme offre un parallèle saisissant avec celle de la reine nue et anonyme dans le conte d'Hérodote. Comme la reine, le cadavre est un corps vulnérable dont la meilleure protection réside dans l'αἰδώς, la terreur sacrée que par coutume ou par convention on éprouve en présence des morts. Comme Candaule, le berger envisage de commettre un crime qui restera inconnu, même de sa victime. Le berger voit le cadavre, et pourtant il sait que le cadavre ne peut le voir. Dans son rapport avec le cadavre, le berger possède effectivement l'anneau d'invisibilité avant même de voler réellement l'anneau.

Nous avons vu que le berger n'éprouve guère de crainte physique ou religieuse : il n'est pas intimidé par les ténèbres infernales ni par leurs démons mythiques, pas plus qu'il n'est retenu par une terreur respectueuse. En ce sens, il se distingue déjà par la puissance d'injustice en l'âme que Glaucon décrit comme vigueur ou courage viril. Si ce n'était pas le cas, il n'aurait jamais été capable de voler l'anneau pour commencer. Tout ceci nous amène à nous demander : que se passe-t-il quand le berger passe l'anneau à son doigt ? Il apparaît que l'anneau se contente d'augmenter le pouvoir qu'il possède déjà de commettre l'injustice. L'anneau produit cet effet, on peut le supposer, parce qu'il transforme toutes les victimes possibles en quelque chose qui ressemble à des corps morts, dans la mesure où ceux-ci, comme le cadavre, seront incapables de le voir. Mais ce n'est pas tout. *Car l'anneau est le signe du cadavre, et en passant l'anneau à son doigt, le berger prend effectivement la place du cadavre.*

Pour saisir le sens de tout ceci, le mieux est d'essayer d'imaginer ce que ce serait que de commettre un viol, par exemple, à l'aide de l'anneau, ce qui, d'après Glaucon, serait un de ses emplois les plus attirants (360c). Violer n'est pas la même chose que détrousser un cadavre. L'anneau vous rend invisible à vos victimes, mais il ne rend pas vos victimes invisibles à vos yeux. Alors que le visage du cadavre violé reste impassible, ce n'est pas le cas du visage de la victime vivante. La victime ne peut pas vous voir, mais dans ses yeux vous pouvez voir terreur et douleur. À la différence d'un cadavre, la victime a aussi une voix qui lui permet de crier grâce. Comment voir son visage et entendre ses paroles sans voir par ses yeux à elle ? Impossible pour la plupart d'entre nous, j'en parierais, de répondre à cette question parce qu'on arrive au point où l'imagination est impuissante. Et pourtant cette échec nous révèle quelque chose de la condition inimaginable de l'injustice totale. Si on s'apprête à commettre un viol à l'aide de l'anneau, il faut supposer qu'on est *déjà* incapable de voir par les yeux de la victime. On perçoit sa terreur, mais on ne l'éprouve pas comme elle l'éprouve. Sa terreur est pour le regard une surface sans profondeur ; c'est un miroir où l'on ne voit que le reflet de sa puissance. Bref, il faut supposer que l'on est totalement privé d'imagination sympathique, sensible à l'image qu'on a de soi, mais mort à l'expérience intérieure des autres tout comme un cadavre ou une statue. Car c'est la seule manière de percevoir la douleur et la terreur sans être ému par la profonde souffrance qu'on a fait éprouver.

Le *muthos* de Glaucon fait apparaître que la façon dont l'injuste s'imagine lui-même est aussi insuffisante que son imagination d'autrui. Candaule, comme nous l'avons vu, dévalorise la parole comparée à la vision, pour la raison qu'« il se trouve que les êtres humains font plus confiance à leurs oreilles qu'à leurs yeux » (1.8). Mais c'est la parole plus que la vision qui rend visible notre intériorité. C'est pourquoi la pure extériorité de l'existence de l'homme injuste est soulignée par le fait que le berger ni ne parle ni ne se voit adresser la parole tout au long du mythe de Glaucon. En dépit de son lien avec l'invisibilité, l'injustice dans l'âme coïncide avec une incapacité de dépasser la surface des choses et de pénétrer leur intérieur caché. En un mot, l'homme injuste est privé de moyens pour ce qui est d'interpréter.

Glaucon dit que l'anneau permet de voler, violer, assassiner, « et de faire d'autres choses à l'égal d'un dieu parmi les hommes » (360c2-3). Le plus important des plaisirs fournis par l'anneau est la conscience de ce pouvoir divin, et c'est l'accomplissement d'actes injustes cachés qui le rend principalement évident. Cela aide peut-être à comprendre comment le porteur de l'anneau peut violer et tuer, car on estime souvent que les dieux grecs considèrent les êtres humains avec aussi peu de sympathie que nous en avons pour certains animaux. Mais si le berger s'imagine que l'anneau a fait de lui un dieu, il se trompe : même s'il dépassait l'homme par la taille, le porteur précédent de l'anneau a fini en cadavre. Et bien que les immortels se déguisent fréquemment, leur pouvoir ne dépend pas directement de l'invisibilité. En fin de compte, le porteur de l'anneau ressemble plus à une bête prudente et rusée qu'à un dieu. Sa hardiesse apparente n'est finalement que le masque de sa faiblesse et sa couardise. L'anneau ne change pas le fait que le berger est au fond un être insignifiant.

Quoique le berger, comme Candaule, agisse souvent en secret, il souhaite vivement être vu par d'autres hommes. Glaucon raconte que le berger, une fois qu'il a appris le pouvoir de l'anneau, réussit à avoir des rapports sexuels avec la reine, tuer le roi, et gouverner la Lydie. Pour gouverner en roi, il faut être vu en train de régner. L'anneau permet donc au berger de satisfaire des désirs qui exigent de la visibilité pour être comblés, en plus de ceux qui exigent de l'invisibilité. La différence entre ces deux sortes de désirs se traduit dans la différence entre les deux listes de biens dont Glaucon dit que l'injuste jouira. La première liste comprend les actes secrets de vol, viol, et meurtre, rendus possibles par l'anneau (360b-c). La seconde, traitant des avantages accordés à l'homme qui est injuste tout en paraissant juste, consiste uniquement en des biens qui exigent de la visibilité. Cette liste inclut la domination politique, des mariages avantageux et des associations profitables, la victoire au combat, l'aide accordée aux amis et le mal fait aux ennemis, et l'accomplissement de sacrifices magnifiques. En affirmant que l'injuste « ne vit pas à la lumière de l'opinion » (362a 6), Glaucon se trompe donc complètement. Car de même qu'il voit ses crimes secrets à travers le prisme d'une image trompeuse de lui-même, ce n'est qu'à la lumière de l'opinion publique qu'il peut apercevoir le reflet de sa puissance et de sa gloire dans les yeux d'autrui.

Ces dernières remarques nous font penser que l'injuste est une âme divisée sans conscience d'elle-même. L'injuste ne sait pas et ne se soucie pas de savoir qui il est en réalité, mais il sait qui il semble être à autrui. Sa hardiesse est finalement aussi peu philosophique qu'elle est superficielle : comme nous en avons eu dès le début l'impression, il ne se préoccupe pas de ce qui se trouve sous la surface des choses. Même pour lui-même, il est une statue, un extérieur sans intérieur. On peut se demander comment cela est possible. Le problème se complique du fait que c'est l'injustice qui assure son succès public, si bien qu'il a inévitablement fait tort à ceux à qui il paraît grand. Il peut se délecter d'entendre son éloge dans la bouche de ceux-là mêmes qu'il a dupés et volés, il peut à la fois voir et ne pas voir son reflet dans les mêmes yeux, mais seulement s'il n'a pas remarqué (ou a oublié par la suite) sa propre injustice.

En dernière analyse, la puissance de l'injustice dans l'âme reste un mystère psychologique. De toute façon, le mythe de Glaucon ne montre pas ce qu'il dit montrer. Glaucon avance qu'un homme injuste n'est rien d'autre qu'un homme juste rendu audacieux par l'occasion de commettre l'injustice sans être pris. Mais le mythe ne montre pas que l'homme juste manque d'audace. Il montre que l'homme injuste manque d'imagination sympathique. Cependant, comme le conte de Gygès chez Hérodote, le mythe de Glaucon ne le révèle qu'à ceux qui ont des oreilles pour entendre et des yeux pour voir.

Je dois indiquer pour finir, même si c'est brièvement, que les deux mythes de Gygès attirent l'attention sur un problème qui traverse la tradition littéraire grecque. Candaule et le berger reflètent une manière de se voir et de voir le monde aussi vieille qu'Homère et aussi nouvelle que Thucydide. Parmi les héros de l'*Iliade*, Hector en particulier a pour coutume de regarder ses actions présentes à la lumière de son imagination lui représentant la manière dont il apparaîtra aux autres après sa mort. C'est comme si son être véritable consistait pour lui simplement dans le récit ineffaçable de ses actions glorieuses. Quand Hector s'envisage lui-même comme il est et comme il voudrait être, il imagine une constante et inaltérable splendeur, quelque chose qui peut être vu mais ne peut plus voir

– comme une statue, ou peut-être une idée platonicienne[1]. La même conception de soi se retrouve dans l'oraison funèbre prononcée par Périclès au début de la guerre avec Sparte, quand il exhorte les Athéniens à saisir une gloire impérissable, comme si la vraie vie d'un homme n'était rien d'autre que le brillant souvenir de ses nobles actions[2]. Les racines de l'injustice, ainsi entrelacées avec la notion que la beauté visible ou la noblesse sont ce qui compte avant tout, s'enfoncent en profondeur dans la culture grecque. Cette observation n'est pas particulière à Platon. Mais là où elle apparaît, c'est ce que Socrate appellerait une « pensée cachée » (ὑπόνοια, 378d), de l'espèce qui n'est pas perceptible aux enfants mais seulement, faut-il le redire, à ceux qui ont des yeux pour voir et des oreilles pour entendre.

VI

Nous avons atteint là les limites de ce que les mythes de Gygès chez Platon et Hérodote peuvent nous dire sur l'expérience intérieure de la justice et de l'injustice. Ces mythes ne s'occupent pas de savoir pourquoi l'injuste manque d'imagination sympathique, ni si cette lacune a peut-être des racines plus profondes. Cela relève d'un autre examen[3]. Je ne souhaite pas davantage prétendre que ces mythes illuminent quelque chose comme le tout de la justice. Leur principale implication est un peu plus négative que positive. En montrant que l'injustice dans l'âme s'accompagne d'une lacune du pouvoir interprétatif, ces mythes indiquent ce qui est requis pour la justice. Mais la justice est plus que la capacité d'entrer dans un caractère et de le percer à jour, y compris le sien propre. La justice implique la faculté de saisir ce qui est nécessaire et ce qui convient à la lumière de ce qui est vu – un peu comme Gygès percevait la beauté du *nomos* que chacun devrait

1. *Iliade*, 6. 441-465, 7. 67-98.

2. Voir Thucydide 2, 43.1-5. Clifford Owin note dans *The Humanity of Thucydides*, Princeton, Princeton University Press, 1994, qu'« une glorieuse réputation immortelle » est pour Périclès « ce qui est le plus propre à quelqu'un » ; « Périclès présente la gloire gagnée par ceux qui sont tombés au combat comme une vie éternelle libre des vicissitudes de la vie, simultanément sublime et sans risque. »

3. Emmanuel Levinas se réfère à plusieurs reprises au mythe de Gygès selon Glaucon dans *Totalité et Infini, Essai sur l'Extériorité*, La Haye, Martinus Nijhoff, 4e éd. 1971. D'après Levinas, l'injuste n'est pas accessible « au visage où se produit son épiphanie [celle d'autrui] » (p. 168). Mais il ne parle pas, à ma connaissance, d'imagination sympathique en relation avec cette accessibilité. Il est alors possible, selon Levinas, que ce manque d'imagination soit la conséquence d'une résistance première au transcendant qui est « ouverture par excellence » (p. 167).

considérer comme le sien propre – et les mythes n'articulent pas la structure, ou, si l'on préfère, l'idée de justice qui doit discipliner et informer l'esprit doué de sympathie.

Pourtant, les mythes de Gygès, particulièrement quand ils sont lus avec pour toile de fond le projet de Socrate d'explorer l'âme par le moyen d'une cité en paroles, mettent assurément en lumière le tour d'esprit qui produit la justice. Ce tour d'esprit, que Socrate exprime par sa sollicitude réfléchie à l'égard de Glaucon et de d'Adimante, n'est ni simplement poétique, ni simplement philosophique, il est à la fois narratif et interprétatif. Il n'est ni purement mythique ni purement logique, car il implique la coopération de l'imagination et de l'intellect. Et une fois que nous avons compris le caractère indispensable de la narration pour la recherche philosophique, l'opposition putative entre *muthos* et *logos* chez Platon cède la place à une distinction plus fondamentale entre diverses manières de penser, les unes se fixant sur la surface des choses, les autres pénétrant dans leur intérieur invisible.

Traduit de l'américain par Fulcran Teisserenc et Jean Dixsaut

LE MYTHE D'ER

Giovanni R. F. FERRARI

Arrivant tout à la fin d'un argument largement développé qui démontre que la justice est digne d'être choisie pour elle-même, le mythe d'Er semble gâter l'intégrité de la *République*. Son intention déclarée est de décrire les récompenses et les punitions auxquelles peuvent s'attendre les âmes justes et injustes après la mort (612b-c, 614a). Mais si la vie juste est sa propre récompense – ce en faveur de quoi la *République* a plaidé avec ardeur[1] – pourquoi s'embarrasser de ces viles incitations à la vertu, qui ne valent guère mieux que la peur des flammes de l'enfer apparue bien tard chez Céphale (330d-331b) ? Certes, sur le plan de la logique, rien n'interdit à Socrate d'introduire ici de telles considérations ; car ce n'est pas *son argument* qu'il affaiblit ainsi. Mais c'est l'exigence morale qu'il abaisse. Alors pourquoi Platon fait-il ainsi parler Socrate[2] ?

Pour répondre à cette question, il me faut tout d'abord faire du préambule une analyse aussi détaillée que celle que je ferai ensuite du mythe lui-même. Je me propose en particulier de considérer dans quel esprit Glaucon reçoit la proposition de Socrate de revenir aux récompenses attachées à la justice, récompenses que précisément Glaucon avait demandé à Socrate de laisser de côté dans son éloge de la vie juste (358b, 361c). Mes

1. J'emploie la formule « est sa propre récompense » pour retrouver la métaphore mercantile présente dans l'idée fréquemment répétée que la justice par elle-même « est profitable » (λυσιτελεῖ) à un homme, que sa justice soit ou non reconnue et récompensée par les autres (par exemple : 347e, 354b, 445a, 588d, 589a, d).

2. L'objection que résume ce paragraphe est formulée avec beaucoup de véhémence par Julia Annas (*An Introduction to Plato's* Republic, Oxford, Clarendon Press, 1981, p. 344-353). J. Annas adopte un point de vue différent dans « Plato's Myths of Judgment » (*Phronesis* 27, 1982, 119-143), et je l'examinerai plus loin.

remarques se développeront sur trois plans, selon une échelle ascendante de trois attitudes à l'égard de la justice, que je vais tout de suite caractériser. Tout en bas, se situe la recherche de la justice par goût de la respectabilité et des récompenses sociales qui y sont liées, et afin d'éviter les sanctions qu'entraîne la méchanceté : c'est l'attitude de Céphale. Bien plus noble est celle de Glaucon, qui écarte toute considération relative à ce qui est extérieur à la justice elle-même et recherche celle-ci en tant qu'elle est sa propre récompense, en vue d'être juste, c'est-à-dire en vue de posséder une âme excellente. Mais la meilleure et la plus exaltée est la capacité du philosophe de rechercher la justice tout en comprenant que cette recherche est une restriction qui pèse sur l'âme. L'homme bien né pense que « la justice est sa propre récompense », le philosophe que la « justice *doit* être sa propre récompense ».

Mais tournons-nous vers le préambule du mythe, qui commence là où s'arrête la critique par Socrate de la poésie. En condamnant les effets pernicieux de la poésie, Socrate proclame que c'est « un rude combat, mon cher Glaucon (μέγας ὁ ἀγών), plus rude qu'il ne semble, de devenir bon ou mauvais », et que rien, pas même les plaisirs de la poésie, ne doit nous en détourner (608 b). Et aussitôt, sans autre justification que la métaphore du rude combat, il introduit ce qui deviendra le thème des récompenses qui attendent nos âmes immortelles dans le monde à venir : « et c'est sans compter les plus grandes des récompenses que rapporte la vertu et des prix qu'on lui accorde (ἐπίχειρα ἀρετῆς καὶ προκείμενα ἆθλα) ». Nettleship[1] a été l'un des premiers à remarquer la brutalité de cette transition, et Glaucon partage sa surprise : « plus grands que nous ne pouvons l'imaginer, veux-tu dire (ἀμήχανόν τι λέγεις μέγεθος), s'il y a d'autres récompenses plus grandes que celles que nous avons décrites ? » Les mots de Glaucon laissent entendre qu'il n'était pas préparé à une nouvelle discussion sur les récompenses, et qu'il était plus que satisfait de l'espèce de récompense dont il avait déjà entendu parler – de la preuve que la justice profite à l'âme de l'homme et qu'elle est sa propre récompense. Socrate doit alors réveiller son intérêt, le provoquer par des effets de surprise, comme cette annonce que l'âme est immortelle et qu'il est facile de le prouver (608d).

Que Glaucon hésite quelque peu à poursuivre ce thème, on pouvait s'y attendre, puisque c'est lui qui a pris ses distances vis-à-vis de ceux qui obéissent à une justice conventionnelle seulement parce qu'ils cherchent à en tirer des avantages sociaux (358a); et c'est lui qui aspirait à entendre louer la justice pour ce qu'elle fait à l'âme de l'homme juste, sans tenir compte de ce qu'elle rapporte dans la société (358b). Et voilà maintenant

1. R.L. Nettleship, *Lectures on the* Republic *of Plato*, London, 1901, p. 355.

que Socrate, qui a donné un tel éclat à cet éloge, non seulement insiste pour ramener le sujet déplaisant des récompenses et des prix, mais suggère même qu'ils vont l'emporter sur les bénéfices intérieurs de la justice.

En continuant notre lecture, gardons ceci à l'esprit : le thème des récompenses et des prix a été réintroduit de façon à indiquer quelque chose qui l'emporterait même sur le bonheur d'une âme humaine en bonne santé, et même sur les bénéfices intérieurs de la justice.

Après avoir discuté de l'immortalité de l'âme, Socrate reprend autrement la question des récompenses de la justice : il fait de celles-ci un supplément aux bénéfices intérieurs (612b7-c3, 613e6-614a3) et compare les grands cadeaux qui reviennent à l'homme juste après sa mort aux moindres cadeaux qu'il reçoit des dieux et des hommes durant sa vie (614a) – à des récompenses extérieures, donc, et non pas aux bénéfices intérieurs qui lui ont échu durant sa vie terrestre. Maintenant qu'il a satisfait à la requête de Glaucon et d'Adimante de prouver la supériorité de la justice sur l'injustice à partir de ses seuls effets sur l'âme et sans considérer les récompenses et l'estime qu'elle s'attire, maintenant, dit Socrate, il n'y a rien à objecter, et rien qui puisse susciter l'envie (νῦν ἤδη ἀνεπίφθονόν ἐστιν), s'il rétablit ensuite ces récompenses (612b-c). Ainsi argumente l'enfant qui demande du dessert après avoir mangé le plat principal, les légumes, etc. En d'autres termes, Socrate se conforme maintenant à la hiérarchie des valeurs que Glaucon et Adimante ont imposée : c'est la justice intérieure qui importe, c'est elle qui constitue le plat principal; les récompenses sociales ne sont qu'un supplément, un cadeau (358b, 367c). Mais ce n'est qu'une apparence. Ce que nous allons découvrir est que Socrate ne se conforme pas totalement à ces valeurs : c'était faire preuve de prescience finalement que de suggérer une récompense qui l'emporte même sur les bénéfices de la justice intérieure.

Rien là qui puisse susciter l'envie, espère Socrate; pourtant Glaucon semble pour sa part quelque peu envieux. En demandant que la justice se voie « restituer » ses prix – le verbe est ἀποδοῦναι, 612c1 –, Socrate amène Glaucon et son frère à lui « rembourser » – même verbe, ἀποδώσετε, c5 – ce qu'ils lui ont « emprunté » au cours de la discussion – la concession accordant d'examiner quelle valeur a la justice pour un homme juste considéré à tort comme injuste, et qui se trouve donc puni plutôt que récompensé pour sa conduite. Mais maintenant, c'est l'espèce de vie de celui dont la justice est dûment reconnue que nous devons examiner. Socrate réclame là, comme il le dit, le remboursement d'une dette contractée à l'égard de la justice (612d3-4, comparez e2, 4). La même métaphore reparaît sous une nouvelle forme à la fin de cette section, quand les prix et les salaires qui attendent le juste et l'injuste dans la vie après la mort sont décrits comme « ce qui leur est dû par l'argument » (τὰ ὑπὸ τοῦ λόγου ὀφειλόμενα, 614a).

Nous savons que « payer ou restituer ce que l'on doit » était la première définition de la justice présentée dans la *République*. Socrate l'avait extraite des réflexions de Céphale, et Polémarque s'en était aussitôt saisi comme d'une définition formelle (τὸ τὰ ὀφειλόμενα ἑκάστῳ ἀποδιδόναι δίκαιόν ἐστι, 331e). C'est donc bien la justice que Glaucon reconnaît dans le rappel par Socrate de la dette. Le ton est donné par la réticence amusée de sa réaction quand Socrate lui demande s'il se souvient de la dette contractée en premier lieu : « Je serais coupable d'injustice si je l'avais oubliée » ('Αδικοίην μεντἄν, ἔφη, εἰ μή, 612d)[1]. Ses répliques suivantes y insistent, quand il accède à la requête de Socrate agissant pour le compte de la justice et rappelant la dette en cours : « Il y a de la justice dans cette requête » (Δίκαια, ἔφη, αἰτῇ, 612e). Glaucon fait bien ce que la justice lui réclame, mais il ne montre aucun enthousiasme.

Cette question de l'enthousiasme fait surface quelques lignes plus loin quand Socrate décrit les conséquences auxquelles peuvent s'attendre l'homme juste et l'homme injuste si leur comportement est vu pour ce qu'il est par leurs semblables. « Peux-tu, demande Socrate à Glaucon, supporter que je dise (ἀνέξῃ ἄρα λέγοντος ἐμοῦ) à propos du juste ce que toi tu disais à propos de l'injuste ? » (613c-d). Cette fois, à la différence du discours de Glaucon au livre II, ce sont les justes qui ont toutes les chances de faire les bons mariages et d'obtenir des postes élevés, tandis que les injustes finiront dans la honte, se feront fouetter copieusement, ou pire encore. Socrate achève son catalogue des récompenses et des châtiments comme il l'a commencé : « mais, comme je le dis, considère si tu peux le supporter » (ἀλλ' ὃ λέγω, ὅρα εἰ ἀνέξῃ, 613e) ». Socrate, qui semble s'attendre à une réponse donnée de mauvais gré, reçoit ceci : « Certainement, je le peux. Ce que tu dis a la justice de son côté » (Καὶ πάνυ, ἔφη· δίκαια γὰρ λέγεις, 613e). Glaucon accorde maintenant ce qui était réclamé en faveur de la justice avec une certaine dose d'enthousiasme. Pourquoi ce changement ?

1. Et non pas : « certainement, je m'en souviens », comme nous l'aurions attendu d'un interlocuteur qui au début du livre VIII se montrait désireux de reproduire de mémoire de larges extraits de la discussion qui clôt le livre IV (543b-544b). (Pour d'autres exemples de la bonne mémoire de Glaucon, voir 441d-e, 480a, 537a. Les rares oublis sont significatifs : 474c-d, 519e-520a.) Remarquez encore le contraste avec la réponse, par ailleurs similaire, donnée par son frère à Socrate qui lui demande s'il se souvient qu'ils ont distingué trois éléments dans l'âme : « si je ne me souvenais pas de cela, je ne mériterais pas d'entendre le reste de la discussion » (τὰ λοιπὰ ἂν εἴην δίκαιος μὴ ἀκούειν, 504a). Glaucon n'exprime aucun souhait d'en entendre davantage.

Il ne faut pas chercher la réponse ailleurs que dans le défi renouvelé adressé par Socrate à l'endurance de Glaucon avec la répétition de ἀνέξῃ, « peux-tu le supporter ? ». Glaucon aime les histoires d'endurance solitaire, quelle qu'en soit la souffrance; ce sont les fins heureuses qu'il peine à admettre. Il acceptera une fin heureuse pour l'intérêt de la justice; mais qu'on lui désigne le sacrifice que cela entraîne, et il fera plus que simplement accepter : il y mettra un certain enthousiasme. Quand il avait commencé à dessiner les cas extrêmes d'hommes complètement justes et injustes que l'on prend chacun pour leur exact opposé, Socrate l'avait interrompu en relevant à quel point ces portraits étaient exagérés. Glaucon avait récuré ces hommes comme s'il s'agissait de statues qu'on prépare à être jugées (361d). C'est qu'il n'y a pas d'autres façons, estimait Glaucon, d'être assuré que le mobile de l'homme juste est la justice elle-même et non le prestige public qu'elle pourrait apporter (361c). Et la raison pour laquelle il se donnait tant de mal pour s'assurer de ce point était son désir d'entendre comment la justice rend l'âme belle et noble. Cela devient tout à fait manifeste à la fin du livre IV. Aussitôt que Socrate en vient à identifier la vraie vertu à « une espèce de santé, de beauté et de vigueur dans l'âme » (ὑγίειά τέ τις ἂν εἴη καὶ κάλλος καὶ εὐεξία ψυχῆς, 444d-e), Glaucon est prêt à arrêter la discussion, car il a entendu tout ce qu'il a besoin d'entendre (445a-b). Glaucon, l'amant passionné (474d, *cf.* 468b-c), le héros de la guerre (368a), savoure l'idéal d'une âme belle, saine et endurante[1]. Plus elle doit supporter et plus elle lui semble s'apparenter à une statue et prendre une tournure idéale[2]. Aussi n'est-il que trop disposé à considérer comme son *summum bonum* l'idéal de justice que Socrate lui décrit au livre IV : la condition intérieure d'une âme auto-disciplinée et indépendante (444d, 443c 9-d 5). Il voit là une beauté achevée. Cette surévaluation et cette exagération sont à la racine de son énergie à récurer les statues. Mais ce n'est pas une exagération qu'autorise la *République*.

Permettez-moi d'indiquer platement – je n'ai pas la place de faire davantage – ce que l'idéal de Glaucon a d'insuffisant au regard de la *République* dans son ensemble. Alors que Glaucon comprend pleinement – il va même le défendre spontanément (520e) – que les philosophes dans la Callipolis aborderont les tâches gouvernementales dans l'esprit de ceux qui ont à assumer un fardeau nécessaire, il a bien plus de mal à accepter qu'un philosophe, quel qu'il soit, aborde la tâche du gouvernement de sa société intérieure – son âme complexe – dans un esprit analogue. Le philosophe a

1. Il est aussi musicien (398e) et convient avec Socrate que la finalité de la musique réside dans l'amour de la beauté (403c).

2. La statue comme image de l'idéal réapparaît en 420c-d.

encore mieux à faire avec son âme que la rendre saine et belle, bien qu'il soit obligé de le faire également. Il est à la recherche de la sagesse. La distinction devient particulièrement explicite juste avant que les récompenses et les prix ne soient restitués à la justice; Socrate compare alors l'âme incarnée à la figure incrustée de coquillages du dieu marin Glaucos, et déclare que toute leur discussion n'a vu l'âme que sous cet aspect, au lieu de l'avoir considérée dans sa pureté, telle qu'elle est en toute vérité (611c-d). Pour arriver à cette vision, c'est vers l'activité philosophique de l'âme qu'il aurait fallu se tourner. Il existe donc une perspective sous laquelle même l'âme belle et saine de l'homme juste semble aussi défigurée que le dieu presque homonyme de Glaucon.

Cette perspective reste à la marge de la *République* plus qu'elle n'occupe son centre. Mais les pages terminales de la *République*, comme il convient, pointent en direction de cette limite. Non que la distribution des prix nous autorise à voir l'âme dans sa pureté; en revanche, elle nous permet de voir que même l'âme juste est en quelque sorte gagnée par l'impureté. Examinons comment.

Si Socrate, jetant un regard rétrospectif sur l'ensemble de cette discussion qu'est la *République,* la résume par ces mots « car maintenant, je pense que nous avons donné une description adéquate des épreuves qui peuvent survenir à l'âme, et des formes qu'elle peut prendre dans la vie humaine » (612a), et s'il aborde ensuite immédiatement la question des récompenses auxquelles l'âme peut s'attendre non seulement dans cette vie mais aussi dans celle qui suit la mort, ce n'est pas, malgré les apparences, qu'il se propose de décrire autre chose que la vie humaine de l'âme. De tous les mythes eschatologiques de Platon, le mythe d'Er est celui qui est le plus enraciné dans les problèmes de la vie mortelle.

Socrate rappelle à Glaucon sa dette, lui demandant de rembourser ce qu'il doit à la justice; et Glaucon reconnaît la justice de cette requête. Cela ne rappelle-t-il pas cet autre moment-charnière de la *République*, où une dette était rappelée? Socrate se représentait lui-même dans le livre VII (520a-d) en train d'enjoindre aux philosophes de la Callipolis de retourner dans la Caverne de la vie politique, leur demandant de s'acquitter de la dette – le verbe est ὀφείλειν, 520b – contractée par leur éducation privilégiée; et Glaucon avait reconnu la justice de cette demande (520e). De même au livre X, Glaucon ne sera pas autorisé à profiter de ce qu'il suppose être la pure lumière de la justice intérieure, la justice d'une âme détachée des récompenses sociales, pas plus que les philosophes n'ont été autorisés à profiter de la pure lumière du soleil hors de la Caverne. Et il accepte son destin comme l'homme juste qu'il est, en homme qui paie ses dettes quand elles arrivent à échéance, mais aussi un homme qui accepte de revenir en un lieu où il aurait préféré ne plus mettre les pieds. L'insatisfaction qu'expriment des lecteurs modernes à propos du retour final aux récompenses vulgaires attachées à la justice, est, nous pouvons le voir maintenant, une insatisfaction exprimée dans le texte même de la *République* et qui a Glaucon comme porte-parole.

Pourquoi Platon écrit-il de cette façon? Parce qu'il veut nous faire reconnaître – que Glaucon le reconnaisse ou non – qu'établir la justice à l'intérieur de l'âme recèle sa propre vulgarité : c'est, après tout, une sorte de compromis politique et de concession faite à la nécessité. Telle est la leçon que nous donne, pour la dernière fois dans la *République*, le mythe d'Er.

Une fois le mythe commencé, Glaucon n'intervient plus, bien que Socrate conclue son récit en espérant que celui-ci y croira (621b-c). Mais les derniers mots de Glaucon dans la *République* sont des mots d'encouragement à Socrate pour qu'il raconte l'histoire de la vie après la mort dont l'argument antérieur est encore redevable, et son encouragement est nettement plus chaleureux que ses précédentes concessions à la justice : « S'il te plaît, raconte-nous (…) il y a peu de choses dont j'aimerais mieux entendre parler » (Λέγοις ἄν (…) ὡς οὐ πολλὰ ἄλλ' ἥδιον ἀκούοντι, 614b). Il supportait à peine d'entendre les prix que ce monde peut offrir à la justice, mais il écoutera avec plaisir ceux qui viendront après la mort. Ce n'est pas étonnant, car les récompenses qui peuvent être reportées à une vie après la mort ont le double avantage d'être éloignées – c'est ce qui semble à ce jeune homme, sinon au vieux Céphale – et d'être pure fiction. Leur prise en compte n'entraîne donc pas une souillure de la pureté de la justice intérieure à l'âme. Dire que la justice va trouver sa récompense au ciel n'est qu'une façon de dire que la justice est sa propre récompense. Et il faut se rappeler l'étonnement de Glaucon, pas plus loin que six pages (Stephanus) plus haut, devant l'affirmation de l'immortalité de l'âme (608d). Il s'apprête maintenant à apprécier un conte, en homme cultivé et amoureux de la poésie (398e, 548e, 607d).

Or si c'est bien quelque chose d'analogue qu'attendent Glaucon et le lecteur de la *République*, c'est là une attente que Socrate déçoit. Son histoire traite à peine des récompenses de la justice dans la vie après la mort et, quoiqu'il s'attarde un peu plus longtemps sur les châtiments liés à l'injustice, il traite ces derniers, comme d'ailleurs il traitait les récompenses, d'une façon curieusement indirecte sur laquelle je reviendrai. En revanche, c'est l'exposé de la manière dont chaque âme est impliquée dans un cycle de réincarnations et se trouve poussée à choisir sa prochaine vie incarnée, qui porte le poids moral et narratif de l'histoire racontée par Socrate.

Le contraste avec l'eschatologie du *Gorgias* est ici éclairant. Le mythe qui achève le *Gorgias* ne parle de rien d'autre que du jugement des âmes et des récompenses ou punitions qui en résultent, et insiste spécialement sur les conditions du jugement. Les âmes « doivent être jugées nues » (γυμνοὺς κριτέον, *Gorgias* 523e). Le Grand Roi lui-même, une fois dépouillé de son corps et des riches ornements apportés par la richesse et le pouvoir, peut être vu pour ce qu'il est, une âme estropiée, flétrie par une vie de licence et de confort (*Gorgias*, 524e-525a). Or ce sont là précisément les prémisses sur lesquelles Glaucon voulait fonder toute la discussion de la *République* à propos de la justice. L'homme juste, insistait-il, « doit être mis à nu » (γυμνωτέος, 361c), dévêtu de tout sauf de sa justice, afin que ne soit pas laissée dans l'obscurité (ἄδηλον, 361c) la question de savoir s'il vit de manière juste dans la seule perspective des prix et des honneurs. Et puisque nous n'avons pas la lucidité des dieux et ne pouvons voir directement dans l'âme, il nous faut, pour obtenir une pleine clarté, masquer l'âme de l'homme juste sous l'apparence de l'injustice, s'assurant ainsi que, s'il persiste dans la vie juste, c'est que ses mobiles et son âme sont purs eux aussi. Permettre à sa justice d'échapper à l'attention des dieux et des hommes en ce monde est l'équivalent fonctionnel de la claire perception qu'ils en auront dans l'autre.

En conséquence, quand Socrate déclare au livre X que la justice et l'injustice – sous la forme des statues décapées du juste et de l'injuste – ont désormais été jugées (κεκριμέναι εἰσί, 612d) et annonce que l'heure est venue pour elles de recevoir leurs prix respectifs, c'est comme si le processus du jugement s'était déroulé tout au long d'après le point de vue que seuls atteignent les juges divins dans le mythe du *Gorgias*. Le but de ce jugement était jusque-là dans la *République* de montrer que la justice est à elle-même sa récompense ; de manière parallèle, le mythe du *Gorgias* se limite à présenter un cosmos dans lequel la vraie justice est reconnue pour ce qu'elle est, même si la reconnaissance qui lui est due vient de juges divins plutôt que d'hommes. Une telle reconnaissance est suffisante ; c'est à tout le moins la leçon que Socrate tire du mythe. Assurément, l'âme juste est envoyée aux Îles des Bienheureux (*Gorgias* 526c), mais Socrate ne suggère nulle part que la recherche de cette récompense devrait fournir une raison d'être juste ici-bas. L'homme juste cherche « à bien vivre et à bien mourir » (*Gorgias* 526d, 527c) ; il ne cherche pas à bien vivre *dans le but* de bien mourir. C'est le propre de l'injuste que d'être dissuadé par la pensée des sanctions à venir, mais on ne peut affirmer symétriquement que le propre du juste est d'être motivé par l'espoir de récompenses. C'est pourquoi les âmes incurables ne servent dans le mythe d'exemples qu'à l'homme injuste (*Gorgias* 525c) alors que rien ne laisse entendre que le destin des âmes bonnes doive inspirer ceux qui ont encore à devenir bons[1].

Que la justice profite à l'âme de l'homme juste et qu'elle constitue sa propre récompense, c'est là, finalement, davantage le message du mythe du *Gorgias* que celui du mythe d'Er. Plus précisément, quand on en vient au mythe d'Er, le fait que la justice soit à elle-même sa récompense n'est qu'une petite partie de l'histoire. Le mythe du *Gorgias* en reste au niveau qui satisfait pleinement Glaucon dans la *République*; le mythe d'Er le transcende[2].

Considérons d'abord la manière dont le mythe d'Er traite la question des récompenses et des punitions. En dépit de l'annonce initiale, le mythe ne décrit pas les récompenses et les punitions reçues dans la vie après la mort, mais il décrit les descriptions qu'en donnent ceux qui en ont fait l'objet : voilà l'aspect indirect de son mode narratif que j'avais promis d'expliquer. Les âmes disparaissent dans des cavités au-dessus et en dessous, et lors de leur retour dans la prairie, elles se racontent – le verbe est διηγεῖσθαι, 614e-615a –, leurs expériences respectives, célestes et infernales.

C'est dans ce contexte qu'Er, et avec lui le lecteur, surprend une conversation sur les tortures infligées à l'âme du tyran Ardiée (615c-616a). Cette conversation n'était qu'une parmi d'autres; chaque âme a nécessairement eu son compte d'histoires de ce genre pendant qu'elle séjournait dans la prairie. Et pourtant, quand vient pour chacune le moment du choix de sa prochaine incarnation, la première âme sur la liste se précipite sur la tyrannie la plus puissante et la plus débridée, pour se lamenter ensuite de ce choix imprudent quand elle découvre que cette vie implique un destin lourd d'horreurs pour celui qui a à la vivre (619b-c). Et pourtant, cette âme qui a choisi la tyrannie a suivi dans sa vie précédente les habitudes réglées par la loi d'une communauté ordonnée, et revient à peine du ciel où elle a

1. En *Gorgias* 526d, Socrate déclare qu'il fait sienne cette histoire et qu'il examine comment « il peut montrer au juge une âme qui soit aussi saine qu'elle peut l'être ». Il n'ajoute pas « de sorte que je puisse finalement arriver aux Îles des Bienheureux ». Ses pensées ont pour objet le fait d'être jugé pour ce qu'il est, et de veiller à ce que lui-même soit dans la meilleure condition possible. Je suis en désaccord ici avec J. Annas (« Myths of judgement », p. 124-125) qui soutient que le mythe du *Gorgias* cherche à nous donner une raison de type conséquentialiste pour être juste.

2. De leur côté, tant J. Annas (« Myths of judgement », p. 137-8) que C.D.C. Reeve, (*Philosopher-Kings*, Princeton, Princeton University Press, 1988, p. 263-4) considèrent que le mythe ne reflète ni plus ni moins que ce que reflète la conception des valeurs introduite par Glaucon quand il demande que la justice soit défendue sans appel à des récompenses extérieures.

pu goûter sa récompense. Mais l'inexpérience de la souffrance et du combat l'a remplie de suffisance et d'imprudence (619c-d).

Parce que c'est une narration, le mythe ne nous dit pas tout net qu'il est moralement insuffisant de vivre une vie d'une bienséance conventionnelle, en prenant pour guide la bonne réputation parmi les hommes et la lointaine perspective de sanctions divines. Il raconte plutôt une série d'événements par lesquels une âme qui a goûté des récompenses bien réelles mais qui connaît seulement par ouï-dire les punitions qui ont cours dans le lointain royaume souterrain, constate que ces expériences ne peuvent empêcher un choix désastreux. D'un autre côté, l'expérience directe des punitions est efficace, ne serait-ce que parce qu'elle est dissuasive, et encourage un choix plus sage. Le résultat en est la permutation des positions : les âmes mauvaises tendent à choisir des vies bonnes, tandis que les âmes bonnes tendent à choisir des vies mauvaises (619d).

Tout cela s'accorde avec la manière de voir de Glaucon – son dédain à l'égard de ceux qui sont incités à la justice par la promesse de rétributions et par la crainte du châtiment. L'échange des positions est également la reprise d'un problème posé par Glaucon : celui de l'équivalence morale entre l'homme conventionnellement juste et l'homme conventionnellement injuste, problème mis en évidence par l'expérience mentale menée au moyen de l'anneau de Gygès ; l'homme respectueux de la loi apparaît comme un criminel en puissance auquel le courage d'être criminel fait défaut. C'est ainsi que, dans le mythe, tant les âmes de ceux qui se conforment aux lois que celles des criminels circulent sans fin sur la boucle formée par une seule bande de Möbius[1].

1. Il ne faut pas considérer que ce paragraphe et celui qui précède impliquent que la fonction d'un mythe platonicien serait en général de représenter sous une forme narrative des éléments exposés plus directement ailleurs – représentation qui serait motivée par des raisons de vivacité, d'économie, de plus grande facilité à mémoriser, ou d'autres encore. On peut certes rencontrer des représentations de ce genre, comme c'est le cas dans cette séquence du mythe. Mais même là, le pessimisme d'un échange sans fin des vies est plus dévastateur que quoi que ce soit exprimé d'une façon directe plus haut dans la *République*. J'ai évité dans cet article toute déclaration de portée générale sur la « fonction du mythe platonicien », et je continuerai ainsi. Mais la différence entre l'usage platonicien du mythe et celui des sophistes mérite d'être mentionnée, d'autant qu'habituellement les mythes platoniciens sont davantage comparés à ceux des poètes qu'à ceux des sophistes. Voici quelle est la différence : les sophistes inventent des fables transparentes – qu'on pense à l'histoire contée par Prodicos du Choix d'Héraclès, ou à ce que Platon met dans la bouche de Protagoras lorsqu'il présente son mythe politique (*Protagoras,* 320c). Par comparaison, les mythes eschatologiques et cosmologiques de Platon ont un côté religieux : ils sont, entre autres choses, l'expression d'une piété philosophique. L'insistance de Socrate sur leur vérité et sur leurs liens avec la tradition n'est pas une simple manœuvre.

Faisons une pause avant l'assaut final. Les sanctions terrestres, dans un sens comme dans l'autre, dont il est question avant le mythe d'Er ont pour fonction de rappeler au lecteur le mépris manifesté par Glaucon à leur égard, en plus du motif d'un tel mépris : son désir de juger l'âme mise à nu, en débarrassant la vie de l'homme juste de sa séduction extérieure et en scrutant au contraire sa beauté intérieure[1]. Malgré cela, Socrate a souligné dans une autre partie du préambule du mythe que la discussion dans la *République* n'a pas, après tout, permis de voir l'âme comme ce qu'elle est réellement, et que ce que l'entretien a pu discerner d'elle est en un certain sens laid plutôt que beau (611d-e). Non pas que Glaucon ait eu tort de laisser de côté la question des récompenses ; cela, le mythe d'Er l'accorde par sa façon de décrire les récompenses et les punitions dans la vie future, comme nous venons de le voir. Mais Glaucon est trop fasciné par ce qui reste quand on a retiré les récompenses. Une perspective plus vraie est offerte par ce que le mythe se propose de raconter une fois achevée l'histoire des récompenses et des punitions : le choix des vies.

C'est un aspect vraiment étonnant de cette partie du récit qu'aucune âme ne soit montrée en train de choisir une vie philosophique. La vie philosophique n'est d'ailleurs pas mentionnée comme un des choix disponibles – en dépit du fait que des exemplaires de toutes les sortes de vie soient éparpillés devant les âmes (618a), et qu'ailleurs dans la *République*, la philosophie soit elle-même présentée comme une manière de vivre (521b)[2]. Certes le thème de la vie philosophique apparaît, mais Socrate l'évoque comme une inférence à lui, qu'il fonde sur ce que le mythe d'Er nous permet effectivement de voir : « il y a, dit-il, de grandes chances d'après ce qu'Er rapporte (κινδυνεύει ἐκ τῶν ἐκεῖθεν ἀπαγγελλομένων) », qu'une personne qui mène, chaque fois qu'elle vit sur terre, une existence philosophique, trouve unie et lisse la route qui mène à la vie future et en revient (619e). Mais aucune âme ne choisit une vie philosophique de la façon dont la première âme choisissait une vie tyrannique, ou l'âme d'Agamemnon, par exemple, celle d'un aigle. L'inférence de Socrate s'approche autant que le mythe de ce que l'on trouve dans l'eschatologie du *Phédon* (81a, 114c) et du *Phèdre* (248e-249a), à savoir que les âmes philosophes convenablement purifiées peuvent à la fin totalement échapper au

1. Sa fonction dans la *République* est donc moins d'exprimer une vision optimiste du destin probable du juste dans la vie ici-bas que de susciter par son optimisme une réaction caractéristique de Glaucon. Il n'y a donc pas lieu de rester perplexe devant l'estimation inhabituellement favorable par Socrate des chances de l'homme juste, comme l'est Stephen Halliwell dans son *Plato : Republic 10* (Warminster, Aris and Phillips, 1988), *ad* 613c 5-6.

2. Le mythe du *Gorgias*, en revanche, n'hésitait pas à mettre en scène une âme philosophique et à la montrer récompensée comme elle le mérite (526c).

cycle des réincarnations[1]. L'échappée que Socrate indique dans le mythe d'Er est moins radicale : au lieu d'une succession de vies bonnes et mauvaises, l'âme philosophe vivra une vie bonne à chaque fois[2].

La philosophie rend l'âme capable de faire un choix sage en lui enseignant la vraie valeur des choses (619a). La philosophie est utile pour adoucir le chemin que suit l'âme (619e) et la maintenir en équilibre ; le philosophe est le meilleur barreur non seulement du navire de l'État mais aussi de sa propre politique intérieure (591e). C'est pourquoi, pour ce qui est de la philosophie, l'essentiel du mythe, comme celui d'ailleurs de la *République* dans son entier, n'est pas la condition bienheureuse de la philosophie – sa parenté avec le divin, sa capacité à traverser l'océan de la vie corporelle – mais son utilité, à la fois pour soi-même et les autres. Choisir sa prochaine vie d'une manière sage implique un état d'esprit analogue à celui du philosophe affrontant sa descente dans la Caverne de la vie politique. C'est faire un assemblage judicieux et harmonieux des divers facteurs qui affectent toute vie humaine, qu'elle soit ou non philosophique, c'est faire le meilleur choix parmi un éventail limité de possibilités pratiques et agir ainsi dans l'intérêt de la justice (617e-619a). Le philosophe considère sa descente dans la Caverne comme une chose nécessaire, non comme une chose excellente ou belle (οὐχ ὡς καλόν τι ἀλλ' ὡς ἀναγκαῖον, 540b) ; de même, l'âme qui choisit avec intelligence lorsqu'elle se prépare à plonger dans l'océan de la vie corporelle qui va la défigurer et l'encroûter de mauvaises herbes et de coquillages, fait face à ce qui est nécessaire – obéir au décret de Lachésis, fille de la Nécessité (617d-e) – et répond à ce que Socrate décrit comme un défi où réside « le plus grand risque pour l'homme » (ὁ πᾶς κίνδυνος ἀνθρώπῳ, 618b)[3]. S'il suit

1. Nettleship (*Lectures*, *op. cit.*, p. 361), se risque à transposer cette option du *Phèdre* au mythe d'Er. Mais c'est un grand mérite de J. Annas dans son « Myths of judgement » de reconnaître que chaque mythe est adapté au contenu du dialogue dans lequel il apparaît.

2. Ce point résulte clairement de l'idée (619d) selon laquelle, si une personne mène toujours une vie philosophique, quel que soit le moment de sa réincarnation (ἐπεὶ εἴ τις ἀεί, ὁπότε), elle sera heureuse dans cette vie et dans la suivante et son voyage aller et retour empruntera le chemin lisse et céleste. Il découle aussi de la précision selon laquelle l'âme dont le choix d'une vie tyrannique illustre la permutation du bien et du mal n'est explicitement pas celle d'un philosophe, mais d'un bon citoyen qui a atteint un certain degré de vertu par le moyen de l'habitude, en l'absence de philosophie (ἔθει ἄνευ φιλοσοφίας, 619c). J'avoue ne pas comprendre qu'Annas puisse affirmer (« Myths of judgement », p. 135) que « la plupart des âmes arrivant du ciel (et pas seulement celles qui ne sont pas philosophes, comme on le croit souvent) font de mauvais choix… ».

3. C'est une erreur que d'interpréter les références fréquentes du mythe à la nécessité en recourant aux thèmes du déterminisme ou de la prédestination – comme par exemple J. Annas (« Myths of judgement », art. cit., p. 133) et S. Halliwell, (*Plato : Republic 10*,

le modèle proposé par Socrate pour un choix de vie sage, le philosophe orientera tous ses choix en direction de la justice intérieure plutôt qu'en direction de la philosophie (618d), et en viendra même à modérer dans ce but sa recherche passionnée de la connaissance (591c). Mais il agira ainsi parce qu'il a entendu le décret de la Nécessité, et que sa mémoire à ce sujet est meilleure que celle des autres âmes (621a)[1]. Ce qui le pousse vers la philosophie elle-même est différent : c'est simplement l'amour, l'amour de la vérité et de la sagesse (485d, 490a-b, 501d). Si une telle passion conduisait à écarter tout le reste, elle bouleverserait l'ordre de l'âme et en ferait la proie des contingences de la vie, d'une manière assez voisine du choix résolu et empressé d'une tyrannie, qui abandonne l'âme à des horreurs imprévues. Aucune âme ne peut acheter son harmonie toute faite ; l'ordre de l'âme (ψυχῆς τάξιν) doit être construit par accumulation de petits choix (618b). L'âme sage doit s'arrêter et ne pas céder simplement à sa passion pour la sagesse; pourtant, c'est bien elle qui définit la passion du philosophe. Choisir une vie suppose d'avoir déjà mis des limites à son amour de la sagesse : c'est pourquoi aucune âme n'apparaît dans le mythe d'Er en train de choisir une vie philosophique[2].

op. cit., p. 22). Certes nos choix déterminent la condition de nos âmes et nos bonheur et malheur ultimes (618b); mais c'est l'expression même de notre liberté et de notre responsabilité envers nous-mêmes (617e). La nécessité souveraine, le destin auquel nous sommes tous soumis, est simplement l'*obligation* d'assumer ce fardeau de la responsabilité, et il s'agit bien d'un *fardeau*.

1. Ce qui ne veut pas dire qu'il recherche la justice intérieure dans un esprit que Glaucon trouve si déplaisant chez ceux qui sont justes de façon conventionnelle – gens qui regardent la conformité à la loi comme une étape nécessaire sur le chemin d'une bonne réputation. Une âme en bonne santé n'est pas une condition préalable à l'activité philosophique : c'est notre bien humain. Mais le philosophe considère son âme comme quelque chose de plus qu'humain.

2. Dans les pages qui ouvrent le livre VI (485a-487a), l'amour du philosophe pour la sagesse semble produire automatiquement ses effets vertueux sur le reste de son caractère, presque sans effort, à rebours de cette patiente mise en balance des divers facteurs telle que la décrit Socrate dans le mythe. Mais ces pages ne portent que sur la *nature* du philosophe (487a). Les nombreux dangers auxquels celle-ci fait face, ainsi que les aléas de l'éducation capables de l'égarer, forment le thème abordé aussitôt après au livre VI (487b-497a). Ces éléments font, dans le mythe, partie des facteurs entre lesquels l'âme doit choisir. Cet aspect de mon interprétation doit être opposé à la vue trop optimiste d'Allan Bloom pour qui le mythe d'Er figure la possibilité pour le philosophe d'atteindre un bonheur auto-suffisant sur la terre plutôt qu'au ciel, un bonheur indépendant des vertus civiques (« il n'y a d'autre péché que l'ignorance »). Dès lors, seul le philosophe « n'a pas besoin du mythe ». (Voir l'essai d'interprétation d'A. Bloom dans *The Republic of Plato*, New York, 1968, p. 435-6). Pour ma part, je pense plutôt que le mythe représente l'inévitable implication du philosophe dans la vertu civique.

Socrate accorde donc à Glaucon que les êtres humains doivent faire de la justice intérieure, de l'ordre interne de l'âme, le but de tous les choix de vie (618d-e; comparez avec 591c-592b). Cependant, à la différence de Glaucon, il n'y voit rien de splendide, mais un fardeau dont nous sommes obligés de nous charger. Il se peut que Glaucon l'héroïque, prêt au sacrifice de soi, trouve l'image du « plus grand risque pour un homme » noble et stimulante. Mais Socrate parle seulement du danger, et non de la beauté qu'il peut revêtir[1], et conclut la scène dans laquelle les âmes choisissent leur vie avec la figure du sage Ulysse, ce héros homérique trop heureux d'en avoir fini avec l'héroïsme, qui opte pour une vie calme et retirée. Quand Platon veut écrire un mythe pour exprimer l'idée que la justice est sa propre récompense, il écrit le mythe du *Gorgias* et dépeint l'homme juste recevant ce qu'il mérite et obtenant son admission aux Îles des Bienheureux. Mais avec le mythe d'Er, il donne un tour nouveau à l'idée que la justice est sa propre récompense, et c'est pourquoi la scène dans laquelle les âmes choisissent leur vie à venir, la scène principale du mythe, n'est pas une scène de récompense ou de punition, mais une scène de danger et d'action[2]. Le philosophe acceptera comme vraie l'affirmation selon laquelle la justice est sa propre récompense, car il n'y a pas d'autre façon de rechercher véritablement la justice. Mais le philosophe aurait aimé pouvoir se dispenser complètement de la recherche de la justice, en faveur de la recherche de la philosophie – à ceci près qu'alors il n'aurait jamais été humain, et être humain est sa destinée.

Traduit de l'anglais par Fulcran Teisserenc et Jean Dixsaut

1. Comparer avec le καλὸς κίνδυνος du *Phédon* (114d) : la croyance dans l'immortalité de l'âme.

2. N'en déplaise à Nicolas White, *A Companion to Plato's* Republic, Oxford, B. Blackwell, 1979, p. 265 ; voir aussi la note 16 de son article « The Classification of Goods in Plato's *Republic* », *Journal of the History of Philosophy* 22, 1984, 393-421.

BIBLIOGRAPHIE*

Annie LARIVÉE

Étant donné le nombre impressionnant de livres et d'articles consacrés à la *République*, la bibliographie qui suit est sélective et ne porte que sur les principaux thèmes abordés dans ces *Études*.

On pourra la compléter grâce aux ouvrages suivants : H. CHERNISS, « Plato 1950-1957 », *Lustrum* 4 et 5 (1959 et 1960) ; L. BRISSON, « Platon 1958-1975 », *Lustrum* 20 (1977) ; L. BRISSON en collab. avec H. IOANNIDI, « Platon 1975-1980 », *Lustrum* 25 (1983) 31-320, avec les *corrigenda*, *Lustrum* 26 (1984), 205-206 ; « Platon 1980-1985 », *Lustrum* 30 (1988), 11-294, avec les *corrigenda*, *Lustrum* 31 (1989) 270-271 ; « Platon 1985-1990 », *Lustrum* 34 (1992) ; L. BRISSON avec la collab. de F. PLIN, *Platon 1990-1995*, Paris, Vrin, « Tradition de la pensée classique », 1999, avec des *addenda* aux tranches antérieures, 407-415 ; L. BRISSON et B. CASTELNÉRAC, avec la collab. de F. PLIN, *Platon 1995-2000*, Paris, Vrin, « Tradition de la pensée classique », 2004 ; U. ZIMBRICH, *Bibliographie zu Platons* Staat. *Die Rezeption der* Politeia *im deutschsprachigen Raum von 1800 bis 1970*, Frankfurt am Main, Klostermann, 1994.

* Je tiens à remercier Luc Brisson qui m'a permis de consulter sa banque de données *Pythia* (bibliographie platonicienne allant de 1950 à 2000 conçue en collaboration avec B. Castelnérac), de même que les tranches annuelles 2000-2005 de sa bibliographie destinée à la *Société Platonicienne Internationale*. Ma gratitude va également à Ben Emond qui m'a transmis la bibliographie qu'il prépare dans le cadre de ses travaux de recherche consacrés à la *République* à l'Université d'Ottawa ainsi qu'à Monique Dixsaut et Fulcran Teisserenc qui m'ont apporté une aide considérable.

I. ÉDITIONS ET TRADUCTIONS DE LA *RÉPUBLIQUE**

I. 1. *Le texte et son histoire*

BOTER, G., *The textual Tradition of Plato's* Republic, Leiden, Brill, 1988.

SLINGS, S.R., *Critical Notes on Plato's* Politeia, ed. by G. Boter and J. van Ophuijsen, Leiden, Brill, 2005.

I. 2. *Éditions et traductions complètes*

FICIN, M., *Platonis Opera* [latine]. M.F. interprete, Venetiis, 1482, 1491.

ALDE MANULE et M. MUSURUS, *Omnia Platonis Opera*, Venetiis, 1513 (l'« édition aldine » est la première édition imprimée du texte grec des œuvres de Platon).

CORNARIUS, J., *Platonis Opera* per J. Cornarium Latina lingua conscripta. Ejusdem J. Cornarii *Eclogae*. Additis M. Ficini argumentis et commentariis, etc., Basileae, per H. Frobenium et N. Episcopium, 1561.

ESTIENNE, H., *Opera quae exstant omnia,* ex nova Joannis Serrani interpretatione... Henr. Stephani de quorundam locorum interpretatione judicium et multorum contextus graeci emendatio..., Genevae, 1578.

LEROY, L., (Régius), *La* République *de Platon* en dix livres ou dialogues, traduicte du grec en français et enrichie de commentaires par Loys Le Roy, plus quelques autres traictez platoniques de la traduction du même interprète, le tout revu et conféré avec l'original grec, par F. Morel, Paris, imp. de C. More, 1600.

SOZOMÈNE, J., *Platonis de Rebuspub. sive de Justo libri decem,* a Joanne Sozomèno, ... e graeco in latinum et ex dialogo in perpetuum sermonem redacti, additis notis et argumentis, Venetiis, ex typogr. A. Muschii 1626.

MASSEY, E., *Platonis de Republica sive de justo libri decem.* Versionem emendavit notasque adjecit Edmundus Massey, Cantabrigia, apud Tho. Webster, 1713.

LA PILLONNIÈRE, F. de, *La* République *de Platon*, ou du Juste et de l'Injuste, traduit par M. de La Pillonnière. [Précédé de la Vie de Platon.], imprimé à Londres, aux frais et sous les yeux du traducteur, 1726.

GROU, (Le Père), *La* République *de Platon ou dialogue sur la justice*, trad. du grec par le P. Grou, jésuite, Paris, Humblot, 1765.

BEKKER, I., *Platonis Dialogi, graece et latine*, part. III. vol I : *De Republica.* Impensis GE. Reimeri, Berolini, 1816-1818.

—, *Platonis Respublica.* Ad Codicum fidem recensuit, et commentariis criticis illustravit I. Bekkerus. Annotationes Stephani et Astii adjiciuntur integrae, necnon Mureti et Faehsii selectae, ed. by G. Burges, Londini, Ricardi Priestley, 1825.

* On a suivi dans cette rubrique un ordre chronologique, afin de tracer l'histoire du texte ; on a adopté par la suite l'ordre alphabétique.

AST, F., *Platonis quae exstant opera. ...*Ad optimorum librorum fidem recensuit, in linguam Latinam convertit, annotationibus explanavit indicesque addidit F. Astius, T. IV et V : *Politeia,* Lipsiae, Libraria Weidmannia,1819-32.

SCHLEIERMACHER, F., *Platon,* Der Staat, dans *Platons Werke*, Berolini, 1817-1828, Bd. III/1 ; repr. 1971.

SCHNEIDER, C.E.C., *Platonis Opera Græca.* Recensuit et adnotatione critica instruxit C.E.C. Schneider, Bd. III, Lipsiæ, B.G. Teubneri, 1830.

STALLBAUM, G., *Platonis politeia*, sive de republica libri decem recensuit G. S., Nutt, 1858-1859.

HERMANN, C.F., *Platonis Rei Publicae Libri Decem*, Ex Recognitione Caroli Friderici Hermanni, Lipsiæ, B. G. Teubneri, 1862.

SCHANZ, M., *Platonis Opera quae feruntur omnia*, Ad codices denuo collatos edidit M. Schanz, Vol. IV, Lipsiae, 1875.

JOWETT, B., *Plato. The* Republic, dans *The Dialogues of Plato*, 5 vol., translated into English with Analyses and Introductions, vol. III, Oxford, Clarendon Press, 1892.

—, and L. CAMPBELL, *Plato's* Republic, the Greek text, 3 vol., Oxford, Clarendon Press, 1894.

ADAM, J., *The* Republic *of Plato*, edited with critical Notes, Commentary and Appendices, 2 vol., 1902 ; 2nd edition with an Introduction by D. Rees, Cambridge : Univ. Press, 1965.

CAMPBELL, L., *Plato's* Republic, London, Murray, 1902.

BURNET, J., *Platonis Opera.* Recognovit, brevique adnotatione critica instruxit Ioannes Burnet, Oxford, Clarendon Press, « Oxford Classical Texts », t. IV, 1902.

APELT, O., *Platon.* Der Staat : *über das Gerechte*, Leipzig, Meiner, « Philosophische Bibliothek » 80, 1916 ; durchges. von K. Bormann, Hamburg, Felix Meiner Verlag,1961.

SHOREY, P., *Plato.* The Republic, 2 vol., Cambridge and London, Harvard Univ. Press, « The Loeb Classical Library », 1930.

CHAMBRY, É., *Platon.* La République, avec une introd. d'A. Diès, dans *Platon. Œuvres Complètes*, t. VI et VII (3 vol.), Paris, Les Belles Lettres, « Coll. des Universités de France », 1932.

CORNFORD, F.M., *The* Republic *of Plato,* Oxford : Univ. Press, 1941.

ROBIN, L., *Platon. Œuvres complètes*, t. I, trad. nouvelle et notes, Paris, Gallimard, « Bibliothèque de la Pléiade », 1950.

RUFENER, R., *Platon, "Der Staat". Über das Gerechte*, Zurich, 1950 ; Einführung, Erläuterungen, Inhaltsübersicht und Literaturhinweise von Th.A. Szlezák, Dusseldorf-Zurich, Artemis und Winklern, « Sammlung Tusculum », 2000.

LINDSAY, A.D., *Plato's* Republic. Introd. and transl., London-New York, Dent & sons-Dutton & Co., 1954.

LEE, D., *Plato,* The Republic, Harmondsworth, Penguin Books, 1955, 2003.

VRETSKA, K., *Platon,* Der Staat *(Politeia)*, Stuttgart, Reclam, 1958, 2004.

BLOOM, A., *The* Republic *of Plato*, New York, Basic Books, 1968.

GRUBE, G.M.A., *Plato.* The Republic, Indianapolis, Hackett Publ. Co., 1974 ; repris dans J.M. COOPER (ed.), *Plato, Complete Works*, Indianapolis, Hackett Publ. Co., 1997, p. 972-1223.

WATERFIELD, R., *Plato.* Republic, Oxford : Univ. Press, « The World Classics », 1993.

PACHET, P., *Platon.* La République. *Du régime politique*, Paris, Gallimard, « Folio-Essais », 1993.

FERRARI, G.R.F., *Plato.* The Republic, ed. by G.R.F. Ferrari, transl. by T. Griffith, Cambridge : Univ. Press, « Cambridge Texts in the History of Political Thought », 2000.

SARTORI, F., *Platone. Dialoghi,* vol. 5 : *La Repubblica*, Bari, 1956 ; nuova edizione riveduta, introd. di M. Vegetti e note di B. Centrone, Roma-Bari, Laterza, « Classici della filosofia con testo a fronte. Economica » 100, 1997, 2001.

LEROUX, G., *Platon.* La République, trad. inédite, introd. et notes, Paris, GF-Flammarion, 2002.

SLINGS, S.R., *Platonis Rempublicam*, recognovit brevique adnotatione critica instruxit S.R. Slings, Oxonii, Clarendoniano, 2003.

I. 3. *Traductions partielles*

LEROY, L. (Régius), *Le* Phédon *de Platon, traittant de l'immortalité de l'âme. – Le Dixième livre de la* République, en ce qu'il parle de l'immortalité et des loyers et supplices éternels. Le tout traduit de grec en françois, avec l'exposition des lieux plus obscurs et difficiles, par Loys Le Roy dit Regius, Abel L'Angelier, Paris, 1581.

ALLAN, D.J., *Plato.* Republic, *Book I*, London, Methuen, « Methuen's Classical Texts », 1940.

DIXSAUT, M., *Platon*, République *(livres VI et VII)*, Paris, Pédagogie Moderne, 1980 ; Bordas, « Univ. lettres philo. », 1993.

HALLIWELL, S., *Plato.* Republic *X*, Warminster, Aris and Phillips, 1988.

–, *Plato.* Republic *V*, Warminster, Aris and Phillips, 1993.

MURRAY, P., *Plato on Poetry.* Ion; Republic *376e-398b9*; Republic *595-608b10*, Cambrdige, University Press, 1996

II. COMMENTAIRES ANCIENS

PROCLUS, *In Platonis Rempublicam commentarii*, ed. W. Kroll, Lipsiae, B. G. Teubner, 1899-1901 ; *Commentaire sur la* République, 3 vol., trad. et notes d'A.J. Festugière, Paris, Vrin, « Bibliothèque des textes philosophiques », 1970.

AVERROÈS, *Averroes's Commentary on Plato's* Republic, ed. of the Hebraic text of Samuel ben Jehudah, introd., transl. and notes by E.I.J. Rosenthal, Cambridge : Univ. Press, 1956 ; *Kommentar des Averroes zu Platons*

Politeia, hrsg. und kommentiert von E.I.J. Rosenthal, ubers. von S. Lauer, Zurich, Spur. Verl., 1996.

III. Ouvrages généraux sur Platon

III. 1. *Livres*

Alain, *Onze chapitres sur Platon*, Paris, Hartmann, 1928, repris dans *Idées, Platon, Descartes, Hegel*, Paris, Hartmann, 1932.

—, *Platon*, R. Bourgne et E. Bondel (éds.), Paris, Flammarion, « Champs », 2004.

Crombie, I.M., *An Examination of Plato's Doctrine*, 2 vol., London, Routledge and Kegan Paul, 1963.

Dixsaut, M., *Le Naturel philosophe. Essai sur les Dialogues de Platon*, 1985, 3e éd. corr. Paris, Vrin, « Tradition de la pensée classique », 2001 (chap. v).

—, *Platon et la question de la pensée. Études platoniciennes* I, Paris, Vrin, « Bibliothèque d'histoire de la philosophie », 2000.

—, *Platon, Le désir de comprendre*, Paris, Vrin, « Bibliothèque des philosophes », 2003.

Festugière, A.-J., *Contemplation et vie contemplative selon Platon*, 1936, 4e éd. Paris, Vrin, 1975.

Findlay, M., *Plato. The written and unwritten Doctrines*, London, Routledge and Kegan Paul-New York, Humanities Press, 1974.

Friedländer, P., *Platon*, 3 Bde., Berlin, De Gruyter, 1928-1930 ; trad. angl. de H. Meyerhoff, vol. 1 : *Plato : An Introduction*, 1958, 2nd ed. with corr. Princeton : Univ. Press, 1969 ; vol. 3 : *Plato. The Dialogues. Second and Third Periods*, London, Routledge and Kegan Paul, 1969 (chap. xxii).

Goldschmidt, V., *Les Dialogues de Platon*, Paris, PUF, 1971 (I chap. 4 et II chap. 2D).

Grote, G., *Plato and the Other Companions of Sokrates*, 4 vol., London, John Murray, 1888.

Guthrie, W.K.C., *A History of Greek Philosophy*, IV, Cambridge : Univ. Press, 1975.

Hardie, W.F.R., *A Study in Plato*, Oxford, Clarendon Presss, 1936.

Joly, H., *Le Renversement platonicien, Logos, Episteme, Polis*, 1974, Paris, Vrin, « Tradition de la pensée classique », 1994.

Kahn, Ch. H., *Plato and the Socratic Dialogue : the Philosophical Use of a Literary Form*, Cambridge : Univ. Press, 1996.

Koyré, A., *Introduction à la lecture de Platon*, Paris, Gallimard, 1962.

Szlezák, Th., *Platon und die Schriftlichkeit der Philosophie*, Berlin, de Gruyter, 1985.

Vlastos, G., *Platonic Studies*, Princeton : Univ. Press, 1973, 1981.

Wieland, W., *Platon und die Formen des Wissens*, Göttingen, Vandenhoeck & Ruprecht, 1982.

III. 2. *Recueils*

Studies in Plato's Metaphysics, R.E. Allen (ed.), London, Routledge and Kegan Paul, 1965.

Plato I : Metaphysics and Epistemology, Plato II : Ethics, Politics and Philosophy of Art and Religion, G. Vlastos (ed.), Garden City, New York, Anchor Books, Doubleday & Co., 1971.

Exegesis and Argument. Studies in Greek Philosophy presented to Gregory Vlastos, E.N. Lee, A.P.D. Mourelatos and R.M. Rorty (eds.), New York, Humanities Press, 1973.

Plato 1 : Metaphysics and Epistemology, Plato 2 : Ethics, Politics, Religion and the Soul, G. Fine (ed.), Oxford : Univ. Press, « Oxford Readings in Philosophy », 1999.

La Philosophie de Platon I, M. FATTAL (éd.), Paris, L'Harmattan, « L'Ouverture Philosophique », 2001.

Agonistes. Essays in honour of Denis O'Brien, J. Dillon et M. Dixsaut (eds.), Aldershot, Ashgate Publ. Co., 2005.

IV. COMMENTAIRES DE L'ENSEMBLE DE LA *RÉPUBLIQUE*

IV. 1. *Livres*

ANNAS, J., *An Introduction to Plato's* Republic, Oxford, Clarendon Press, 1981 ; *Une Introduction à la* République *de Platon*, trad. de B. Han, Paris, PUF, 1994.

ARENDS, J.F.M., *Die Einheit der Polis. Eine Studie über Platons* Staat, Leiden, Brill, « Mnemosyne, Supplementum » 106, 1988.

BARACCHI, C., *Of Myth, Life, and War in the* Republic, Bloomington and Indianapolis, Indiana Univ. Press, 2002.

BENARDETE, S., *Socrates' Second Sailing : on Plato's* Republic, Chicago : Univ. Press, 1988.

BLÖSSNER, N., *Dialogform und Argument. Studien zu Platons* Politeia, Mainz-Stuttgart, Akademie der Wissenschaft und Literatur-Steiner, « Abhandlungen der Geistes und Sozialwissenschaftlichen Klasse », 1997.

BOSANQUET, B., *A Companion to Plato's* Republic *for English Readers*, London, Rivington, 1906.

CRAIG, L.H., *The War Lover, A Study of Plato's* Republic, Toronto : Univ. Press, 1964.

CROSS, R.C. and A.D. WOOZLEY, *Plato's* Republic *: A Philosophical Commentary*, London, Macmillan & Co Ltd, 1964.

FERRARI, G.R.F., *City and Soul in Plato's* Republic, Sankt Augustin, Academia-Verlag, « Lecturae Platonis » 3, 2003 ; repr. Chicago, Univ. of Chicago Press, 2005.

GIGON, O., *Gegenwartigkeit und Utopie. Eine Interpretation von Platons* Staat, *I*, Zürich-München, Artemis Verlag, 1976.

HOWLAND, J., *The* Republic. *The Odyssey of Philosophy*, New York-Toronto, Maxwell Macmillan International, 1993.

KERSTING, W., Platons *Staat*, Darmstadt, Wissenschaftliche Buchgesellschaft, « Werkinterpretationen », 1999.

MORGENSTERN, C., *De Platonis republica commentationes tres*, Halle, 1794 ; *cf.* A.-B. NESCHKE-HENTSCHKE, « Carl Morgenstern. *De Platonis republica commentationes tres*, Halae 1796 », *Antike und Abendland* 36, 1990, 152-162.

MAURER, R., *Platons* Staat *und die Demokratie. Historisch-systematische Überlegungen zur politischen Ethik*, Berlin, de Gruyter, 1970.

MURPHY, N.R., *Interpretation of Plato's* Republic, Oxford : Univ. Press, 1951.

NETTLESHIP, R., *Lectures on the* Republic *of Plato*, London, Macmillan, 1929, 1958.

OPHIR, A., *Plato's Invisible Cities. Discourse and Power in the* Republic, Savage (Maryland), Barnes and Noble, 1991.

REEVE, C.D.C., *Philosopher-Kings : The Argument of Plato's* Republic, Princeton : Univ. Press, 1988.

ROOCHNIK, D., *The Beautiful City : The Dialectical Character of Plato's* Republic, Ithaca, Cornell Univ. Press, 2003.

ROSEN, S., *La production platonicienne, thème et variations*, Paris, PUF, 2005.

—, *Plato's Republic. A Study*, New Haven-London, Yale Univ. Press, 2005.

SPRAGUE, R.K., *Plato's Philosopher King*, Columbia, Univ. of Southern California Press, 1976.

WHITE, N.P., *A Companion to Plato's* Republic, Indianapolis, Hackett Publ. Comp., 1979.

WILSON, J.E., *The Politics of Moderation. An Interpretation of Plato's* Republic, Lanham-New York-London, Univ. Press of America, 1984.

IV. 2. *Recueils* *

FERRARI, G.R.F. (ed.), *The Cambridge Companion to Plato's* Republic, Cambridge : Univ. Press, 2006 (à paraître).

HÖFFE, O. (hrsg.), *Platon.* Politeia, Berlin, Akademie-Verlag, « Klassiker Auslegen » 7, 1997.

KRAUT, R. (ed.), *Plato's* Republic. *Critical Essays*, Lanham-Oxford, Rowman and Littlefield, 1997.

OSTENFELD, E.N. (ed.), *Essays on Plato's* Republic, Aarhus : Univ. Press, « Aarhus Studies in Mediterranean Antiquity (ASMA) » 2, 1998.

SESONSKE, A. (ed.), *Plato's* Republic. *Interpretation and Criticism*, Belmont (California), Wadsworth Publ. Co., 1966.

* Aucun des articles présents dans ces recueils entièrement consacrés à la *République* ne figurera ici. La mention [Recueil] renverra donc à la rubrique précédente III. 2.

THORSON, Th.L., *Plato : totalitarian or democrat*, Essays selected and introduduced by Th.L. Thorson, Englewood Cliffs, Spectrum Books, 1963.

VEGETTI, M. (a cura di), *Platone, La Repubblica, Libro I,* trad. di M.V. e commento, Napoli, Bibliopolis, « Elenchos », 1998.

—, *Libri II-III, ibid.*, 1998.

—, *Libro IV, ibid.*, 1998.

—, *Libro V, ibid.*, 2000.

—, *Libri VI-VII, ibid.*, 2003.

—, e M. ABBATE (a cura di), *La* Repubblica *di Platone nella tradizione antica*, Napoli, Bibliopolis, « Saggi Bibliopolis » 60, 1999.

—, e P. PISSAVINO (a cura di), *I Decembrio e la tradizione della Republica di Platone tra medioevo e umanesimo*, Napoli, Bibliopolis, 2005.

IV. 3. Articles

AUNE, B., « The unity of Plato's *Republic* », *Ancient Philosophy* 17, 1997, 291-308.

BRUMBAUGH, R.S., « A new interpretation of Plato's *Republic* », *Journal of Philosophy* 64, 1967, 661-670.

BRUNSCHWIG, J., « Platon. *La République* », dans *Dictionnaire des œuvres politiques*, F. Châtelet *et al.* (éds.), Paris, PUF, 1989, p. 819-833.

CAPIZZI, A., « La struttura della *Repubblica* platonica », *AION (filol.)* 6, 1988, 131-139.

ÉTIENNE, J., « Éléments pour une éthique platonicienne fondamentale. Une lecture de la *République* », *Revue Philosophique de Louvain* 61, 1963, 537-560.

GREENE, W.C., « The paradoxes of the *Republic* », *Harvard Studies in Classical Philology* 63, 1958, 199-216.

KAHN, Ch., « Proleptic composition in the *Republic*, or why Book I was never a separate Dialogue », *Classical Quartely* n.s. 43, n°1, 1993, 131-142.

ROWE, Ch.J., « Giving Socrates is due; the interpretation of Plato's *Republic* », Lampas 37, 2004, 10-23.

SCHOFIELD, M., « Approaching the *Republic* », dans *The Cambridge History of Greek and Roman Political Thought*, Ch. Rowe and M. Schofield (eds.), Cambridge : Univ. Press, 2000, p. 190-232.

V. ÉTUDES THÉMATIQUES

V. 1. *L'art et la cité*

V. 1. 1. *Livres*

ELIAS, J.A., *Plato's Defense of Poetry*, London, Macmillan Press, « Macmillan Series », 1984.

ELSE, G., *Plato and Aristotle on Poetry*, Chapell Hill-London, Univ. of North Carolina Press, 1986, 30-45.

HAVELOCK, E.A., *Preface to Plato*, Cambridge (Mass.), Belknap Press of Univ. of Harvard Press, 1963, 1994.

JANAWAY, Ch., *Images of Excellence, Plato's Critique of the Arts*, Oxford, Clarendon Press, 1995.

KEULS, E., *Plato and Greek Painting*, Leiden, Brill, 1978.

MOUTSOPOULOS, E., *La Musique dans l'œuvre de Platon*, Paris, PUF, 1959.

MURDOCH, I., *The Fire and the Sun : Why Plato Banished the Artists*, Oxford, Clarendon Press, 1977.

NADDAFF, R.A., *Exiling the poets : the Production of Censorship in Plato's* Republic, Chicago, Univ. of Chicago Press, 2002.

MORAVCSIK, J. and Ph. TEMKO (eds.), *Plato on Beauty, Wisdom, and the Arts*, Totowa, N.J., Rowman & Littlefield, 1982.

NETTLESHIP, R.L., *The Theory of Education in Plato's* Republic, Oxford : Univ. Press, 1880, 1935.

ROUSSEAU, J.-J., *De l'imitation théâtrale*, essai tiré des dialogues de Platon, par M. J.-J. Rousseau de Genève, Amsterdam, M.M. Rey, 1764 ; repris dans *Œuvres Complètes*, vol. 5 : *Écrits sur la musique, la langue et le théâtre*, B. Gagnebin et M. Raymond (éds.), Paris, Gallimard, « Bibliothèque de la Pléiade », 1995.

SCOTT, G.A., *Plato's Socrates as Educator*, Albany, State Univ. of New York Press, 2000.

SCHUHL, P.-M., *Platon et l'art de son temps* (arts plastiques), Paris, Alcan, 1933.

STENZEL, J., *Platon der Erzieher*, Leipzig, 1928.

VERDENIUS, W.J., *Mimesis : Plato's Doctrine of Imitation and its Meaning for us*, Leiden, Brill, 1949.

V. 1. 2. *Articles*

BELFIORE, E., « The role of the visual arts in Plato's ideal State », *Journal of the Theory and Criticism of Visual Arts* I, 1981, 115-127.

—, « Plato's greatest accusation against poetry », dans *New Essays on Plato*, F.J. Pelletier et I. King-Fralow (eds.), Calgary, Univ. of Calgary Press, 1983, p. 39-62.

—, « A theory of imitation in Plato's *Republic* », *Transactions and Proceedings of the American Philological Association* 114, 1984, 121-146.

BOUVIER, D., « Ulysse et le personnage du lecteur dans la *République* : réflexions sur l'importance du mythe d'Er pour la théorie de la *mimêsis* », dans *La Philosophie de Platon 1,* (Recueil), 2001, p. 19-53.

BRANCACCI, A., « Les *tropoi* de Damon (37 B 2 et B 10 DK) », dans *Agonistes*, [Recueil], p. 13-21.

BRANN, E., « The music in the *Republic* », *Agon* 1, 1967, 1-117.

BRUNSCHWIG, J., « *Diégesis* et *mímesis* dans l'œuvre de Platon », *Revue des études grecques* 77, 1974, 17-19.

CERRI, G., « Analisi psico-sociale del mito e della poesia nella *Repubblica* di Platone. Una pagina troppo spesso fraintesa (Plat. *Resp.* II 376c4-III 392c5. *Cf.* Xenoph. fr. I, 19-24) », *AION (filol.)* 6, 1984, 65-96.

—, « Dalla dialettica all'epos : *Repubblica* X, *Timeo, Crizia* », dans *La struttura del dialogo platonico*, G. Casertano (a cura di), Napoli, Loffredo Editore, « *Skepsis*, Collana di testi e studi di filosofia antica » 14, 2000, p. 7-34.

CHEN, L.C.H., « Education in general (*Rep.* 518c4-519b5) », *Hermes* 115, 1987, 66-72.

COLLINGWOOD, R.G., « Plato's philosophy of art », *Mind* 34, 1925, 154-172.

COULOUBARITSIS, L., « *Lexis* et *diegesis* dans la *République*, II-III », dans *Stemmata.* Mélanges de philologie, d'histoire et d'archéologie grecques offerts à Jules Labarbe, J. Servais, T. Hackens et B. Servais-Soyez (éds.), Liège et Louvain-la-Neuve, *L'Antiquité classique*, supplément, 1987, p. 101-109.

DEMANDS, N., « Plato and painting », *Phoenix* 29, 1975, 1-20.

DUPONT-ROC, R., « *Mimèsis* et énonciation », dans *Écriture et Théorie Poétiques*, Presses de l'École Normale Supérieure, Paris, 1976, p. 6-14.

DYSON, M.M., « Poetic imitation in Plato », *Antichton* 22, 1988, 42-53.

ELSE, G.F., « Imitation in the Fifth Century », *Classical Philology* 53, 1958, 79-90.

FERRARI, G.R.F., « Plato and Poetry », dans *The Cambridge History of Literary Criticism*, vol. I : *Classical Criticism*, G.A. Kennedy (ed.), Cambridge : Univ. Press, 1989, p. 92-148.

GADAMER, H.G., « Plato und die Dichter », 1934 ; repris dans *Platos dialektische Ethik*, Hamburg, 1968 ; trad. angl. de P.Ch. Smith, « Plato and the Poets », dans *Dialogue and Dialectic : eight hermeneutical studies on Plato*, New Haven and London, Yale Univ. Press, 1980, p. 39-72.

—, *Platos Staat der Erziehung*, Leipzig, 1942, repris dans *Platos dialektische Ethik*, Hamburg, 1968 ; trad. angl. de P.Ch. Smith, « Plato and the educational State », dans *Dialogue and Dialectic : eight hermeneutical studies on Plato*, New Haven and London, Yale Univ. Press, 1980, p.72-92.

GILL, Ch., « Plato and the education of character », *Archiv für Geschichte des Philosophie* 67, 1985, 1-26.

GIULIANO, F.M., « Filosofia versus Poesia. Platone davanti a un'antica disputa », dans *Letteratura e riflessione sulla letteratura nella cultura classica*, G. Arrighetti e M. Tulli (a cura di), Pisa, Giardini, 2000, p. 379-400.

GOLDSCHMIDT, V., « Sur l'emploi de deux termes de rhétorique dans la *République* de Platon » dans *Permanences de la philosophie. Mélanges Moreau*, Neuchâtel, à la Baconnière, 1977, p. 31-36 repris dans *Écrits I*, Paris, Vrin, 1984, p. 13-18.

GOODRICH, R.A., « Plato on poetry and painting », *British Journal of Art and Aesthetics* 22, 1982, 126-137.

GOUDREAUT, M., « *Mimèsis* et *diègèsis* chez Platon », *Revue de Métaphysique et de Morale* 94, 1989, 79-92.

GRISWOLD, C., « The Ideas and the criticism of poetry in Plato's *Republic*, Book 10 », *Journal of the History of Philosophy* 19, 1981, 135-150.

HALLIWELL, S., « The subjection of *muthos* to *logos* : Plato's citation of the poets », *Classical Quarterly* 50 (1), 2000, 94-112.

IOANNIDES, K., « L'ethos musical chez Platon », *Philosophia* 15-16, 1985, 254-265.

JANAWAY, Ch., « Plato's analogy between painter and poet », *British Journal of Aesthetics* 31, 1991, 184-199.

LALLOT, J., « La *mimèsis* selon Aristote et l'excellence d'Homère », dans *Écriture et Théorie Poétiques*, Paris, Presses de l'École Normale supérieure, 1976, p. 15-25.

LESZL, W.G., « Plato's attitude to poetry and the fine arts and the origins of aesthetics. Part 1 », dans *Études platoniciennes I*, J.-F. Pradeau (éd.), Paris, Les Belles Lettres, 2004, p. 113-197.

MORAES AUGUSTO, M., « Le sourire du philosophe et le rire du poète : vérité et méchanceté au livre V de la *République* », dans *Le Rire des Grecs. Anthropologie du rire en Grèce ancienne*, M.-L. Desclos (éd.), Grenoble, éditions Jérôme Millon, « Horos », 2000, p. 293-308.

MORAVCSIK, J., « On correcting the poets », *Oxford Studies in Ancient Philosophy* 4, 1986, 35-47.

MOUTSOPOULOS, E., « La rupture de la parole, de la musique et de la danse, et la critique platonicienne du théâtre », *Humanitas* 21, 1980, 35-39.

MULLER, R., « La musique et l'imitation », dans *La Philosophie de Platon 1*, [Recueil], p. 103-137.

NEHAMAS, A., « Plato on imitation and poetry in *Republic* X », dans *Plato on Beauty, Wisdom, and the Arts*, J. Moravcsik and Ph. Temko (eds.), Totowa, Rowman and Allanheld, 1982, p. 47-78.

RODRIGO, P., « Platon et l'art austère de la distanciation », dans *La Philosophie de Platon 1*, [Recueil], p. 139-165.

RUBIDGE, B., « Tragedy and the emotions of warriors : the moral psychology underlying Plato's attack on poetry », *Arethusa* 26, 1993, 247-276.

SCHUHL, P.-M., « Platon et la musique de son temps », *Revue Internationale de Philosophie* 32, 1955, fasc. 2.

SMITH, N.D., « Images, education, and paradox in Plato's *Republic* », *Apeiron* 32, 1999, 125-141.

SOLMSEN, F., « *Republic* III 389b2-d6 : Plato's draft and the editor's mistake », *Philologus* 109, 1965, 182 *sq*.

TARRANT, D., « Imagery in Plato's *Republic* », *The Classical Quarterly* 40, 1946, 27-34.

TARTAGLINI, C., « Ethos *ekoúsion* e *paideia* musicale nella *Repubblica* di Platone », *Seminari Romani di Cultura Greca* 4, 2001, 289-311.

—, « *Ethos* del lamento e *ethos* simposiale nella *paideia* musicale dei guardiani nella *Repubblica* di Platone », dans *Rhuthmós*. Studi di poesia, metrica e musica greca offerti dagli allievi a Luigi Enrico Rossi, R. Nicolai (a cura di), Roma, Quasar, « Quaderni dei Seminari romani di cultura greca » 6, 2003, p. 319-345.

TATE, J., « "Imitation" in Plato's *Republic* », *The Classical Quarterly* 22, 1928, 16-23.

VERDENIUS, W.J., « Platon et la poésie », *Mnemosyne* III, 1945, 118-150.

—, « Plato's doctrine of artistic imitation », dans *Plato II*, [Recueil], p. 259-273.

VILLELA-PETIT, M., « Platão e a poesia na *República* », *Kriterion* 107, 2003, 51-71.

V. 2. *Psychologie*

V. 2. 1. *Livres*

ANDERSON, T.J., *Polis and Psyche. A Motive in Plato's* Republic, Gothenburg, Almqvist & Wiksell, « Acta Universitatis Gothoburghensis. Studia Graeca et Latina Gothoburgensia » 30, 1971.

BRÈS, Y., *La Psychologie de Platon,* Paris, PUF, 1968.

FRÈRE, J., *Ardeur et colère. Le* thumos *Platonicien*, Paris, Kimé, 2004.

GOULD, Th., *Platonic Love*, Westport, Greenwood Press, 1963, 1981.

ROBIN, L., *La Théorie platonicienne de l'amour*, Paris, PUF, 1933, 1964.

ROBINSON, Th.M., *Plato's Psychology*, Toronto : Univ. Press, « Phoenix Supplementary Series », 1970, 2nd ed. with a new introduction, 1995.

SANTAS, G., *Plato and Freud, Two Theories of Love*, Oxford, Blackwell, 1988.

V. 2. 2. *Articles*

CARONE, G.R., « *Akrasia* in the *Republic.* Does Plato change his mind ? », *Oxford Studies in Ancient Philosophy* 20, 2001, 107-148.

COOPER, J.M., « Plato's theory of human motivation », *History of Philosophy Quarterly* 1, 1984, 3-22 ; trad. « La théorie platonicienne de la motivation humaine », *Revue philosophique de la France et de l'étranger* 116, 1991, 517-543.

CORNFORD, F.M., « Psychology and social structure in the *Republic* of Plato », *Classical Quarterly* 6, 1912, 246-265.

—, « Die platonisch-aristotelischen Seelenlehren », dans *Weltanschuaungs-kritischer Beleuchtung*, Österreichische Akademie der Wissenschaften, Hist.-Philolog. Klasse, 233 Bd, 4te Abhandlung, Wien, 1959.

—, « The doctrine of Eros in Plato's *Symposium* », dans *The Unwritten Philosophy and other Essays*, W.K.C. Guthrie (ed.), Cambridge : Univ. Press, 1950 ; repr. dans *Plato II*, [Recueil], p. 119-131.

DEMOS, R., « A note on *sophrosune* in Plato's *Republic* », *Philosophy and Phenomenological Research* 17, 1956, 399-403.

DIXSAUT, M., « Le Figure della mania nei *Dialoghi* di Platone », dans *Nella dispersione del vero*, a cura di G. Borelli e F.C. Papparo, Napoli, Filema, 1998, p. 9-32.

GUTGLUECK, J., « From *pleonexia* to *polupragmosune.* A conflation of possession and action in Plato's *Republic* 349b-350c », *American Journal of Philology* 109, 1988, 20-39.

GUTHRIE, W.K.C., « Plato's view on the nature of the soul », dans *Recherches sur la tradition platonicienne*, Vandœuvres-Genève, « Entretiens sur l'Antiquité classique de la Fondation Hardt » 3, 1955, p. 3-24.

HALL, R.W., « *Psyche* as a differentiated unity in the philosophy of Plato », *Phronesis* 8, 1963, 63-82.

HARRISON, E.L., « The origin of θυμοειδής », *Classical Review* n.s. 3, 1953, 138-140.

HOFFMAN, P., « Plato on appetitive desires in the *Republic* », *Apeiron* 36, 2003, 171-174.

JAEGER, W., « A new Greek word in Plato's *Republic*. The medical origin of the theory of the *thumoeides* », *Eranos Jahrbuch* 44, 1946, 123-30.

KAHN, Ch.H., « Plato's theory of desire », *Review of Metaphysics* 41, 1987, 77-103.

KELLY, J.C., « Virtue and inwardness in Plato's *Republic* », *Ancient Philosophy* 9, 1989, 189-205.

KENNY, A.J.P., « Mental health in Plato's *Republic* », *Proceedings of the British Academy,* Oxford : Univ. Press, 1969, 229-253.

KLOSKO, G., « The "rule" of reason in Plato's psychology », *History of Philosophy Quarterly* 5, 1988, 341-356.

KRAUT, R., « Egoism, love, and political office in Plato », *The Philosophical Review* 82, 1973, 330-334.

KUHN, W., « Caractères collectifs et individuels. Platon, *République* 432d2-436b3 », *Revue de philosophie ancienne* 12, 1994, 45-64.

LEAR, J., « Inside and outside the *Republic* », *Phronesis* 38, 1992, 184-215.

LEROUX, G., « La psychologie morale de Platon », résumé de leçons données à l'École pratique des Hautes Études, dans *Annuaire de l'École pratique des Hautes Études de Paris*, V^{e} section, Sciences religieuses, t. 109, 2001, p. 317-330.

LESSER, H., « Society and individual psychology in Plato's *Republic* », dans *Polis and Politics. Essays in Greek moral and political philosophy*, A. Loizou and H. Lesser (eds.), Avebury, Aldershot, « Avebury Series in Philosophy », 1990, p. 148-156.

LORAUX, N., « L'âme de la cité. Réflexions sur une *psuche* politique », *L'Écrit du temps* 14-15, 1987, 35-54.

LORENZ, H., « Desire and reason in Plato's *Republic* », *Oxford Studies in Ancient Philosophy* 27, 2004, 83-116.

MCNELL, D.N., « Human discourse, *eros,* and madness in Plato's *Republic* », *Review of Metaphysics* 55, 2001-2002, 235-268.

MILLER, M., « Platonic provocations : Reflections on the soul and the Good in the *Republic* », dans *Platonic Investigations*, D. O'Meara (ed.), Washington D.C., The Catholic Univ. of America Press, « Studies in Philosophy and the History of Philosophy » 13, 1985, p. 163-193.

MOLINE, J., « Plato on the complexity of the psyche », *Archiv für Geschichte der Philosophie* 60, 1978, 1-26.

MOREAU, J., « La cité et l'âme humaine dans la *République* de Platon », *Revue Internationale de Philosophie* 40, 1986, 85-96.

PENNER, T., « Thought and desire in Plato », dans *Plato II*, [Recueil], p. 96-118.

—, « Plato and Davidson : parts of the soul and weakness of the will », dans *Canadian Philosophers : celebrating twenty years of the CJP*, D. Copp (ed.), *Canadian Journal of Philosophy*, suppl. vol. 16, Calgary : Univ. Press, 1990, 35-74.

PRICE, A., « Plato and Freud », dans Ch. Gill (ed.), *The Person and the human Mind : Issues in Ancient and Modern Philosophy*, Oxford, Clarendon Press, 1990, p. 247-270.

RANASINGHE, N., « Deceit, desire, and the dialectic. Plato's *Republic* revisited », *Interpretation* 21, 1993-1994, 309-332.

RIST, J.M., « Plato says that we have tripartite souls : if he is right, what can we do about it? », dans *ΣΟΦΙΗΣ ΜΑΙΗΤΟΡΕΣ, Chercheurs de sagesse. Hommage à Jean Pépin*, M.-O. Goulet-Cazé, G. Madec, D. O'Brien (éds.), Paris, Institut d'Études Augustiniennes, 1992, p. 103-124.

ROBINSON, J.V., « The nature of the soul in *Republic* X », *Journal of Philosophical Research* 16, 1990-91, 214-222.

ROBINSON, R., « Plato's separation of reason and desire », *Phronesis* 16, 1971, 38-48.

ROBINSON, T.M., « Soul and immortality in *Republic* X », *Phronesis* 12, 1967, 147-151.

ROSEN, S., « The role of Eros in Plato's *Republic* », *Review of Metaphysics* 18, 1965, 452-475.

SMITH, N.D., « Plato's analogy of soul and state », *The Journal of Ethics* 3, 1999, 31-49.

STALLEY, R.F., « Plato's argument for the division of the reasoning and appetitive elements within the soul », *Phronesis* 20, 1975, 110-128.

STOKES, M.C., « Mental health and individual responsibility in Plato's *Republic* », *Journal of Value Inquiry* 15, 1981, 109-124.

—, « Some pleasures of Plato, *Republic* IX », *Polis* 9, 1990, 2-51.

STOKS, J.L., « Plato and the tripartite soul », *Mind* 24, 1915, 207-221.

SZLEZÁK, Th.A., « Unsterblichkeit und Trichotomie der Seele im zehnten Buch der *Politeia* », *Phronesis* 21, 1976, 31-58.

WILLIAMS, B., « The analogy of city and soul in Plato's *Republic* », dans *Exegesis and Argument*, [Recueil], p. 196-206.

WOODS, M.J., « Plato's division of the soul », *Proceedings of the British Academy* 73, 1987, 23-47.

V. 3. *Politique*

V. 3. 1. *Livres*

BAMBROUGH, R. (ed.), *Plato, Popper and Politics : Some Contributions to a Modern Controversy*, Cambridge : Univ. Press, 1967.

BARKER, E., *Greek Political Theory : Plato and his Predecessors*, 3d ed. London, Methuen & Co, 1918, 1967.

BLUESTONE, N.H., *Women and the Ideal Society. Plato's* Republic *and the Modern Myths of the Gender*, Amherst, Univ. of Massachusetts Press, 1987.

CROSSMAN, R.H.S., *Plato Today*, London, George Allen and Unwin, 1937, 1963.

KLOSKO, G., *The Development of Plato's Political Theory*, New York-London, Methuen, 1986.

LUCCIONI, J., *La Pensée politique de Platon*, Paris, PUF, 1958.

MAURER, R., *Platos "Staat" und die Demokratie : Historisch-systematische Überlegungen zur Politischen Ethik*, Berlin, de Gruyter, 1970.

NESCHKE-HENTSCHKE, A.-B., *Platonisme politique et théorie du droit naturel*, vol. 1 : *Le Platonisme politique dans l'Antiquité*, Louvain-Paris, Peters, 1995.

PLANINC, Z., *Plato's Political Philosophy : Prudence in the* Republic *and the* Laws, London, Duckworth, 1991.

POPPER, K.R., *The Open Society and its Enemies*, I : *The Spell of Plato*, London, Routledge and Kegan Paul, 1945 ; trad. abrégée : *La Société ouverte et ses ennemis*, I : *L'Ascendant de Platon*, Paris, Seuil, « L'ordre philosophique », 1969.

PRADEAU, J.-F., *Platon et la Cité*, Paris, PUF, 1997.

STRAUSS, L., *The City and the Man*, Chicago and London, The Univ. of Chicago Press, 1964 ; *La Cité et l'Homme*, trad. d'O. Berrichon-Sedeyn, Paris, Librairie Générale française, « Le livre de poche », 1964, 2005.

—, *Studies in Platonic political Philosophy*, with an introd. by Th.L. Pangle, Chicago and London, The Univ. of Chicago Press, 1983.

WHITTAKER, Th., *The Neo-Platonists. A study in the history of Hellenism*, Cambridge : Univ. Press, 1901, 1918 (Appendix : « The communism of Plato »).

V. 3. 2. *Articles*

AGNE, D., « La notion de changement politique dans la *République* et dans les *Lois* », *Dialogues d'histoire ancienne* 21, 1995, 13-25

ANNAS, J., « Plato's *Republic* and feminism », *Philosophy* 51, 1976, 307-321.

BAMBROUGH, R., « Plato's political analogies », dans P. Laslett (ed.), *Philosophy, Politics and Society*, Oxford, Basic Blackwell, 1956, repris dans *Plato II*, [Recueil], p. 87-205.

BERTRAND, J.-M., « Le citoyen des cités platoniciennes », *Cahiers Glotz* 11, 2000, 37-55.

BLUCK, R.S., « Is Plato's *Republic* a theocracy? », *Philosophical Quarterly* 5, 1955, 69-73.

BURNYEAT, M.F., « Culture and society in Plato's *Republic* », *Tanner Lectures on Human Values* 20, 1999, 217-224.

—, « Utopia and fantasy : the practicality of Plato's ideally just city », dans *Psychoanalysis; Mind and Art*, J. Hopkins and A. Savile (eds.), 1992 ; repr. dans *Plato 2*, [Recueil], p. 297-308.

CAMBIANO, G. e L. REPICI, « Cibo e forme di sussistenza in Platone, Aristotele e Dicearco », dans *Homo Edens* : regimi, miti e pratiche dell'alimentazione nella cività dell'Mediteranneo, O. Longo e Scarpi (a cura di), Verona, Diapress/Documenti, 1989, p. 81-90.

CANTO, M., « Le livre V de la *République* : les femmes et les platoniciens », *Revue philosophique de la France et de l'étranger* 114, 1989, 378-84.

COBY, P., « Socrates on the decline and fall of regimes : books 8 and 9 of the *Republic* », *Interpretation* 21, 1993-1994, 15-39.

DEVEREUX, D.T., « Socrates' first city in the *Republic* », *Apeiron* 13 (1), 1979, 36-40.

EHRHARDT, E., « The word of the Muses. Plato, *Rep.* VIII, 546 », *Classical Quarterly* 36, 1986, 407-420.

FERRARI, L., « The origin of the State according to Plato », *Laval Théologique et Philosophique*12, 1956,145-152.

FOLEY, V., « The division of labor in Plato and Smith », *History of Political Economy* 6, 1974, 220-241.

FORTENBAUGH, W.W., « On Plato's feminism in *Republic* V », *Apeiron* 9 (2), 1975.

GADAMER, H.G., « Platos Denken in Utopien », *Gymnasium* 90, 1983, 434-455.

GIGON, O., « Timokratie und Oligarchie in Platons *Politeia* », *Festschrift für K.I. Merentitis*, Athènes, Tsiveriotis, 1972, 75-95.

—, « Die Unseligkeit des Tyrannen in Platons *Staat* (577c-588a) », *Museum Helveticum* 45, 1988, 129-153.

GREGORIO, F., « *Ou kalôs* : éléments pour une métacritique de l'interprétation aristotélicienne de la *République* de Platon », dans *Études Platoniciennes I*, J.-F. Pradeau (éd.), Paris, Les Belles Lettres, 2004, p. 91-111.

GUTIÉRREZ, R., « "The logic of decadence" : on the deficient forms of government in Plato's *Republic* », *The New Yearbook for Phenomenology and Phenomenological Philosophy* 3, 2003, 85-102.

HYLAND, D.A., « *Republic,* book II, and the origins of political philosophy », *Interpretation* 16, 1989, 247-261.

JENKS, R., « The machinery of the collapse : on *Republic* VIII », *History of Political Thought* 23, 2002, 22-29.

LAKS, A., « Legislation and demiurgy : on the relationship between Plato's *Republic* and *Laws* », *Classical Antiquity*, 1990, 209-229.

LOIZOU, A., « *Eikasia* and tyranny in Plato's *Republic* », dans *Polis and Politics. Essays in Greek moral and political philosophy*, A. Loizou and H. Lesser (eds.), Avebury, Aldershot, « Avebury Series in Philosophy », 1990, p. 128-147.

MCNAMEE, K. et M. JACOVIDES, « Annotations to the speech of the Muses (Plato, *Republic* 546b-c) », *Zeitschrift für Papyrologie* 144, 2003, 31-50.

MAURER, R., « De l'antiplatonisme philosophique moderne », dans *Contre Platon 2 : Renverser le platonisme*, M. Dixsaut (éd.), Paris, Vrin, « Tradition de la pensée classique », 1995, p. 129-154.

MEULDER, M., « Est-il possible d'identifier le tyran décrit par Platon dans la *République* ? », *Revue belge de philologie et d'histoire* 67, 1989, 30-52.

—, « L'Invocation aux Muses et leur réponse (Platon, *Rép.*, VIII, 545d-547c) », Bruxelles, *Revue de philosophie ancienne* 10 (2), 1992, 139-171.

—, « Platon, sociologue de son temps (*République* VIII, 547c-555b) », *Revue belge de philologie et d'histoire* 70, 1992, 15-34

—, « Ruse et violence au livre VIII de la *République* de Platon », *Metis, Revue d'anthropologie du monde grec ancien* 7, 1992, 231-258.

—, « La *mètis* du tyran ou l'aporie d'un pouvoir malin (Platon, *République*, VIII 565d-IX 579e) », *L'Antiquité classique*, 1994, 45-63.

NEU, J., « Plato's Analogy of the State and the individual : the *Republic* and the organic theory of the State », *Philosophy* 46, 1971, 238-254.

PAGE, C., « The unnamed fifth : *Republic* 369d », *Interpretation* 21, 1993-94, 3-14.

PELLETIER, A., « L'image du "frelon" dans la *République* de Platon », *Revue de philologie* 3, 1948, 131-146.

PIERCE, C., « Equality : *Republic* V », *The Monist* 57, 1973, 1-11.

RADEMACHER, U., « Demokratie und Tyrannis in Platons *Staat* », *Der altsprachliche Unterricht* 5, 1968, 30-47.

RANFT, H., « Platons Grundsätze der Auslese », *Das Altertum* (DDR) 6, 1960, 149-152.

RANKIN, H.D., « Plato's eugenic *euphêmia* and *apothesis* in the *Republic* », *Hermes* 93, 1965, 407-420.

—, « Παράδειγμα and realizability in Plato's *Republic* », *Eranos* 63, 1965, 120-133.

ROCHE, M.W., « Plato and the structures of injustice », dans *Inquiries into Values*, S. Lee (ed.), Lewiston, Edwin Mellen Press, 1988, 279-290.

ROSENSTOCK, B., « Athena's cloak. Plato's critique of democracy in the *Republic* », *Political Theory* 22, 1994, 363-390.

ROUX, S., « Entre mythe et tragédie : l'origine de la tyrannie selon Platon », *Revue des Études grecques* 114, 2001, 140-159.

SAÏD, S., « La *République* de Platon et la communauté des femmes », *L'Antiquité classique* 55, 1986, 142-162.

SANTAS, G., « Légalité, justice et femmes dans la *République* et les *Lois* de Platon », *Revue française d'histoire des idées politiques* 16, 2002, 309-330.

SCHOFIELD, M., « Plato on the economy », dans son *Saving the City. Philosopher-Kings and Other Classical Paradigms*, London, Routledge, 1999, p. 69-81.

SCHOTTLAENDER, R., « Der Streit um Plato », *Das Altertum* (DDR) 10, 1964, 142-154.

SCOTT, D., « Plato's critique of the democratic character », *Phronesis* 45, 2000, 19-37.

SIKKENGA, J., « Plato's examination of the oligarchic soul in Book VIII of the *Republic* », *History of Political Thought* 23, 2002, 377-400.

TAYLOR, A.E., « Decline and fall of the state in *Republic* VIII », *Mind* 48, 1939, 23-38.

VLASTOS, G., « Was Plato a feminist ? », *Times Literary Supplement* 4485 (17 Mar. 1989), 276-289 ; repris dans *Studies in Greek Philosophy,* vol. 2 (D. Graham ed.), Princeton : Univ. Press, 1994, p. 133-143.

WALSH, W.H., « Plato and the philosophy of history : history and theory in the *Republic* », *History and Theory* 2, 1962, 3-16.

V. 4. *La justice dans l'âme et dans la cité*

V. 4. 1. *Livres*

ANNAS, J., *Platonic Ethics, Old and New*, Ithaca, Cornell Univ. Press, « Cornell Studies in Classical Philology » 57, 1999.

IRWIN, T.H., *Plato's Moral Theory : The Early and Middle Dialogues*, Oxford, Clarendon Press, 1977.

—, *Plato's Ethics*, New York, Oxford : Univ. Press, 1995.

KRÄMER, H.J., *Arete bei Platon und Aristoteles. Zum Wesen und zur Geschichte der platonischen Ontologie*, Heidelberg, « Abhandlungen der Heidelberger Akademie des Wissenschaften. Phil.-hist. Klasse, Jahrg. 1959 », Abh. 6, 1959.

LYCOS, K., *Plato on Justice and Power. Reading Book I of Plato's* Republic, London-Albany, Macmillan Press-Suny Press, 1987.

MOORS, K.F., *Glaucon and Adeimantus on justice. The structure of argument in book II of Plato's* Republic, Washington D.C., Univ. Press of America, 1981.

MULLER, R., *La Doctrine platonicienne de la liberté*, Paris, Vrin, « Histoire des doctrines de l'Antiquité classique » 21, 1997.

PARRY, R.D., *Plato's Craft of Justice*, SUNY series in Ancient Greek Philosophy, Albany, SUNY, 1996.

SANTAS, G.X., *Goodness and Justice : Plato, Aristotle and the Moderns*, Malden Massachussetts-Oxford, Blackwell, 2001.

STAUFFER, D., *Plato's Introduction to the Question of Justice*, Albany, State Univ. of New York Press, 2001.

VLASTOS, G., *Socrates, Ironist and Moral Philosopher*, Ithaca, Cornell Univ. Press, 1991 ; *Socrate. Ironie et philosophie morale*, trad. de C. Dalimier, Paris, Aubier, 1994.

V. 4. 2. *Articles*

ALGRA, K.A., « *Observations on Plato's Thrasymachus : The case for pleonexia* », dans *Polyhistor. Studies in the History and Historiography of Ancient Philosophy*, presented to Jaap Mansfeld, K.A. Algra, P.W. van der Horst and D. Runya (eds.), Leiden, Brill, 1996, p. 41-60.

ALLEN, R.E., « The speech of Glaucon in Plato's *Republic* », *Journal of the History of Philosophy* 25,1987, 3-11.

ANNAS, J., « Plato and common morality », *Classical Quarterly* 28, 1978, 437-451.

BRICKHOUSE, Th. and N.D. SMITH, « Justice and dishonesty in Plato's *Republic* », *Southern Journal of Philosophy* 21, 1983, 79-96.

BROZE, M., « Mensonge et justice chez Platon », *Revue internationale de Philosophie* 40, 1986, 38-48.

BUTLER, J., « Justice and the fundamental question of Plato's *Republic* », *Apeiron* 35, 2002, 1-17.

CAILLÉ, A., « Le juste, l'utile et l'agréable. L'utilitarisme dans la *République* de Platon », dans *Don, Intérêt et Désintéressement. Bourdieu, Mauss et quelques autres*, Paris, La Découverte, « Recherches », 1994, 2005, p. 183-240.

COOPER, J.M., « The psychology of justice in Plato », *American Journal of Philosophy* 14, 1977, 151-158, repris dans J.M. Cooper, *Reason and Emotions : Essays on ancient moral psychology and ethical theory*, Princeton : Univ. Press, 1999, p. 138-149.

—, « Two theories of justice », *Proceedings and Adresses of the American Philosophical Association* 74, 2, 2000, 5-27, repris dans J.M. Cooper, *Knowledge, Nature, and the Good* : *Essays on Ancient Philosophy*, Princeton : Univ. Press, 2004, p. 247-269.

DAHL, N.O., « Plato's defense of justice », *Philosophy and Phenomenological Research* 51, 1991, 809-834 ; repr. dans *Plato* 2, [Recueil], p. 207-234.

DEMOS, R., « Paradoxes in Plato's doctrine of the ideal state », *Classical Quarterly* 7, 1957, 164-174.

—, « A fallacy in Plato's *Republic* ? », *Philosophical Review* 73, 1964, 391-395, repris dans *Plato II*, [Recueil], p. 52-56.

DORTER, K., « Socrates' refutation of Thrasymachus and treatment of virtue », *Philosophy and Rhetoric* 7, 1974, 25-46.

EVERSON, S., « The incoherence of Thrasymachus », *Oxford Studies in Ancient Philosophy* 16, 1998, 99-131.

FERRARI, G.R.F., « Plato, *Republic* 9, 585c-d », *Classical Quarterly* 52, 2002, 384-388.

FOSTER, M.B., « Plato's conception of justice in the *Republic* », *The Philosophical Quarterly* 1, 1950-1951, 206-217.

HALL, R.W., « Justice and the individual in the *Republic* », *Phronesis* 4, 1959, 149-158.

—, « Egalitarianism and justice in the *Republic* », *Apeiron* 6 (2), 1972, 7-19.

—, « Platonic justice and the *Republic* », *Polis* 6, 1986, 116-126.

HEINAMAN, R., « Plato's division of goods in the *Republic* », *Phronesis* 47, 2002, 309-335.

HEMMENWAY, S.R., « The techne-analogy in Socrates' healthy city : Justice and the craftsman in the *Republic* », *Ancient Philosophy* 19, 1999, 267-284.

HOERBER, R.G., « More on the justice in the *Republic* », *Phronesis* 5, 1960, 32-34.

HOURANI, G.F., « Thasymachus' definition of justice in Plato », *Phronesis* 7, 1962, 110-120. [Sur l'article de Kerferd 1948]

JEFFREY, A., « Polemarchus and Socrates on justice and harm », *Phronesis* 24, 1979, 54-69.

KAMTEKAR, R., « Imperfect virtue », *Ancient Philosophy* 18, 1998, 315-37.

KELSEN, H., « La justice platonicienne », *Revue philosophique* 114, 1932, 364-396 ; trad. « Die platonische Gerechtigkeit », *Kant-Studien* 38, 1933, 91-117.

KERFERD, G.B., « The doctrine of Thrasymachus in Plato's *Republic* », *Durham University Journal*, 1947-1948, 19-27.

—, « Thrasymachus and justice : A reply », *Phronesis* 9, 1964, 12-16. [Réponse à l'article d'Hourani, voir les articles de P.P. Nicholson et K.A. Algra]

KIRWAN, C.A., « Glaucon's challenge », *Phronesis* 10, 1965, 162-173.

KLOSKO, G., « *Demotike arete* in the *Republic* », *History of Political Thought* 3, 1982, 363-381.

KOCHIN, M.S., « War, class, and justice in Plato's *Republic* », *Review of Metaphysics* 54, 1999, 403-423.

KOSMAN, A., « The faces of justice : difference, equality, and integrity in Plato's *Republic* », *Proceedings of the Boston Area Colloquium in Ancient Philosophy* XX (2004), Leiden-Boston, Brill, 2005, p. 153-168.

KRAUT, R., « Reason and justice in Plato's *Republic* », dans *Exegesis and Argument*, [Recueil], p. 207-224.

—, « The defense of justice in Plato's *Republic* », dans *The Cambridge Companion to Plato*, R. Kraut (ed.), Cambridge : Univ. Press, 1992, p. 311-337.

LACY, Ph. de, « The concept of function in *Republic* I », *Paideia* 5, 1976, 63-66.

LAING, B.M., « The problem of justice in Plato's *Republic* », *Philosophy* 8, 1933, 412-421.

LEE, E.N., « Plato's theory of social justice in *Republic* II-IV », dans *Essays in Ancient Greek Philosophy* III, J. Anton and A. Preus (eds.), 1989, p. 117-140.

MABBOTT, J.D., « Is Plato's *Republic* utilitarian? », *Mind* 46, 1937, 468-74 ; repr. dans *Plato II*, [Recueil], p. 57-65.

MACKENZIE, P.T., « On praising the appearance of justice in Plato's *Republic* », *Canadian Journal of Philosophy* 15, 1985, 617-624 .

MATTÉI, J-F., « Vertus et politique dans la *République* de Platon », dans *Problèmes de la morale antique*, P. Demont (éd.), Amiens, Université d'Amiens, Faculté des Lettres, 1987, p. 93-107.

MAURER, R., « The connexion between technique and justice in Plato's *Republic* and its metaphysical basis », transl. G. Heilbrunn, *Contemporary German Philosophy* 3, 1983, p. 179-208.

MOORS, K.F., « Justice and philosophy in Plato's *Republic*. The nature of a definition », *Interpretation* 12, 1984, 192-223.

MORRIS, C.R., « Plato's theory of the good man's motives », *Proceedings of the Aristotelian Society* 34, 1933-1934, 129-142.

NESCHKE, A.B., « Thrasymachos' sogennante Definition des Gerechten in Platons *Politeia* », *Archiv für Begriffsgeschichte* 29, 1985, 9-25.

—, « La justice platonicienne et la justice sociale de John Rawls », dans *Généalogie de la pensée moderne. Volume d'hommage à Ingeborg Schüssler*, M. Esfeld et J.-M. Tétaz (éds.), Heusenstamm, Ontos Verlag, 2004, p. 43-55.

PENNER, T., « Platonic Justice and what we mean by justice », *online Journal of the International Plato Society*, at : www.nd.edu/~plato/plato5issue.Penner.pdf

REEVE, C.D.C., « Socrates meets Thrasymachus », *Archiv für Geschichte der Philosophie* 67, 1985, 246-265.

ROWE, Ch.J., « Justice and temperance in *Republic* IV », *Arktouros. Hellenic studies presented to Bernard MacGregor Walker Knox*, G.W. Bowersock, W. Burkert and M.C.J. Putnam (eds.), Berlin-New York, de Gruyter, 1979, p. 336-344.

SACHS, D., « A fallacy in Plato's *Republic* », *Philosophical Review* 72, 1963, 141-158, repris dans *Plato II*, [Recueil], p. 35-51.

SANTAS, G.X., « Justice and democracy in Plato's *Republic* », dans *Antike Rechts und Sozialphilosophie*, O. Gigon und M.W. Fischer (hrsg.), Frankfurt am Main, Peter Lang, « Salzburger Schriften zur Rechts-Antike Rechts und Sozialphilosophie » 6, 1988, p. 37-59.

SCHILLER, J., « Just men and just acts in Plato's *Republic* », *Journal of the History of Philosophy* 6, 1968, 1-14.

SCHÜTRUMPF, E., « The definition of justice in Plato's *Republic* », *Worte, Bilder, Töne : Studien zur Antike und Antikerezeption : Bernhard Kytzler zu ehren*, R. Faber und B. Seidensticker (hrsg.), Würzburg, Königshausen & Neumann, 1996, p. 51-58.

SCOTT, D., « Metaphysics and the defense of justice in the *Republic* », *Proceedings of the Boston Area Colloquium in Ancient Philosophy* XVI (2000), J.J. Cleary and G.M. Gurtler (eds.), Leiden-Boston-Köln, Brill, 2001, p. 1-20.

SHOREY, P., « The Idea of Justice in Plato's *Republic* », *Ethical Record* 2, 1890, 185-199.

SKEMP, J.B., « Comment on communal and individual justice in the *Republic* », *Phronesis* 5, 1960, 35-38.

—, « Individual and civic virtue in the *Republic* », *Phronesis* 14, 1969, 107-110.

SMITH, N.D., « An argument for the definition of justice in the *Republic* (433e-434a) », *Philosophical Studies* 35, 1979, 373-83.

SPARSHOTT, F., « Plato and Thrasymachus », *University of Toronto Quarterly* 27, 1957, 54-61.

—, « Socrates and Thrasymachus », *The Monist* 50, 1966, 421-59.

—, « An argument for Thrasymachus », *Apeiron* 21, 1988, 55-67.

STOKES, M.C., « Adeimantus in the *Republic* », dans *Law, Justice and Method in Plato and Aristotle*, S. Panagiotou (ed.), Edmonton, Academic Printings Publ., 1987, p. 67-96

TELOH, H., « A vulgar and a philosophical test for justice in Plato's *Republic* », *Southern Journal of Philosophy* 13, 1975, 499-510.

THAYER, H.S., « Models of moral concepts and Plato's *Republic* », *Journal of the History of Philosophy* 7, 1969, 247-262.

VERSENYI, L., « Virtue as a self-directed art (*Republic* 338-347) », *Personalist* 53, 1972, 274-289.

VLASTOS, G., « Justice and psychic harmony in the *Republic* », *Journal of Philosophy* 66, 1969, 505-521.

—, « The theory of social justice in the *polis* in Plato's *Republic* », dans *Interpretations of Plato, A Swarthmore Symposium*, H.F. North (ed.), Leiden, Brill, 1977, p. 1-40.

WATERLOW, S., « The good of others in Plato's *Republic* », *Proceedings of the Aristotelian Society* 73, 1972, 19-36.

WEINGARTNER, R.H., « Vulgar justice and platonic justice », *Philosophy and Phenomenological Research* 25, 1964-1965, 248-252.

WHITE, N.P., « The classification of goods in Plato's *Republic* », *Journal of the History of Philosophy* 22, 1984, 393-421.

—, « The ruler's choice », *Archiv für Geschichte der Philosophie* 68, 1986, 22-46.

WILSON, J.R.S., « The argument of *Republic* IV », *Philosophical Quarterly* 26, 1976, 111-124.

YOUNG, C.M., « Polemarchus' and Thrasymachus' definitions of justice », *Philosophical Inquiry* 2, 1980, 404-419.

YU, J., « Justice in the *Republic* : an evolving paradox », *History of Philosophy Quarterly*, 2000, 121-141.

5. *Le problème du bonheur*

V. 5. 1. *Livres*

ANNAS, J., *The Morality of Happiness*, Oxford-New York, Oxford Univ. Press, 1993.

NODIER, L.M., *Anatomie du bien : explication des principales idées de Platon concernant le plaisir et la souffrance, la bonne façon de vivre et la vie en général*, Paris, La Découverte, « Bibliothèque du M.A.U.S.S. », 1995.

V. 5. 2. *Articles*

ARONSON, S., « The happy philosopher. A counter-example to Plato's proof », *The Journal of the History of Philosophy* 10, 1974, 383-398.

BUTLER, J., « The arguments for the most pleasant life in *Republic* IX. A note against a common interpretation », *Apeiron* 32, 1999, 37-48.

DEVEREUX, D., « The relationship between justice and happiness in Plato's *Republic* », *Proceedings of the Boston Area Colloquium in Ancient Philosophy* XX (2004), J.J. Cleary and G.M. Gurtler (eds.), Leiden, Brill, 2005, p. 265-305.

FERGUSON, A.S., « The Platonic choice of lives », *Philosophical Quarterly* 1, 1950, 5-34.

HALL, R.W., « The just and happy man of the *Republic* : fact or fallacy? », *Journal of the History of Philosophy* 9, 1971, 147-158.

KAMTEKAR, R., « Social justice and happiness in the *Republic* : Plato's two principles », *History of Political Thought* 22, 2001, 189-220.

KRAUT, R., « Return to the Cave, *Republic* 519-521 », dans *Plato* 2, [Recueil], p. 235-254

MAHONEY, T.A., « Do Plato's philosopher-rulers sacrifice self-interest to justice? », *Phronesis* 37, 1992, 265-282.

MOHR, R.D., « A Platonic happiness », *History of Philosophy Quarterly* 4, 1987, 131-145.

MORRISON, D., « The happiness of the city and the happiness of the individual in Plato's *Republic* », *Ancient Philosophy* 21, 2001, 1-24.

PARRY, R., « The unhappy tyrant in *Republic* IX », dans *The Cambridge Companion to Plato's* Republic, G.R.F. Ferrari (ed.), Cambridge : Univ. Press, à paraître en 2006.

VLASTOS, G., « Justice and happiness in the *Republic* », dans *Plato II*, [Recueil], p. 66-95.

WHITE, N.P., « Happiness and external contingencies in Plato's *Republic* », dans *Moral Philosophy*, W.C. Starr and R.C. Taylor (eds.), Milwaukee, Marquette Univ. Print, 1989, p. 1-21.

WILLIAMS, B., « Egoism and altruism », dans *Problems of the Self, Philosophical Papers 1956-1972*, Cambridge : Univ. Press, 1973.

6. *De la science*

V. 6. 1. *Livres*

BRUMBAUGH, R.S., *Plato's Mathematical Imagination,* Bloomington, 1954.

CAMBIANO, G., *Platone e le tecniche,* Roma-Bari, Torino, Giulio Einaudi, « Piccola biblioteca Einaudi » 170, 1971.

DIÈS, A., *Autour de Platon, Essais de critique et d'histoire,* 2e éd. corr., Paris, Les Belles Lettres, 1972.

DIXSAUT, M., *Métamorphoses de la dialectique dans les Dialogues de Platon*, Paris, Vrin, « Bibliothèque d'histoire de la philosophie », 2001.

FINE, G., *On Ideas. Aristotle's Criticism of Plato's Theory of Forms*, Oxford, Clarendon Press, 1993.

FOWLER, D.H., *The Mathematics of Plato's Academy,* Oxford, Clarendon Press, 1987.

GULLEY, N., *Plato's Theory of Knowledge*, London, Methuen & Co., 1962.

HEATH, T., *A History of Greek Mathematics*, vol. I, Oxford, Clarendon Press, 1921.

HEIDEGGER, M., *Platon's Lehre von der Wahrheit*, Berne, A. Francke, 1947 ; *La Doctrine de Platon sur la vérité*, trad. d'A. Préau, dans *Questions II*, Paris, Gallimard, nrf, « Classiques de la philosophie », 1968.

—, *Vom Wesen der Wahrheit : zu Platons Höhlengleichnis und* Theätet, hrsg. H. Mörchen, 1931, repris dans *Gesamtwerkes*, Bd. 34, Frankfut am Main, Klostermann, 1988 ; *De l'essence de la vérité. Approche de l'« allégorie de la caverne » et du* Théétète *de Platon*, trad. d'A. Boutot dans *Œuvres de Martin Heidegger*, Paris, Gallimard, nrf, « Bibliothèque de philosophie », 2001.

—, *Nietzsche,* Neske, Pfullingen, 1961 ; trad. de P. Klossowsky, Paris, Gallimard, nrf, « Bibliothèque de philosophie », 2 vol., 1971.

LAFRANCE, Y., *Pour interpréter Platon I. La ligne en* République *VI, 509d-511e. Bilan analytique des études 1804-1984,* Montréal-Paris, Bellarmin-Les Belles Lettres, « Noesis » et « Collection d'études anciennes », 1986.

—, *Pour interpréter Platon, II. La ligne en* République *VI, 509d-511e. Le texte et son histoire,* Montréal, Bellarmin, « Noesis », 1989.

MCCABE, M.M., *Plato's Individuals*, Princeton : Univ. Press, 1994.

PENNER, T., *The Ascent from Nominalism : Some Existence Arguments in Plato's Middle Dialogues*, Dordrecht, Reidel, Kluwer, 1987.

ROBINSON, R., *Plato's Earlier Dialectic*, Oxford, Clarendon Press, 1953.

ROSS, D., *Plato's Theory of Ideas*, Oxford, Clarendon Press, 1951.

THEIN, K., *Le Lien intraitable. Enquête sur le temps dans la* République *et le* Timée *de Platon*, Paris, Vrin, « Tradition de la pensée classique », 2001.

UTERMOEHLEN, O., *Die Bedeutung der Ideenlehre fur die platonische* Politeia, Heidelberg, Winter, « Bibliothek der klassischen Altertumwissenschaften », 1967.

V. 6. 2. *Articles*

AUBENQUE, P., « De l'égalité des segments intermédiaires dans la ligne de la *République* », dans *ΣΟΦΙΗΣ ΜΑΙΗΤΟΡΕΣ, Chercheurs de sagesse. Hommage à Jean Pépin*, M.-O. Goulet-Cazé, G. Madec, D. O'Brien (éds.), Paris, Institut d'Études Augustiniennes, 1992, p. 37-44

AUSTIN, J.L., « The Line and the Cave in Plato's *Republic* », dans *Philosophical Papers*, chap. 13, J.O. Urmson and G.J. Warnock (eds.), Oxford, Clarendon Press, 1979.

BALTES, M., « Idee (Ideenlehre) », dans *ΔΙΑΝΟΗΜΑΤΑ, Kleine Schriften zu Platon und zum Platonismus*, A. Hüffmeier, M.-L. Lakmann und M. Vorwek (hrsg.), Stuttgart-Leipzig, B.G. Teubner, 1999, p. 276-281.

BLUCK, R.S., « Dialectic in Plato's *Republic* », *Congrès international de philosophie* 12, 1960, p. 49-54.

BRUMBAUGH, R.S., « The divided line and the direction of inquiry », *Philosophical Forum* 2, 1970, 172-199.

—, « The mathematical imagery of Plato, *Republic* X », *Teaching Philosophy* 7, 1984, 223-228.

BRUNSCHWIG, J., « Un détail négligé dans la caverne de Platon », dans *La Recta Ratio. Mélanges en l'honneur de Bernard Rousset*, L. Bove (éd.), Paris, 1999, p. 65-76.

—, « Revisiting Plato's Cave », *Proceedings of the Boston Area Colloquium in Ancient Philosophy* XIX (2003), J.J. Cleary and G.M. Gurtler (eds.), Leiden-Boston, Brill, 2004, p. 145-174.

BURNYEAT, M.F., « Platonism and mathematics : A prelude to discussion », dans *Mathematics and Metaphysics in Aristotle / Mathematik und Metaphysik bei Aristoteles*, Andreas Graeser (hrsg.), Bern und Stuttgart, Verlag Paul Haupt, 1987, p. 213-240.

—, « Plato on why mathematics is good for the soul », dans *Mathematics and Necessity, Proceedings of the British Academy* 103, T. Smiley (ed.), Oxford : Univ. Press, 2000, p. 1-80.

CAMBIANO, G., « Il metodo ipotetico e le origini della sistemazione euclidea della geometria », *Rivista di filosofia* 68, 1967, 115-149.

CARRIVE, P., « Encore la Caverne, ou 4 + 4 = 8 », *Études Philosophiques* 30, 1975, 387-397.

CASERTANO, G., « Sollevare in alto gli occhi dell'anima : qualche riflessione su un'immagine platonica », dans *Agonistes,* [Recueil], 2005, p. 37-50.

CHERNISS, H., « On Plato's *Republic* X 597b », *American Journal of Philology* 53, 1932, 233-242.

—, « The philosophical economy of the theory of Ideas », *American Journal of Philology*, 57, 1936, 445-456, repris dans *Plato I*, [Recueil], p. 16-27.

—, « Plato as Mathematician », *Review of Metaphysics* 4, 1951, 393-425, repris dans *Selected Papers*, Leiden, Brill, 1977, p. 222-252.

CHEVALIER, J.M., « Les passages mathématiques du *Timée* et de la *République* », *Revue de l'enseignement philosophique* 15 (3), 1965, 1-9.

CORNFORD, F.M., « Mathematics and dialectic in the *Republic* VI-VII », dans *Studies in Plato's Metaphysics*, R.E. Allen (ed.), London, Routledge and Kegan Paul, 1965, p. 68-72.

CROSS, R.C., « Logos and Form in Plato », *Mind*, n.s. 63, 1954, 433-450.

DIXSAUT, M., « Réfutation et dialectique », dans *Agonistes,* [Recueil], p. 51-70.

—, « What is it Plato calls thinking ? », dans *Proceedings of the Boston Area Colloquium in Ancient philosophy* XIII (1997), J.J. Cleary and G.M. Gurtler (eds.), Leiden, Brill, 1999, p. 9-43 ; « Qu'appelle-t-on penser ? Du dialogue intérieur de l'âme selon Platon », dans *Platon et la question de la pensée*, Paris, Vrin, « Bibliothèque d'histoire de la philosophie », 2000, p. 45-70.

DORION, L.-A., « Le *Lachès* et l'analogie de la ligne », *Laval théologique et philosophique* 50, 1994, 207-22,

ERLER, M., « Zu Platon, *Politeia* 534d », *Hermes* 111, 1983, 221-226.

FERGUSON, A.S., « Plato's Simile of Light, Part I », *Classical Quarterly* 15, 1921, 131-152.

—, « Plato's Simile of Light, Part II », *Classical Quarterly* 16, 1922, 15-28.

—, « Plato's Simile of Light Again », *Classical Quarterly* 28, 1934, 190-210.

FINE, G., « Knowledge and Belief in *Republic V* », *Archiv für Geschichte der Philosophie* 60, 1978, 121-139.

—, « Knowledge and Belief in *Republic V-VII* », dans *Companions to Ancient Thought : Epistemology*, S. Everson (ed.), Cambridge : Univ. Press, 1990, p. 85-115.

FISCHER, F., « La nature formelle du symbolisme dans la caverne (*République* VII) », *Laval théologique et philosophique* 59, 2003, 35-67.

—, « Encore la question des intermédiaires mathématiques en *République* VI ! », *Revue philosophique de Louvain* 102, 2004, 1-34.

FOGELIN, R., « Three Platonic analogies », *Philosophical Review* 80, 1971, 371-382.

GALLOP, D., « Image and reality in Plato's *Republic* », *Archiv für Geschichte der Philosophie* 47, 1965, repris dans T. Irwin (ed.), *Plato's Metaphysics and Epistemology*, New York, 1995, p. 153-172.

—, « Dreaming and waking in Plato », dans *Essays in Ancient Greek Philosophy II*, J.P. Anton and G.L. Kustas (eds.), Albany, State of New York Press, 1972, p. 187-202.

GENDRON, E., « L'allégorie de la caverne, *République* en petit », *Laval théologique et philosophique* 41, 1985, 329-343.

GILL, Ch., « Plato's *Republic* : an ideal culture of knowledge », dans *Ideal and Culture of Knowledge in Plato*, W. Detel (ed.), Stuttgart, Steiner, 2003, p. 37-55.

GOLDSCHMIDT, V., « La ligne de la *République* et la classification des sciences », dans *Questions platoniciennes,* Paris, Vrin, « Bibliothèque d'histoire de la philosophie », 1950, 1970, p. 203-220.

GOSLING, J., « *Republic* Book V : *ta polla kala* », *Phronesis* 5, 1960, 116-128.

—, « *Doxa* and *Dunamis* in *Republic* V », *Phronesis* 13, 1968, 119-130.

GRAESER, A., « Plato on knowledge and opinion *(Republic* 5) », *Synthesis Philosophica* 5, 1990, 407-417.

GULLEY, N., « Greek geometrical analysis », *Phronesis* 3, 1958, 1-14.

HACKFORTH, R., « Plato's Divided Line and dialectic », *Classical Quarterly* 36, 1942, 1-9.

HAMLYN, D.W., « Eikasia in Plato's *Republic* », *Philosophical Quarterly* 8, 1958, 14-23.

JACKSON, H., « On Plato's *Republic* VI, 509d *sqq.* », *Journal of Philology* 10, 1882, 132-150.

KARASMANIS, V., « Plato's *Republic* : the line and the cave », *Apeiron* 21, 1988, 147-171.

—, « The hypotheses of mathematics in Plato's *Republic* and its contribution to the axiomatisation of geometry », *Greek Studies in the Philosophy and History of Science*, P. Nicolacopoulos (ed.), Dordrecht-

Boston-London, Kluwer Academic Publ., « Boston Studies in the Philosophy of Science » 121, 1990, 121-136.

KOURMENOS, Th., « Solid geometry, astronomy and constructions in Plato's *Republic* », *Philologus* 148, 2004, 34-49.

LAFRANCE, Y., « Platon et la géométrie : la construction de la Ligne en *République* 509d-511e », *Dialogue* 16, 1977, 425-450.

—, « Platon et la géométrie : méthode dialectique en *République* 509d-511e », *Dialogue* 19, 1980, 46-93.

MALCOLM, J., « The line and the cave », *Phronesis* 7, 1962, 38-45.

MOURELATOS, A.P.D., « Plato's "real astronomy" : *Republic* VII 527D-531D », dans J.P. Anton (ed.), *Science and the sciences in Plato*, New York, 1980, p. 33-73.

MUELLER, I., « Ascending to problems : astronomy and harmonics in *Republic* VII », dans J.P. Anton (ed.), *Science and the Sciences in Plato*, Albany, Eidos Press, 1980, p. 103-122.

—, « On the notion of a mathematical starting point in Plato, Aristotle, and Euclid », dans *Science and Philosophy in Classical Greece*, A. Bowen (ed.), London and New York, Garland Publ. Co., 1991, p. 59-97.

—, « Mathematics and education : some notes on the Platonic programme », *Apeiron* 24, 1991, 85-104.

—, « Mathematical Method and Philosophical Truth », dans *The Cambridge Companion to Plato*, R. Kraut (ed.), New York, Cambridge : Univ. Press, 1992, p. 170-199.

MURPHY, N.R., « The "Simile of Light" in Plato's *Republic* », *The Classical Quarterly* 26, 1932, 93-102.

—, « Back to the Cave », *The Classical Quarterly* 28, 1934, 211-213.

NEHAMAS, A., « Plato on the imperfection of the sensible world », *American Philosophical Quarterly* 12, 1975, 105-117.

PARRY, R.D., « The uniqueness proof of Forms in *Republic* X », *Journal of the History of Philosophy* 23, 1985, 133-150.

PENNER, T., « Socrates on the Impossibility of Belief-Relative Sciences », dans, *Proceedings of the Boston Area Colloquium for Ancient Philosophy* III, J.J. Cleary (ed.), Lanham-London, Univ. Press of America, 1988, p. 263-322.

RAVEN, J.E., « Sun, Divided Line, and Cave », *Classical Quarterly*, n.s. 3, 1953, 22 *sqq*.

ROBINSON, R., « Analysis in Greek geometry », *Mind* 45, 1936, repr. dans *Essays in Greek Philosophy*, Oxford, 1969, p. 1-15.

—, « The discourse on method in *Republic* », dans *Actes du IXe Congrès International de philosophie*, Congrès Descartes, R. Bayer (éd.), Paris, 1937, p. 108-113.

—, « Hypothesis in the *Republic* », *Plato I*, [Recueil], p. 97-131.

SANTAS, G.X., « Knowledge and belief in Plato's *Republic* », dans *Greek Studies in the Philosophy and History of Science*, P. Nicolacopoulos (ed.), Dortrecht-Boston-London, Kluwer Academic Publ. 1, « Boston studies in the philosophy of science » 121, 1990, p. 45-59.

SMITH, N.D., « Knowledge by acquaintance and "knowing what" in Plato's *Republic* », *Dialogue* 18, 1979, 281-288.

—, « The objects of *dianoia* in Plato's divided line », *Apeiron* 15, 1981, 129-137.

—, « Plato's Divided line », dans *Plato. Critical Assessments*, N. Smith (ed.), vol. II, London-New York, Routledge, 1998, p. 292-316.

—, « How the prisoners in Plato's cave are alike us », dans *Proceedings of the Boston Area Colloquium in Ancient Philosophy* XIII, J.J. Cleary and G.M. Gurtler (eds.), Leiden, Brill, 1999, p. 187-204.

STEMMER, P., « Das Kinderrätsel vom Eunuchen und der Fledermaus. Platon über Wissen und Meinen in *Politeia* V », *Philosophisches Jahrbuch* 92, 1985, 79-97.

STRANG, C., « Plato's analogy of the cave », *Oxford Studies in Ancient Philosophy* 4, 1986, 19-34.

STRYCKER, É. de, « La distinction entre l'entendement (*dianoia*) et l'intellect (*noûs*) dans la *République* de Platon », dans *Estudios de historia de la filosofía en homenaje al Profesor Rodolfo Mondolfo* I, Tucumán, Universidad Nacional, Facultad de Filosofía y Letras, 1957, p. 209-226.

TAYLOR, C.C.W., « Plato and the Mathematicians », *Philosophical Quarterly* 17, 1967, 193-203.

WHITE, F.C., « The scope of knowledge in *Republic* V », *Australasian Journal of Philosophy* 62, 1984, 339-354.

WILSON, J.R.S., « The contents of the Cave », *Canadian Journal of Philosophy*, Suppl. Volume II, 1976, 117-127 ; repris dans T. Irwin (ed.), *Plato's Metaphysics and Epistemology*, New York, Garland Publ. Co., 1995.

WOOD, R.E., « Plato's line revisited. The pedagogy of complete reflection », *Review of Metaphysics* 44, 1990-1991, 527-547.

7. *Du bien*

V. 7. 1. *Livres*

FERBER, R., *Platos Idee des Guten*, Sankt Augustin, Academia-Verlag, 1984, 1987.

GADAMER, H.-G., *Platos dialektische Ethik,* Hamburg, 1931 ; *L'Éthique dialectique de Platon, Interprétation phénoménologique du* Philèbe, trad de F. Vatan et V. von Schenk, Paris, Actes Sud, 1994.

—, *Die Idee des Guten zwischen Plato und Aristoteles,* 1976 ; *L'Idée du Bien comme enjeu platonico-aristotélicien,* suivi de *Le Savoir pratique,* trad. de P. David et D. Saatdjian, Paris, Vrin, « Problèmes et Controverses », 1996.

HOBBS, A., *Plato and the Hero : Courage, Manliness and the Impersonal Good*, Cambridge : Univ. Press, 2000.

JOSEPH, H.W.B., *Knowledge and the Good in Plato's* Republic, Oxford : Univ. Press, 1948.

NUSSBAUM, M., *The Fragility of Goodness : Luck and Ethics in Greek Tragedy and Philosophy*, New York-Cambridge : Univ. Press, 1986.

REALE, G. and S. SCOLNICOV (eds.), *New Images of Plato. Dialogues on the Idea of the Good*, Sankt Augustin, Academia-Verlag, 2002.

ROUX, S., *La Recherche du principe chez Platon, Aristote et Plotin*, Paris, Vrin, « Tradition de la pensée classique », 2004.

V. 7. 2. *Articles*

BALTES, M., « Is the idea of the Good in Plato's *Republic* beyond being? », dans *ΔΙΑΝΟΗΜΑΤΑ, Kleine Schriften zu Platon und zum Platonismus*, A. Hüffmeier, M.-L. Lakmann und M. Vorwek (hrsg.), Stuttgart-Leipzig, B.G. Teubner, 1999, p. 249-273.

BARNES, J., « Le soleil de Platon vu avec des lunettes analytiques », *Rue Descartes* 1 : « Des Grecs », 1991, 81-92.

BRISSON, L., « *République* VI 509a9-c10 », dans *Lectures de Platon*, Paris, Vrin, « Bibliothèque d'histoire de la philosophie », 2000, Annexe 3, p. 83-87.

COULOUBARITSIS, L., « Le caractère mythique de l'analogie du Bien dans *République* VI », *Diotima* 12, 1982, 71-80.

CUNNINGHAM, S., « On Plato's form of the Good », *Gnosis* 12 (3), 1984, 94-104.

DEMOS, R., « Plato's Idea of the Good », *Philosophical Review* 46, 1937, 245-275.

DIXSAUT, M., « L'analogie intenable », *Rue Descartes* 1 : « Des Grecs », 1991, 93-120, repris dans *Platon et la question de la pensée. Études platoniciennes I*, Paris, Vrin, « Bibliothèque d'histoire de la philosophie », 2000, p. 121-151.

GAISER, K., « Plato's Enigmatic Lecture "On the Good" », *Phronesis* 25, 1980, 5-37.

HITCHCOCK, D., « The Good in Plato's *Republic* », *Apeiron* 19, 1985, 65-92.

KRÄMER, H.J., « *Epekeina tês ousias.* Zu Platon, *Politeia,* 509b », *Archiv für Geschichte der Philosophie* 51, 1969, 1-30.

KÜHN, W., « La Forme du bien, principe de motivation ou de savoir ? », dans *Agonistes*, [Recueil], p. 71-99.

LAFRANCE, Y., « Les entités mathématiques et l'idée de Bien en *République*, VI, 509d-511e », *Diotima* 14, 1986, 193-197.

PENNER, T., « The forms, the form of the good, and the desire for good, in Plato's *Republic* », *The Modern Schoolman. A Quarterly Journal of Philosophy* 80, 2002-2003, 191-233.

RAWSON, G., « Knowledge and desire of the Good in Plato's *Republic* », *Southwest Philosophical Review* 12, 1996, 103-115.

REALE, G., « L'Uno-Bene come asse portante della protologia platonica e in particolare nella *Repubblica* e nel *Filebo* e suoi rapporti con il Demiurgo », *Rivista di Filosofia Neoscolastica* 92 (3-4), 2000, 365-385.

SANTAS, G.X., « The Form of the Good in Plato's *Republic* », *Philosophical Inquiry* 2, 1980, 374-403.

—, « Two theories of Good in Plato's *Republic* », *Archiv für Geschichte der Philosophie* 67, 1985, 223-245.

SHOREY, P., « The Idea of Good in Plato's *Republic* », *Studies in Classical Philology* I, 1885, 188-239.

STRYCKER, É. de, « L'idée du Bien dans la *République* de Platon », *L'Antiquité classique* 39, 1970, 450-467.

SZLEZÁK, Th.A., « L'idée du Bien en tant qu'*archê* dans la *République* de Platon », dans *La Philosophie de Platon I*, [Reueil] p. 345-374.

VOGEL, C. de, « Encore une fois le Bien de la *République* de Platon », *Zetesis* 1973, 40-56.

WILLIAMSON, R.B., « Two Theories of Good in Plato's *Rpublic* », *Archiv für Geschochte der Philosophie* 67, 1985, 223-245.

—, « *Eidos* and *Agathon* in Plato's *Republic* », *The St. John's Review* 39, 1-2, 1989-1990, 105-137.

—, « "What is the Good" of Plato's *Republic* », *The St. John's Review* 39, 1-2, 1989-1990, 139-171.

8. *Des mythes*

V. 8 1. *Livres*

BRISSON, L., *Platon, les mots et les mythes*, Paris, La Découverte, 1982, 1994.

DROZ, G., *Les Mythes platoniciens,* Paris, Seuil, 1992.

FRUTIGER, P., *Les Mythes de Platon*, Paris, F. Alcan, 1930.

MATTÉI, J.-F., *Platon et le miroir du mythe. De l'âge d'or à l'Atlantide*, Paris, PUF, 1996.

V. 8. 2. *Articles*

ANNAS, J., « Plato's myths of judgment », *Phronesis* 27, 1982, 119-143.

BRISSON, L., « La critique de la tradition religieuse par Platon et son usage dans la *République* et dans les *Lois* », dans *Cosmos et psychè. Mélanges offerts à Jean Frère*, E. Vegleris (éd.), Heildesheim-Zürich-New York, Olms, 2005, p. 67-82.

BROCHARD, V., « Les Mythes dans la philosophie de Platon », dans *Études de philosophie ancienne et de philosophie moderne*, Paris, F. Alcan, 1912, p. 46-69 ; Paris, Vrin, « Bibliothèque d'histoire de la philosophie », 1974.

CHATELAIN, F., « "Le récit est terminé", Platon, *République* 621b », *Revue de philosophie ancienne* 5, 1987, 95-98.

COULOUBARITSIS, L., « Le statut du mythe de Gygès chez Platon », dans *Mythe et politique*, F. Jouan et A. Motte (éds.), Liège, « Bibliothèque de la Faculté de Philosophie et Lettres de l'Université de Liège » 257, 1990, p. 75-84.

DES PLACES, É., « Les derniers thèmes de la *République* de Platon », *Archives de philosophie* 19, 1956, 115-122.

DEWINCKLEAR, D., « La question de l'initiation dans le mythe de la Caverne », *Revue de philosophie ancienne* 11, 1993, 159-175.

DRUET, F.-X., « Les niveaux de récit dans le mythe d'Er : Platon *Rép.* X 613e-621d », *Les Études classiques* 66, 1998, 23-32.

LEAR, J., « The efficacy of myth in Plato's *Republic* », *Proceedings of the Boston Area Colloquium in Ancient Philosophy* XIX (2003), J.J. Cleary and G.M. Gurtler (eds.), Leiden-Boston, Brill, 2004, p. 35-55.

LIEB, I.C., « Philosophy as spiritual formation : Plato's myth of Er », *International Philosophical Quarterly* 3, 1963, 271-285.

MATTÉI, J.-F., « Du mythe hésiodique des races au mythe homérique des Muses dans la *République*. Une interprétation "économique" de la politique platonicienne », *Diotima* 19, 1991, 13-21.

MOORS, K.F., « Named life selections in Plato's myth of Er », *Classica and Mediaevalia* 39, 1988, 55-61.

—, « *Muthologia* and the limits of opinion. Presented myths in Plato's *Republic* », dans *Proceedings of the Boston Area Colloquium in Ancient Philosophy* IV, J.C. Shartin and C. Daniel (eds.), Lanham, Univ. Press of America, 1989, p. 213-247.

NILLES, J.-C., « L'approche mythique du Bien, du *phytourgos* et du Démiurge », *Revue internationale de philosophie* 40, 1986, 115-139.

RICHARDSON, H., « The myth of Er (Plato, *Republic,* 616b) », *Classical Quarterly* 20, 1926, 113-133.

ROWE, Ch.J., « Hommes et monstres : Platon et Socrate parlent de la nature humaine », dans *Agonistes,* [Recueil], p. 133-144.

SCHUBERT, P., « L'anneau de Gygès. Réponse de Platon à Hérodote », *L'Antiquité classique* 66, 1987, 255-260.

SEGAL, C., « "The myth was saved", reflections on Homer and the mythology of Plato's *Republic* », *Hermes* 106, 1978, 315-336.

THAYER, H.S., « The myth of Er », *History of Philosophy Quarterly* 5, 1988, 369-384.

VERNANT, J.-P., « Le fleuve "Amélès" et la "Mélétè thanatou" », dans *Mythe et Pensée chez les Grecs,* vol. I, Paris, Maspero, 1965, p. 79-94.

VICAIRE, P., « Sur le mythe de Gygès », *L'Information Littéraire* 7, 1955, 81-84.

VILLANI, A., « Le fuseau et le peson. Note sur la colonne lumineuse de *République* 616b », dans *La Philosophie de Platon 1,* [Recueil], p. 87-99.

VI. ÉTUDES SUR LA CULTURE GRECQUE

ANDERSON, W.D., *Ethos and Education in Greek Music*, Cambridge 1966.

BARKER, A., *Greek Musical Writings*, 2 vol., Cambridge : Univ. Press, 1989.

BLUNDELL, M., *Helping Friend and harming Enemies, A Study on Sophocles and Greek Ethics*, Cambridge : Univ. Press, 1989.

BORDES, J., *Politeia dans la pensée grecque jusqu'à Aristote*, Paris, Les Belles Lettres, 1982.

CALAME, C., *The Poetics of Eros in Ancient Greece*, Princeton : Univ. Press, 1992.

CHAILLEY, J., *La Musique grecque antique*, Paris, Les Belles Lettres, 1979.

COMOTTI, G., *La musica nella cultura greca e romana*, Torino, EDT, 1979, nuova edizione, ampliata, riveduta e corretta, Torino, 1991.

DODDS, E.R., *The Greeks and the Irrational,* Berkeley, Univ. of California Press, 1959 ; *Les Grecs et l'irrationnel*, trad de M. Gibson, Paris, Flammarion, 1977.

DOVER, H.J., *Greek Popular Morality in the Times of Plato and Aristotle*, Oxford, Basil Blackwell, 1974.

GIALLONGO, A., *L'immagine della donna nella culture greca*, Rimini, Maggioli, 1981.

GOMPERZ, H., *Die Lebensauffassung der griechischen Philosophen und das Ideal der inneren Freiheit*, Aalen, Scientia Verlag, 1904, 1979.

GOSLING, J.C.B. and C.C.W. Taylor, *The Greeks on Pleasure*, Oxford : Univ. Press, 1982.

HALLIWELL, S., *The Aesthetics of Mimesis. Ancient Texts and Modern Problems*, Princeton-Oxford, Princeton Univ. Press, 2002.

HEINIMANN, F., *Nomos und Physis*, Darmstadt, Wissenschaftliche Buchgesellschaft, 1945, 1972.

HINTIKKA, J., and U. REMES, *The Method of Analysis. Its Geometrical Origin and Its General Significance*, Dordrecht-Boston, Reidel, « Boston studies in the philosophy of science » 25, 1974.

JAEGER, W., *Paideia, Die Formung des griechischen Menschen*, 3 Bde., Berlin, 1934-1947 ; trad. du vol. I, Paris, Gallimard, 1964 ; trad. angl. Oxford : Univ. Press, 1939-1945.

KLEIN, J., *Greek mathematical Thought and the Origin of Algebra*, trad. E. Brann, Cambridge (Mass.), M.I.T. Press, 1934, 1968.

KOLLER, H., *Die Mimesis in der Antike*, Bern, A. Francke, 1954.

LASSERRE, F., *La Figure d'Eros dans la poésie grecque*, Lausanne, Imprimeries réunies, 1946.

LIPPMANN, E.A., *Musical Thought in Ancient Greece*, New York-London, Columbia Univ. Press, 1964.

MARROU, H., *Histoire de l'éducation dans l'Antiquité*, Paris, Seuil, 1948, 1981.

MCGLEW, J.F., *Tyranny and Political Culture in Ancient Greece*, Ithaca, Cornell Univ. Press, 1993.

MORGAN, K.A. (ed.), *Popular Tyranny*, Austin, Univ. of Texas Press, 2003.

MORGAN, M., *Platonic Piety : Philosophy and Ritual in Fourth century Athens*, New Haven, Yale Univ. Press, 1990.

MUELLER, I., *Philosophy of Mathematics and Deductive Structure in Euclid's* Elements, Cambridge, Mass., M.I.T. Press, 1981.

NESTLE, D., *Eleutheria*, I. *Die Griechen*, Tübingen, Mohr, 1967.

PICKARD-CAMBRIDGE, A.W., *Dithyramb, Tragedy and Comedy*, Oxford, Clarendon Press, 1927.

ROMILLY, J. de, *La Douceur dans la pensée grecque*, Paris, Les Belles Lettres, 1979.

—, *La Grèce antique contre la violence*, Paris, Éditions de Fallois, 2000.

SAGAN, E., *The Lust to annihilate. A Psychoanalytic Study of Violence in Ancient Greek Culture*, New York, The Psychohistory Press, 1979.

SAXONHOUSE, A.W., *Women in the History of Political Thought*, New York, Prager, « Women and politics series », 1985.

STRAUSS, B., *Fathers and sons in Athens : Ideology and Society in the Era of the Peloponnesian War*, Princeton : Univ. Press, 1993.

STRAUSS, L., *De la Tyrannie*, trad. de H. Kern, précédé du *Hiéron* de Xénophon et suivi de « Tyrannie et sagesse » d'A. Kojève, Paris, Gallimard, 1954, 1999.

WILLIAMS, B., *Shame and Necessity*, Berkeley, California Univ. Press, 1993 ; trad. de J. Lelaidier, *La Honte et la Nécessité*, Paris, PUF, 1997.

VII. LA *RÉPUBLIQUE* ET QUELQUES PROBLÉMATIQUES MODERNES

ADORNO, Th.W., *Minima Moralia. Reflexionen aus dem beschädigten Leben*, Frankfurt am Main, Surkamp Verlag, 1951 ; *Minima Moralia, Réflexions sur la vie mutilée*, trad. d'É. Kaufholz et J.-R. Ladmiral, Paris, Payot, 1981.

BRANN, E., *The World of the Imagination : Sum and Substance*, Lanham MD, Rowman and Littlefield, 1993.

CAMBIANO, G., Polis. *Un Modello per la cultura europea*, Bari, Laterza, 2000 ; trad. de S. Fermigier : *Polis. Histoire d'un modèle politique*, Paris, Aubier, 2003.

CASSIRER, E., *The Myth of the State*, New Haven and London, Yale Univ. Press, 1946 ; *Le Mythe de l'État*, trad. de B. Vergely, Paris, Gallimard, 1993.

FOUCAULT, M., *Histoire de la sexualité*, vol. II, *L'Usage des Plaisirs*, vol. III, *Le Souci de soi*, Paris, Gallimard, 1984.

FREUD, S., *L'Avenir d'une illusion*, dans *Œuvres complètes : Psychanalyse 1926-1930*, vol. 18, Bourguignon, Colet (dir.), Paris, PUF, 1994, p. 146-197.

—, *Le Malaise dans la culture*, *ibid.*, p. 249-333.

—, *Essais de psychanalyse*, trad. S. Jankélévitch, Paris, Payot, 1972.

HOBBES, T., *Léviathan*, Ch. Zarka (dir.), trad. et annoté par F. Tricaud et M. Pécharman, Paris, Vrin-Dalloz, « Bibliothèque des textes philosophiques », 2004.

KANT, E., *Critique de la raison pratique*, trad. de L. Ferry et H. Wismann, dans Emmanuel Kant. *Œuvres Philosophiques*, II, Paris, Gallimard, « Bibliothèque de la Pléiade », 1985.

—, *Fondements de la métaphysique des mœurs*, trad. V. Delbos, Paris, Librairie Delagrave, 1989.

KERSTING, W., *Theorien der sozialen Gerechtigkeit*, Stuttgart, Metzler, 2000.

LEVINAS, E., *Totalité et Infini, Essai sur l'extériorité*, La Haye, Martinus Nijhoff, 1971.

MARCUSE, H., *Eros et civilisation*, trad. Nény-Fraenkel, Paris, Éditions de Minuit, 1955, 1963.

PRICHARD, H.A., *Moral Obligation*, Oxford, Clarendon Press, 1949.

RAWLS, J., *A Theory of Justice*, Harvard : Univ. Press, 1971 ; trad. de C. Audard : *Théorie de la justice*, Paris, Seuil, 1987, 1997.

REID, Th., *Essays on the Active Powers of the Human Mind*, B. Brody (ed.), Cambridge (Mass.), MIT Press, 1969.

SCANLON, T.M., *What we Owe to Each Other*, Cambridge (Mass.)-London, The Belknap Press of Harvard Univ. Press, 1998.

SCHOPENHAUER, A., *Le Monde comme volonté et représentation*, trad. d'A. Burdeau, revue et corr. par R. Roos, Paris, PUF, 1966, 1992.

SIDGWICK, H., *Outlines of the History of Ethics*, Bristol, Themmes Press, 1931, 1996.

STEWART, D., *Philosophy of the Active and Moral Powers*, dans *Works*, vol. 6, W. Hamilton (ed.), Edinburgh, Constable, 1855.

WELZEL, H., *Naturrecht und materiale Gerechtigkeit*, Göttingen, Vandenhoeck & Ruprecht, 1951.

WILLIAMS, B., *Ethics and the Limits of Philosophy*, London, Fontana Press, 1985, 1993 ; *L'Éthique et les limites de la philosophie*, trad. de M.-A. Lescourret, Paris, Gallimard, 1990.

WILSON, J.C., *Statement and Inference*, recueil posthume, 2 vol., Oxford, Clarendon Press, 1926.

INDEX NOMINUM

Auteurs anciens

Auteurs modernes

TABLE DES MATIÈRES

PREMIÈRE PARTIE
DE LA SCIENCE

DEUXIÈME PARTIE
DU BIEN

TROISIÈME PARTIE

DU MYTHE

Imprimerie de la Manutention à Mayenne - Décembre 2005 – N° 345-05
Dépôt légal : 4e trimestre 2005
Imprimé en France